高校学生公寓
文化建设研究

GAOXIAO XUESHENG GONGYU
WENHUA JIANSHE YANJIU

王太芹　田兆军◎著

中国政法大学出版社

2019 · 北京

图书在版编目（CIP）数据

高校学生公寓文化建设研究/王太芹，田兆军著. —北京：中国政法大学出版社，2019.4

ISBN 978-7-5620-8967-4

Ⅰ.①高… Ⅱ.①王… ②田… Ⅲ.①高等学校－集体宿舍－校园文化－研究－中国 Ⅳ.①G647.4

中国版本图书馆 CIP 数据核字(2019)第 067663 号

出 版 者　中国政法大学出版社

地　　址　北京市海淀区西土城路 25 号

邮寄地址　北京 100088 信箱 8034 分箱　邮编 100088

网　　址　http://www.cuplpress.com (网络实名：中国政法大学出版社)

电　　话　010-58908285(总编室) 58908433（编辑部）58908334(邮购部)

承　　印　固安华明印业有限公司

开　　本　880mm×1230mm　1/32

印　　张　14.75

字　　数　450 千字

版　　次　2019 年 4 月第 1 版

印　　次　2019 年 4 月第 1 次印刷

定　　价　59.00 元

摘 要

高校学生公寓作为高校学生的“第一社会”、“第二家庭”和“第三课堂”，对学生成长成才具有不容忽视的作用。高校学生公寓文化是指发生在高校学生公寓区域范围内，以一定的物质建筑为基础、制度规范为保障、精神内涵为核心、行为表现为范式而呈现的一套与校园文化相契合的特定群体文化。具体承担建设高校学生公寓文化任务的是学生公寓管理与服务部门，学生既有接受被管理和教育的义务，也有诉求被服务的权利，因此，参与学生公寓文化建设既是其义务也是其权利。

以北京大学作为主要样本，梳理我国高校学生公寓文化建设历程，可以发现：高校学生公寓文化发展过程中的物质形态经历了从斋舍到宿舍再到公寓的过程，并有逐步走向社区化的趋势。经济基础决定上层建筑。伴随着公寓物质文化形态的变化，公寓制度文化与精神文化也必然有所变化，对应的行为文化也会有不同的样式。北京大学办学过程中，在筹建“燕京学堂”、拆除“宿舍老楼”等工作中因物质基础薄弱而引发的诸如“中外学生之间住宿资源分配是否公平”“老楼拆除是否影响北大精神传承”“住宿方式与人才培养模式的匹配是否必然有对应模式”等问题值得我们深思；其在公寓文化建设中的系列实践和取得的成效，也生动地验证了公寓行为文化、精神文化和制度文化等对于物质文化表现出独特和能动的反作用。

其他高校在学生公寓文化建设中同样面临一系列的挑战和困境：学生公寓建筑规格的标准统一与建筑美学育人理念之间存在冲突、大众文化多元显现必然对高校学生公寓文化建设形成干扰、“新居民”的产生对时下学生公寓管理模式产生冲击、和谐公寓建设过程中却遭遇部分大学生自我主体意识的“异化”，等等。这些挑战也是新时期的教育工作者必须直面的问题。在实证研究中，九所高校结合自身情况给出了各有特点的解答。其他高校在住宿学院制上的历史经验和丰富实践，对上述挑战的消解也有着一定的启发和借鉴意义。

科学地提炼和总结当代高校学生公寓文化建设中的规律性因素是完善学生公寓文化建设的必经之途，也是实践准备的理性之选。为此，建设公寓文化必须坚持三个基本原则，即“主导性”和“多样性”兼容，“认知”、“认同”和“践行”并重，“传承性”和“创新性”统一；应该走“多部门共建合力性机制”“发挥大学生主体性作用”“文化内涵渗于系列活动”“融核心价值观于建设中”之路。这样的原则坚持与路径之选不仅是高校学生公寓文化建设实现历史延续与现实再发展、保证社会主义办学方向的必然要求，也是正确理解大学生住宿方式如何适应教育理念和培养模式变革，迎接高等教育发展机遇的坚实保障。

当公寓文化建设向前发展的趋势超越了临界点，公寓文化的更高境界——文化公寓自然就会形成。向文化公寓的发展过程中，学校和学生关系表现出法治化特征，公寓文化建设者将具备职业化的素养，整个公寓区域将呈现社区化走向。文化公寓中物质文化、制度文化、行为文化、精神文化因素呈现动态平衡、相互促进的系统化特征。这样一种系统化变革将进一步增强公寓领域的育人效果，实现公寓育人的目标。

总之，对高校学生公寓文化历史的梳理，对其现实的探索，对其路径的选择，对其趋势的应对，都是为了更好地说明：高校学生“公寓文化”建设之路，就是迈向建设高校学生“文化公寓”之道。

目 录
ONTENTS

第一章
导 论

当下，建设世界一流大学，既是我国高等教育发展的使命，也是中华民族伟大复兴中文化复兴的重要一环。高等教育的发展，校园文化建设是其中重要一点。学生公寓文化建设，作为校园文化建设的重要一部分，对促进高等教育的良性发展，当然有所裨益。对于高校学生公寓文化建设的研究，既是高校本身发展的需要，也是新时期实现中华民族文化伟大复兴的基础性工作。习近平同志在任浙江省委书记时就曾说过："文化建设是一项不容易出'政绩'的基础工程，是一项需要持之以恒的长期工程……应该目光向下，加强基层文化设施建设。"〔1〕可见，建设世界一流大学，离不开世界一流标准的学生公寓文化作为支撑。

第一节 研究背景与意义

一、研究的背景

21世纪初，基于"高等教育肩负着伟大而又光荣的历史使

〔1〕 习近平："文化建设不能搞成'花架子'"，载《人民日报》2005年8月16日，第10版。

命，应该也必须有更大更快的发展”，但囿于“当前高等学校后勤服务模式落后、后勤社会化改革滞后、后勤负担沉重的状况”，为了破解制约高等教育发展这一“瓶颈”，《国务院办公厅转发教育部等部门关于进一步加快高等学校后勤社会化改革意见的通知》（国办发〔2000〕1号）出台。文件提出，“高等学校后勤社会化改革的重点，是学生生活后勤改革。在对新建的学生宿舍及其他后勤服务设施的资金投入方面，应坚持主要依靠并充分利用社会的力量和资金的方针……所有学生宿舍及其他后勤服务设施，均要采用新机制经营、管理”〔1〕。随后，在高校后勤社会化改革浪潮下，各地按照要求，在积极推进后勤社会化改革中，出台了相应的政策措施。不过，那时在学生宿舍（公寓）建设方面，教育主管部门和相应高校的关注重点仅是在于引导和鼓励社会资金投入学生宿舍（公寓）硬件建设上。对于硬件建设的标准，教育部甚至印发了《关于大学生公寓建设标准问题的若干意见》（教发〔2001〕12号）〔2〕。可见，

---

〔1〕《国务院办公厅转发教育部等部门关于进一步加快高等学校后勤社会化改革意见的通知》（国办发〔2000〕1号）

〔2〕注：在印发这个意见的通知中，明确提到，自国办发〔2000〕1号发布以来，高等学校后勤社会化改革取得了良好的效果，“尤其是对以社会化方式建设学生公寓进行了全面规划，出台了相应的政策措施，引导和鼓励社会资金投入学生公寓建设，不少地方出现了加快学生公寓建设的好势头。”但是，按照国务院领导指示，“为进一步推进高等学校后勤社会化改革，保持学生公寓建设的健康发展，坚持科学、合理、经济、适用的学生公寓建设原则，教育部组织力量对高等学校学生宿舍的现状进行了认真的分析，对今后学生公寓建设标准进行了反复研究，并征求了国务院有关部门意见。考虑到未来高等教育发展的需要、中国的具体国情及当前社会化方式建设学生公寓的进展情况”，现提出《关于大学生公寓建设标准问题的若干意见》。可见，“学生宿舍”和“学生公寓”两个概念在此时所指为一。只不过，“新建设的大学生公寓与现有大学生宿舍相比，其条件应有较明显的改善”。这个条件改善主要体现在“421”标准，即本科生、硕士生和博士生公寓分别是4人、2人、1人一间，并且生均建筑面积分别达到8平方米、12平方米和24平方米。事实上，即使到今天，这样的标准多数高校也并没有达到。

基于高等教育需要大发展的紧迫性，后勤社会化改革在21世纪初被提出；借助社会资金进行大学生公寓建设，从一哄而上、标准不一必须走向规范引导、标准统一。然而，虽然公寓建设在物质形态上有了标准和方向，“但在对学生公寓的管理方面，逐渐暴露出一些新的矛盾和问题”〔1〕。也就是说，在公寓建设方面，有形的建设一旦明确，无形的建设随之被提上日程。《教育部关于进一步加强高等学校学生公寓管理的若干意见》（教发〔2002〕6号）文件发布，该文件明确提到，“学生公寓是学生日常生活与学习的重要场所，是课堂之外对学生进行思想政治工作和素质教育的重要阵地……对学生公寓内学生的管理，特别是对学生的思想政治工作和日常行为管理，始终是高等学校的一项主要责任，决不能简单地推向社会”〔2〕。即后勤社会化改革虽然在硬件建设方面有力地促进了学生生活和学习条件改善，但如何应对新型的学生公寓管理，探索出一种与时俱进的管理模式，从而坚持管理育人、服务育人、环境育人的宗旨，则成为新时期大学生思想政治教育一个重要的命题。

当然，在公寓的日常管理中，重中之重是安全管理。教育部紧接着发布了《教育部关于加强高等学校学生公寓安全管理的若干意见》（教社政〔2002〕9号）。文件分析指出，“在高校后勤社会化改革不断深化的形势下，学生公寓建设和管理的格局日趋多样化。不同学校学生集中住宿，教学、生活管理相对分离等情况，使学生公寓的教育功能越来越突出，安全管理工作的难度加大，学生公寓成为学校安全事故的多发地段并成为学校安全管理

---

〔1〕《教育部关于进一步加强高等学校学生公寓管理的若干意见》（教发〔2002〕6号）

〔2〕《教育部关于进一步加强高等学校学生公寓管理的若干意见》（教发〔2002〕6号）

工作的重点和难点"[1]。针对此问题，文件明确提到，既要"进一步建立健全高等学校学生公寓安全管理的体制和机制"，也要"切实做好思想政治工作进公寓"。需要强调的是，在这份重点是讲"公寓安全"的文件中同时提到，"要探索以学生公寓为基地开展校园文化活动的方式和途径，引导学生开展各种健康的活动，促进学生公寓的社会主义精神文明建设"[2]。可见，公寓文化作为校园文化以公寓为基地而表现的属概念在这里呼之欲出。此时，"小荷才露尖尖角"的公寓文化就已经被教育主管部门定位为既是大学生思想政治教育的重要内容，又是重要载体，承载着培养合格人才和可靠接班人的重大历史责任。至此，我们可以推断，重视公寓文化建设，既是公寓建设在奠定了物质形态之后的必然诉求，也是新时期加强大学生思想政治教育的必然要求。

针对大学生思想政治教育工作，一部具有里程碑意义的文件于2004年发布，那就是《中共中央国务院关于进一步加强和改进大学生思想政治教育的意见》（中发〔2004〕16号）。在这部文件中，"坚持教育与自我教育相结合""坚持教育与管理相结合"作为一种教育原则被旗帜鲜明地提了出来。文件明确要求"校园文化具有重要的育人功能，要建设体现社会主义特点、时代

〔1〕 注：《教育部关于加强高等学校学生公寓安全管理的若干意见》（教社政〔2002〕9号）文件中具体提出：高校在学生公寓思想政治工作和管理工作中要增强政治意识、责任意识和大局意识，充分发挥思想政治工作的传统和政治优势，结合学生学习和生活的特点，密切同学生的联系，及时掌握学生的动态，开展思想政治教育和日常思想品德、行为规范教育，指导和督促学生遵守校规校纪，维护学生社区正常的生活、学习和娱乐秩序。

〔2〕《教育部关于加强高等学校学生公寓安全管理的若干意见》（教社政〔2002〕9号）

特征和学校特色的校园文化，形成优良的校风、教风和学风”〔1〕。其中，针对后勤服务人员的工作，文件提出“后勤服务人员要努力搞好后勤保障，为大学生办实事办好事，使大学生在优质服务中受到感染和教育”〔2〕。因为，他们也是大力加强大学生思想政治教育工作中一支不可缺少的队伍。针对此文件中重点提到的校园文化建设问题，教育部和共青团中央随后发布了《教育部 共青团中央关于加强和改进高等学校校园文化建设的意见》（教社政〔2004〕16号）。这部专门针对校园文化建设的文件鲜明地指出，“要深入开展‘创建文明校园、文明班级、文明宿舍，做文明大学生’的道德实践活动，把思想道德教育的要求和任务融入大学生的学习生活之中，引导大学生从具体事情抓起，从一言一行做起，养成文明行为，培养良好的道德情操”〔3〕。这事实上就是对公寓文化建设的目标进行了指明。2016年12月，全国高校思想政治工作会议召开，习近平总书记在会上强调，高校思想政治工作关系高校培养什么样的人、如何培养人以及为谁培养人这个根本问题，“要坚持把立德树人作为中心环节，把思想政治工作贯穿教育教学全过程，实现全程育人、全方位育人，努力开创我国高等教育事业发展新局面……要更加注重以文化人以文育人，广泛开展文明校园创建，开展形式多样、健康向上、格调高雅的校园文化活动”〔4〕。2017

〔1〕《中共中央国务院关于进一步加强和改进大学生思想政治教育的意见》（中发〔2004〕16号）

〔2〕《中共中央国务院关于进一步加强和改进大学生思想政治教育的意见》（中发〔2004〕16号）

〔3〕《教育部 共青团中央关于加强和改进高等学校校园文化建设的意见》（教社政〔2004〕16号）

〔4〕习近平：“把思想政治工作贯穿教育教学全过程 开创我国高等教育事业发展新局面”，载《人民日报》2016年12月9日，第1版。

年5月3日，习近平总书记在考察中国政法大学时，针对如何摆正管理育人、服务育人与大学生思想政治教育关系更是具体指出："把立德树人、规范管理的严格要求和春风化雨、润物无声的灵活方式结合起来"[1]。

可见，对高校学生公寓文化建设进行研究，既是高校发展和文化复兴的现实需要，也是我们党教育理念和教育原则的体现，更是领袖的嘱托。

进一步说，借鉴习近平总书记对宣传工作的强调，他要求广大宣传工作者要树立以人民为中心的工作导向，"宣传思想工作是做人的工作的，人在哪儿重点就应该在哪儿"[2]。高校学生公寓作为学生学习、生活和娱乐的一个很重要的场所，自然是"人在哪儿"的重点，也是宣传思想工作的"重点"。所以，对高校学生公寓文化建设进行研究，既是从事公寓管理与服务的实践工作者的必要之举，也是相关理论研究者对因时代发展提出的民族复兴及文化复兴大课题的及时关切和响应。

二、研究的意义

（一）实践层面意义

宏观方面，通过对公寓文化建设的历史梳理和现状分析，提出公寓文化建设需要坚持的原则和路径选择，找寻公寓文化建设的规律性因素，提出从公寓文化建设到文化公寓建设的思考模型。这样的理论探寻，一方面能发现当下学生公寓文化创建的不足，另一方面，自然会有利于促进公寓文化建设的变革与完善，形成能促进学生成才的有效路径。理论指导实践一旦

---

〔1〕 习近平："立德树人德法兼修抓好法治人才培养　励志勤学刻苦磨炼促进青年成长进步"，载《人民日报》2017年5月4日，第1版。

〔2〕 中共中央文献研究室编：《习近平关于全面深化改革论述摘编》，中央文献出版社2014年版，第83页。

发挥出整体性效果，公寓育人以及其作为高校人才培养体系中不可缺少一环的重要作用将会得到进一步的重视，公寓育人的科学性和实效性会得到极大提高。

中观方面，通过此研究，摸清公寓文化建设中影响大学生成长成才的影响因素，实现公寓区域内育人资源的整合，形成协同育人氛围，则自然具有一定的推广价值。在实践中，高校公寓文化的内部要素存在诸多需要面对和解决的问题，具体表现在公寓文化建设的内部系统不完整，物质文化、精神文化、行为文化、制度文化等未能实现全面发展、协调共进等。因此，如何理顺公寓管理服务机制，优化公寓管理模式——这是本研究需要着重解决的问题，并对实践必然产生影响。

微观层面，本研究论述了影响公寓文化建设的相关因素，不仅分析了社会大众文化的多元化、高校后勤社会化改革以及新时期大学生自我主体意识的异化对公寓文化建设的影响，还着重从建筑美学的角度分析了诸如公寓空间设置、绿化美化、硬件配备等对育人效果的影响。这些内容一方面将有助于高校进一步完善和发展公寓管理制度，为解决公寓现在面临的困难和矛盾提供了可能路径；另一方面将会缓解大学生日常生活的情绪压力和人际冲突，形成良好的人际关系场域，预防或减少负面现象的发生。这对于提升大学生素质和形象，促进校园稳定与和谐，都具有深刻的现实意义。

（二）理论层面意义

第一，能够进一步推动教育管理理论研究。实践的归宿要上升为理论，并用理论指导日后的实践。学生公寓文化建设的研究，属于教育管理理论的范畴。此种教育管理理论是基于教育学、管理学、心理学、法学、建筑学等相关学科成熟的理论体系。本书对此进行了更加直观鲜活的研究，并在公寓文化建设过程中进行了很好的实践和整合，改变了理论与实践脱节的局面，也使学生公寓文化建设方面的理论体系得到了完善和发展。

第二，能够进一步深化大学生思想政治教育理论研究。我们的大学是社会主义的大学，我们要建设的学生公寓文化当然也是社会主义的文化。为了与这种属性相适应，与我国教育的方针、目标相一致，我们所建设的学生公寓文化当然需要有严格的选择性：社会上存在的不都是学生公寓里应有的；学生公寓中出现的也不一定都是合理的、可容纳的。与严格的选择性相伴随、又相统一的是广泛的多样性。在学生公寓文化建设中，要把正路“开得宽”、把邪路“堵得死”，通过采用综合性的手段，对“堵得死”的可通过行政手段坚决堵死，并有条例、制度保障；对要“开得宽”的则可通过“双百”方针贯彻的方式，予以鼓励推动；而在提高质量方面则应坚持通过学术、艺术权威示范的方式，循循善诱，引导提高。这事实上与大学生思想政治教育理论所要遵循的“为谁培养人”和“如何培养人”的原则是一致的。因此，本研究将有助于彰显新形势下对大学生思想政治教育进行新途径、新载体的探索。

第三，能够进一步深入对校园文化的研究。学生公寓文化的本质就是校园文化的本质，其核心是校园精神。离开校园文化发展这个主线，学生公寓文化将走向歧路。学生公寓文化存在的实质就是要发挥文化在学生公寓这个区域内对学生树立正确的世界观、人生观、价值观的作用。学生公寓文化进一步深入发展和走向成熟的一个重要标志，就在于学校能够自觉地、卓有成效地将学生公寓文化理论应用到学校教育战略、学校整体发展、培养合格人才的各个方面。离开人才培养这个主线，学生公寓文化建设就失去了灵魂。因为，建设展开的前提必然是要以学生为主体，把教育管理的视角放在激发学生的创新精神上。这就必然涉及学生公寓文化“活动理论”“管理理论”“行动理论”等研究，从而也是对整个校园文化建设研究的进一步深入。

第二节 研究现状、思路与方法

一、研究的现状及评述

对大学生公寓文化的探讨，目的是为了更好地实现育人目标。如何在学生公寓文化建设中实现育人目标？包含的内容很多，不仅要有理念、有方法，也要有内容和途径，其中，政治教导、思想引导、道德辅导等是重点。如何建设？还需要我们找寻基础，找到原有的“根”，发现“土壤”是什么，梳理在历史发展过程中有什么样的“流变”，以便针对历史进行必要的传承，针对“他山之石”进行必要的借鉴，根据现实情况进行必要的现代变革。可见，“育人”、“大学生”、“公寓文化”、“建设”和“路径”五个词理所当然是本书在查阅相关资料时需要应用的关键词。

如果要想对本研究论述的中心——公寓文化，进行严谨地定位，我们还应该按照同心圆形式科学地分析其上一层级概念，当然，这样的层级并非可以无限制放大。所以，针对“公寓文化”的母概念“校园文化”，本书则需要对之论述；而针对“校园文化”的母概念“文化”则不必铺陈渲染。同时，严格意义上讲，高校公寓并不完全等同于高校宿舍、高校寝室，因为，即使从空间范围或者是使用功能来看，公寓是大于宿舍，宿舍是大于寝室的。但是，就文化建设来说，从所涉的文化功能及本质来说，现有的论述对它们都没有进行明确的区分，所以，本书在查阅相关资料时，对此三者都进行了必要的关注。另外，所论述的建设，必然要涉及硬件系统、软环境、制度规则等，这些能激发大学生内在思想和外在行为变化的文化因素也是本书论述的中心。因此，在查找相关资料时，从主题词角度看，首要寻找的是“公寓文化”、“宿舍文化”及“寝室文化”，其次是“校园文化”，与之结合的是“高校”或“大学生”以及“管理”、“建设”或“思想政治教育”等。

为此，我们有必要在相关资料基础上对有关高校公寓文化建设的论述做一个综述。

对于高校公寓文化建设问题的探讨，国外学者对之研究相对较少。因为，发达国家的高校，有关学生住宿的问题，学校一般是交给社会解决，多是以住宿学院、社团学院模式出现。对这一主题的研究，即使涉及，他们也是从校园文化与校外的社区管理相结合的角度进行阐述。[1]同时，因为国外学界对这一选题的研究成果被翻译到国内来的较少，而国内学者对涉及

〔1〕 注：比如，[美] 约瑟夫·穆非、丹妮艾拉·托尔：《校园文化：发现社团的价值》，高凌飞、刘慧译，黑龙江教育出版社 2016 年版。该书主要是从整个美国教育系统入手，一针见血地指出其存在的严重缺失，并指导教育改革者如何从自身出发、从学校利益和学生成就方面出发来打造具有国际化、专业化、全面发展的新时代校园教育和校园文化。书中所说的“理念危机”“文化障碍”“结构空仓”等问题，是从更广的范围来探讨学校教育和学生团体、教师、家庭以及社区之间的重要关系。当然，也有美籍华人学者从“校园文化”角度对我国的高等教育进行了探讨，虽然指的是民国时期。比如，[美] 叶文心：《民国时期大学校园文化（1919～1937）》，冯夏根等译，中国人民大学出版社 2012 年版。该书以民国时期的大学为研究对象，主要分析了北京的清华大学、北京大学，上海的圣约翰大学、交通大学、上海大学、复旦大学和中国公学等京、沪两地大学不同的办学风格、校园文化，及其与上海经济、民国政治、国民政府教育政策的互动关系，从而指出，民国时期因科举制度在 1905 年被废除，大学培养的新型知识精英从此和国家官僚体制断了钩，大学里讲授的专业知识和国家政党所着意灌注的意识形态也断了钩，这一变革，则导致文化、社会和政治关系的彻底重组，使北京、上海和南京的高等院校跟主政者的关系在 1919 年到 1937 年间必然产生分疏。

国外的高校校园文化、公寓管理、学生住宿等问题的研究即使有一些，但相比国内的研究成果还是要少得多，所以，本书在此不就此选题对国外相关研究进行总结和评述，只是在后文“他山之石”部分讨论相关问题时述及。

相反，在我国学界，对这一选题的研究，已经有了一些成果。遗憾的是，这些成果主要散见在以“校园文化”和“大学生思想政治教育”为主题的研究之中，并且有以下几个特点：

第一，最新的研究成果中偏实践性总结的较多。所谓最新的是指近十年来，实践性总结，主要是指以某个高校或某类高校的相关工作为着眼点。

比如，《品牌领航——高校校园文化品牌建设理论与实践》〔1〕一书，以杭州师范大学为典型，指出其秉持“人文学堂，艺术校园”的办学特色，根据自己的文化积淀、学科优势和办学特点，论述了建设一流的大学，就必须注重校园文化品牌培育，打造自己专有的无可替代的校园文化品牌。它梳理了杭州师范大学不同的文化载体和活动形式，展示了其共青团组织近年来在校园文化品牌建设中取得的优异成绩，从而总结了其提高校园文化品位和魅力的经验。《文化·力量——大学校园文化建设》〔2〕一书分上下两篇，虽然上篇为理论意蕴，不过，在下篇，就以华南理工大学的大学校园文化建设以及思想政治教育活动对大学文化建设的意义为论述点，进行了经验式总结。《新时期特殊教育学校校园文化建设与研究》〔3〕是以特殊教育对象

〔1〕 王利琳主编：《品牌领航》，中国书籍出版社2017年版。

〔2〕 王丹平主编：《文化·力量 大学校园文化建设》，华南理工大学出版社2016年版。

〔3〕 梁纪恒：《新时期特殊教育学校校园文化建设与研究》，中国轻工业出版社2016年版。

为研究着力点。《高校校园文化论》[1]一书虽然从多个角度对高校校园文化的建设进行了探讨、研究，但它论述的重点是在高校校园文化与素质教育、就业教育、安全教育、网络教育等相关方面的关系上。《文化的力量：高校校园文化建设理论与实践》[2]一书则是教育部思想政治工作司对相关高校校园文化建设的经验进行的汇编式总结。《高职院校校园文化建设理论与实务》[3]一书分为四篇（十六章），它系统阐述了校园文化建设在高职院校工作中的地位，强调校园文化环境、氛围对实现高职院校教育理念的巨大作用，落脚点当然是在实践上。《校长怎样抓校园文化》[4]一书则是一本完全从实践操作层面来探讨如何建设中小学校园文化的讲话稿。《学校文化力建设策略》[5]一书试图从不同类型的特色学校中选择一些学校文化建设的典型案例分别进行分析和点评，其实就是典型经验汇编。

当然，也有些研究虽然出发点是计划在理论上有所深挖，但论述的过程仍过多停留在实践层面。比如，《中国高校校园文化冲突研究》[6]一书虽然以文化人类学、教育社会学、管理学等学科中关于文化冲突的理论为基础，但在探讨过程中，大多针对我国高校校园文化与外界（西方文化和高校外文化）文化之间、高校校园文化内部不同群体之间文化（亚文化之间）的冲突，它实际上仍是实践性的描述。

---

〔1〕 刘维娥：《高校校园文化论》，中国书籍出版社2016年版。

〔2〕 教育部思想政治工作司组编：《文化的力量：高校校园文化建设理论与实践（第七辑）》，中国书籍出版社2015年版。

〔3〕 姚海涛：《高职院校校园文化建设理论与实务》，科学出版社2010年版。

〔4〕 么加利、石连海主编：《校长怎样抓校园文化》，天津教育出版社2009年版。

〔5〕 袁先潋：《学校文化力建设策略》，西南师范大学出版社2009年版。

〔6〕 于滨：《中国高校校园文化冲突研究》，中国社会科学出版社2016年版。

第二，成果中“汇编”类偏多，而“专著”类较少。作为一种科研成果，“汇编”与“专著”当然各有其价值。但是，从理论研究要注重“专”、“精”以及“作者特色”的角度看，“专著”给参考者的启发意义则要大得多。

比如，《高校思想政治教育与校园文化建设研究》[1]是从大学生思想政治教育角度对校园文化进行的研究汇编。《校园文化视野下的学校德育研究》[2]一书是从校园文化的功能、构建原则及相关分类角度，对如何做好学校德育工作进行了汇编。《文化建设视域中的思想政治教育》[3]一书则是从文化建设角度对大学生思想政治教育进行了研究汇编。它从文化建设与文化自觉、核心价值与先进文化、传承创新与文化育人三个方面，编辑了包括“论高校文化发展与文化自觉”“文化与软实力”“公民素质与国家文化软实力”等30篇文章。《大学校园文化建设研究述评》[4]一书是教育部高等学校社会科学发展研究中心为进一步推动大学校园文化的理论与实践研究而组织编写的，比较系统地梳理了2009年以来校园文化发展研究的主要成果，并作出了简要评析。《名校校园文化构建力》[5]一书从那些成功进行校园文化构建的中小学名校中遴选出每一种校园文化构建的经典案例进行了汇编。《美国大学校园文化概览》[6]一书是国内

---

〔1〕 黎野等主编：《高校思想政治教育与校园文化建设研究》，九州出版社2015年版。

〔2〕 刘军主编：《校园文化视野下的学校德育研究》，合肥工业大学出版社2012年版。

〔3〕 李宣海主编：《文化建设视域中的思想政治教育》，东华大学出版社2012年版。

〔4〕 教育部高等学校社会科学发展研究中心编：《大学校园文化建设研究述评》，教育科学出版社2011年版。

〔5〕 岳春峰主编：《名校校园文化构建力》，西南师范大学出版社2009年版。

〔6〕 刘升民主编：《美国大学校园文化概览》，重庆大学出版社2008年版。

学者从美国学生丰富多彩的校园生活、平时打工生活和毕业后的就业前景等多角度对美国高校校园文化的梳理。《全球化时代北京高校校园文化安全面临的挑战与思想政治教育对策研究》[1]是从文化安全角度对北京地区高校运用思想教育方式应对校园文化安全面临的挑战的成果汇编。《高校校园文化概论》[2]一书透过高校校园文化现象分析其本质，透过高校校园文化历史寻找其发展规律；以感性认识为基础，把高校校园物质文化、标志性文化、文化识别系统等实体进行理论升华，并对其应用结构和理论结构进行了划分和概括。尤其是在宿舍文化建设方面，该书认为，环境载体建设也是一种重要的育人途径。这些都是该书值得称道的地方。遗憾的是，它也是一本“汇编”式著作，主编和副主编就有 4 人，参与编写的还有 6 人。《北京大学校园文化》[3]则不仅是一本针对特定高校校园文化探讨的著作，而且也是一本工作总结形式的汇编。《校园文化论》[4]对校园文化的性质和功能进行了深入的探讨，如对校园文化的主客体关系，校园文化的营造原则、内容和管理，文化继承与创新的关系以及如何培养、形成校园文化精神等，都作了详细的阐述。遗憾的是，这些阐述是散乱的。一本 17 万字的书，主编和副主编就有 4 人。更早一本的《校园文化论》[5]提出“学校无小事，事事是教育；教师无小节，处处当楷模”“要把校园建设成一支曲子、一首诗，要让环境每时每刻都说话，让环境在潜

---

〔1〕 刘春梅主编：《全球化时代北京高校校园文化安全面临的挑战与思想政治教育对策研究》，南海出版公司 2008 年版。

〔2〕 孙庆珠主编：《高校校园文化概论》，山东大学出版社 2008 年版。

〔3〕 关成华主编：《北京大学校园文化》，北京大学出版社 2004 年版。

〔4〕 王邦虎主编：《校园文化论》，人民教育出版社 2000 年版。

〔5〕 陈宗伟等编著：《校园文化论》，河北教育出版社 1996 年版。

移默化中陶冶人、教育人”等建设理念诚然很好，但它的内容是由6个人参与汇编而成。《校园文化建设导论》〔1〕集多人的论述为一体。《论校园文化》〔2〕一书则是本书所能查找到的年代较早的有关校园文化论述的汇编。

当然，也有一些从形式上看体现为“专著”的研究，作者在论述过程中，涉及相关材料，常常也是采取汇编的形式。比如，《和谐文化建设视野中的思想政治教育研究》〔3〕《校园文化建设与大学生全面发展》〔4〕《校园文化与大学生品格发展》〔5〕《学校文化建设新思路：主动生成》〔6〕《学校发展规划与校园文化建设》〔7〕《和谐校园构建与思想政治教育创新研究》〔8〕《高校校园文化建设》〔9〕《女校校园文化透视》〔10〕《新疆高校校园文化建设研究》〔11〕等著作看似是从诸如和谐文化、安全文化、大学生全面发展、学生人格发展以及校园文化建设与学校思想政治工作、校风与学风建设等角度对校园文化展开论述，甚至是从女子学校、

〔1〕 杨新起、吴一平主编：《校园文化建设导论》，华中师范大学出版社1993年版。

〔2〕 高占祥主编：《论校园文化》，新华出版社1990年版。

〔3〕 邓福庆：《和谐文化建设视野中的思想政治教育研究》，人民出版社2014年版。

〔4〕 刘德才：《校园文化建设与大学生全面发展》，中国时代经济出版社2014年版。

〔5〕 王思名：《校园文化与大学生品格发展》，河北教育出版社2013年版。

〔6〕 李伟胜：《学校文化建设新思路：主动生成》，北京师范大学出版社2012年版。

〔7〕 李亦菲、蔡绪银主编：《学校发展规划与校园文化建设》，天津教育出版社2008年版。

〔8〕 李萃英、秦玉良主编：《和谐校园构建与思想政治教育创新研究》，吉林大学出版社2008年版。

〔9〕 陈强：《高校校园文化建设》，湖北教育出版社2006年版。

〔10〕 成荷萍等：《女校校园文化透视》，中国社会科学出版社2006年版。

〔11〕 崔光莲等：《新疆高校校园文化建设研究》，西南财经大学出版社2014年版。

区域学校角度对校园文化展开论述，但论述的内容在形式上仍多是汇编。

不过，也有题为“研究”，实则专著的著作。比如，《校园文化与学校德育模式的创新研究》[1]就是一本直面校园文化建设与大学生思想政治教育关系的专著。该书从文化与教育的密切联系出发，挖掘校园文化的教育特色和德育功能，指出了建构学校德育创新模式“确定理念、建构内容、制定评价机制”的三个环节，尝试在校园文化视域下建构起主体发展性学校德育模式。

第三，成果中以“宿舍文化”或“公寓文化”作为明示标题的研究极少。在本人通过多方途径，所能查阅到的资料中，明确以“公寓文化”或“宿舍文化”作为著作标题的只有三本，分别是《高等学校学生宿舍文化简论》[2]《大学生公寓文化建设研究》[3]《基于公寓文化建设的大学生思想政治教育》[4]。

《高等学校学生宿舍文化简论》是本研究所能查找到的资料中最早的一本书名标题中含有“宿舍文化”的著作。该书两位作者张民杰、孔剑平都曾在山西大学后勤部门从事管理工作。全书被分成总论和三篇十三章。作者结合自己的工作实践，提出加强宿舍文化建设，创建健康、和谐、文明的育人环境，是把学生工作和后勤工作结合起来的一种有效途径，是真正做到齐抓共管，将管理职能、服务职能与育人宗旨结合起来的一种重要载体，是深化宿舍管理、加强学生教育的一个重要课题。

---

〔1〕 余守萍：《校园文化与学校德育模式的创新研究》，中国社会科学出版社2014年版。

〔2〕 张民杰、孔剑平编著：《高等学校学生宿舍文化简论》，山西人民出版社2001年版。

〔3〕 丁笑生：《大学生公寓文化建设研究》，中国社会科学出版社2015年版。

〔4〕 王晓红等：《基于公寓文化建设的大学生思想政治教育》，国防工业出版社2015年版。

该书对宿舍文化的定义是："所谓宿舍文化，是指在高校校园环境中，以学生为主体，以宿舍及其周围场所为主要活动空间，以健康有益、积极向上的课外活动为主要活动内容，以校园精神为主要特征的一种全体学生共同创造和享受各种文化形态的群体文化。"[1]此定义指出宿舍文化的建设者和创造者只有学生，实有欠缺。但该书认为，宿舍文化不仅与管理有关系，与宿舍的建筑、绿化美化、装饰布置等硬件建设也有关系，确有启发意义。可以说，该书在理论上的探寻，成果并不彰显，但其对实际工作的意义，却具有直接借鉴操作的价值。它提示实际工作者：学生宿舍的管理与服务，不仅要考虑到物质层面、制度层面、还要考虑到学校的教育层面、学生的心理层面；管理与服务、教育与引导都是手段，以人为本、以学生为主体才是目的。

《大学生公寓文化建设研究》是河南师范大学时任党委学工部副部长丁笑生副教授基于其博士论文而形成的一篇标题明确含有"公寓文化"的专著。所以，这本专著和其博士论文的体系是一致的，分为绪论和七章。该书对宿舍文化和公寓文化进行了区分，"宿舍文化是校园文化的一种亚文化，以宿舍成员共同建立和长期形成的价值观为核心，涉及宿舍生活各方面的群体意识、行为规范和价值标准等反映和传播的各种文化现象的总和"[2]。"与公寓文化相比，宿舍文化只是公寓文化的一个细胞，是公寓文化的重要组成部分和有益补充。"[3]作者认为，宿

---

〔1〕 张民杰、孔剑平编著：《高等学校学生宿舍文化简论》，山西人民出版社 2001 年版，第 9 页。

〔2〕 丁笑生：《大学生公寓文化建设研究》，中国社会科学出版社 2015 年版，第 3 页。

〔3〕 丁笑生：《大学生公寓文化建设研究》，中国社会科学出版社 2015 年版，第 3 页。

舍文化有个缺陷，即随着大学生的毕业离校，其特有的优秀成分随之消失，不具有传承性和可持续性。这种观点是有待商榷的。那么，大学生公寓文化具有传承性和可持续性吗？“大学生公寓文化是以公寓为载体，以教师为主导，以学生为主体，以部门联动为机制，以环境建设为基础，以制度建设为保障，以传承创新为原则，以校园和谐为目标，以社会主义核心价值观为内容，以思想政治教育进公寓为途径，以文化活动为平台，以学生成才为核心等，在潜移默化中产生富有思想性、知识性、趣味性的文化。”[1]可见，作者认为是有的。看来，作者仅是把“宿舍”等同于一个个房间或“寝室”看待、把“公寓”视同为一栋栋楼及其公共区域看待。但他认为宿舍文化仅是公寓文化的一种表现，不具有传承性，只是把文化视为人的附着物，人走文流，这是有偏颇的。因为，传承性是文化必然具有的属性；如果不具备，那样的文化也是僵化的，必然会被时间之河冲走。当然，作者的论述，对于本书进一步思考高校学生公寓文化是有启发的。至于该书作者谈到的大学生公寓文化建设中存在的问题、大学生公寓文化建设的原则、大学生公寓文化建设的路径、确保大学生公寓文化建设成功而需要的评估等，相对来说，都是中规中矩的论述。

《基于公寓文化建设的大学生思想政治教育》是一本从标

---

〔1〕 丁笑生：《大学生公寓文化建设研究》，中国社会科学出版社 2015 年版，第 21 页。注：仅从一个定义的完整性和概括性来说，本书认为作者的定义至此应该结束。遗憾的是，作者没有在此用句号结束语句，而是继续说道“凝聚浓厚的校园精神和人文气息，彰显大学生的朝气蓬勃和激情满怀，启迪大学生奋发向上和敢于担当，陶冶大学生的道德情操和高尚品格，丰富大学生的文化生活和精神世界，对学校校风、教风、学风的形成具有积极作用”实是有点让人莫名。在这个定义中，后半部分谈的是大学生公寓文化的功能，最多算是一个完整定义的补充，而不应该放在定义中。

题上看，直接将手段和目的点明的专著。该书认为，“公寓文化是以学生公寓及周边场所为主要载体，以课外活动为主要内容，以校园精神为主要特征的一种师生共同创造、共同享有的群体文化，是在大学校园的学生公寓中长期形成的、相对稳定的物质形态和精神形态的总和，具有导向、激励、凝聚、规范、调节等功能，对大学生的思想、心理、行为产生潜移默化的影响”〔1〕。同时，在该书作者看来，公寓文化的内涵应该包括精神文化、物质文化、制度文化和行为文化四个方面。其中，精神文化是核心和灵魂，物质文化既是表层也是基础，制度文化是保障，行为文化是表现。同时，此书对党建工作、创新创业教育、心理健康教育、资助育人工作、安全教育、社团建设工作进公寓进行了理论与实践的探讨，并探讨了如何加强公寓文化队伍建设。这些认识和探讨对本书来说都具有较强的借鉴意义。

第四，标题中含有“宿舍”、“公寓”及“后勤”关键词的著作，对于本书也有直接的借鉴价值。在这些著作中，有的则对二十世纪八九十年代我国高校学生宿舍功能、特点、管理职能及学生宿舍在学校教育活动中的地位和作用进行了论述，论述的角度主要从学生宿舍的建筑设施、设备、环境条件及管理范围、内容、工作程序、管理目标、监督与控制等，目的是探索和研究当时我国高等学校学生宿舍管理体制、管理模式、运行机制及管理改革的发展趋势，从而实现科学管理。比如，《高等学校学生宿舍管理备览》〔2〕和《高等学校学生宿舍

〔1〕 王晓红等：《基于公寓文化建设的大学生思想政治教育》，国防工业出版社2015年版，第4页。

〔2〕 徐龙伟、孔剑平主编：《高等学校学生宿舍管理备览》，山西人民出版社1995年版。

管理》[1]。有的是从宿舍环境建设的角度，分析宿舍环境对大学生成长成才具有重要的影响，比如《宿舍环境对大学生学习的影响研究》[2]。有的是作为一种实践工作成果的经验式交流和总结，如《研究与交流——北京高校后勤学生公寓工作研究》[3]《高校学生公寓管理服务规范与安全卫生管控方案实用手册》[4]《走进公寓走进家：公寓文化巡礼》[5]《山东大学学生公寓管理服务规范》[6]。有的是从生态学、文化设计或科技信息发展的角度，论述学生公寓如何建设或管理，如《生态学生公寓》[7]《文化营造：世界当代大学建筑设计》[8]《学生公寓

---

〔1〕 庄士钦主编：《高等学校学生宿舍管理》，北京邮电学院出版社 1989 年版。

〔2〕 郑雨欣等：《宿舍环境对大学生学习的影响研究》，西南财经大学出版社 2014 年版。

〔3〕 北京高校后勤管理研究会学生公寓专业委员会编：《研究与交流——北京高校后勤学生公寓工作研究》，首都师范大学出版社 2003 年版。

〔4〕 孙克波主编：《高校学生公寓管理服务规范与安全卫生管控方案实用手册》，高等教育出版社 2013 年版。

〔5〕 本书编写组编：《走进公寓走进家：公寓文化巡礼》，江西人民出版社 2003 年版。该书包括“公寓建筑，唱响人文”“外部环境，优雅美观”“视觉文化，多姿多彩”“精神风貌，务实创新”等 7 个专题，收录了 32 篇文章。

〔6〕 刘相金主编：《山东大学学生公寓管理服务规范》，济南出版社 2010 年版。

〔7〕 王崇杰等：《生态学生公寓》，中国建筑工业出版社 2007 年版。该书详尽地阐述了山东建筑大学生态学生公寓的各项生态建筑技术的基本原理、设计方法、系统特性、经济技术评价等内容，从而说明山东建筑大学的学生公寓就是基于生态建筑理念设计并建成的一个旨在展示、试验、培训、推广生态建筑技术的生态学生公寓。

〔8〕 伊峻慷：《文化营造：世界当代大学建筑设计》，江苏人民出版社 2013 年版。该书围绕“功能决定形式”和“精神决定特质”展开，表达了大学是文化传播的中心，是人类的精神家园的理念。它收集了 40 余个国外新颖的大学建筑案例，包括教学楼、图书馆、学生公寓、研究所等不同建筑类型。它选用 1500 余张精美图片与设计线稿，从建筑设计、功能布局、空间组织等多个角度对大学建筑进行详尽地分析和解读。

信息化建设的实践与思考——以清华大学为例》[1]。有的则是地方相关高校公寓建设，确切说是文明寝室建设的经验总结，如《一室寓我情》[2]。有的或以专著或以论文集形式，对高校学生公寓建设的路径或方向进行了探讨，如《社区化：大学生公寓管理改革路径》[3]《高校学生公寓管理探索》[4]。

第五，通过“中国知网”查找到的相关资料。[5]

以与本书同名为标题查找，在“期刊”项目下，查找到以“公寓文化”为篇名的论文有389篇。其中，加上“大学生”作

---

〔1〕 聂风华主编：《学生公寓信息化建设的实践与思考——以清华大学为例》，清华大学出版社2009年版。该书认为，信息技术在高校中的广泛应用必将有效地促使教育现代化及管理信息化，学生公寓区的信息化建设是学校后勤信息化建设中重要的一环。为了实现“提高管理效率，提升服务质量，逐步完善学生公寓的育人功能，满足当前高等教育对后勤保障提出的高水平要求”的目的，在当前高校学生公寓管理与服务中，解决相关问题的有效途径是在过程中的各环节广泛运用以计算机技术为基础的各种先进技术，推进学生公寓管理的信息化建设步伐。为此，本书以清华大学学生公寓十年信息化建设经验为典型，对学生公寓信息化过程中面临的规划设计、设备部署及维护、管理及服务应用、信息集成及综合利用、保障体系建设等方面进行详细论述，尤其是对信息化建设在公寓育人、安全工作中的应用进行深入分析。

〔2〕 刘奇主编：《一室寓我情》，浙江工商大学出版社2016年版。该书是浙江省首部全面反映大学生文明寝室创建的著作。该书从建设整洁有序的寝室卫生环境、营造积极向上的寝室文化氛围、健全功能完备的寝室服务体系、完善职责明晰的寝室管理机制等几个方面，盘点了浙江省高校在一段时期内创建文明寝室过程中的经验和成绩。

〔3〕 吴泽俊等：《社区化：大学生公寓管理改革路径》，江西高校出版社2015年版。该书结合现代社区的发展，扼要总结了国内外高校学生住宿管理的变迁，归纳了中外高校学生社区（公寓）管理的异同，着重从经济建设、政治建设、文化建设、社会建设和生态文明建设五个维度建构了高校学生社区建设的新框架。

〔4〕 徐岩、王勋主编：《高校学生公寓管理探索》，电子科技大学出版社2014年版。该书为论文集，包括学生公寓文化建设，论高校学生公寓文化构建，关于高校学生公寓文化建设的思考，浅谈“90后”大学生公寓文化建设面临的挑战及策略，高校寝室文化建设与人才培养，论学生公寓文化建设，谈大学生公寓建设中硬环境下的文化建设，学生公寓文化建设等。

〔5〕 注：本书查找的资料起止时间分别以中国知网有相关记录的起始时间为起点，截止于2017年6月。

为限定词，以“大学生公寓文化”为篇名的论文有96篇，加上“高校”作为限定词，以“高校公寓文化”为篇名的论文有170篇。可见，大家所谈论的公寓文化，一般指的就是高校公寓文化或者大学生公寓文化。遗憾的是，这些论文所发表的刊物多数非教育类刊物。从与高校思想政治教育等主题有关的刊物上寻找相关的论文，发现代表性观点有：贺治成、李辉从文化公寓角度提出要建设公寓文化，“文化公寓是一种广义的、深层次的公寓文化，是一种完全不同的、新的公寓文化观，是通过公寓文化不断内化为大学生行为素质的动态的生成过程所形成的充满活力、创造力和人文精神的教育环境。文化公寓的内涵，不仅包含狭义的公寓文化即公寓文化活动，而且也内在于公寓的内涵、制度、器物和活动之中”〔1〕。罗冲从思想政治教育视角提出：“公寓文化具有主动性、潜在性、多样性和稳定性等特征，在建设中要找准培养学生的‘三自’能力、‘三观’意识和借助有效载体强化学生文明素养教育等着力点，完善公寓文化建设的激励和监督机制，全面提升高校人才培养的综合素质。”〔2〕王伟等在分析了公寓文化建设的现状，在辅以清华大学物业管理中心工作案例的基础上，从建立健全本科生学生公寓文化建设的体制与机制等方面详细阐述了高校公寓文化建设的思路，提出“要建立健全学生公寓文化建设的体制和机制，为公寓文化的持续建设和长远发展提供制度保障”〔3〕。吴汉龙从

〔1〕 贺治成、李辉：“从公寓文化到文化公寓：高校校园文化建设的新视角”，载《学校党建与思想教育》2012年第22期。

〔2〕 罗冲：“思想政治教育视角下的高校学生公寓文化建设”，载《学校党建与思想教育》2012年第12期。

〔3〕 王伟等：“本科生学生公寓文化建设的体制与机制初探”，载《学校党建与思想教育》2012年第25期。

高层学生公寓的角度，不仅论述了一般公寓文化建设的共性，同时，针对高层学生公寓具有楼层高、规模大、居住学生集中、人口密度大等特点，提出了独特的高层学生公寓文化建设问题，尤其是针对硬件建设问题，“高层学生公寓应在建设过程中充分考虑学生公寓文化建设的重要性与必要性，充分认识各类配套设施在公寓文化建设过程中的作用，合理科学地做好各项硬件设施的建设，保证公寓文化建设拥有良好的硬件基础”〔1〕。何登溢从网络教育视角提出，大学生公寓是大学生学会做人、学会做事、学会生存的重要场所，大学生公寓和谐文化建设是新时期加强和改进大学生思想政治工作的需要。“网络时代，大学生公寓和谐文化建设在物质文化、制度文化、行为文化和精神文化四个层面面临着新的机遇和挑战，为此，高校必须建立一套行之有效的大学生公寓管理体系和思想政治教育工作网络，充分发挥大学生公寓和谐文化促进大学生健康成长、成人、成才的作用”〔2〕等。这些观点或论述的思路对本书的研究都是一种参考。

在“博硕士”项目下，查找到以“公寓文化”为题名的论文有9篇。其中，博士论文1篇，即前文提到的河南师范大学的丁笑生毕业于南京师范大学的博士论文“大学生公寓文化建设研究”〔3〕；硕士论文8篇，分别是“烟台大学生公寓文化建设研究”〔4〕“以马克思主义为指导的高校学生公寓文化建设研

〔1〕 吴汉龙：“高层学生公寓文化建设的过程性思考”，载《高校后勤研究》2011年第6期。

〔2〕 何登溢：“关于网络时代大学生公寓和谐文化建设的思考”，载《教育理论与实践》2010年第27期。

〔3〕 丁笑生：“大学生公寓文化建设研究”，南京师范大学2014年博士学位论文。

〔4〕 梁静：“烟台大学生公寓文化建设研究”，鲁东大学2015年硕士学位论文。

究”[1]“大学生公寓文化的思想政治教育功能研究”[2]“论高校公寓文化与大学生思想政治教育”[3]“思想政治教育视域下的大学生公寓文化建设研究”[4]“大学生公寓文化建设的理论与实证研究”[5]“高校和谐校园建设背景下的学生公寓文化建设研究——以大理学院为例”[6]“高校学生公寓文化研究”[7]。从这些论文标题可以看出，高校公寓文化一般指的就是大学生公寓文化。

当然，在前文已经提到，在查找资料时，我们所要谈论的核心词“公寓文化”，事实上也可以用“宿舍文化”“寝室文化”替代。所以，本书在查找、借鉴材料时不对这三个词作区别对待。因此，为了全面，在查找相关资料时，我们还应查看以“宿舍文化”“寝室文化”为核心词的对应资料。

在“期刊”项目下，查找到以“宿舍文化”为标题的论文数量是655篇，每年呈递增趋势。遗憾的是，这些论文大多数并不是发表在为学界所公认的较为知名的有关大学生思想政治教育、校园文化建设、后勤管理育人等专业性期刊上。进一步梳理发现，在来源类别为“核心期刊”项目下，显示只有14

---

〔1〕刘明明：“以马克思主义为指导的高校学生公寓文化建设研究”，长春师范大学2014年硕士学位论文。

〔2〕张姗姗：“大学生公寓文化的思想政治教育功能研究”，湖南大学2013年硕士学位论文。

〔3〕刘鹤龄：“论高校公寓文化与大学生思想政治教育”，安徽大学2013年硕士学位论文。

〔4〕黎媛：“思想政治教育视域下的大学生公寓文化建设研究”，西南石油大学2012年硕士学位论文。

〔5〕钱波：“大学生公寓文化建设的理论与实证研究”，江苏大学2010年硕士学位论文。

〔6〕王焕伟：“高校和谐校园建设背景下的学生公寓文化建设研究——以大理学院为例”，大理学院2010年硕士学位论文。

〔7〕汪润：“高校学生公寓文化研究”，华东师范大学2009年硕士学位论文。

篇，并且还都是2014年之前发表的。比如，崔海浪提出，“高校宿舍是大学生日常生活与学习的重要场所之一，是课堂之外对大学生进行思想政治和素质教育的重要阵地。高校宿舍文化建设是新时期加强和改进大学生思想政治工作的重要内容，是对学生进行养成教育和检验思想政治教育成果的重要途径。”〔1〕石沁禾提出：“宿舍文化是校园文化的重要分支，是高校开展思想政治教育的重要载体，具有思想政治教育的功能，在理论和实践中拓展了高校思想政治教育载体的研究，从而在一定程度上丰富了校园文化和思想政治教育研究。”〔2〕董应龙从西方国家高校中的住宿学院制角度，论述了学院制的起源和发展，并逐步形成了独特的制度特色和文化特色的过程，从而提出西方住宿学院制对我国高校宿舍制度和文化建设有如下启示：“高校应更新管理理念，重视宿舍的教育功能；应改革宿舍统一分配制度；应完善导师制；应组织和开展丰富多彩的宿舍文化生活。”〔3〕也有的学者从民办高校、后勤社会化改革角度对高校宿舍文化建设进行了研究。

在来源类别为“博硕士”项目下，显示以“宿舍文化”为标题的论文有6篇，全部为硕士论文，分别是“高校后勤社会化背景下的大学生宿舍文化建设研究”〔4〕“思想政治教育视野下

〔1〕 崔海浪：“浅论高校宿舍文化建设”，载《山西师大学报（社会科学版）》2014年第S4期。

〔2〕 石沁禾：“宿舍文化建设：高校思想政治教育的新载体”，载《社会科学家》2013年第9期。

〔3〕 董应龙：“西方住宿学院制对我国高校宿舍制度与文化建设的启示”，载《教育探索》2014年第10期。

〔4〕 张晓红：“高校后勤社会化背景下的大学生宿舍文化建设研究”，曲阜师范大学2016年硕士学位论文。

高校宿舍文化建设研究"[1]"高校宿舍文化建设研究"[2]"高校宿舍文化建设与大学生思想政治教育研究"[3]"高校和谐宿舍文化建设研究——以陕西师范大学为个案"[4]"山东省高校宿舍文化建设调查研究"[5]。从标题可以看出，后勤社会化、大学生思想政治教育等，都是对高校宿舍文化建设进行研究的一种视角。

截至2019年6月，如果以"宿舍文化"作为主题，查找到的论文数量则有5250条。以"校园文化"为篇名查找，在"期刊"项目下，查找到的论文数量则有21 306篇；在"博硕士"项目下，查找到的论文数量则有1039篇。可见，外延越大的核心词，对之论述的论文数量越多；同样的核心词，作为"主题"讨论的论文数量也要远远多于作为"标题"讨论的论文数量。进一步，在"期刊"项目下，若在"宿舍文化"前加上限定词"大学生"，即以"大学生宿舍文化"为标题，查找到的论文数量是319篇；若在"宿舍文化"前加上限定词"高校"，即以"高校宿舍文化"为标题，查找到的论文数量是255篇。也就是说，我们所要谈论的宿舍文化，事实就是大学生宿舍文化或高校宿舍文化。类同，在"博硕士"项目下，若以"大学生宿舍文化"为题名，查找到的论文数量是17篇；若以"高校宿舍文

---

〔1〕 赵频："思想政治教育视野下高校宿舍文化建设研究"，中北大学2016年硕士学位论文。

〔2〕 王昀："高校宿舍文化建设研究"，上海师范大学2012年硕士学位论文。

〔3〕 王南甫："高校宿舍文化建设与大学生思想政治教育研究"，重庆工商大学2011年硕士学位论文。

〔4〕 王维："高校和谐宿舍文化建设研究——以陕西师范大学为个案"，陕西师范大学2010年硕士学位论文。

〔5〕 颜廷芬："山东省高校宿舍文化建设调查研究"，曲阜师范大学2008年硕士学位论文。

化”为题名，查找到的论文数量是11篇。这从数量上印证，人们所要谈论的高校宿舍文化事实上就是大学生宿舍文化。

在“期刊”项目下，查找到以“寝室文化”为篇名的论文有376篇。其中，分别加上“大学生”“高校”作为限定词，查找到的论文数目则对应是124篇、119篇。在“博硕士”项目下查找以“寝室文化”为题名的论文有10篇，分别是：“基于企业文化视角的高职学习型寝室文化建设研究”〔1〕“当代大学生寝室文化内容与影响因素的研究”〔2〕“大学生寝室文化建设的研究”〔3〕“论新形势下高校寝室文化的传承与发展”〔4〕“寝室文化在大学生思想教育中的作用探究”〔5〕“新时期高校寝室文化建设研究”〔6〕“新时期大学寝室文化研究”〔7〕“大学生寝室文化现状与影响因素研究——对武汉某高校的调查分析”〔8〕“高校寝室文化建设之研究”〔9〕“性别与大学生寝室文化——对华中科技大

〔1〕 黄喜云：“基于企业文化视角的高职学习型寝室文化建设研究”，湖南师范大学2015年硕士学位论文。

〔2〕 郭艳蕊：“当代大学生寝室文化内容与影响因素的研究”，安徽大学2014年硕士学位论文。

〔3〕 白云：“大学生寝室文化建设的研究”，沈阳航空航天大学2013年硕士学位论文。

〔4〕 尚飞：“论新形势下高校寝室文化的传承与发展”，齐齐哈尔大学2013年硕士学位论文。

〔5〕 金川：“寝室文化在大学生思想教育中的作用探究”，西南大学2011年硕士学位论文。

〔6〕 梅应贤：“新时期高校寝室文化建设研究”，贵州大学2011年硕士学位论文。

〔7〕 高珊：“新时期大学寝室文化研究”，武汉理工大学2008年硕士学位论文。

〔8〕 李向东：“大学生寝室文化现状与影响因素研究——对武汉某高校的调查分析”，华中农业大学2007年硕士学位论文。

〔9〕 温海燕：“高校寝室文化建设之研究”，江西师范大学2006年硕士学位论文。

学本科生寝室文化的调查研究”[1]。

可见，不管是以“公寓文化”“宿舍文化”，还是以“寝室文化”为题查找相关博士、硕士论文研究成果，所见数量都不多；虽然在“期刊”项目下查找到的论文数量较多，但质量参差不齐。

二、研究的思路

从空间来看，高校学生公寓是个小天地，因为住进了不同的人群，就有了从教育学、管理学、社会学、心理学、建筑学等各个学科角度进行研究的可能性和必要性。选择“高校学生公寓文化建设研究”为主题开展理论与实践的探讨，如何出发，如何起承转合，如何落脚，是确保研究思路清晰的关键。本书整体上分为五章，分别是导论和学生公寓文化建设的学理支撑及理论依据、历史梳理及当下发展、当前挑战及经验借鉴、现实路径及趋势应对。

在第一章导论中提出，21 世纪初，后勤社会化背景下，教育部发布的有关要做好学生公寓建设的相关文件是展开本书研究的历史背景；当下中华民族伟大复兴及文化复兴，尤其是高等教育改革“双一流”建设的提出，是本书研究得以展开的重大现实背景。因此，本书研究的开展，对顺应和引领高等教育进一步发展、丰富和拓展大学生思想政治教育渠道、探索和构建学生公寓管理与服务新模式、补充和完善学生成长成才和立德树人途径都有现实的意义。同时，它对教育管理理论研究的进一步深入、校园文化建设研究的进一步拓宽、大学生思想政治教育新途径的进一步探索等都具有不可或缺的理论意义。随

[1] 胡小美：“性别与大学生寝室文化——对华中科技大学本科生寝室文化的调查研究”，华中科技大学 2006 年硕士学位论文。

之，文章利用文献研究法，通过查阅及比较相关专著、汇编、论文，对学生公寓文化建设研究的现状进行了较为全面的总结和梳理。研究思路和方法的概述，是题中应有之义。当然，研究的重点、难点和创新点也必须在此点明。这三个点所叙述的其实就是整个文章论述的“眼”。

在第二章中指出，研究得以展开需要一定的学理支撑，即理论的大厦需要基础。所以，对“文化”与“社会主义核心价值观”、“校园文化”与“立德树人”以及“高校学生公寓文化”相关概念进行界定是科学地进行研究的前提；对建设高校学生公寓文化的价值所在进行了分析，是理论对实践的一种指引。当然，作为一种与实践紧密相关的研究，是必须要有理论依据的。教育学、管理学和心理学中对应的较为完善的理论，如品德养成及发展规律、协同创新理论、环境暗示理论等，都是很好的借鉴之源。它们共同为研究的科学进行提供了理论的基石。

在第三章中以北京大学为参考的主要样本，对高校学生公寓文化建设的历史进行了梳理。通过梳理，将发现一部学生公寓文化建设史，事实上也是一部教育理念的变化史，尤其是其中住宿形态的变化史，事实上就是从斋舍到宿舍再到公寓以及相应管理形态变化的历史。斋舍主要与中国传统书院及现代大学早期发展时段的精英教育模式相连，宿舍主要与新中国成立后的大学，尤其是高校院系调整后的“苏联模式”的专业教育模式相系，而公寓形态则主要是在21世纪后期社会化改革的背景下蓬勃兴起。从一部学生公寓文化发展史不仅可以看到北京大学学生住宿形态的变化，也可以看到整个国家、社会和整个教育的发展变化。因此，北京大学学生公寓文化建设在新时期的实践尤其值得我们关注。

在第四章中，开篇我们将基于北京大学在学生公寓文化建设过程中所得到的经验和现实的教训，归纳出当前我国高校学生公寓文化建设存在的问题。针对这些问题，我们利用“他山之石”，看看相关高校是如何实践和对应的。经验当然需要借鉴，教训也应该吸取。

在第五章中，高校学生公寓文化建设的现实路径及未来趋势是本章研究的落脚点。前文研究中发现学生公寓文化建设面临的挑战是需要应对的，不足是需要克服的，创新是需要完善的。为此，建设的过程必须坚持相应的原则，必须选择相应的路径。同时，我们还应该对基于从斋舍到宿舍再到公寓的住宿形态做进一步的探讨，指出在新的管理模式下，主体关系法治化、主要责任角色职业化、运行模式社区化趋势将是在大概率上显现的。

最后的结论将指出，学生公寓文化建设的提出，是政策先行，时势驱动。正如经济发达之后，人们有了精神文化的追求；中国经济取得骄人成绩之后，有了文化复兴的期望。学生住宿形态发生变化之后，居住者也有了文化自在其中的期许。而对从事学生公寓工作中的管理者和服务者来说，相应的文化建设既能帮助他们破解在工作中遇到的疙瘩，也能提高自己在工作中的格调。高校在发展过程中，既有内涵式发展的压力，也有外延式扩展的冲动。文化公寓建设则是下一步高校学生住宿文化发展的一种自然选择。

三、研究的方法

任何理论的论证或辨析都有与之相应的方法支撑，任何实践的运行或探索都有与之对应的方法指导。本书根据选择和论述的需要，无论是从结构安排上，还是从内容选择上看，文章都是运用马克思主义辩证法来分析和论述的。当然，具体方法主要有以下四种：

1. 系统分析法。就是先对研究对象各个部分、方面和要素进行深入认识和了解，再把它们联合成一个整体，从整体上进行认识的方法。公寓文化作为校园文化的一部分，包括物质文化、精神文化、制度文化和行为文化，它们看似分散、独立，其实是一个整体。对其论述，则不能不运用系统的综合分析方法。同理，公寓文化建设要想取得实效，是个包括主体多元化、方法多样化、平台多层化的多要素的结合；合力的形成，需要综合的思路。不管是相应机制的实行，还是新型管理模式的构建，都是一个复杂的动态过程，包含着诸多要素和环节。要想深入把握其机制和规律，认清其特征和本质，就必须对其进行整体上的综合思考。

2. 文献研究法。文献研究是论述的前提，就是要对已有的研究成果进行收集、梳理、归纳。本书的文献资料主要包括前人对校园文化的相关论述，尤其是对公寓文化、宿舍文化的论述，不管是专著还是论文，甚至相关报道以及网络内容，所得到的材料都是本书展开研究所需要的。当然，教育部门针对校园文化建设、学生公寓发展、大学生思想政治教育等方面制定的相关政策文件也是文章展开论述很重要的文献来源。

3. 比较研究法。比较研究法就是对彼此有某种内在联系的事物进行对照和比较，揭示事物本质和规律的方法。本书对国内九所高校的实证调研，对我国港、澳、台地区和境外高校在有关学生公寓文化建设方面的梳理，事实上都暗含了比较的思维。既要比较这些高校之间的异同，总结出相应的特色，也要通过比较得出它们对北京大学学生公寓文化建设有什么值得借鉴之处。尤其是，只有对古今中外在住宿之地进行育人的思想与实践进行比较，才能得出关于当下公寓文化如何育人的有益启示。同时，在以北京大学为主要样本对我国高校学生公寓文化建设进行梳理时，虽然用的是历史的思维，但用的也是比较的方法。

4. 行动研究法。行动研究法是由美国学者库尔勒·勒温提出的，旨在把教育实践者从被动转为主动，以及主张研究的终极目的是帮助现在正从事实践工作的研究者从不同角度发现问题，从而使其能够把理论与实践紧密结合起来的研究方法。作为北京大学主要负责学生公寓管理的工作者，本人一直坚持用理论指导实践，并用研究的态度看待自己的工作，因此对学生公寓文化建设有着非常直接的理解和深刻的感悟。

第三节　研究的重点、难点和创新点

一、研究的重点

万丈高楼平地起，图纸设计和夯实地基最重要。

基本概念的界定、学理依据及理论来源就是研究的边界设定和打下的地基。就是说，本书的第二章是重点。在第一节，高校公寓文化作为核心范畴当然是最重要的地基。为了夯实这块地基，文章主要对“文化”、“社会主义核心价值观”、“校园文化”和“立德树人”四个概念进行辨析。文化的核心及发展方向其实是由价值观决定的，进一步说，当然是由核心价值观决定的。社会主义文化的发展方向就是由社会主义核心价值观决定的，后者也是前者的灵魂。不管校园文化如何发展，公寓文化如何建设，根本都是应该为立德树人服务。即是说，在立德树人这个根本目标之下，学生公寓文化建设只不过是一个载体和平台，校园文化建设的功用也是如此。那在这样的载体之中，平台之上，如何实现育人目标呢？首要以社会主义核心价值观作为指引。可见，这些概念是相互有内容关联和逻辑关系的。同时，对学生公寓文化建设的价值分析和理论依据的探讨，回答的是，这样的研究到底有什么样的意义，有没有理论上的可行性？这当然很重要。

本书第三章以北京大学作为主要样本，梳理我国高校学生公寓文化建设的历史。第一，北京大学的发展历程，其实最集中地反映了我国现代大学发展的历程，也最具代表性地反映了我国高等教育改革的历程。其当下的公寓文化的物质形态、精神形态、制度形态、行为形态在很多方面具有历史的共时性特征，在我国高校公寓文化的建设发展中有较强的代表性，对北京大学公寓文化的发展进行系统地梳理，对我们探寻现有公寓文化形成的历史脉络，将起到事半功倍的效果。第二，理论运用于北京大学公寓文化的当下实践，经过不断的修正改造，再与其他高校作对比性的参照，找到建设的路径。这事实上就是基于高校学生公寓文化现状的分析，并在此基础上结合时代特点提出切实可行的政策建议。这种“理论来源于实践，也应用于实践”的思维就是建造大厦的“图纸”。可以说，第三章的内容在“起、承、转、合”中起到了“承、转”的作用，对我们探寻现有公寓文化历史脉络将起到事半功倍的作用。

二、研究的难点

在对本书选题开展研究的过程中，不仅要有理论上的论证，还要有现实的分析，如何在开展实证分析时，对相关现象进行科学的归纳等，都是困难之处。除了要克服这样的困难，要想使文章的论述较为严谨，结论科学，观点明确，还要在研究中克服以下三个难点：

第一，因自身学识能力的欠缺，如何能够从宏观上把握好论证的结构，不偏离、不极端、不人云亦云等，看似简单，其实时时需要警醒。

第二，从客观条件来说，在实证或者说行动研究部分，需要涉及组织大量人员参与，这样的组织工作与其说是学术功力，

不如说是种做事功力。完善的组织，不仅是研究正常开展的需要，更是得到客观存在问题反映的需要。

第三，研究本身存在的难点：一是由于国内对此主题相关的研究并不系统，可以借鉴的经验较少。国内现有研究多是围绕公寓文化的内涵、特征、功能以及存在的问题进行描述性论述，实证研究较少，与社会学、心理学的理论与实践相结合的研究更少，这既是本研究的难点也是创新点；二是本书所探讨的核心问题是大学住宿中的育人文化，也即大学住宿与大学教育这两者的关系。在通常的学术研究中，大学教育的研究多集中在大学史、教育史的学科专业，主要探讨一定时期大学的教育理念和培养方式等问题；大学住宿方面的研究，多集中在管理学、教育学方面，以及个别的建筑学学科中，且非常缺乏系统和传承。而且以往研究对这两个部分都是分开在不同学科、不同主题下探讨的，而很少有人专门讨论大学住宿方式及理念和大学教育的关系。如何把这两部分之前较为独立的研究进行科学地结合，帮助本书在对学生公寓文化建设的研究中实现如何“寓育于宿”的主题探讨，是研究开展的首要难点。

三、研究的创新点

一是研究方法的创新。本研究采用行动研究的方法，这种方法事实上也是实践与理论联系方法的一种具体化。行动研究的四个基本特征是：实践者成为研究者、对行动的研究、在行动中研究、为行动的研究。基于此，本书的写作过程就是，由实践探索走向理论研究，再将理论成果运用于实践探索，不断修正完善使理论与实践互相促进。笔者不仅对公寓文化建设的内容、条件、环境等客观因素有了深刻全面的认识，长期在一线工作的背景也使得本研究的内容具有鲜明的针对性和较强的时代特征。

二是研究视角的创新。在论述理论依据和行动研究的过程中，综合采用了教育学、管理学、建筑学、法学、经济学等多个学科，特别是建筑学、社会学和法学方面的理论。之前，有关学生公寓文化或者校园文化的研究，更多的是从教育学和管理学角度分别进行的。公寓文化建设，既要考虑到教育的根本属性，也考虑到建设的过程也是一个组织的过程、管理的过程，同时还要考虑到公寓环境其实也是一个社会的场域，公寓文化建设是一个系统的工程。公寓文化建设必须考虑学生公寓的具体建筑空间、社会背景、人群结构、性格特点等多种因素，选择有针对性的建设方法，遵循适应性的原则。这样一种与他人研究所依据的理论视角并不雷同，是一种创新。

三是研究内容的创新。公寓文化建设不仅涉及住宿管理，更与大学教育有关。因为对公寓文化建设长期的忽视，以往的研究常常把二者割裂，只是分别从后勤工作的管理视角或者从教育工作的教育视角进行阐述，本书从北京大学住宿形态及相关问题的梳理和实践工作中，发现了公寓文化中的住宿理念、管理模式与培养模式和教育理念的相互影响，是对割裂的二者进行统一。具体而言，本书研究内容上的创新主要体现在两点：一是把“公寓建设规格的标准化与美学育人理念存在冲突”作为一种现实挑战提了出来。以往的研究，诚然有研究者提到“要做好建筑设计、空间布局、装修装饰、绿化美化等公寓环境建设”，但这样的建设对育人到底有什么样的作用，尤其是与当下提倡的“公寓标准化建设”理念有无冲突，论之较少。事实上，二者之间是有冲突的。只有理性地面对、冷静地分析、科学地应对才是应然之道。二是对当下学生公寓文化建设的实然情况进行科学分析之后，不仅指出了其发展的应然情况，更是指出了它在未来发展趋势中可能出现的特征及科学应对的原则，为如何应对可能的变化提供了理论和实践的参考。

第二章
高校学生公寓文化建设的学理支撑及理论依据

高校为了获得长远的良性发展，针对学生公寓文化建设，绝不能没有理论指引。就是说，实际的公寓文化在建设过程中，虽然是具体的、生动的，离不开活动的开展、知识的传授，离不开兴趣的培植、吸引，离不开美的创造和享受，但理论上，公寓文化的建设和影响是多层次、多侧面的，在不同层次、不同侧面活跃的公寓文化，可以而且应当有其不同的形态和姿色。公寓文化建设良好效果的取得，必须有科学的理论支撑。在实践中，建设公寓文化应当遵循其自身的规律——点滴累积、长期建设、潜移默化、久远受益。在理论思考中，对公寓文化的理论研究可以而且应当高度概括、反复提炼，用抽象思维的各种方法，构筑自己的理论框架。为此，我们需要在多学科理论的视阈下，拓展研究视野，为大学生的公寓文化建设提供理论借鉴。这要求我们首先厘清相关概念。

第一节　基本概念厘清

厘清概念的定义、分界及演变是论述的前提。从方法论上说，“概念宛如一把刀，作切割之用。它能变钝，能磨锋利，能

被灵巧地使用，能肢解其‘对象’”[1]。在论述之始，我们首先需要对搭建起高校学生公寓文化理论大厦的相关概念进行辨析。

一、文化与社会主义核心价值观

什么是文化？对于“文化”一词本身的定义，国内外学者的认识并不统一，但其中最经典的要数英国人类学家泰勒于1871年所言，文化是一个复合的整体，其中包括知识、信仰、艺术、道德、法律、风俗，以及作为社会成员而获得的任何其他的能力和习惯在内的一种综合体。[2]马克思主义学说中直接谈论经济思想和政治思想的较多，而对文化的描述则处于“缺席”状态。其实，马克思主义认为所谓“文化”是人的文化，“人的文化属性体现出人类对自然界的能动改造及对人自然属性的能动超越；人类正是通过这种能动改造自然界的实践活动创造了自身的文化，文化的创造也使劳动者淡化乃至最终摆脱固有的野蛮，使其成为社会中的文化人和文明人”[3]。可见，马克思主义文化观是从人的劳动实践出发来阐发自己的文化观的。毛泽东虽没有给文化进行过定义，但他指出了文化的地位、性质与作用。在《新民主主义论》中，他指出：“一定的文化（当作观念形态的文化）是一定社会的政治和经济的反映，又给予伟大影响和作用于一定社会的政治和经济；而经济是基础，政治则是经济的集中表现。”[4]不过，到了晚年，毛泽东针对文化的思考过于极端，认为文化要从属于政治，为了政治的需要，

---

〔1〕［法］亨利·列菲弗尔：《论国家——从黑格尔到斯大林和毛泽东》，李青宜等译，重庆出版社1988年版，第45页。

〔2〕参见［英］泰勒：《原始文化》，蔡江浓编译，浙江人民出版社1988年版，第1页。

〔3〕田贵平、竟辉：“马克思主义文化观的再解读”，载《重庆邮电大学学报（社会科学版）》2014年第4期。

〔4〕《毛泽东选集》第2卷，人民出版社1991年版，第663~664页。

甚至可以“灵魂深处闹革命”。后来，邓小平重新定位了文化与政治、经济的关系，提出“不继续提文艺从属于政治这样的口号”[1]，把人民从“以阶级斗争为纲”的束缚中解放出来。

现在，中国共产党人早就深刻地认识到，坚持什么样的文化方向，推动建设什么样的文化，是一个政党在思想上、精神上的一面旗帜。所以，“中国共产党的文化使命，是完成中国文化由传统向现代的转型，创造性地推动先进文化建设，以先进文化教育人民、武装全党”[2]。为此，党的十八大以来，以习近平为核心的党中央高度重视文化建设，提出了一系列新论断和新思路。2014 年 5 月 4 日，习近平在北京大学师生座谈会上强调的“青年要自觉践行社会主义核心价值观”[3]，就是其中非常重要的一点。因为，文化的实质是价值观，一个民族的核心价值观的确立对其文化的繁荣具有不可替代的影响。如果缺乏核心价值观，那么这个民族的文化就立不起来、强不起来，也不会有赖以维系的精神纽带，也就不会有统一意志与共同行动。国家的强大，不独有赖经济崛起，更有赖文化道德和精神价值的深厚、强大。经济可以说是国家的“外壳”，而文化精神

---

[1] 《邓小平文选》第 2 卷，人民出版社 1994 年版，第 255 页。

[2] 张筱强：“马克思主义文化观与中国共产党的文化使命”，载《中共中央党校学报》2007 年第 2 期。

[3] 注：社会主义核心价值观的提出是建立在一系列有关思想道德建设和精神文明建设的文件之上。比如，1986 年十二届六中全会通过的《中共中央关于社会主义精神文明建设指导方针的决议》、1996 年十四届六中全会通过的《中共中央关于加强社会主义精神文明建设若干重要问题的决议》、2006 年十六届六中全会通过的《中共中央关于构建社会主义和谐社会若干重大问题的决定》等文件都是我党探索新时期社会主义核心价值观建设的基石。2013 年 12 月，中共中央办公厅印发《关于培育和践行社会主义核心价值观的意见》，明确这 24 个字是社会主义核心价值观的基本内容，分别对应国家、社会、个人层面。2014 年 2 月 12 日，人民日报在第一版更是以“社会主义核心价值观基本内容”为标题，再次隆重推出这 24 个字。

则可以说是其“灵魂”。国家的存在和个人一样，必须有其主心骨，否则，就会“失魂落魄”。中国作为一个新兴经济体国家和正在迅速成长的大国，要想在未来的世界格局和人类历史进程中实现“中国梦”，显然只靠经济的一枝独秀是不够的，还须依靠核心价值观建设，形成高度的文化认同力和内在的精神凝聚力。所以，以核心价值为指引，在全体国民中，尤其是青年学生中，形成价值共识，来引导社会问题的解决，基于“中国本位”的定位去纾解国际社会的疑虑，是一个理性的选择、科学的路径。

故而我们的执政党在十八大上将我们的核心价值观首次从宏观——国家、中观——社会、微观——个人三个层面进行了概括，明确提出“三个倡导”，即“倡导‘富强、民主、文明、和谐’，倡导‘自由、平等、公正、法治’，倡导‘爱国、敬业、诚信、友善’，积极培育社会主义核心价值观”，这种倡导体现了国家目标、社会导向、行为准则的统一。这是时代发展的需要。司马迁曾说：“仓廪实而知礼节，衣食足而知荣辱，上服度则六亲固。四维不张，国乃灭亡。下令如流水之原，令顺民心。”〔1〕当我们的物质财富取得了一定的发展，而精神层面仍然贫乏，那结果不仅是耻笑于天下、国内民众因无精神共识而可能面临涣散直至影响政治稳定、民族团结，物质财富的增长也不可能得到可持续的动力。所以，习近平强调：“培育和弘扬核心价值观，有效整合社会意识，是社会系统得以正常运转、社会秩序得以有效维护的重要途径，也是国家治理体系和治理能力的重要方面”。〔2〕因为，

〔1〕（西汉）司马迁：《史记》第四册卷六十二·管晏列传第二，北京联合出版公司2016年版，第1883页。

〔2〕“习近平在中共中央政治局第十三次集体学习时强调　把培育和弘扬社会主义核心价值观作为凝魂聚气强基固本的基础工程”，载《光明日报》2014年2月26日，第1版。

核心价值观的建设，在转型期，可以消解价值冲突，增进社会共识，引领社会思潮，形成精神合力。那么，社会主义核心价值观作为一个完整的范畴，对新时期的学生培养又有什么作用？这要求我们先要对价值、价值观、核心等概念进行分析。

所谓价值，按照马克思主义的理解，包含三个方面：价值形成的基础源自于主体需要；价值形成的条件是客体具有满足主体需要的属性；价值形成的实质是主客体之间需要与满足关系的不断生成，即“所谓价值，就是客体的存在、属性及其变化同主体的尺度是否相一致或相接近”〔1〕。也就是说，价值问题，其本质是一个关于人或者说主体的问题。它是一种以主体尺度为尺度的关系内容，依主体的不同而表现出每一主体的特殊性。至于价值观，一般通用于价值观念，是人们价值生活状况的反映和实践经验的总结，其特有的功能在于它对人的思想、感情、言论和行动起着普遍的整合和驱动作用，是人们内心深处的评价标准系统。“核心”是针对“一般”而言。“核心价值观”表明该价值观在社会价值观念系统中起支配和统领作用，是社会价值观念系统的“脊梁骨”。即是说，所谓核心价值观，指的是在一定的社会和国家中，人们普遍认同和接受的居于主导地位、支配并贯穿于其他处于从属地位的价值观之中的最根本的价值观。它对于维护国家意识、民族认同感起着意识形态的作用，具有导向功能、凝聚功能、激励功能、规范功能和整合功能。〔2〕

可见，对大学生加强核心价值观教育，是一个社会良性发展的前提。因为，大学生是青年群体中的精英，而青年群体是

---

〔1〕 李德顺：《价值论》，中国人民大学出版社2007年版，第27页。

〔2〕 参见韩震主编：《社会主义核心价值体系研究》，人民出版社2007年版，第78～105页。

一个民族的未来。所以，在对大学生进行思想政治教育时，要把它作为压舱之石。唯有如此，才能为大学生思想政治教育这项工作确立基准、把控质量，培养出合格的建设者和可靠的接班人。是故，当下的高校公寓文化建设必须以社会主义核心价值观的倡导、教育和传播为核心内容。

二、校园文化与立德树人

校园文化作为一种文化现象，必然随着其依托的背景环境——学校的出现而出现。本书所要探讨的（高校）校园文化作为一种自发的事实，同样是古已有之。但是，它作为一种现象级话题，被人们有意识地自觉去认识和讨论，直至20世纪80年代，才在上海地区一些高校发生。

1986年4月，上海交通大学举行第12届学生代表大会，校园文化建设作为一个主题被提出，引起学生们强烈共鸣。“这是在我国大陆，也是在世界上首先提出‘校园文化’的概念。”[1]同年，华东师范大学在全国范围内率先举办了“校园文化建设项目”活动；而后，上海地区其他一些高校纷纷举办了一系列以校园文化建设为宗旨的文化艺术活动，此种热潮随之在全国高校迅速展开。学生的心声及期盼、校园中的实践与探索，立刻得到了教育管理部门和理论工作者的重视。1986年5月，共青团上海市委学校部主持召开了“校园文化理论研究会”。“校园文化浅析”[2]“校园文化的特征、功能与建设”[3]作为研究校园文化最早的文章随即被人们知晓。11月，上海交通大学发起了“上海市高校校园文化

---

〔1〕 葛金国：《校园文化：理论意蕴与实务运作》，安徽大学出版社2006年版，第61页。

〔2〕 沈辉：“校园文化浅析”，载《青年研究》1986年第12期。

〔3〕 沈辉：“校园文化的特征、功能与建设”，载《上海青少年研究》1986年第10期。

专题研讨会”。同月，“校园文化及其建设”被团中央和全国学联正式写进文件中。随后，全国性的校园文化理论研讨会在20世纪90年代相继召开。1992年10月，在党的十四大报告中，“搞好社区文化、村镇文化、企业文化、校园文化的建设”作为党的文件要求，被首次提出。至此，“校园文化”建设不仅在实践中得到确认，而且作为一种文化研究，也迅速火热起来。

1994年8月，党的教育文件明确提出要重视校园文化建设，“大力开展学生喜闻乐见的丰富多彩、积极向上的学术、科技、体育、艺术和娱乐活动，建设以社会主义文化和优秀的民族文化为主体、健康生动的校园文化。要努力净化校园环境，抵制消极、腐朽思想的渗透和影响，抑制低级文化趣味和非理性文化倾向，引导校园文化气氛向健康高雅方向发展。在整个社会精神文明建设中，学校应成为最好的小环境之一，并对大环境的优化作出积极贡献”〔1〕。可见，从自发的现象上升至自觉的实践与研究之后，依托一所所高校作为背景环境而形成的（高校）校园文化，诚然是社会文化的一部分，与社会文化中的工厂文化、军队文化、农村文化、社区文化等其他亚文化处于同一层级，其本质受社会大文化的制约，但在理论研究者和实践工作者及党的教育政策制定者看来，校园文化有其独特性。这种独特性使校园文化能够“反哺”社会文化，使校园文化能够体现社会文化的时代性，成为社会文化中先进文化的体现者，成为引领其他社会亚文化共同发展的先行者，成为坚决贯彻我党文化方针的执行者和探索者。即是说，从系统论角度看，校园文化与其他社会文化既有区别也有联系，恰是其区别所在（独特性）才是其发生联系的

〔1〕《中共中央关于进一步加强和改进学校德育工作的若干意见》（教政［1994］3号）。

优势所在。那么，校园文化到底有什么独特性？唯有了解此独特性，我们才能给校园文化下一个较为科学的定义，也才能进一步论述它与立德树人及公寓文化建设的关系。

归纳起来，之前的研究中有关校园文化的独特性代表观点有以下几个：文化氛围说（是指学校在教学管理及整个教育过程中逐渐形成的特定文化氛围）、意识形态说（是指由学生这一特定群体在学校这一特定环境中所创造的一种社会文化，是校园意识形态的一部分）、物质和精神总和说（是指学校在长期育人实践中所逐步营造的具有学校特色的物质财富和精神财富的总和）、文化要素复合说（是指由全体师生员工共同创造的、以不同形态存在、由最小独立单位所组成的复合整体）、精英说（是指根植于民族文化和城市文化，超前于大众文化的、相对独立的、以精英分子为主体的文化形态）、活动说（是指学生在校园生活中寓教育于各类型活动之中的文化形态）等。[1]从这些典型观点可以看出校园文化具有相应的特征，主要包括：鲜明的教育性和明确的规范性、严密的系统性和有限的开放性、内容的集合性和形式的多样性、触角的敏感性和时间的超前性、吸收的选择性和释放的辐射性等。[2]具体说，校园文化所具有的教育性是由学校作为一个教育场所的属性决定的，规范性是由人才培养根本目标决定的，系统性是由人才培养必须注重程序性决定的，开放性是由人才培养必须注重面向世界、面向未来的特性决定的，集合性是由校园文化必须借鉴吸收古今中外一切优秀文化的特性决定，多样性是由校园文化的表现形式必然多种多样的特性决定的，触角的敏感性是由校园文化必须处

---

〔1〕参见王邦虎主编：《校园文化论》，人民教育出版社2000年版，第7页。

〔2〕参见王邦虎主编：《校园文化论》，人民教育出版社2000年版，第13～17页。

于社会文化中的先进文化之列的特性决定的，时间的超前性是由校园文化必须与时俱进、引领时代之风的特性决定的，吸收的选择性是指校园文化在借鉴传承中外文化时必须进行批判和过滤，释放的辐射性是指校园文化在与其它亚文化发生关系时应该起到示范和“导航”的作用。

进一步说，之所以能够概括出校园文化具有如此特性，是由校园文化的基本形态和其功能决定的。“从形态结构上分析，校园文化可以划分为校园物质文化、校园制度文化和校园精神文化三种基本形态。”〔1〕所谓校园物质文化，主要包括自然环境（natural environment）和物理环境（physical environment）。自然环境一般是指那些本原性的、非经人加工的，如校园的地理位置，地形风貌等；而基于自然环境之上，经过人为改造加工的、直接属于“人化”产品所构成的环境则可视为物理环境。这两类环境共同构成了校园文化主体通过感官可以感受的一切物质性对象的总和，具体主要包括校园所处的周边山水环境、规划布局以及校园建筑、内外陈设、雕塑、绿化等各个方面所形成的文化环境。这种具有直感性特点的物质校园文化是身临其中的人感受、思考、认同某一具体校园文化的基础。所谓校园制度文化是指校园文化的参与主体在校园从事活动和展示行为所应遵循的规范化、科学化准则。该种文化一般具有规范性、强制性和稳定性，多数以显性文约形式表现，少数以潜性约定俗成存在。所谓校园精神文化是指校园文化主体在精神需求驱动下所形成的精神活动的方式及其对象化结果的综合。“精神文化是高校校园文化的核心和精髓，它是学校在发展过程中形成的，

〔1〕 葛金国：《校园文化：理论意蕴与实务运作》，安徽大学出版社2006年版，第96页。

以一种内隐的意识形态形式出现，并逐渐趋于稳定的精神成果和意识观念。它包括高校的办学理念、文化底蕴、人文精神、师生的道德情感、理想信念、意志品质等，通过校风、教风、学风、校训等形式体现。"〔1〕如果说校园物质文化是在表层影响着校园文化的参与主体，制度文化是在中层发挥着影响，那么精神文化则是在深层发挥着最长久、厚重和深远的影响。"随风潜入夜，润物细无声"式的积沉性、"桃李不言，下自成蹊"式的隐渗性、"任尔东西南北风，咬定青山不放松"式的持久性是校园精神文化的显著特点。当然，具体到某一个高校的校园精神文化，初始状态可能是自发而模糊的，处于一种无意识的黑箱状态，在办学过程中，因历史事件的催化或校园文化主题的概括和引导，逐渐从模糊到明确，由自发到自觉，走向可意图、可设计状态，这样一种从自发孕育到自觉转化的过程，就是一种从个体分散无意识性走向集体趋同有意识的过程。〔2〕

可见，校园文化的存在，是具有化育、示范、规范、导向、

〔1〕 刘德才：《校园文化建设与大学生全面发展》，中国时代经济出版社 2014 年版，第 15 页。

〔2〕 注：例如，1912 年由京师大学堂改为现名的北京大学，在其发展的早期，空间上不仅布局狭小、局促，而且分散；作为"皇宫附近的大学"，管理体制官僚化；人员的来源上，不仅教师官员化，学生也老爷化（典型镜像是：诸如门房、花匠、茶炉工等后勤保障人员见到学生是要口呼"老爷"而鞠躬让道的；很多学生也是带着轿工、茶水工来上学的。他们来上学的目的多数是为了通过"大学"这一新式"镀金"，而得到更多的晋升渠道，尤其是在"科举制"被废除之后。）加上时局艰难，甫一起步居然停办……此种情形之下，何谈校园精神文化。直至蔡元培先生执掌北大，在历史的政治缝隙中，坚持了自己提倡的办学方针，从而一改之前的颓靡之象。重点是由当时那自由的北大小天地出发，影响了中国近代史历程的历史事件接连爆发：作为新文化运动的中心直接领导了新文化对旧文化的战斗，作为五四运动的策源地显示了学校发展对社会发展的能动反作用，尤其是作为先进思想（马克思主义和民主科学思想）的滥觞之地和中国共产党最早的活动基地，为民族的解放和振兴打下了坚实的第一桩……此种情形之下，爱国、进步、民主、科学作为北京大学校园文化的精神内核则从自发走向了自觉。

凝聚、熏陶等功能，这些功能使校园文化在培养全素质人才中发挥着不可替代的作用。

至此，本书认为，所谓（高校）校园文化，是一所高校在长期办学的教育实践过程中，依据社会的要求，全体师生员工在特定价值观念基础上通过教育、生活和劳动等而形成的一系列物质与精神产物的总和。它是一种生长发展在高等教育环境中，并经过长期积累、沉淀、创造、选择，从而形成的具有组织形态的社会亚文化。在外延上对其细分，校园文化还可以被分成班级文化、社团文化、公寓（宿舍）文化等。就其功能的本质而言，它是为教育目的和学校目标服务的。所以，可以说，它就是立德树人的一个重要载体。同样，公寓文化建设的目标，根本也是为了立德树人。

那么，如何理解立德树人？立德树人是新时期党对教育目标和途径的新论述、新判断和新指引。它的提出，是为了解决“培养什么人，如何培养人”这个教育的根本问题。

针对这个根本问题，党和政府一直在探索如何用更清晰和更科学的表述来回答。毛泽东主席在 1957 年指出：“我们的教育方针，应该使受教育者在德育、智育、体育几方面都得到发展，成为有社会主义觉悟的有文化的劳动者。”〔1〕邓小平同志说：“我们的学校是为社会主义建设培养人才的地方”〔2〕，主张通过大力发展社会主义教育来培养人才。1995 年的《中华人民共和国教育法》第 5 条规定：“教育必须为社会主义现代化建设服务，必须与生产劳动相结合，培养德、智、体等方面全面发展的社会主义事业的建设者和接班人。”2002 年，党的十六大报告提出：“坚持教育为社会主义现代化建设服务，为人民服务，

〔1〕《毛泽东选集》第5卷，人民出版社 1977 年版，第 385 页。
〔2〕《邓小平文选》第2卷，人民出版社 1994 年版，第 68 页。

与生产劳动和社会实践相结合，培养德智体美全面发展的社会主义建设者和接班人。"[1]可见，直至此时，在党的教育方针的权威表述中，德、智、体及美作为教育内容，对受教育者的重要性来说，不分伯仲。2007年，党的十七大报告提出："坚持育人为本、德育为先，实施素质教育，提高教育现代化水平，培养德智体美全面发展的社会主义建设者和接班人，办好人民满意的教育。"[2]这是党的权威报告首次提出教育必需"德育为先"。2012年党的十八大报告则进一步指出："把立德树人作为教育的根本任务，培养德智体美全面发展的社会主义建设者和接班人。"[3]这是党的代表大会报告中首次把"立德树人"作为教育的根本任务进行了概括。基于此，十八届三中全会提出："全面贯彻党的教育方针，坚持立德树人，加强社会主义核心价值体系教育，完善中华优秀传统文化教育。"[4]这种表述表明，在社会转型的关键时期，教育领域深化改革的根本目的是育人，育人的关键和前提是立德。为此，新时期大学生思想政治教育的根本任务当然也是通过"立德"达致"树人"。2016年12月7日至8日的全国高校思想政治工作会议上，习近平总书记明确指出："高校思想政治工作关系高校培养什么样的人、如何培养人以及为谁培养人这个根本问题。要坚持把立德树人作为中心

---

〔1〕 江泽民："全面建设小康社会，开创中国特色社会主义事业新局面——在中国共产党第十六次全国代表大会上的报告"，载《人民日报》2002年11月9日，第1版。

〔2〕 胡锦涛："高举中国特色社会主义伟大旗帜，为夺取全面建设小康社会新胜利而奋斗——在中国共产党第十七次全国代表大会上的报告"，载《人民日报》2007年10月16日，第1版。

〔3〕 胡锦涛："坚定不移沿着中国特色社会主义道路前进，为全面建成小康社会而奋斗——在中国共产党第十八次代表大会上的报告"，载《人民日报》2012年11月9日，第1版。

〔4〕 "中共十八届三中全会在京举行"，载《人民日报》2013年11月13日，第1版。

环节，把思想政治工作贯穿教育教学全过程，实现全程育人、全方位育人，努力开创我国高等教育事业发展新局面。"[1]随后的《关于加强和改进新形势下高校思想政治工作的意见》强调，高校要“坚持社会主义办学方向，扎根中国大地办大学，以立德树人为根本，以理想信念教育为核心，以社会主义核心价值观为引领，切实抓好各方面基础性建设和基础性工作，切实加强和改善党的领导，全面提升思想政治工作水平"[2]。2017年5月3日，习近平在考察中国政法大学时对于如何培养高素质法治人才更是明确强调“立德树人，德法兼修”；在提到高校党委如何履行好管党治党、办学治校的主体责任时，他提出：“把立德树人、规范管理的严格要求和春风化雨、润物无声的灵活方式结合起来。"[3]在十九大报告中，习近平进一步提出：“要全面贯彻党的教育方针，落实立德树人根本任务，发展素质教育，推进教育公平，培养德智体美全面发展的社会主义建设者和接班人。"[4]可见，党的十八大以来，以习近平同志为核心的党中央愈加重视高校思想政治工作，立德树人作为教育的中心愈加被摆在突出位置。因此，教育部明确要求：“立德树人是发展中国特色社会主义教育事业的核心所在，是培养德智体美全面发展的社会主义建设者和接班人的本质要求。"[5]

---

〔1〕 习近平：“把思想政治工作贯穿教育教学全过程，开创我国高等教育事业发展新局面”，载《人民日报》2016年12月9日，第1版。

〔2〕 “中共中央国务院印发《关于加强和改进新形势下高校思想政治工作的意见》”，载《人民日报》2017年2月28日，第1版。

〔3〕 习近平：“立德树人德法兼修抓好法治人才培养，励志勤学刻苦磨炼促进青年成长进步”，载《人民日报》2017年5月4日，第1版。

〔4〕 习近平：“决胜全面建成小康社会，夺取新时代中国特色社会主义伟大胜利——中国共产党第十九次全国代表大会在京开幕”，载《人民日报》2017年10月19日，第1版。

〔5〕《教育部关于全面深化课程改革落实立德树人根本任务的意见》（教基二〔2014〕4号）

其实，“立德树人”不是现在才成为一个新任务，它还是一个老话题。古人对于“树人”的重视，最早见于“一年之计，莫如树谷；十年之计，莫如树木；终身之计，莫如树人。一树一获者，谷也；一树十获者，木也；一树百获者，人也”[1]之说。树人是长久之计，性价比最高，所获回报最大。在树人过程中，立德、立心则是首要的，“太上有立德，其次有立功，其次有立言，虽久不废，此之谓不朽”[2]“为天地立心，为生民立命，为往圣继绝学，为万世开太平”，张载等古人所言是对其注解的经典之说。《大学》的开篇即是“大学之道，在明明德，在亲民，在止于至善”，在明德修身之后，“身修而后家齐，家齐而后国治，国治而后天下平”[3]。可见，古人在谈论一个人的人生价值或人才培养目标时，无不把“德”放在其他要素之前。这就启发我们今天的教育任务必须将“立德树人”的定位置于“全面发展”之上。因为，即使掌握其他要素知识非常充足但无德、少德之人，充其量只能算是一个工具性人才，那样的人才特征可以被概括为：有智商少智慧、有知识少文化、有作为少修为、有欲望少理想、有目标少信仰，最终是有青春少热血，那将是十分危险的。智育不好之人可能成为“次品”，体育不好之人可能成为“废品”，但德育不好之人则非常可能成为“危险品”。所以，“立德树人”即是“育人为本，德育为先”。

那么，在教育过程中，应该立什么样的“德”？这是立德树人要解决的培养什么样的人、怎样培养人的根本问题和核心问题。如果不搞清楚这个问题，立德树人就容易流于空泛、失于模糊、偏于笼统。“德”，有小德，有大德；有私德，有公德；

---

〔1〕 李山译注：《管子》，中华书局2016年版。

〔2〕 郭丹译注：《左传》，中华书局2016年版。

〔3〕 王文锦译解：《礼记译解》，中华书局2016年版。

有资产阶级之德，有无产阶级之德；有臣民之德，有公民之德等。分清之后，高低立现，自然易于选择。因为，立德树人既然是大学的立身之本，我们的高校又是中国特色社会主义高校，“一所大学办得好不好，不是看它的物质条件何等优越、办学规模如何庞大，最根本的标准是看它培养出什么样的人才，看它对所在国家、民族以及对全人类所作的贡献”〔1〕。所立之“德”当然应该是大德、公德、共产主义理想与信念之德，即“包括两个方面：时代性道德知识和超越性道德信仰。其中，时代性道德知识是我们平时所说的‘四德’，即社会公德、职业道德、家庭美德和个人品德；而超越性道德信仰则主要指大德和公德，即共产主义理想和信念之德”〔2〕。至于如何立德树人，高校课堂是立德树人的主阵地，课程建设是立德树人的主载体，教师是立德树人的引路人，社会是立德树人的软环境，完成立德树人的根本任务，需要整合学校、教师、社会各方面的力量，形成协同育人的机制，实现全员育人、全过程育人、全方位育人。

可见，所谓立德树人，就是要立具有中国特色的社会主义之德，培养现代化建设的合格建设者和可靠接班人；就是要“千教万教教人求真，千学万学学做真人”（陶行知语）。当然，“立德”就是确立培养崇高的思想品德，是“树人”的前提，“树人”是“立德”的目标。

三、公寓与高校学生公寓文化

既然本书研究的重点是从文化熏陶、立德树人的角度谈论高校学生公寓的文化建设，那么随之而来一个问题就是，如何

---

〔1〕 靳诺：“坚持立德树人，培养优秀人才”，载《光明日报》2017年4月10日，第1版。

〔2〕 王学俭、杨昌华：“立德树人：中国特色社会主义高校的立身之本”，载《新疆师范大学学报（哲学社会科学版）》2018年第1期。

清晰地界定与“公寓文化”相关联的诸多概念，诸如“公寓文化”“宿舍文化”“寝室文化”与“公寓”“宿舍”“寝室”等。在很多相关公寓文化的研究中，这些名词、概念混淆使用，出现了泛化、泛滥的情况。造成这种混乱固然有很多因素，但不可否认，与我们长期忽视大学住宿的本质，陷入含混不清的“××文化”定义之争也有关。实际上，某种文化理念并不是空泛的，而是有其具体载体。讨论高校公寓文化建设问题，当然会涉及校园文化、公寓管理、空间场域、人际互动等方面，但不能泛泛地去讨论，而是要结合历史和实际中围绕住宿发生的问题来深入地研究。所以，在本研究中，在查阅资料时，对于“公寓文化”“宿舍文化”“寝室文化”三个概念因从所涉的文化功能及本质来说是一致的，所以并没有对它们进行明晰地区分。但为了能专业、准确地开展本书的研究，除了需要对“文化”“校园文化”“社会主义核心价值观”“立德树人”四个范畴进行辨析并初步梳理一下它们与“高校学生公寓文化建设”的关系外，还需要对“高校”“大学生”“公寓”等概念做一下简述。

“高校学生公寓文化建设研究”这样一个标题，要从中摘出关键词，“公寓文化”首屈一指，因为它是论述的核心；“高校学生”作为限定词，指出了公寓文化所要指称的范围，即论述的是高等院校大学生的公寓文化，而非企业的公寓文化、军队的公寓文化，也不是中小学的公寓文化。本书所述的高校，是高等院校的简称，与“大学”词义相近，是指能综合性地提供教学和研究条件并授权颁发学士学位以上的高等教育机构。截至2017年5月31日，这样的高校共有2631所。[1]（含独立学院265所）从居住

〔1〕 参见教育部：《2017年全国教育事业发展统计公报》，载 http://www.moe.gov.cn/jyb_sjzl/sjzl-fztjgb12018071t20180719_343508.html，最后访问时间：2019年6月1日。

在这样高校公寓的主体及功能角度看，公寓类型既有周转公寓、专家公寓、人才公寓、老年公寓、创业公寓，还有外来务工人员公寓、教工公寓和学生公寓。本书所要探讨的是学生公寓，其中的学生指称的是本科生和研究生（硕士生、博士生），即指正在接受大学教育而还未完全走进社会的大学生。这样的大学生一般被定义为“身心基本成熟，善于构建理想自我，即将承担一定社会责任，履行一定社会职责的青年群体，具有良好的人文素质，深厚的专业素养，具备一定实践能力的普通专业技术人才”〔1〕。所以，在本书中，“高校学生公寓文化”换一种虽繁杂但更精确的表达则应该是“高等院校大学生（本科生、硕士生、博士生）的公寓文化”。

那么，什么叫公寓？《现代汉语词典》对其解释有两种：一是分户居住的多层或高层建筑，有若干成套的单户独用的房间，设备较好；二是旧时一种租期较长、房租论月计算的宿舍，住宿的人多是学生。〔2〕教育部曾于2001年对这样的学生公寓在建

---

〔1〕 商圣虎等：“大众化高等教育下‘大学生’的重新定义与教育对策研究”，载《家庭世界》2012年第10期。注：值得指出的是，该定义中用了“普通”一词，是想说明随着我国高等教育“大众化”的到来，大学生群体被刻画的形象与在“精英化”时代是不同的。在精英教育时代，大学生就是社会的宠儿，市场供不应求。大学生被定义为在象牙塔里潜心研究学术的高级专门人才，这是大学生奋进的动力和源泉。但是，对比1977年~1997年期间，高等教育的毛入学率不到2%，高校并轨招生后毛入学率达到45.7%（2017年5月31日），如果高校的培养模式不改变，大学生的自我定位不改变，则会与社会现实产生巨大反差，从而导致一系列问题。可见，“大众化”的高等教育背景下，只有首先为“大学生”正名——从过去的象牙塔中的天之骄子（个个都为精英分子）转变为受过专业技术教育具有一定专业素养和综合素质的普通劳动者（并非每个人都是精英分子）（朱晓明：“‘大众化’高等教育下大学生的重新定义与教育对策研究”，载《人力资源管理》2010年第3期），我们才能针对性地对大学生群体进行分层，有针对性地进行思想政治教育，因材施教，进行个性化引导，才能取得教育的实效。

〔2〕 参见中国社会科学院语言研究所词典编辑室编：《现代汉语词典》，商务印书馆2012年版，第452页。

设形式、建设标准以及建设原则等问题上给出了指导意见。[1]浙江省、辽宁省等地也对学生公寓建设标准及评估标准进行了尝试。结合这些意见及尝试，我们可知，本书在论述过程中虽然不对学生公寓及学生宿舍进行刻意区分，但公寓相比宿舍，建设和认定的标准要更高和更规范，也更符合当下大学生的住宿需求。

重点指出的是，学生公寓所包含的物理范围，不能被认为仅仅是指某几个学生所共同居住的某一间寝室或宿舍，它既包括单个宿舍，也涵盖整个宿舍区，甚至成片近乎一个社区。尤其需要强调的是，学生公寓的空间内涵，也不仅仅只是作为建筑的物理空间或其中的布置与陈设，而是因为其中居住的人的因素，随着时代发展不断被赋予新的内涵与外延。换言之，学生公寓的空间内涵除了有形的公寓物理空间，也包括在物理空间中所形成的物与物、人与人、人与物之间的各种不同关系，以及开展或发生的各种不同种类和目的的活动。依此阐发，高校学生公寓文化则既与学校的资源（如管理水平、相关制度、知名校友等）密切相关，又与学生的相关活动（住宿、学习、休闲、娱乐

---

〔1〕 参见《关于大学生公寓建设标准问题的若干意见》（教发〔2001〕12号）：一、确定大学生公寓标准所遵循的主要原则：1. 新建设的大学生公寓与现有大学生宿舍相比，其条件应有较明显的改善。2. 新建大学生公寓要力求方便、实用、耐用，便于学生生活和管理。3. 有一定的前瞻性，使其在今后相当长的一段时间内仍能适用。4. 在确保质量的前提下，尽量降低成本，以适合我国现阶段国情和学生家庭的实际承受能力。二、建设标准：1. 本科生公寓4人1间，生均建筑面积8平方米。2. 硕士生公寓2人1间，生均建筑面积12平方米。3. 博士生公寓1人1间，生均建筑面积24平方米。三、建设形式：1. 大学生公寓的建设一般仍应采用筒子楼形式，以便同样建筑面积下取得较大的居住面积。同时，也便于建设和管理，并便于在今后条件许可时，对居室居住人数和对象进行调整。2. 厕所、浴室、盥洗室仍为公用，不进居室；电视、电话原则上也不进居室，可在本楼的公共活动场所中集中安排。3. 鉴于室内一般采用上下两层的布局，学生公寓的建筑层高一般应掌握在3米~3.2米之间，有条件的地方还应适当考虑一定的阳台面积，以便于学生晾晒衣物。4. 从降低造价，便于建设、管理的角度考虑，本科生和研究生的公寓以分开建设为宜。研究生公寓因居住人员少，其走廊、浴室、厕所、盥洗室等公共活动部分的面积可适当减少。

等）密切联系；既涉及其本身的硬件物理功能，也涉及宿舍的教育功能、心理功能（品牌、形象、文化价值等）。

归根结底，高校学生公寓不仅仅只是单个的房间或者单个的楼宇，而且还是一个与多种因素紧密联系，具有丰富意义的“场”。正是从这个角度，高校学生公寓文化的表现形态、特征和功能等才更显生动，高校学生公寓文化的研究才有更深层的意义。本书着眼点在于从文化熏陶、立德树人角度谈论公寓的文化建设，并不聚焦在从建筑原理、装饰装潢角度谈论公寓的硬件建设（虽然后者是前者建设的物质基础）。所以，我们谈论的高校学生公寓文化建设，更多的应该从人的角度——育人的角度——大学生思想政治教育角度——立德树人的角度谈论，建筑、装饰、规划等物理结果更多的是作为一种载体起到辅助和支撑的作用。

因此，所谓高校学生公寓文化，是指以学生公寓为载体，以学工教师为主导，以物业员工为辅助，以学生为主体，以校园精神[1]为核心，反映出学校特定风貌[2]的一种校园文化。

---

〔1〕 注：校园精神是校园文化的灵魂，是校园文化建设的核心内容。它是指学校师生员工在从事各种校园文化活动时及其所持有的生活方式中体现出的思维活动和共同的心理状态，是师生员工在一定的历史条件下，为谋求生存和发展，达到既定的教育目标，而在长期的教与学、工作与生活等多方面实践中逐步形成和发展起来的，并为广大师生员工所认同的一种群体意识。（杨新起、吴一平主编：《校园文化建设导论》，华中师范大学出版社 1993 年版，第 143 页）

〔2〕 注：一个学校的风貌，既包含校园建筑体现出的格局、风光和内涵，也包含由师生员工共同表现出的精气神，即校风。校风就是学校的风气，它是赋予学校以生命、活力并反映了学校的历史传统、校园意志、特征面貌的一种校园精神文化状态，它活跃于校园内部并归属于校园文化的范畴。校风作为一种深层次文化，并不具有物质文化、制度文化那种有形可视的特点。但它因内蕴已浸透和附着在了校园内各种文化载体及其行为主体身上，从而使人又无时不切实感受到它的存在及由它透射出来的独特的校园感染力、凝聚力、同化力和约束力。良好的校风是一个学校长期发展之后所获得的精神成果，既依附于人身上，表现为人格化的校风，也依附于物上，表现为物化的校风。它是一种无声的命令，是一份“心理契约”，能起到很好的“情境教育”功效。（陈宗伟等编著：《校园文化论》，河北教育出版社 1996 年版，第 198 页）

这样的公寓文化是以思想政治教育进公寓为途径，以社会主义核心价值观为指引，以立德树人为最终实现目标的供全体学生参与、认同并践行的特定的群体文化，是在大学校园的学生公寓中长期形成的、相对稳定的物质形态和精神形态的总和。这种文化被落实在一定的制度形态中，体现在住宿学生的行为形态中。因此，学生公寓文化建设，即是指发生在高校特定区域，以公寓管理与服务部门为责任主体，以住宿学生为建设对象，包含着一定物质生产、精神生成、制度形式和行为模式的建设过程。它的目标是为学校教育服务，只不过是新时期学校教育的一种新途径。公寓文化具有校园文化对育人过程所具有的渗透、影响功能，具备其继承性、创新性、可塑性、感染性、多元性等特点，同时，作为校园文化中的一种场所文化，其必然具有差异性、动态性、自主性等特点。[1]即是说，作为校园文化中的一种子文化，公寓文化既具有校园文化的本质属性，也具有相比其他子文化所具有的独特性。所以，在学生培养过程中，公寓文化所表现的物质形态、制度形态、行为形态和精神形态，必然体现出导向、规范等教育功能和凝聚、辐射等互动功能以及陶冶、塑造、慰藉等调适功能，从而为提高学生的思想道德素质和处理人际关系的能力、帮助其养成良好的文明习惯和高尚品格等作出正向引导。正是在此意义上，公寓文化的建设作为一种基层文化实践，才能既支撑校园文化促进社会主义先进文化的发展，又保障社会主义人才培养目标的实现。

---

〔1〕 刘德才：《校园文化建设与大学生全面发展》，中国时代经济出版社 2014 年版，第 160 ~ 162 页。

第二节　建设高校学生公寓文化价值分析

此处所谈的价值分析，与前文所谈的“研究的意义”不同，指的是建设学生公寓文化本身有什么价值？即它作为一种实践，会对现实产生什么样的影响？这种影响就是其存在的价值。可见，在此谈论高校学生公寓文化“建设”的价值，是从哲学思维角度，谈论其作为一种客体，对于以“我们”为主体角度所体现的价值，即是对“我们”所处周遭的影响。这样的分析将是我们在理论上探讨这样一种建设到底有无现实的必要性和必然性以及可行性的需要。它是一种实践在后的理论先行，是一种理论依据分析的必要。概括说，这样的建设价值主要体现为以下四点，即顺应了中华文化复兴和高等教育发展的需要、丰富和拓展了大学生思想政治教育的新渠道、探索和构建了学生公寓管理与服务的新模式、补充和完善了学生成长成才和立德树人的途径。

一、顺应了中华文化复兴和高等教育发展的需要

新的历史时期，民族的复兴不仅是经济的崛起、军事的强大，更是文化的弘扬、价值的吸引。历史和现实表明，一个民族和国家的觉醒，首先是文化、价值观的觉醒；一个民族和国家的复兴，核心是文化、价值观的复兴。包括古代中国在内的世界历史上的大国，在起起落落的背后，都摆脱不了价值观与精神文化的深刻影响。从历史角度看，古希腊城邦的兴起，古罗马共和国的兴盛，资本主义萌芽时期威尼斯和佛罗伦萨的风骚，西班牙、葡萄牙、荷兰、英国、法国、美国等国家在历史上强盛一时，也无不与其当时文化观念的先行一步有关；而近代中国的衰落，当然与其已经落伍的封建文化观念有着密切的关联。这缘于“文化和经济发

展是相连的，一方面的变化就会反过来影响另一方面……文化对经济增长做出了反应。反过来也有可能——文化可能会阻滞经济发展”[1]。尤其是在当下，世界的冲突模式似乎正在变为“文化和文化认同（它在最广泛的层面上是文明认同）形成了冷战后世界上的结合、分裂和冲突模式”[2]。于是，福山提出“历史的终结”，塞缪尔·亨廷顿给出的结论则是“在后冷战的世界中，人民之间最重要的区别不是意识形态的、政治的或经济的，而是文化的区别”[3]。费孝通先生也曾指出，未来的21世纪将是一个个分裂的文化集团联合起来，形成一个文化共同体，一个多元一体的国际社会。而我们现在的文化就处在这种形成的过程中。[4]这些论述当然是一家之言，但是也反映出，在当今时代，文化越来越成为综合国力竞争的重要因素。

一个国家和民族的强大，我们看到的常常只是其“船坚炮利”，而没有能够理解其之所以强大，不仅是军事力量的强大、经济实力的雄厚、政治制度的完善，而且更主要的是其包含着核心价值观的文化精神的先进性。只有思想上先进才能行动上前进。封闭的清王朝在被别人强行打开国门、面临生存危机不得不进行变革之时，并没有能够灵光一闪地首先想到要进行政治上的变革、思想上的启蒙，而是徒然地想借用别人金光闪闪的外壳包裹自己已经渐渐腐朽的身躯。所以，当蕞尔东洋小国在黄海击沉大清帝国自以为坚利的一艘艘炮舰之后，才有人发

---

〔1〕［美］塞缪尔·亨廷顿、劳伦斯·哈里森主编：《文化的重要作用——价值观如何影响人类进步》，程克雄译，新华出版社2002年版，第28~29页。

〔2〕［美］塞缪尔·亨廷顿：《文明的冲突与世界秩序的重建》，周琪等译，新华出版社1998年版，第17页。

〔3〕［美］塞缪尔·亨廷顿：《文明的冲突与世界秩序的重建》，周琪等译，新华出版社1998年版，第19页。

〔4〕参见费孝通：“从反思到文化自觉和交流”，载《读书》1998年第11期。

现，老朽的大清帝国政治支架有问题了；20世纪到来，我们这个曾经那么辉煌的民族仍在遭受重重灾难，奄奄一息，内乱不已，任人宰割，终于有人呐喊：我们的文化没有与时俱进、我们的民族精神不能催人奋进、我们的价值观念黯淡不明，新文化运动终于蓬勃而兴。

到了20世纪末，经过数代人对国家建设的探索，在党的十七大召开之时，党中央就从国家战略的高度，首次指出了加强国家文化建设的重要性和紧迫性。在《中共中央关于深化文化体制改革、推动社会主义文化大发展大繁荣若干重大问题的决定》中，党的十七届六中全会更是首次将“文化命题”作为中央全会的议题提出。对于文化建设，党的十八大明确提出要把文化建设作为中国特色社会主义事业五位一体总体布局的重要组成部分，要扎实推进社会主义文化强国建设，发挥文化引领风尚、教育人民、服务社会、推动发展的作用。[1]从而把文化建设的目标推向了一个新的高度。在党的十八届三中全会上，中央不仅提出了“社会主义文化强国建设”的思想和目标，而且强化了文化在整个社会发展中的地位。在党的十九大报告中，习近平同志更是明确指出：“文化是一个国家、一个民族的灵魂。文化兴国运兴，文化强民族强。没有高度的文化自信，没有文化的繁荣兴盛，就没有中华民族伟大复兴。”[2]可见，一个曾经饱受列强凌辱，在艰难中崛起的民族，面对周边国家说三道四的境况，终于

---

〔1〕 参见胡锦涛：“坚定不移沿着中国特色社会主义道路前进，为全面建成小康社会而奋斗——在中国共产党第十八次全国代表大会上的报告”，载《人民日报》2012年11月9日，第1~3版。

〔2〕 习近平：“决胜全面建成小康社会，夺取新时代中国特色社会主义伟大胜利——在中国共产党第十九次全国代表大会上的报告”，载《人民日报》2017年10月28日，第1~5版。

认识到，国家的强大，不独有赖经济崛起，更有赖文化道德和精神价值的深厚、强大。文化建设成功与否，与中国梦的成败有着直接的联系。

经济可以说是国家的“外壳”，而文化精神则可以说是其“灵魂”。国家的存在和个人一样，必须有其主心骨，否则，就会“失魂落魄”。现在的中国社会发展已然进至一个重要关口：经济迅速崛起并在当代经济全球化进程中持续显示出作为世界经济发展主要动力的强大力量；政治民主建设渐次展开并沿着正确的方向积极稳妥地向前推进；文化道德建设日趋紧迫而又空前繁复，成为关乎当代中国社会发展及其未来前景的关键性课题。文化复兴已然成为今天的中华民族伟大复兴、中国梦的实现中的重要内容。所以，即使是一个相对微观层面的文化建设，对整个宏观层面的文化建设也定然有正向的促进作用。

学生公寓文化建设对高等教育发展的影响，正如微观对宏观的反作用。高等教育事业的发展，是促使我国经济、文化、社会全面发展的动力因素。当前，我们的高校在人才培养上，对课堂以外的教育重视程度还不够，能够直接带来回报的功利性教育比较受学生青睐，而那些能够带来“根植于内心的修养、无需提醒的自觉、以约束为前提的自由、为别人着想的善良”[1]等素养的教育，则往往是孤寂的。学生中智优德劣的现象时有出现，这最终必将矮化社会劳动大军的素质，消解社会发展的长久力，有损我们这个民族作为一个整体在其他民族之前展现的形象。社会的发展，向高校提出了培养具有灵活性、

〔1〕 梁晓声：“说到‘文化’二字，我时常深感忧伤”，载《人民日报·文艺》2015年1月4日，文艺版。

适应社会需要的全面发展的人才需求。通过这种人才模式的培养，高校将赋予学生更强的适应社会需要的自我选择、自我发展、自我完善的能力。进行这种全人教育，没有丰富多彩的包括公寓文化在内的校园文化作支撑是不可能的。因此，公寓文化建设，不单纯是为了活跃居住在公寓内的学生们的文化生活，更主要的是拓宽育人阵地。通过努力丰富学生公寓的文化生活，形成健康向上的公寓文化氛围，再通过培养出来的人才作用于社会，对推动和促进全社会的社会主义精神文明建设和文化发展以及高等教育的进一步发展，都会产生普遍的、深远的影响。

进一步说，高等教育发展的步伐，正越来越加快。当下“高等教育双一流建设”的提出，需要高校在内部各个层面的工作都更上一层楼。早在20世纪90年代，经国务院批准，原国家计委、原国家教委和财政部联合下发了《“211工程”总体建设规划》，“211工程”正式启动；1998年5月4日，时任总书记江泽民同志在庆祝北京大学建校100周年大会上宣告：“为了实现现代化，我国要有若干所具有世界先进水平的一流大学。”1999年，国务院针对教育部提出的《面向21世纪教育振兴行动计划》进行了批转，“985工程”正式开始建设。“211工程”和“985工程”的推出，自然加快了推进建设世界一流大学的进程。2015年10月24日，国务院印发《统筹推进世界一流大学和一流学科建设总体方案》，提出到2020年，中国若干所大学和一批学科进入世界一流行列，若干学科进入世界一流学科前列；到2030年，更多的大学和学科进入世界一流行列，若干所大学进入世界一流大学前列，一批学科进入世界一流学科前列，高等教育整体实力显著提升；到21世纪中叶，一流大学和一流学科的数量和实力进入世界前列，基本建成高等教育

强国。随后，建设世界一流大学的号角被多所大学吹响。世界一流大学的建设，当然需要具有世界一流大学水准的高等学校的校园文化。公寓文化建设是校园文化建设不可分割的一部分。所以，加强高校公寓建设，尤其是学生公寓的文化建设既是当下世界一流大学建设的需要，也是社会主义文化强国建设的需要。因此，它一直是教育主管部门和高校教育者们不敢忘记的重任。

二、丰富和拓展了大学生思想政治教育的新渠道

大学生思想政治教育，顾名思义，是对大学生进行的思想政治教育，简称德育。时代不同，其概念的内涵和外延都有所不同。中国古典记载的“帝曰：‘契，百姓不亲，五品不逊。汝作司徒，敬敷五教，在宽’”[1]就是一种地地道道的思想政治教育。不过，马克思主义认为，思想政治教育是阶级社会的产物，它是各个阶级在改造世界过程中用以统一思想、凝聚力量的重要工具。在不同的历史时期，不同的政治制度、民族文化背景下，其名称和表现形式呈现差异性，但其通过对人思想意识的灌输、渗透和影响，从而达到统一各社会群体的思想、树立一种符合社会要求的思想认知观念的本质任务是统一的和一贯的。[2]它是教育者（主体）和受教育者（客体）在教育环境

---

〔1〕《尚书·舜典》

〔2〕 注：随着学术界对思想政治教育研究的深入，对之定义先后出现五种代表性观点。“教育者组织教育活动，通过有目的有计划有组织的影响，把社会要求的政治观点、思想体系和道德规范，转化为受教育者的思想政治品德，它包括教育者施加影响和受教育者接受影响这两方面的活动”。（陆庆壬主编：《思想政治教育学原理》，复旦大学出版社1986年版，第116页）这是较早提出什么是思想政治教育概念的一个观点；第二种“是指在一定环境的影响下，教育者根据本阶级的政治目的和社会指导思想的要求，对受教育者有组织地进行有目的、有计划的教育，帮助他们形成正确的思想政治品德所经历的程序”。（罗洪铁主编：《思想政治教育基础理论研究》，西南师范大学出版社2000年版，第68页）相比前者，该观点强调了环境因素；第三种“是教育者根据社会要求，充分调动

（环体）中利用教育方法、途径、载体（介体）等相互作用、相互影响的过程，从而达至目标。

广义的思想政治教育包含思想教育、政治教育、道德教育，内涵丰富，层次较高；狭义的思想政治教育就是指政治教育。但是，此政治教育不能等同于“紧绷阶级斗争之弦”的政治革命，而是一种信仰教育、政治价值教育，是一定阶级和社会依据一定的政治思想和政治规范对受教育者施加影响，以帮助受教育者树立正确的政治方向、政治立场、政治观点、政治信念和政治态度。思想政治教育的核心功能其实就是“政治教育”功能。可见，思想政治教育对于一个社会中的全体人员进行思想引导，尤其是政治价值观的引导，从而形成一个较为符合社会整体利益的主导价值观，具有不可替代的作用。

对此，我们可以发现，大学生公寓文化建设与大学生思想政治教育事实存在内在关联性。第一，二者在开展的目的性诉求上具有契合性。二者虽然是高校提高人才培养质量的两个重要途径，但它们都服务于“高校要培养合格建设者和可靠接班

各个要素协调运行，对受教育者进行有目的、有计划、有组织的教育，使受教育者形成社会、阶级或社会集团所期望的思想品德和心理素质的过程”。（陈秉公：《思想政治教育学原理》，辽宁人民出版社2001年版，第132页）此观点强调了各个要素之间协调运行的重要性；第四种观点认为“教育者根据一定社会的思想品德要求和受教育者思想品德形成发展的规律，对受教育者施加有目的、有计划、有组织的教育影响，促使受教育者产生内在的思想矛盾运动，以形成一定社会所期望的思想品德的过程”。（张耀灿等：《现代思想政治教育学》，人民出版社2006年版，第277~278页）此概念提出了“合规律性”，使概念更加完善，也是目前学术界关于什么是思想政治教育的基本看法；第五种是“教育者根据社会的要求，充分调动各个要素协调运动，对受教育者进行有目的、有计划、有组织的教育，使受教育者形成社会阶级或社会集团所期望的思想品德和心理素质的过程”。（陈秉公：《思想政治教育学原理》，高等教育出版社2006年版，第115页）可见，“有计划、有目的”是任何一种思想政治教育的显著特征——教育者有目的地施加教育影响，受教育者能动地接受教育影响。

人”这个教育目标。即是说，它们的教育目标具有关联性。第二，二者的教育（建设）形式和内容具有相似性。公寓文化建设形式多样，尤其是对居住在校外公寓的学生来说，美食文化、安全文化、创业大赛、宿舍标兵、文体文化节、学术课堂、名家论坛等能够提高他们生活能力、开阔眼界视野、坚定意志力量的活动，都能得到喜爱和积极参与。大学生思想政治教育，为了良好效果的取得，早就脱离照本宣科、课堂播放、空洞说教的模式了，形式上的新颖在实践中早就被探索。即是说，二者在形式上的追求是殊途同归。在内容上，公寓文化建设为了保证在方向上不跑偏，有必要引思想政治教育进公寓；而丰富多彩的公寓文化恰好能够成为大学生思想政治教育的新形式、新内容和新载体。第三，公寓文化建设与大学生思想政治教育在工作队伍建设上存在兼容性。学生公寓文化建设虽然主要责任部门是公寓管理与服务部门，但其中承担政治引导、思想领航、精神指引等方面职责的人员应该还是以学生工作队伍为主导，不仅因为这支队伍更接近学生、更了解学生、更容易走进学生内心，而且，他们所承担的工作更具有教育性、引导性和管理性，他们更容易调动学生的积极性，发挥学生的主体性，带动学生的参与性。而大学生思想政治教育工作，主体力量就是从事学生工作队伍的人员，尤其是辅导员。“同时，公寓文化建设和思想政治教育都重视发挥学生干部的积极作用，把学生干部当作‘信息员’的角色，当作学校和学生之间的桥梁和纽带，使教育工作更有针对性和实效性”〔1〕。所以，从事二者工作的人员队伍具有兼容性。第四，公寓作为大学生学校教育的

---

〔1〕 王晓红等：《基于公寓文化建设的大学生思想政治教育》，国防工业出版社 2015 年版，第 22 页。

“第一社会”角色，所设置的相关制度，尤其是有关生活文明准则，更容易被学生当作契约看待并被认同和践行；作为“第二家庭”角色，更容易塑造学生的品格、调节他们的心理。在公寓之内开展的一些很有品质的活动，更容易让学生有亲近感，有参与的冲动，从而形成口碑效应。大学生思想政治教育利用这样的环境和载体，就更容易获得育人上“第三课堂”的效果。第五，二者共同的功能和使命使学生公寓作为大学生思想政治教育的载体有了现实可行性。载体是大学生思想政治教育中不可缺少的重要组成部分。“思想政治教育的载体指能承载思想政治教育信息并为教育者和教育对象的双向互动提供渠道的媒介物。”〔1〕学生公寓是大学生日常生活起居的主要场所，作为大学生思想政治教育载体的媒介物，能够生活化地引导大学生进行自我教育，使后者在其中非常直接地表现自己的道德行为和表达自己的思想认识。因为，高校内的大学生多数是异地求学，他们一入校门，情感归属之地首先就是作为他们大学生活的重要组成部分的学生公寓。在其中，他们不仅生活上的部分物质需求可以得到满足，而且情感的需求、知识的需求、文体活动等精神需求，都有可能得到满足。满足大学生内在的精神需要也是大学生思想政治教育的目的之一。可见，学生公寓是大学生生活不可分割的组成部分，它在大学生生活中的这种普遍性为其作为大学生思想政治教育的载体提供了可能，也必然丰富和拓展了大学生思想政治教育的渠道。

进一步说，当前，随着我国在经济发展上巨大成就的取得和对外开放力度的加大，资本主义国家尤其是老牌资本主义国

〔1〕 褚海萍：《大学生思想政治教育专论》，西南交通大学出版社 2012 年版，第 136 页。

家以及我国周边邻国中的个别国家，为了各自的利益，不仅在经济上与我们进行着一系列的“明争”，更在意识形态领域对我们持续进行别有用心的“暗斗”。这种暗斗随着人们思想活动独立性、选择性、多变性、多样性和差异性的加强，在思想、文化、价值观方面表现得越来越尖锐。当下意识形态领域紧迫的斗争形势，需要执政党寻求广泛的社会认同，从而为国家的政治稳定和社会的经济发展提供坚实的思想道德基础和社会心理基础。思想政治教育作为社会主义意识形态建设的重要载体，是引导社会成员增强社会主义核心价值观社会认同、增强我国社会主义意识形态吸引力的重要手段。对整个社会意识形态建设能起到示范和引导作用的高校，是进行社会整体思想政治教育中的重要场域，生活、学习于其中的大学生——社会青年群体中的精英，既是各种非社会主义思潮争夺的对象，更是社会主义核心价值观需要“掌握”的群体。为此，为了把大学生这个群体塑造成社会主义现代化事业的合格建设者和可靠接班人，除了需要加强知识的灌输、技能的培训外，更要加强认识的引领、思想的教育。在这样的教育过程中，为了良好教育效果的获得，学生公寓作为大学生思想政治教育重要载体的价值，是全体参与者必须加强重视的。

三、探索和构建了学生公寓管理与服务的新模式

在具体的某所高校中，其学生公寓文化不会是完全自由发展的产物，它必须以其具有特色和健康向上的校园精神为基调对学生进行教育，从而为最终的人才培养目标服务。而要达到这一目的，就必须对学生公寓文化采取相应的自觉式建设。这种自觉式建设的事实就是对新形势下学生公寓管理与服务新模式的探索与构建，它是学生公寓文化健康发展的保障。

在早期的计划经济时代，我国高校学生住宿采取的是“行

政事业型封闭式管理模式”，即在校园内，划出一片区域建设学生宿舍楼，学校采取“大包大揽福利型”运行模式。在那样的模式下，对于学生住宿需求主要讲管理，很少有服务。学校按照一定的管理层级任命一定数量的人员从事着对学生住宿范围内的人、财、物、事等进行有计划、有组织、有程序、有协调地控制。在可以解决全校师生员工吃、喝、住、行、医等问题的“大（小）而全”式的后勤管理模式支撑下，学校后勤（总务）部门一般都会命名一个叫“宿舍管理科（中心）”的专门科室来行使对应的管理职能。在那样的管理模式下，高校的学生宿舍建设与管理，只是作为学校整体建设与管理的一部分，属于学校行政事业的一个点，几乎与校外的社会不发生任何关系。行使学生宿舍管理职能的科室人员，在管理过程中，主要按照行政指令“对上、对内负责”。即使偶有服务职能体现，这样的部门也是被动式执行。涉及学生住宿需求的部分物品，管理部门统一采购、统一配备、统一维护；宿舍房间和床位对应学生的配置，也是按照预先计划分配到各个院系，院系分配到班级，班级分配到个人。至于楼层、朝向、同住人或上下铺等，学生若非特殊原因，是无从选择的，只能顺应计划安排，被动接受。

现在，每个高校的学生住宿条件相比二十世纪八九十年代时的条件，都大为改善，尤其是经历一番后勤社会化改革之后。虽然，在改革的道路上，走了弯路，但改革中如何“有利于满足学生现代化住宿需求的理念”则得到了广泛认可。比如，部分高校通过市场化方式在校外建造了一些达到了现代公寓硬件标准的学生住宿区，对满足学生的住宿需求确实有帮助。后来，为了使校内校外住宿收费标准差距不至于过大，实现均衡，学校不得不逐渐断开与社会企业的市场化合作。但是，由于近年教育经费的增加，高校自身也越来越重视学生住宿硬件的提高，不管是校内还是校外的住宿区，通过改造、扩建和新建等途径，高校的学生宿舍都已达到或正在向教育部所发布的学生公寓硬件建设标准靠近。

新的时代、新的背景、新的住宿学生，要求学生公寓的管理与服务必须采取新的模式。由于高校相对学生是个“公务法人”[1]，管理与服务的职能虽然应该仍由一个科室负责，但其中组成人员绝不可能全部具有“行政事业式编制”的身份，多数人员必然是“市场合同式聘用”身份。也就是说，对于生活在学生公寓内的新居民，学校不仅要有管理还要有服务。职能部门不仅要执行学校的指令，还要主动服务，不仅要对学校内部的上级管理部门负责，还要对服务对象负责。公寓运行已经从“福利供给”方式的“纯管理”型向“服务消费”方式的“管理+服务”型转变。消费与服务的关系已经逐步取代福利与供给的关系。学生住宿所需要的水、电、网络及所占空间的大小等往往都有一定的收费标准。因为我国社会已经经受了多年市场化大众生活观念的洗礼，所以，就缴费上学和付费住宿所带来的住宿观念的变化，早就波澜不惊。原先的“依赖与被依赖”被动接受型住宿观逐渐让位于“选择与被选择”自主挑选型住宿观。学生及其家长由此的“消费者权益”意识也在逐步提高，要求学校提供与之付费相对应的服务诉求越来越强烈。尤其是针对某些高校建在校外的学生公寓，“公共事业”性特征减少更多，甚至某些独立学院实行的社会化管理的学生公寓，“社会物业”性更加明显。在这样的模式下，一般是社会企业承担了原先由学校后勤某个职能部门承担的工作，即使是由学校

[1] 马怀德：“公务法人问题研究”，载《中国法学》2000年第4期。

职能部门分离出去的后勤服务实体承担，也是要按照企业化方式对这样的学生公寓实行物业式管理。原先封闭的体系变得开放了，或者说正在尝试开放的路径。市场化方式引进了竞争意识，增强了服务意识和品牌意识。管理服务对象的满意度越来越成为考核管理与服务质量的最重要标准。“从根本上说，这是市场经济条件下社会经济发展和社会观念变革的必然趋势。”〔1〕所以，当下的学生公寓文化建设，必须顺应这一管理模式的变迁。

当然，不管如何变迁，育人，应该是高校学生公寓管理与服务万变不离的宗旨，也是其文化建设的要旨。为此，通过文化建设，必然能够推动管理与服务模式的完善，与立德树人的宗旨更吻合。

对此，首要的是要克服“两层皮”现象，形成管理与服务的合力。学生公寓作为学生在校期间学习、生活和娱乐的一个重要场所，不仅是后勤部门在做好管理和服务工作中的一个重点对象，也是学生工作部门在从事教育和管理工作之时的一个重点关注对象。可以说，学生公寓的管理工作是高校学生管理工作和后勤服务工作的交集和主要工作内容。所以，不少从事学生工作的教育者曾说“学生公寓过关了，学生管理大体上就过关了”。遗憾的是，在现阶段的学生公寓日常管理中，经常会出现公寓管理部门的管理与学生工作部门及各院系自己对学生的管理在某些方面出现“两层皮”问题。二者不仅在行使管理职权的时间上不吻合，在管理的方法和内容上，也容易让学生钻空子逃避责任。比如，针对房间内卫生的检查、用电的安全管理等，相关监督与处罚措施跟不上，导致管理无效。因此，

---

〔1〕 上海大学生研究中心编：《新型学生公寓的学生工作研究》，华东理工大学出版社2003年版，第15页。

如何把学生工作与后勤工作实现有效结合，从“唱独角戏”向“跳集体舞”转变，这是做好学生公寓文化建设的一个很好的抓手。

其次，学生公寓文化建设将有助于使学生公寓管理与服务工作最终走上科学化道路。当下的学生公寓管理与服务工作，往往仍停留在“防火”“防盗”“防诈骗”阶段。在公寓入门处，重点是“查证”“登记”“再放行”；在公寓楼内，重点是“管水”“管电”“管卫生”；在公寓房间内，重点是“关门”“关窗”，却“不关心”。这个“不关心”有两层含义，一是相关工作人员对学生的主体地位认识不够，对学生只有刚性管理却没有柔性服务，不能放下身段，服务意识淡薄；二是相关管理制度的制定，只在乎程序性结果，不追求个性化体验，工作不能真正走入学生内心。相反，加强对学生公寓文化建设的思考与探索，必然能够从观念上改变相关工作人员“后勤工作只是侍候人”的偏见，有利于公寓管理部门实现从“管物”到“管人”再到“管心”的真正飞跃。这在推动管理者的个人素质与管理部门的工作水平得到提高的同时，又从客观上推动了学生公寓管理向科学化、民主化、制度化、知识化的人性化发展。

总之，通过行政管理的方法、社会心理的方法、宣传教育的方法、咨询顾问的方法、法律手段的方法、经济管理的方法等综合运用，新的学生公寓管理与服务模式将在学生公寓文化建设的过程中愈加完善。

四、补充和完善了学生成长成才和立德树人途径

高等教育的目标是为社会主义现代化建设培养合格的建设者和可靠的接班人，就是要让学生通过教育和学习，成为一名德、智、体、美、劳全面发展的人。为此，不少高校旨在培养

全面发展的复合型人才，提高学生的综合素质，开设了“全人发展行动计划”课程。类似的计划主要通过“第二课堂”和“第三课堂”途径实现，作为校园文化的一部分，学生公寓文化当然也应该立德树人，为学生的全面发展、成长成才起到支持作用。

前文已提，做好学生公寓文化建设，是加强大学生思想政治教育的一种有力支撑。大学生思想政治教育的核心是政治教育，其次，还包括思想和道德教育。学生公寓文化建设完善了，不仅可以为学生加强政治教育提供新的场所，而且，为其强化思想和道德教育提供真实的历练之地。因为，如果说校园是大学生走向社会的开始，那么，学生公寓则是其适应社会生活的训练场。社会如果说是“太空”，则学生公寓就是“太空船”。在其中，学生将受到很好的生活技能、人际关系、心理健康、品格养成、道德修养等锻炼与完善。这些，对学生的成长成才与立德树人都具有不可替代的作用。

马克思主义告诉我们，人的本质是社会关系的总和。作为受教育者，居住在学生公寓内的学生，其思想品质和道德修养不是天然形成的，而是通过包括在家庭、学校、社会之中人与人之间发生的关系逐渐塑造而成。可见，要想成为一名符合社会发展需要的人，他是不可能长期独处的，他需要提高人际关系的应对能力，而学生公寓就是这样一个难得的训练场所。当代大学生多数是独生子女，在学生公寓内，对来自五湖四海的他们而言，朋辈学习，是一个适应社会的高效途径。他们都相对缺乏生活经验，对人与人之间的界限比较模糊，往往空有热情和良好情感愿望，生活习惯和价值观甚至会抵牾，但通过学生公寓这样一个通向社会的阶段性锻炼空间的磨练及磨合，参与构建一种大家都公认的公寓文化，那么，他们不仅在日常生活和学习中，彼此和谐，而且，会形成一种符合校园精神的价值观。这样的价值观也必然会符合社会主义核心价值观。在这样的价值观指引下，他们虽然行为表现不一定相同，但作为社会道德个性化表现的品质在本质上是共通的。他们的思想观念在碰撞中会交融，解决人与人之间问题的能力会在冲突中提高。公寓管理与服务部门及其他教育者也会通过养成教育与思想教育的结合，通过将解决思想问题与实际问题结合等路径，更好地把大学生作为“消费者”和“受教育者”的统一体进行“以学生为主体”式的管理与服务。

概括而言，学生公寓文化建设作为补充和完善学生成长成才和立德树人途径的关键点主要体现在以下三点：

首先，这将有利于养成教育和思想教育相结合，有利于学生养成高尚品德和文明习惯。前文已提，学生公寓文化建设更直接地表现为公寓管理与服务的一种符合时代发展需求的新模式。在这种模式下，管理就是一种教育，服务就是一种引导。相关制度的制定及执行，看似是管理，其实是一种养成教育，目的在于使教育对象在一定的指导下形成良好的行为习惯，否则就要受到相应的惩罚。通过外在的强制的方式培养学生遵守规章制度的行为习惯，并逐步内化为自己的道德认识、道德信念，这事实上就是将养成教育和思想教育紧密结合。

其次，公寓文化一旦形成，便会以其特有的方式感染和陶冶其成员，使受教育者能够从其他受教育者身上直接感受到教育的能量，会使他们学会珍惜集体的荣誉、尊重彼此的付出。这有利于他们在实践中探索处理人与人之间关系的方法，提高社交能力。同时，学生是在一个有益于他们发展品行和能力的日常生活环境中成长的。在这个环境里，许多热爱思考的头脑和心灵不时地相遇、对话，当然能够促进各自的全面发展。

再次，学生公寓文化建设将有助于大学生主体性意识的提高及健康成长与科学成才。“主体，是指对象性行为中作为行为者的人。”[1]马克思主义的人性理论认为，人是生产力中最活跃的因素：自然性是人的基本属性、社会性是人的本质属性、主体性是人的核心属性。人的自然性是人存在的前提，人的社会性是人的发展的需要，人的主体性是人之为人的保障。大学生作为“现实的人”，其自然性和社会性的需求在实践中已经得到了很好的重视，而对其主体性的认识，教育工作者往往比较淡薄。从价值论角度看，在一切满足主体需要的对象性活动中，如果没有个体的主体性发挥，仅仅从“物的角度”工具性地看待一个个学生个体，不从“人的角度”思考教育、管理与服务的对象，主体的尺度得不到彰显，那么，个体尊严和价值的确保、个体间的自由与平等、个体的权利和权力，都是妄谈。具体到公寓管理与服务模式上，必然是建立在主、客二分的基础上，带来的是一种非平等的“我—它”关系。这种关系中，大学生作为教育对象是“空的容器”、待改造的对象；公寓只是应付居住的物质载体；公寓管理者和服务者也将沦落为管理与服务的介体（工具）。若真是如此模式，所有人彼此都将用工具性思维、客观规律思维、物的尺度思维来看待这个综合系统中的人和物，导致的结果必然是人与人之间心灵隔离、人格物化，从而泯灭公寓管理与服务的价值性意义。因此，搞好学生公寓文化建设，需使人要归人，物要归物，即既要符合规律性，也要符合目的性；既要体现工具性，也要体现价值性。这样，大学生的主体性得到确保的同时，公寓管理与服务者的主体性也会得到确保，二者的互动将采取交互主体性的、对等式的

---

〔1〕 李德顺：《价值论》，中国人民大学出版社2007年版，第41页。

"我—你"关系模式，扬弃了过去那种居高临下、非对等式的"主—客"关系模式。后者模式下的场景是：一方独白、一方静默甚至木然，前者模式下的场景是：管理和服务过程变成主体之间的一种精神对话，从而促使管理和服务都达致育人状态。这会有助于大学生打开心灵之窗，调动他们的知、情、意等心理因素，对实然的公寓进行反思与批判，对理想的公寓进行想象与建构，最终实现个体目标和教育目标的融合。

同时，公寓文化建设好了，学生学习、生活的小环境随之有了积极的氛围、健康的情趣，学生自然也能较为容易地从中得到养成健康的心理、良好的修养、豁达的心胸、进取的精神等暗示和激励，从而形成良好的世界观、人生观和价值观。如果把公寓成员、公寓群体和公寓文化的关系看成是树木、森林与气候的关系，那么，众多树木构成森林，森林可以影响气候，而气候对森林和树木的成长又有着重要影响。所以，我们要培养合格的建设者和可靠的接班人，把立德树人的任务完成，当然需要重视学生公寓这个重要的"太空船"。

第三节　研究高校学生公寓文化建设的理论依据

育人是高校学生公寓文化建设的主要目标。确切地说，立德树人是高校学生公寓文化建设的核心。那么，为什么要以此为核心及以此为核心的必要性是什么？前文已经做了解答。进一步，以此为核心的可行性是什么？这是探讨高校学生公寓文化建设的逻辑之问。解决这一逻辑之问，就是为学生公寓文化建设能够完成立德树人任务寻求理论依据。概括地说，教育学中的品德教育理论、心理学中的环境暗示理论和管理学中的协同创新理论都为其提供了理论依据。

一、教育学中的品德教育理论

思想政治教育学在没有形成独立学科前，很多其他学科诸如教育学、政治学、伦理学、心理学等承担着其相应教育功能。对学生进行思想品德教育，促使其具备完善的人格，也主要由教育学的相关课程承担。

从系统论角度看，思想品德是指思想政治教育这个大系统中三个子系统中的两个，即思想教育系统和品德（道德）教育系统（另外一个子系统是政治教育系统）。二者合一，不同研究领域内的学者对之认识各有所偏重。比如，人才学领域的学者给思想品德下的定义是"指人才主体依据一定的社会道德准则和规范，在处理与社会、他人和周围事物的关系时所表现出来的较为稳定的思想特点和行为习惯"〔1〕；心理学领域学者注重从"品质"角度认识它；伦理学领域学者注重从"道德"角度认识它；而教育学则注重从"思想、品质和道德"三者的综合层面上加以认识，即品德。那么，作为非智能素质系统中的一种重要素质，品德如果本身被作为一个系统看待，它包含哪些要素呢？概括地说，主要包括社会公德、职业道德和政治品德。社会公德是品德形成的基础和前提，职业道德是品德在职业活动中的体现，政治品德居于品德这个系统内的最高层次。品德教育的目的就是培养教育对象形成良好的道德品质，品德教育是学校教育的基础，因为一个人如果连做人的基本道理与规范都不遵守，就谈不上讲政治、有思想。〔2〕由于人的思想品德结构的复杂性，它的形成绝非易事，实际上这一过程必然经过人

---

〔1〕 中国人才研究会编、郑其绪主编：《微观人才学概论》，党建读物出版社2013年版，第28～29页。

〔2〕 注：这与北京大学在学生公寓文化建设过程中，倡导的"一室若不治，何以奉家国"理念有共通之处。

的实践——认识——实践的无数个循环往复过程，才有可能建立起相对稳定的思想品德结构体系。即使如此，我们也可以从中归纳出其一般规律，即人的品德形成与发展规律，“是指人们通过参入社会意义性活动，在文化环境影响与心理生物机制的交互作用下，以需要满足为动力，以文化经验的积累和文化心理的培养为基础，经过由知到行的无限循环和阶段性反思评价，逐渐形成和发展自身的思想意识和品德结构的过程”〔1〕。那么，如何从品德形成与发展的过程去认识这个规律？

首先，我们要知晓人的思想和行为是如何相互影响的。(诸如条件反射、无意识或不受控制的病态行为不在我们讨论之列)我们所说的行为，一般是指人为满足自我需要而采取的一连串有意识的动作。这样的动作一般都是基于先导的思想而产生的，受思想支配。不过，思想转化为行为一般需要一定的内部、外部条件作保障。“内部条件是指思想转化为行为必须通过动机、态度等环节，缺乏这些环节，思想作为理性认识并不直接对人的具体行为起作用。”〔2〕也就是说，动机、态度等环节是思想转化为行为的必要条件。即便如此，其间的关系也十分复杂。比如，多数大学生赞同整洁、卫生的宿舍环境是做好整个公寓文化建设的基本物质支撑，但在涉及谁有责任来负责环境卫生时，仍有同学不仅不愿意花费时间于此，甚至还有“随手”污染环境的行为。这叫态度与行为的不一致。更有甚者，态度与行为产生背离。比如，没有大学生在公开表达时不认为人与人之间相处应该讲求“诚信”与“友爱”，但在他们中，仍有个别学

〔1〕 李焕明：“人的思想品德形成发展的机制与规律”，载《临沂师范学院学报》2004年第2期。

〔2〕 徐志远：“思想政治教育学基本范畴试探”，载《军队政工理论研究》2002年第1期。

生盗窃同学财物、欺骗同学情感，甚至恶意冲突致人身伤害。态度与行为的关系是复杂的，动机与行为关系同样也很复杂。概括说，没有动机的“牵引”，人的行为很难跟随发生。但是，人的行为的发生要受到公认的价值观和合适的行为方式两个必要条件制约。思想动机形成以后，所有人要进行考量，若符合公认的价值观则就有可能表露，反之，则可能消退或潜伏于内心。可见，价值观是思想动机转化行为的“过滤网”。人的行为一旦发生，会带来行为评价与人格评价，即社会评价。这样的社会评价自然涉及对行为者的人格、人品的性质判断，从而让行为者对原先的思想观念进行审思，即反省。这种审思和反省就是“思想支配行为，行为修正思想”，一个人在一生中会循环往复。

其次，我们要知晓品德是如何形成及完善的。在教育中，受教育者经过教育，是否能取得相应成果，关键是看其是否真正实现知行统一。第一，受教育者应该具备正确的、科学的品德认识，这是“知”的反映；第二，受教育者基于那些认知，在类似行为中一如既往地进行恰当的选择，从而内化为一种不需要任何外部监督和内在意志力斗争的自然行为，即习惯，我们才可以说，这些行为要求已经内化为他的品德素质。换句话说，一个人在被引导、“他人在场”或偶发性做一件好事不能被称为有品德之人，只有当他用其行为修正、完善其思想之后，面临“他人缺场”仍同样选择，其行为才可称得上出自品德。

从人的成长规律来说，任何人都是从“白板”到“多彩画”的。品德的形成，不可能是一蹴而就的，也不可能是一成不变的。大学阶段，恰恰是一个人一生中最重要的品德形成阶段。在这个阶段，如果没有科学的理论指导，大学生很容易受到错误观念的影响，在眼花缭乱的价值观念中迷失方向。所以，高校教育者一定要利用这个黄金时期，通过多种形式的思想政治教育，让大学生形成正确的思想品德观念。加强公寓文化建设，即是一个很好的抓手。

进一步，尼尔·诺丁关于通过关怀取向的品格教育从而教育出一个完善的道德人理论，对上述理论也是一种验证。在我们的语境中，“大学生品格是指大学生个体按一定的思想、政治、道德等社会意识和行为规范所表现出来的稳定特征和倾向，集中表现为大学生个体相对稳定的思想观念、政治态度和道德品质的总和。它包括大学生的世界观、人生观、价值观、政治理想和信念、道德情感与道德情操”[1]。也就是说，学生个体品格的获得，是其对应遵从的一切规范通过依从、认同、信奉，即认知、认同、实践三个层次逐步由外化而内化构建而成。它作为大学生人才素质的核心和灵魂，主宰着大学生行动的目的和方向。虽然，尼尔·诺丁所说的品格不关政治、不涉及意识形态，但仅就作为一种道德的养成，其获得方式——“它仰赖于一个强大社群”，也值得我们借鉴。尼尔·诺丁将关怀从值得赞扬的个人品格特质转化成必要的文化情境，亦即一种让道德生活得以繁盛发展的环境，她认为：“关怀伦理学家与品格教育家都赞成若要使世界更美好，所要依赖的不是更好的原则或规范，而是更好的人。问题是，我们要如何产生更好的人？关怀伦理学家比较看重建立鼓舞人向善的情境，而不是直接教导德行。没有任何学派会藐视好的原则，而是历史表明，遵守教条般的原则并非有效的方法。当人们做出道德行为时，很少去想到道德的抽象原则。关怀伦理学家与品格教育家都相信，道德

〔1〕 王思名：《校园文化与大学生品格发展》，河北教育出版社2013年版，第34页。

的动机存在于行动者或互动中。"[1]即是说，在她看来，品格教育现今主宰着道德教育实践的范畴。"教育的内容应围绕着关怀的议题，而非恪守传统教条。所有学生也都应参与可以教导他们关怀自己、亲人、全世界、动植物、环境、目的与工具方法及理念的通识教育。因此，如此清晰的道德生活应该确实被包含在教育的主要目标之中，这样的目标并不违背智育的发展或学术成就，甚至，它可同时为两者提供一个更为坚固的基础。"[2]更进一步，为了教育内容的完成，教育目标的实现，她提出"必须尽可能让学生在一块儿，也必须让学生在同一栋建筑物里相处相当一段时间，并且帮助学生去感同自己是学校的一员"[3]。这样的论述，与我们加强公寓文化建设的目的事实如出一辙。因为，学生公寓作为高校学生一个非常重要的社群集合体，为学生个体的品格的形成与完善提供了一个难得的社会化演练的社群环境。当然，"社群必须要有一个他们共同认可的价值……一个社群必须具备某些价值，而且必须能有效地将其价值传递给下一代"[4]。这与我们在公寓文化建设中需要贯彻社会主义核心价值观更是类似。

---

〔1〕［美］内尔·诺丁斯：《教育道德人——品格教育的关怀取向》，台湾编译馆主译，朱美珍等合译，巨流图书股份有限公司与台湾编译馆合作翻译出版2008年版，第1页。

〔2〕［美］内尔·诺丁斯：《教育道德人——品格教育的关怀取向》，台湾编译馆主译，朱美珍等合译，巨流图书股份有限公司与台湾编译馆合作翻译出版2008年版，第163~164页。

〔3〕［美］内尔·诺丁斯：《教育道德人——品格教育的关怀取向》，台湾编译馆主译，朱美珍等合译，巨流图书股份有限公司与台湾编译馆合作翻译出版2008年版，第100页。

〔4〕［美］内尔·诺丁斯：《教育道德人——品格教育的关怀取向》，台湾编译馆主译，朱美珍等合译，巨流图书股份有限公司与台湾编译馆合作翻译出版2008年版，第61页。

总之，通过这一理论，我们必须知晓，在公寓文化建设中，引导大学生具备正确的政治品德，拥有符合社会发展需要的社会公德，形成必要的职业道德意识，是让其无障碍地走向社会的一种需要。

二、心理学中的环境暗示理论

任何一个环境中，都有很多元素会对人们是否遵守社会规范产生影响。即是说，在每一个环境中，都存在着影响个体如何遵守社会规范、共同价值的或明示性较强或暗示性较强的规则。明示性较强的规则，一般是指令性的，是符合群体的正向价值需求的，它强制环境中的每个个体行为所体现的价值应该符合整体价值观。暗示性较强的规则，一般在外在表现上对个体的冲击力显得不够明显，但它所具有的内在的潜含性，往往让个体会形成持久的不可磨灭印记。所以，学生公寓文化建设要想取得理想效果，必须注意环境的暗示性影响。“环境影响行为的一种重要途径就是暗示（cues）。暗示是环境中传达重要信息或引起情感反应的元素。”〔1〕进一步说，这些元素的明示性和暗示性功能事实也是可以相互转换的。比如，某个个体即使面对明确性的指令或禁令，也不愿意遵守，甚至屡屡犯规，但可能因一个不经意的他人具有示范意义的场景，他的错误观念就有可能得到纠正。这事实就是暗示的力量。反之，整洁的环境因个别人的糟蹋，没有得到及时改变，就有可能暗示其他人加入不爱护环境的行列。而原先可能是个别人默默的行为，有利于群体价值的维护，扩展开来，则有可能演变为明示性倡导或对应规范。比如，北京大学学生社团“爱心社”的出现及产生

〔1〕［荷］琳达·斯特格等编：《环境心理学导论》，高健、于亢亢译，中国环境出版社2016年版，第80页。

的社会影响就是如此。可见，暗示性影响，在一个组织内或群体中，随处存在。当然，这种影响既有正向，也有偏向，甚至有反向。它们对群体中的个体心理起着或积极或消极或污染性影响。比如，一个学生公寓内的个别成员不爱护环境，随手丢弃垃圾，垃圾集聚较多，此种乱丢垃圾的行为就有可能增多，多数人不得不对环境品质的追求标准降得越来越低。这事实如同心理学中的“破窗效应”。

环境暗示对遵守规范产生影响的背后最重要的作用机理就是中心目标的切换及相对强度的变化。目标是理想的未来状态的心理表达。目标只有在被激活的时候才能够指导行为。激活可以是因为一个人的内部信号（如饥饿感会激活吃东西的目标）或者人的外部信号（如其他人的行为）产生。以最强烈的方式被激活的中心目标称为目标框架，因为它通过决定我们注意的事物、正在激活的概念和知识、我们的好恶、我们期望别人做的事情、我们考虑的选择、我们最敏感的信息以及我们处理信息的方式来“框定”一种处境。对于暗示的力量，特别重要的一点就是中心目标，即在激活时能够指导大量二级目标而且影响许多不同认知过程的抽象目标。因此，行为几乎始终都由多个目标所引导。概括地说，可以把处于目标框架之内的这样的中心目标简要分为三类，一类被称之为“规范性目标”，在这种目标指引下，个体表现为以遵守公共规范和规则的适当行为顺应群体利益发展，在公寓文化建设中，则是个体表现为以积极的态度参与有利于公寓文化建设的一切活动，不以个体自我的一时得失为标准，而以整体中心发展为圭臬，这种目标也可被称之为“积极性目标”，遵循的其实是“集体主义”原则。一类被称之为“收益目标”，在这种目标指引下，个体表现为保持或者改善自己的资产而行动，即个体考虑问题应对的出发点是从自我利益最大化角度考虑的。在公寓文化建设中，以这种“收益目标”为指引的个体，在考虑问题时，出发点则是如何能够扩大或尽量减少自己包括时间、注意力、健康、金钱、人际关系等在内的资产损失。当然，为了长远的利益，有的个体也选择了牺牲暂时的利益。可见，在这种目标指引下，个体的选择是善变的，出发点最终是为了自己收益的“最大化”，但这种善变是经过理性计算的，显得很规则化。它遵循的其实是“个人主义”的原则。第三类目标被称之为“快乐目标”，在这种目标指引下，个体表现为为了保持或者改善现在即时的感受而行动，即个体行动的出发点完全顺从现时的主观感受，甚至未经理性计算，更未经审察。在公寓文化建设中，以这种“快乐目标”为指引的个体，在考虑问题时，出发点虽然也是如何维护自我资产，但未经通盘考虑的抉择却有可能是以牺牲自我长远利益为代价的。这种以感性、冲动、随性为特征的选择遵循的虽然也是“个人主义”，但未经审视的判断往往表现得更像“极端个人主义”。综合看，这三类目标对应的就如同“超我”、“自我”和“本我”。

当然，环境暗示不仅包含环境中的物对人的影响，也包含人对人的影响以及作为客体的我对主体的我的影响。在学生公寓这样的环境中，人对人的影响常常表现为初级式的社会互动。社会互动（social interaction），是指在个人之间、群体之间、个人与群体之间发生的相互的社会交往过程。人们通过将自己的想法传递给对方，希望对方做出预期的回应，而对方则根据自己对传递方的行动意义的理解做出反应，就完成了一次社会互动。社会互动的主要形式有：交换、合作、冲突、竞争和强制。正是在这一系列的语言和非语言的互动中，人们不断学习由社会建构并由大家共享的象征意义，通过角色借用，理解他人的想法。在互动中，意见得以分享、感情产生共鸣，从而也影响到文化的建构和变迁。

当个人或群体采取某种方式彼此交往，这种交往旨在获得报酬或回报，这样形成的关系就是交换关系；合作是这样一种互动形式，即由于有些共同的利益或目标，对于单独的个人或群体来说很难或不可能达到，于是人们或群体就联合起来一致行动。

库里提出“镜中我”和“初级群体”这两个概念。他认为，个人是通过初级群体而学习，走向社会的。公寓内的共同生活就是这样的一种初级群体。初级群体产生了个体成功、社会统一以及忠诚、真理、服务、友善等思想，可以扩展到社会，社会的完善随成员的完善而完善。即是说，公寓生活是可以这样训练居住其中的学生的。库里认为，“镜中我”是“社会自我”，是一种以他人的看法为镜子而认识自己，也即想象自己是如何出现在他人的意识中的自我。[1]而公寓生活处处有这样的“镜子”，尤其是居住同一房间的人，都相互是对方的“镜子”。即是说，人只有在人群之中，才能认识自己，只有生活才能教会人去认识自己。

可见，教育的本质是一个社会过程，是要将其中的受教育者从一个生物学意义上的人、一个个体式家庭内的人变成一个社会学意义上的人。因此，在社会环境暗示的显现层面，互动才能产生有意义的学习，师生应积极成为教育过程的参与者。所以，大学是一个互动单位，一个公寓楼为单位的同学，也是一个可以产生社会互动的小群体。要研究怎样更好地建设与传承公寓文化，就应以公寓为单位，考虑关联在一起的人、物和情境，从而确保对新加入的个体有个正确的社会化引导。社会化主要指人如何成为组织中有效一员的过程，每年9月入学的

---

〔1〕 参见［美］查尔斯·霍顿·库利：《人类本性与社会秩序》，包凡一、王源译，华夏出版社1999年版，第27～29页。

新生都会面临社会化的问题，也是创建公寓文化必须要解决的问题。研究表明，制度化的社会化过程似乎增强了工作和组织的凝聚力，而个人化的社会化过程则促进了角色转化，使角色得到更好表现。这提示我们要建立一套成型的制度，利用完善的物质文化，让公寓文化建设的参与者，尤其是学生能将其精神通过行为展现出来。这一理论也可以用来解释为何需要帮助同学们在公寓文化建设中，既要拥有个人空间的私密性，也要有参与公共活动的积极性。这些都是帮助学生度过社会化过程最重要阶段、成为一个完善的人的必备要素。

总之，环境中的暗示能够对人们记住及遵守规范产生重大影响。人的行为始终都在特定环境中发生。在每一种环境中，都有适用的相关社会规范。在每一个环境中，都存在影响遵守社会规范和合法性规则相对强度不等的暗示。因此，我们当然有必要加强学生住宿区域有形的卫生、安全、秩序等环境建设让居住者感觉到舒心，也要通过建筑设计、标语张挂、榜样展示等引导居住者感受到环境的熏陶，更主要的是通过一些制度建设，使其精神气质在保持个性化特色之时，与整个公寓文化建设倡导的价值观不抵牾。

三、管理学中的协同创新理论

人们生来就有创造的天赋和合作的精神。“协同创新”理论旨在探索人类在自然和社会中的创造与发展的原理问题。其目的，“不只在于讨论个人的心智与知识，而是发现社会与自然中新事物产生的共通的原理。所以，协同创新的理论也可称为自然社会发展论”[1]。进一步说，自然和社会是协同创新的情境，人是协同创新的“核心”。自然与社会相互重叠着对人产生系统

〔1〕 蔡剑：《协同创新论》，北京大学出版社2012年版导言，第2页。

影响。基于此，协同创新理论认为，面对纷繁复杂的社会管理现实，“企业、事业、大学、社团等创新型组织是社会管理主体。赢得可持续竞争力的组织必须运用经济、社会、文化、科技等各种要素建立新的价值互动体系”〔1〕。因此，文化教育或文化建设应该成为社会管理的基础性活动。

高校协同创新，包括高校内部各学科之间、高校与高校之间以及高校师生与科研院所和企业的研究者、生产者、管理者之间，为解决行业关键和共性技术以及生产实际中的重大问题，投入各自优势资源和能力，相互协同，也包括在政府、科技服务中介机构、金融机构等相关主体的协同支持下，合作攻关，从而力求在科学研究、技术开发上取得重大进展和突破的创新活动。〔2〕这样的协同创新理论如何运用到公寓管理与服务中，从而有效推进公寓文化建设呢？

高校高等人才的培养，不仅是需要处理好“教”与“学”的关系，也同时需要协同好“住”与“学”的关系。基于协同理论，我们可以看到，高等学校中学生的“住”和“学”密不可分。学生的宿舍该建在哪？采用什么构造形式？同一宿舍学生按什么标准分配在一起？多少人合适？谁来管理宿舍？这些涉及学生宿舍选址、建筑、分配和管理的问题，与学生成长学习，和一定时期的教育培养方式、培养理念紧密相关，是任何时期任何大学都会遇到的。这些问题的解决，必然需要管理学中的协同。比如，中国古代书院的住宿形态是与书院的教育模式相适应的，而西方中世纪寄宿制的住宿形态又是与其教会大

---

〔1〕 蔡剑：《协同创新论》，北京大学出版社2012年版，第237页。

〔2〕 参见李忠云、邓秀新：“内外兼治破解高校协同创新困境”，载《中国教育报》2011年9月12日，第7版，转引自李祖超、梁春晓：“协同创新运行机制探析——基于高校创新主体的视角”，载《中国高教研究》2012年第7期。

学的教育模式相适应的。自近代以来，在西方政治、经济、文化的冲击下，我国面临各方面的变革和挑战，在教育领域方面就表现为在传统科举废除，私塾、书院等教育方式变革为学校培养方式的过程中，如何在中西方文化的交织下探索建立适合我国的现代教育培养方式。而在教育领域的变革与挑战中，如何探索适合我国的现代大学住宿形态，同样是一个值得深入讨论的问题。这些当然也需要管理学中的协同，乃至创新，从而产生协同创新的效果。

进入 21 世纪以来，随着市场经济、全球化和高校扩招，中国各地的高校无论是办学规模、组织模式、环境条件都发生了极大的变化。高等教育目前已经与高新技术产业、文化产业，房地产业、商贸服务产业等紧紧联系起来，这对大学生的住宿形态及相关管理方式都提出了重大的挑战。在这种变迁中，如何能在大学住宿方式和管理方面，构建与当下大学教育相适应的，能促进学生学习成长的公寓文化和育人方式，是摆在目前中国各高校后勤管理、校方规划设计和相关的教务机构面前的一个亟需探讨，而又牵涉甚广的主题。这一跨学科的主题，人们通常都在各自学科和业务范围内讨论，如规划设计部门仅关心建筑设计方面的问题，相关的教务部门、教学机构仅关心学生的培养问题，至于学生的住宿问题就留给了后勤管理部门。然而，这样的学科分化、部门分化常常就会使得我们不能从综合、整体的视角来理解高校学生住宿文化，尤其是公寓文化的建设。

高校学生公寓文化建设是一项覆盖对学生的管理、服务及教育，对师生的引导和激励，对物的管理的复杂而细致的综合过程，其不仅涉及公寓内部各业务模块之间的协作问题，而且涉及与高校及社会其他主体，以及与公共管理机构之间的协调匹配。当前高校学生公寓管理与服务普遍存在运营效率和服务质量与其及运行模式是否科学、服务对象是否认可、参与主体是否形成合力等问题。这些问题严重影响了高校学生公寓文化建设效果的取得，当然也影响了公寓育人功能的发挥。高校公寓文化建设，期待一套先进管理理念和科学管理方法，来促进建设质量的提高，这就需要管理中的合力，需要协同中的创新。

公寓是大学生之家，公寓文化建设的成功事关学生健康成长。在实施学分制条件下的大学，公寓已然成为大学生在校学习、生活、休息、娱乐和交流的多功能场所，成为学生基础文明教育、行为习惯养成、综合素质提高的重要阵地，可谓是大学生的“第一社会”、“第二家庭”和“第三课堂”。公寓文化的建设不仅涉及公寓内部硬件、设施设备，水电维修，后勤系统内部各业务模块之间的协作问题，而且涉及与家庭、与高校内部学工部门、院系、教师、学生等多种要素之间的协调适应及共同促进的问题。比如，涉及学生住宿方式和理念的问题，不单是建筑学、管理学、教育学的问题，也并非是学生工作、后勤管理、教务管理某一部门可以解决的。如何来定位、理解当下中国大学住宿方式、住宿理念和大学培养方式、培养理念的关系，是一个极为重要的主题，同时又是一个跨学科，极为复杂的主题。在当下高校发展正处于一流化和国际化，包括高校后勤保障工作必须与时俱进的大背景下，高校学生公寓管理和育人文化的实现，自然处于一个新的时期，必然面临新的问题，则当然需要多方协作和合力，需要将创新理论应用到公寓文化建设的过程当中。

因此，从现实意义上看，利用这样一种协同创新理论，不管是运用于理论研究，还是实践探索，它都会产生显性效果。首先，利用协同创新理论作高校公寓文化育人的“抓手”，可以通过协同分析工具发现协同机会，寻求协同对象，整合高校多方力量保障协同力量，实现协同效益。其次，将协同创新理论运用于高校公寓文化育人领域，可以以后勤系统或学生工作系统的协同，推动高校其他管理与服务的力量整合于一起，汲取公寓文化建设新成果。最后，国外以书院制为表现形式的高校学生公寓文化建设有成熟的运作模式，他们在多年发展中积累了大量一线管理经验和精湛的服务技术，但由于时空和地域文化的差异，他们的经验和模式被引用来对标我国的高校公寓文化建设的问题时必定不能生搬硬套，既要实事求是，也要创新借鉴。

第三章

高校学生公寓文化建设的历史梳理及当下发展——以北京大学为样本

事物的发展都是有因果联系的，或者存在“路径依赖”。对高校学生公寓文化建设进行探讨，我们需要知晓它是如何从过去演变至当下，才有可能较为科学地判断或预测它的现状、发展以及未来。探讨高校学生公寓文化的演变史，必然要梳理现代大学教育史。虽然包括胡适在内的教育家曾提出我国的大学教育可以推溯到汉代太学的建立，但严格意义上的高等教育史只认可：我国现代高等教育发轫于20世纪初京师大学堂建立。所以，选择以北京大学为样本，对其公寓文化建设史进行探讨，其实就是较为典型地探讨了我国高校学生公寓文化发展史。同时，虽然公寓文化包含的内容、表现的形式有很多，选择以提供住宿空间的物质形态作为梳理主线，选取各个时期与物质形态相伴而生的较有代表性的制度文化、行为文化以及精神文化进行阐释，有利于我们小中见大，从宏观上把握我国公寓文化的发展脉络与走向。因此，本章重点分析从传统书院向近代学堂以及近代大学转变的过程中，其中的学生住宿形态（建筑布局和管理模式）呈现何种方式，其中蕴含的教育精神与育人功能又有何种关联？

第一节 中国传统书院建筑与斋舍形态

教育有传承，建筑有传承，住宿形态也有传承。中国传统书院对北京大学、燕京大学等民国时期教育思想和教育理念以及对“斋舍”式住宿形态有重要影响，是我们首要考察的对象。

书院作为中国教育史上一种独具特色的学校教育制度，萌芽于唐，经五代，兴盛于宋，延续于元，全面普及于明、清。它是“在系统地综合和改造传统的官学和私学的基础上，建构了一种不是官学但有官学成份，不是私学但又吸收私学长处的新的教育制度。质言之，它是官学和私学相结合产物”〔1〕。自书院出现以后，我国古代教育史发生重要变化，即出现了官学、私学和书院相平行发展的格局。在唐宋时期，它是以讲学济世、学问研习为主，主要是作为古代学术文化积累和传承的一种重要组织形式存在；在明清时期，随着中央集权的加强，它作为一种极为重要的教育场所和培养人才的机构，却不得不沦为科举的附庸。期间，书院也经历了从私人办理到官办过渡。〔2〕作

〔1〕 陈谷嘉、邓洪波主编：《中国书院制度研究》，浙江教育出版社 1997 年版，第 2 页。

〔2〕 注：“五代十国”时期，官学遭受破坏、庠序失教，中国开始出现一批私人创办书院。比如，当下知名的岳麓书院即由当时的僧人在岳麓山建屋办学形成雏形；公元 976 年，北宋地方政府官员在此基础上，正式创立岳麓书院。公元 1015 年，宋真宗召见岳麓山长周式，赐书“岳麓书院”四字门额。嗣后，历经千年，岳麓书院弦歌不绝，学脉延绵；至清末（公元 1903 年），岳麓书院被改为湖南高等学堂。这样，传统书院蜕变成近代学堂，直至成今天的湖南大学文史哲人才培养和研究基地。再如以北京地区为例，早在五代后梁的时候，北京地区第一家书院就落户昌平。顾炎武在《昌平山水记》中对窦禹钧创办“窦氏书院”有描述：“东山口内二里景陵果园之旁有古槐一株，其大数十围，中空，可容十人坐，相传为燕山窦氏

为中国古代一种传统的教育机构，书院是一种极为重要的教育场所和培养人才的机构，有其独特的教育建筑文化以及住宿管理方式。书院制度的特殊性在于书院另一个重要的特色，“它是一种包含多层次教育的综合性教育体系，换言之，它是高等教育和基础教育、应试教育和素质教育相结合的产物”〔1〕。进一步说，书院作为我国古代中后期的一种重要教育机构，可以开展包括藏书、读书、教书、讲书、修书、著书、刻书等各种活动，是古代学术文化积累和传承的重要文化教育组织。与书院博大精深的文化内涵相伴随的是书院那种讲求“天人合一”，力求使自然与人文有机结合的建筑神韵和人文关怀，这是我们当下进行公寓文化建设尤应关注的。

一、书院的选址与布局

书院建筑极为重视环境的选择和意境的营造，从选址、布局到内部设计建造都极为讲究。从选址来讲，则多选在城镇郊区或边缘，既考虑地域交通条件，便于学者往来，又远离中心而不喧闹、环境幽静、风景优美。“书院的选址，特别看重环境本身所产生的教育作用：既重自然山水景观，陶冶心性；又重人文历史环境，之启迪思想。因此，风景名胜区，多有书院建设。或山上台地、或山谷坡地、或山麓平地，都可成为书院建设的场所。尤其南方景色优美、山清水秀，若依山傍水，山环

庄。”及至元朝末年，为了纪念唐代忠良、昌平人刘蕡（在古代，创办书院，也是纪念当地历史名人的特有形式之一），建有“谏议书院”。尽管历史流变，曾经让“书院遂废”，然而，书院的文脉并没有因此绝断，在清乾隆二十三年（公元1758年）的时候，时任昌平知州芮泰元秉持传承，又兴建了“燕平书院”。到了清朝末年（公元1903年），在西学东渐之风的催促下，燕平书院更名为昌平县高等小学堂，书院教学由此画上了句号。

〔1〕陈谷嘉、邓洪波主编：《中国书院制度研究》，浙江教育出版社1997年版，第2页。

水绕，更是书院的理想境界。”〔1〕书院充分利用自然地形条件，依山就势，因地制宜，或纵深布局，或横向展开，灵活多样，尤其重视背山面水，山环水绕，“建筑以院落或天井组合有序，层层叠叠，高低错落，与自然环境、庭院绿化有机结合，融为一体”〔2〕。

书院可以开展讲学、藏书、供祈等活动，也是师生学习、生活、游乐的场所。而书院的建筑也会考虑到这些活动，相应在设计和布局上与这些活动相协调、相适应。书院大都采取中轴对称布局。“中轴线上纵深布置讲堂、祭堂、书楼等主体建筑；少则二、三进，多则四、五进，甚至更多；其中除大门之外，有设二门，甚至三门者。两侧配以斋舍及其它建筑，形成重重院落，以区分内外主次，更现其主体的严整庄重气氛。”〔3〕具体说，书院建筑里基本的构成要素包括用于讲学的讲堂，用于藏书的藏书楼，用于祭祀的“社院”，用于学生住宿学习的斋舍，以及用于游乐的书院园林。中轴线的前部两侧排列着学生住宿、自修的斋舍，后部两侧一般布置祭祀的专祠和山长住宅等。书院的核心部分是讲堂，一般建于书院的中心位置，“一般为三至五间规模，个别也有七间的；堂前多有较开敞的庭院，必要时也可作为临时扩大、灵活使用的室外空间，以增加讲堂

---

〔1〕 杨慎初:《中国书院文化与建筑》，湖北教育出版社2002年版，第58页。

〔2〕 杨慎初:《中国书院文化与建筑》，湖北教育出版社2002年版，第67页。

〔3〕 杨慎初:《中国书院文化与建筑》，湖北教育出版社2002年版，第81页。注：比如，作为今天中国现存规模最大、保存最完好的古代书院建筑群（明清遗物），岳麓书院在建筑布局上为了凸显幽远纵深、庄严神秘的视觉效应和等级有别、主次鲜明的儒家伦理，在风格上主要采用中轴对称、层层递进的院落形式。其中，作为书院核心部分的讲堂位于书院的中心位置，曾开中国书院会讲之先河的张栻、朱熹理学会讲即于1167年举办于此。斋舍和祭堂则排列于中轴两旁。

容量”〔1〕。同时，古代书院无不重视图书的收藏，所以，藏书楼一般是书院建筑的重要标志之一。“书楼一般三至五间规模，高二至三层楼阁，成为书院最高的建筑；多处于书院后部，较为幽静的环境。”〔2〕供祀也是书院的重要内容和重要活动之一，“用于供祀的殿堂或专祠，其布置与活动，为书院重要教育内容的组成部分，也是书院重要的特色之一”〔3〕。殿堂和专祠一般为三至五间，大多位于讲堂前后，或另起轴线成侧院。当然，书院还有用于师生休息的斋舍，多在书院后部。书院后期，有的还设有监院，以加强行政管理；少数书院还建有射圃，用于习射练武的场地；有的还设有考棚，专供考课之用。这都与官府的影响有关。

可以说，书院建筑的选址和布局，都源自于儒家的教育思想和教育方法。“儒家的教育思想中有一个重要的方面就是美育，即通过艺术和审美陶冶人的情操，使之成为有文明教养的高尚的人。课堂讲授仅仅是书院教育的一部分。在平时，书院的师生三三两两在山间溪流茂林修竹之间闲游，或谈人生、或谈学问、或谈时务，这也是教育的一部分，甚至是更重要的教育。”〔4〕这种与自然交流，以自然美景来陶冶性情的教育方式，是传统中国教育思想中的宝贵精华。民国时期蔡元培先生提出用美育改造国民性，说的就是这一点。在今天的教育中，不管是校园规划还是学生公寓建筑设计，融教育于选址和布局中，而起到美育效果，都非常缺乏。

二、书院的景观与人文

中国古代建造书院依山傍水，总要选择一处风景优美的地方。

---

〔1〕 杨慎初：《中国书院文化与建筑》，湖北教育出版社2002年版，第67页。

〔2〕 杨慎初：《中国书院文化与建筑》，湖北教育出版社2002年版，第67页。

〔3〕 杨慎初：《中国书院文化与建筑》，湖北教育出版社2002年版，第67页。

〔4〕 柳肃：“学府胜地　礼乐相成　中国古代书院的建筑艺术”，载《中国文化遗产》2014年第4期。

书院选择山林胜地，建筑依山就势，充分利用地理条件，力求与风景环境融为一体，相得益彰。尤其是南方山丘地带，地形较为复杂，因此不少书院采取局部轴线，或无明显轴线的灵活自由的布局形式，形成更加曲折多变的空间组合层次。书院建筑的群体组合，通过大小不同的庭院、天井安排，形成丰富多变的空间层次序列，还运用亭、廊、桥、坊、洞门、花窗以及庭院绿化等，进行分隔和联系，增加空间层次的错落变化和空间变化的幽深情趣。[1]书院优美的环境和幽静的意境，体现出人与建筑、环境的协调统一。即使在城市建书院，也要选择僻静幽深之所。除此以外，建筑群的周边尽可能营造自然景观和园林，使书院建筑群融入优美的自然风景之中。同时，书院因重视环境给人的影响，大都利用院内外自然条件，讲求景观庭院建设，构筑庭池园林景物，自成佳境。师生游玩观赏，可以随感而发，交流思想，探讨学术，休息游乐场所就成为书院的第二课堂，这是书院突出的传统特色，也是官学和一般私塾所不及的。

书院在建设风景环境时，特别重视亭的设置。亭既起到组景、点景、观景的观赏效果；又可有护碑、护井、休息等实用作用。所以书院中莫不有亭。书院选址山林胜地，求得自然与人文之胜，如岳麓书院位于岳麓山，白鹿洞书院位于庐山，嵩阳书院位于嵩山，武夷山书院位于武夷山等。书院建筑形成了很多名胜之区，成为地方风景环境的一个重要组成部分。也就是说，书院的建造，既借用了周边环境中的景观，也使自己成为景观。它开拓风景，或因或借，自成特色，构成佳境，如长沙岳麓书院的书院八景等，成为地方风景环境的一个重要组成

〔1〕 参见杨慎初：《中国书院文化与建筑》，湖北教育出版社2002年版，第100页。

部分。书院建筑群虽然严谨封闭，但其周边环境开阔，书院与周围环境有机联系，也是人和自然关系协调的一种体现。这种追求“天人合一”的意境，是书院极为突出的特色。书院建筑的造型做法，追求朴实自然之美；书院建筑的意境创造，反映出一派斯文气息，是情景交融的具体表现。

同时，书院为文人聚居讲学之处，多由退隐之士支持，并参与建设经营，捐资修建。因此，书院建筑更多反映了文士们的建筑观念和文化精神。中国古代文人，素有强烈的历史使命感和社会责任感，担负着文化思想的传承与创新的主要使命。宋代的儒学复兴，以天下为己任，“先天下忧而忧，后天下乐而乐”。他们一方面继承道统，尊经、崇圣、法古，强化了礼制思想，同时以超脱世俗、修养心性，又颇受佛道的影响，尤其是那些失意退隐之士，不满现实，以淡泊清高自居，寄情山水，潜心学术。因此书院的建设与建筑，莫不受其深刻影响，表现其文化思想气质，体现在书院建筑的群体、环境、造型、意境等方面。[1]书院不仅重视自然环境之美，更加重视人文环境之胜；不仅重视自然景观的培植，更加注重文化古迹的保护。书院还特别重视学术源流，通过专祠设供纪念学派宗师，建院功臣，地方名流，以彰显其文化传统。

以下图所示的岳麓书院为例，其所处环境即是为风景秀美之地。岳麓书院极其重视自然山水之胜和文化景观的建设。“文因景成、景借文传，山林虽奇，得人文而显；文化与风景结合，赋予自然景物以文化特色，正是书院建筑的突出表现。”[2]岳麓书院庞大的建筑群，安然有序，浑然一体，并与优美的自然环

---

〔1〕 参见杨慎初：“书院建筑与传统文化思想——试论文人建筑”，载《华中建筑》1990年第2期。

〔2〕 杨慎初：《中国书院文化与建筑》，湖北教育出版社2002年版，第108页。

境有机结合，既呈现其主次内外、上下尊卑的礼序，又以灵活多样的空间组合与庭院绿化、园林风景的交融渗透，成为理性与感情和谐统一的表现特征。

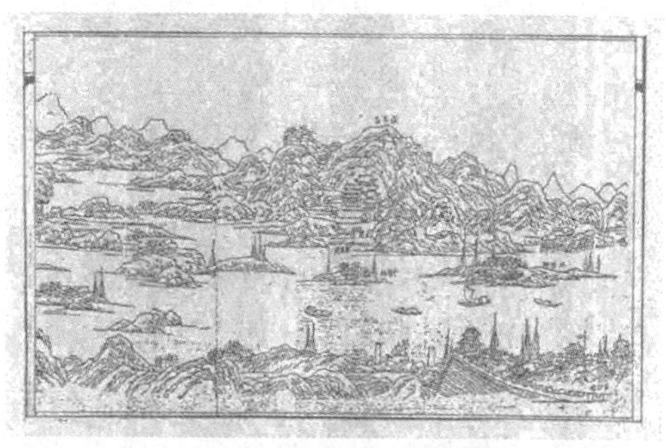

图一 湖南岳麓书院

（来源杨慎初：《中国书院文化与建筑》，第 61 页）

三、书院的斋舍与管理

书院学习一般为居学方式，自学为主，因此大都建有学生住宿的斋舍。内部讲会是在讲堂，类似“上大课”；自我学习是在斋舍，类似“上自习”，也就是通常所说的“讲于堂，习于斋”。斋是一种住宿单位，是一个呈内向性特征的内天井庭院，其内部每一间就是一个独立的居住单元。斋舍面向中心庭院的一侧还建有一堵带花窗围墙，这样就更加保证了斋舍的私密性。斋舍的规模不等，布局在院落的两厢或书院主要轴线一侧，自成一体。斋舍的职事是斋长。斋长一般从住院生徒中选择品行端正、老成持重、学业优秀者担任。[1]而山长也在书院中居住，其住所布置在书院后部，另成小院。师生可以朝夕相处，切磋学术，言传身教，感情融洽，为官学和一般私学所不及。“因规

〔1〕 这可能是最早的选择“学生干部”的标准了。

模不等，小院两厢斋舍数间，大院数十百间，一般多为单层廊房形成；后期亦有两层者，并相应配置厨厕等辅助设施。"[1]书院中轴左右的斋舍安排，"南方常多采用廊房横屋布置，即民间所谓的'几进几横'建筑。由于规模不同，斋舍有两列以至多列布置，各自形成廊院，既与中轴主体相隔离，又方面联系，提供了较为紧凑、实用和安静的学习生活环境"[2]。

古代书院的学习方式主要以自修为主，学生们寄宿在书院内，时间不定，一年一月都可以，不定时有老师讲学或者著名师儒来讲学。平时学生们就在斋舍中读书自修，也可以单独找老师辅导。教学方式、学习方式都很自由。山长住宿的地方一般多选择在书院中比较僻静的，且往往是风景比较好的地方。例如岳麓书院的百泉轩就是古代山长居住的地方，它也是书院内风景最美的地方，是修身养性的绝佳去处。

对于书院建筑而言，特别强调学生日常的修身和自我生活管理，因此特别强调"慎独"和"乐群"。"慎独"需要为师生提供私密的个人空间；"乐群"需要为师生交往提供群体空间，也就是说，建造一个既保证个人生活私密性，又能增进群体交往的居住环境，是书院斋舍中必要的。以岳麓书院的斋舍为例，"岳麓书院斋舍自创始到清末变化颇多，宋由四斋发展为六斋，元代四斋，明代四斋六舍，清仍六斋"[3]。即是说，斋是一种住宿单位，每一间就是一个独立的居住单元，相当于现代大学的一个宿舍。整个斋舍建筑是一个相对封闭的天井庭院。

---

〔1〕 杨慎初：《中国书院文化与建筑》，湖北教育出版社2002年版，第68页。
〔2〕 杨慎初：《中国书院文化与建筑》，湖北教育出版社2002年版，第87页。
〔3〕 张奕：《教育学视阈下的中国大学建筑》，中国海洋大学出版社2006年版，第134页。

张奕对岳麓书院的斋舍建筑研究指出，“整个岳麓书院坐西向东，斋舍位于建筑群的前半部分、中轴线的两侧。北面两列为半学斋，南面两列为教学斋（另外两列清末以后荒废），各自组成一个狭长天井。天井各有三处开口，分别设在大门门廊两侧、二门门廊两侧、讲堂檐廊两侧”〔1〕。狭长的天井宽约五米，长约四十米，两侧檐廊宽约两米，檐廊高出天井地面约四十厘米，天井内还种植芭蕉和月桂树。“天井尺度狭小，其呈现出来的界面只有两侧斋舍前檐廊的二维立面，见不到山墙面，也见不到单体建筑的完整体形，天井本身因此成为一个内部空间，一个天井庭院由26个学生居住，相当于现代大学的一个小班，是一个适宜的群体规模。每间斋舍面阔三米，进深约五米。”〔2〕内天井布局使整个居住单位呈内向性特征。斋舍面向中心庭院的一侧还建有一堵带花窗围墙，这样就更加保证了斋舍的私密性。

在管理上，书院有名目繁多的职事。在教学和研究方面的职事至少有山长、院长、掌教、院师、经师、讲书、学师、堂长、训导、司录等。而书院藏书的保管、借阅等工作，多有院长、号房等文秘类职事和斋长、学长等职事生员监管，也有监院、首事等行政职事兼之。〔3〕为了搞好饮食、卫生、门卫以及有关课试、祭祀、保管财产、收取田租等一应事务，各书院还设置了后勤杂物方面的职事。这类职事，类似今天的高校后勤

---

〔1〕 张奕：《教育学视阈下的中国大学建筑》，中国海洋大学出版社2006年版，第134页。

〔2〕 张奕：《教育学视阈下的中国大学建筑》，中国海洋大学出版社2006年版，第134页。

〔3〕 参见陈谷嘉、邓洪波主编：《中国书院制度研究》，浙江教育出版社1997年版，第105、111页。

员工，有学仆、院夫、随丁、书丁、门子、门仆、看门、更夫、守堂、司堂、斋夫、火夫、庄头等名目繁多的人员。〔1〕

学生的自治自理并参与书院的管理与教学工作，是书院管理制度的一大特色。一些管理等方面的工作也会选拔学生担任一些职事职务。任职时间根据具体情况而定。在书院的学生自治中，最主要职事是斋长。斋长的设置最早起于斋舍中管理学生的古代官学，南宋以后书院亦设此职。斋长一般从住院生徒中选择品行端正、老成持重、学业优秀者担任，"其职责主要是稽查考勤、劝善规过，辨疑析难，同时还帮助管理财产、图书、协办考试事务，发放膏火奖资，甚至稽核斋夫、门役等员工"〔2〕。斋长有的直接协助院长、山长的工作。有的书院还设置副斋长，协助斋长工作。斋长一职，还有由士绅担任的情况，实为书院的行政管理人员。此外，还有司纠，类似今天的学生寝室长，掌管稽查学徒善过，择老成者担任。

以院为家，师生共建，亲密的师生关系，使得书院得以形成其坚实的学术群体。"不可否认，中国古代书院的这种教育方式是成功的。以建筑选址和自然环境之美陶冶人的情操，以美育教人，使人性情恬淡，静心读书学习；恭敬祭拜圣贤，使人努力进取，向往高尚；自由的讲学启发人的思想，使人思想活跃。"〔3〕书院作为古代文人聚居讲习的场所，

---

〔1〕 参见陈谷嘉、邓洪波主编：《中国书院制度研究》，浙江教育出版社 1997 年版，第 118 页。

〔2〕 陈谷嘉、邓洪波主编：《中国书院制度研究》，浙江教育出版社 1997 年版，第 119 页。

〔3〕 柳肃："学府胜地　礼乐相成　中国古代书院的建筑艺术"，载《中国文化遗产》2014 年第 4 期。

主要体现其士人文化的特有气质，既有传承、坚持其传统规制特点和寓意精神，又有兼容、渗透了不同文化因素成份和表现特征，呈现了出错综复杂的交织联系。当然，“对于传统建筑的研究不能形式化，限于表面的模式；也不能概念化，流于空洞的教条，只有具体地、历史地、深入地综合分析，从而了解其历史源流、内在联系、本质特征和精华特色”〔1〕。这对于古建的保护和修复，对于我们发掘古代教育建筑的文化精神，都有重要意义。人与自然、风景与文化、环境与教育的有机结合，仍是当代建筑，尤其是学生公寓文化建设中所涉建筑与美育的重要课题。

总之，古代书院的教育目标强调的是“慎独”和“乐群”。为此，教学过程中“半教半学”，教学相长。在讲堂内，教师一般晨起讲经义〔2〕；在斋舍内，学生则需要自主学习、自我体悟。这种“讲于堂、习于斋”式的教学强调师生日常生活中行住坐卧都在一起〔3〕。闲暇之时，教师则率生徒利用书院周边山川美景，“在游玩与休憩间，于寓教于乐中体察万物，于优游

〔1〕 杨慎初：《中国书院文化与建筑》，湖北教育出版社2002年版，第115页。

〔2〕 注：这是一种内部讲课形式，即“讲会”。在讲会过程中，师生之间可以时刻互动，不同观点可以质疑问难。有时邀请全国的名师来公开讲学，即“会讲”。在会讲过程中，不同学派可以开展学术交流。自由和争鸣在书院的教学过程中得到了体现。

〔3〕 注：梅贻琦先生曾将中国古代这种书院教学方式形象地称为“游学”，即“古者学子从师受业，谓之从游，孟子曰：‘游于圣人之门者难为言’，间尝思之，游之时义大矣哉！学校犹水也，师生犹鱼也，其行动犹游泳也，大鱼前导，小鱼尾随，是从游也，从游即久，其濡染观摩之效，自不求而至，不为而成。”“反观今日师生之关系，直一奏技者与看客之关系耳，去从游之义不綦远哉！”今日学校环境之内，教师与学生大率自成部落，各有其生活习惯与时尚，舍教室中讲授之时间而外，几乎不相谋面……而学子即有切心于观摩取益者，亦自无从问径。”参见涂又光：《中国高等教育史论》，湖北教育出版社1997年版，第338页。

中增加德行见识，于寄情大自然中，达到陶冶气质、修养心性”〔1〕。这种慢节奏的浪漫教育方式，能够很好地帮助学生于斋舍内在“慎独”中内省；于讲堂上、自然中在“乐群”中爱人。教学过程、治学活动与生活融为一体，知识的传递与生活本身同体。“相应地，讲堂和斋舍建设也统一在一个建筑群落中。书院的师生或在讲堂讨论、或在斋舍切磋、或在山林泉石间悟道。”〔2〕这样一种“时时可学习、处处皆学问”的教育形式与当时的小农经济是相适应的。随着一代代人的努力，它不仅形成了一套教学与管理的优秀传统，也成为历代中国文人理想的精神家国和神圣殿堂。

附：中国的四大书院（应天书院、岳麓书院、白鹿洞书院、嵩阳书院）

图二　国家邮政局于1998年发行的“四大书院”邮票图
（图片来源于网络）

---

〔1〕刘绪义：“最牛校长怎么做”，载《中国纪检监察报》2016年10月24日，第7版。

〔2〕张奕、刘献君：“从斋舍到宿舍——中国近代大学生住宿形态考察”，载《现代大学教育》2007年第4期。

图三

应天书院，又称应天府书院、睢阳书院、南京书院、南都书院、南京国子监，位于河南省商丘市睢阳区商丘古城南湖畔（繁华闹市处）。该书院初创于五代后晋时期，宋庆历三年（1043 年）升格为南京国子监，遂成为古代书院中唯一一个升级为国子监的书院。(图片来源于网络)

图四

岳麓书院位于今湖南省长沙市南岳七十二峰最末一峰的岳麓山脚。(图片来源于网络)

图五

白鹿洞书院，位于江西省九江市庐山五老峰南麓。因朱熹任洞主时确定了“博学之、审问之，慎思之，明辨之，笃行之”五条教规，亲自讲学，并奏请赐额及御书，而使之名声大振，成为宋末至清初数百年中国的一个重要文化摇篮。（图片来源于网络）

图六

嵩阳书院，位于今河南省登封市嵩山南麓，创建于北魏孝文帝太和八年（公元 **484** 年），北宋时期，来此讲学的名儒（范仲淹、司马光、程颢、程颐、杨时、范纯仁等）云集，而使之名动一时。（图片来源于网络）

第二节 北大百年历程中的学生住宿形态与文化呈现

鸦片战争之后，外国列强凭借着坚船利炮打开中国国门，使大清帝国不得不“门户开放”。先进的国人认识到唯有学习西方先进的技术、制度和文化，全面培养国内新式人才，才是立国救国强国之本。1905 年清政府正式颁令废科举、兴学堂，可谓中国教育史划时代的分界线。[1]相应地，近代中国人才的培

〔1〕 注：鸦片战争后，面对中西方实力上的巨大差距，清政府中洋务派人士提出“师夷长技以制夷”，试图从技术、器物、军事上快速学习西方，来抵御外国侵略。为此，各种名为“西学”实为“中用”、具有专科学校性质的学堂出现，包括方言学堂（即外国语学堂，主要培养翻译人员。如 1862 年清政府在北京设立的京师同文馆，这是中国近代史上最早的外国语学院）、技术学堂（如 1866 年左宗棠在福州设立的福建船政学堂、1867 年李鸿章在上海开设的上海机器学堂）、军事学堂（如李鸿章于 1880 年在天津建立的堪称中国最早的军事专科学校天津水师学堂、1893 年在天津创办的具有西洋医学性质的军医学堂）等。这类洋务学堂多数由专门部门独自兴办，以培养对应的专门人才，这和传统科举入仕的人才培养有很大不同。在教学内容上，洋务学堂以学习西文、西艺为主，课程多包括外语、数学、化学等专业的科学技术课程，主要是学以致用，区别于传统义理词章和八股文的教育内容。遗憾的是，虽然这类新式学堂为当时的政府造就了一批急需的新型实用人才，但因当时的政治制度的桎梏，它不可能冲破传统教育模式的藩篱，从而在教育观念上形成一种新观念。因为，虽然大多数洋务学堂都由专门部门独自兴办，以培养对应的专门人才，这和传统科举入仕的人才培养有很大不同，但是，这类学堂多是由洋务派大臣们各自兴办，零星分散，缺乏全国性的整体规划和学制系统；在“中学为体，西学为用”的总原则下，洋务学堂必然在传授西文西艺的同时，不放弃四书五经的学习，从而使这类洋务学堂仍有新旧杂糅、带有浓厚的传统特征表现。所以，本质上，这些新式学堂就是一种高水平的训练学校，不但和西方近代大学联系甚少，而且也没有被清政府列入国家教育选拔体系中。即使是 1872 年至 1875 年间分四批实行的“幼童留美”计划，当清政府一旦发现有可能不能“为我所用”的情况时，也不惜使其夭折。即使如此，思想观念更新的种子开始萌芽了。可以说，“洋务运动时期的中国教育仍然以传统的封建教育为主体，但在传统教育主体中萌生了近代新教育的幼芽。正是洋务派新办的新式学堂和留学教育，还有大量涌现的教会学校，开辟了传统教

养、选拔以及校园规划设计、学生住宿建筑与管理的形态也都发生了重要变化。书院与学堂分别是中国传统和脱胎于西方近代大学的两种不同教育机构，这两种教育机构的名称，实质上代表了两种性质不同的教育制度和社会文明传播、存储和演进的方式。书院是中国传统国家政治、社会体制和文化的代表，学堂则是西方近代文明的代表。从书院到学堂的演绎标志着中国社会开始认可西方近代教育理念，国家功利主义和现实统治工具思想自在西方近代教育思想之中。而当中国历史行至 1905 年，末代清朝统治者最终废除了科举制度，则意味着中国处于

育之外的另一番天地。”（孙培青主编：《中国教育史》，华东师范大学出版社 2000 年版，第 298 页）尤其是在科举制废除之后，各地积极新办的新式学堂，相较之前更进一步。因为，新式教育在各地普遍推行，国内一大批中小青年学生成长起来。清末近 10 年间，到 1909 年，新式普通学堂学生有 157 万多人。这一百多万的中小学生经过民国近十年的成长，到 1919 年多为二十出头的青年，在五四运动中崭露头角，成为近代历史中一股强劲的力量。晚清开启的新式教育对近代中国社会变迁产生重要影响，新式教育培养的青年群体可以说是近代除旧布新的社会力量，他们在旧式士人转换缓慢、留学生数量有限的情况下，加快扩展了社会变动的幅度，对改良社会结构，更新民族文化心理都产生了深远影响。（参见桑兵：《晚清学堂学生与社会变迁》，学林出版社 1995 年版，第 7 页）从住宿形态看，早期的洋务学堂将住宿和教学场所常常设在一处。比如上海方言馆校舍以四合院为主体，院子由两层高的楼房围合，楼上设斋舍，楼下设讲堂；江南制造总局工艺学堂，四合院内集中安置了讲堂、教习房、斋舍和膳食厅，在后来扩建中，虽然外围加建了藏书室、宿舍和讲堂，但是并未作功能划分，依然是教师办公、学生宿舍、讲堂等混然一体的状态。（转引自张奕、刘献君：“从斋舍到宿舍——中国近代大学生住宿形态考察”，载《现代大学教育》2007 年第 4 期）一些延续旧建筑的新式学堂，如在书院、贡院、衙门或旧式宅院中办学的学堂，也没有将住宿空间和教学空间进行清晰划分。比如，在岳麓书院基础上发展起来的湖南高等学堂情况与此类似。可以看出，作为新式教育下的新式学堂，依然和传统书院有非常紧密的联系，教学场所和住宿场所“混合”就是这种勾联的一种延续。某种程度上说，早期新式的学堂教育并没有真正脱离传统书院教育的教育形式。典型表现就是学堂的校园形态大体和传统书院相似，或是直接在原有书院形态上加以改造以适应新的时代特征和教育内容。伴随着后来近代意义上的大学和教会大学的建立，现代意义上的校园形态开始建造设计，现代意义上的宿舍也就应运而生。

萌芽状态的学堂（近代大学）走向独立发展的道路。[1]但随着需要对偏向外求的知识进行专业性分工研讨的时代到来，大学的校园建筑也必须进行功能细分，尤其是新中国成立之后，高等教育全面转向，加上校园建筑囿于场地面积的限制，不得不向高空要空间，苏式建筑风格成为标准化的方向，“前为书房，后为寝室”的斋舍形式住宿场所不得不让位于类似于“鸽子笼”形式的宿舍了。即是说，伴随着后来近代意义上的大学的兴起，相应的具有功能分区的校园形态开始被建造设计，现代意义上的大学宿舍也终于在北京大学、燕京大学、清华大学等一批中国最早的大学里出现。在这些大学里，最初脱胎于传统斋舍的住宿建筑与苏式建筑相伴存在。

一、京师大学堂时期校园布局与斋舍功能初分

在谈论当下学生公寓的前身——“鸽子笼”式的宿舍之前，我们有必要探讨一下北京大学的前身——京师大学堂，探讨它的校园形态与住宿管理，是我们的论述逻辑完整的必要一步。因为，京师大学堂是我国现代大学的鼻祖。[2]

京师大学堂的设立虽是百日维新的唯一成果，但历史地看，它却能以一代百。1898 年 4 月，光绪皇帝针对康有为的“请开学校折”发出上谕令，“京师大学堂为各行省之倡，尤应首先举

〔1〕 参见陈晓恬、任磊：《中国大学校园形态发展简史》，东南大学出版社 2011 年版，第 19 页。

〔2〕 注：当洋务人士在洋务运动中一手培养建立的中国海军惨败给邻国小邦日本后，痛定思痛的士大夫阶层认识到仅靠器物层面的学习，是不能让中国自强的。维新派人士试图效法日本改革，对中国政治、经济、文化、教育各方面进行改良。变法失败后，权衡、角力之下，京师大学堂幸运留存。因为，此学堂遵循的是一种新式的教育理念和管理制度，虽然向前一小步，但与彼学堂相比，却发生了质的变化，所以后世认为：1898 年京师大学堂的成立，不仅是北京大学校史的起点，也是近代中国第一所国立综合性大学成立的标志，是中国近代高等教育的开端。

办”[1]。在艰难险阻的历史夹缝之中，现代大学的种子种下了。但在风雨如晦的时代，京师大学堂命运多舛。在最初的选址时，它被安置于马神庙附近的和嘉公主（乾隆四女）府内（即二院）。可以说，二院[2]作为京师大学堂旧址，可谓北大之根。据载：四公主府坐北朝南，大宫门为五间门楹，大门两旁有石狮一对。公主府占地东西宽四十丈，南北长六十丈，用大砖围成府墙。府内东路为几进大四合院落，宫殿式的房屋建筑，西路则为大花园。公主府里的正殿为大学讲堂，后院的二层楼为藏书楼，西院花园为学生宿舍。大学堂的大门上高悬有“大学堂”三字竖匾。后为了增加校舍操场，扩至东边沙滩。1900 年大学堂遭受义和团和八国联军破坏，损毁严重以至停办。

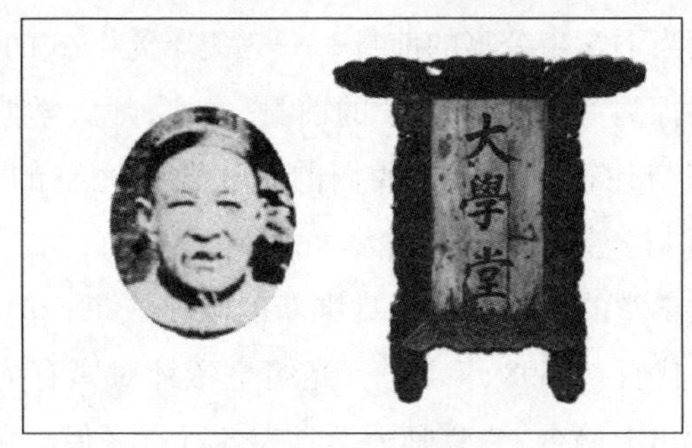

图七

首任管理学务大臣孙家鼐和今收藏于国家博物馆的“大学堂”竖匾。(图片来源于网络)

---

〔1〕 北京大学校史研究室编:《北京大学史料 第一卷: 1898～1911》北京大学出版社 1993 年版, 第 43 页。

〔2〕 注: 今天的沙滩后街 55 号院, 即为京师大学堂最早的容身之地。现由华育宾馆、人民教育出版社、中国儿童少年基金会及居民占用。当年公主府大殿作为老北大二院里最大的教室, 记载着当时很多知名学者名动一时的演说。庆幸的是, 此殿历经风霜, 在今天如此混杂的 55 号院内, 被保存下来。1905 年老北大开建今“北大红楼”所在的“汉花园校区”, 使之成为“核心校区”, 即“一院”。作为北大滥觞之地的“公主府校区”则只能屈居“二院”之位了。

1902年复办之后，同文馆划归大学堂（即三院）[1]，校舍才得到修复扩建。

图八 北大之根——京师大学堂二院全景图

（图片来源于网络）

需要重点指出此一时期扩建和新建的校舍包含有西斋和东斋的建造：1904年，为了缓解公主府用房的紧张，利用公主府西墙外侧的一片空地，十四排作为学生宿舍的平房被修建。这些主要作为男生宿舍的平房被称为西斋，后来也叫北大第一寄宿舍[2]。1909年，在汉花园[3]空地的西南角，东斋（后被称作北京大学

---

〔1〕 注：位于红楼以南一里的北河沿，原是1861年清末洋务运动时为培养翻译人才而设立的京师同文馆。1902年并入京师大学堂，改称译学馆；1912年成为北大法学院，"三院"礼堂最大，可容纳千人。"五四"前夜，2000名北大学子及各高校代表齐聚于此，决定次日游行，有学子当场血书"还我青岛"，一个重大的历史事件就是从这里开启的。今"三院"旧址为最高人民检察院和民政部，似已无旧迹可循。

〔2〕 注：西斋作为学生宿舍，自然也就成为年轻学子学习、传播当时先进思想文化之地。1921年邓中夏、黄日葵等人发起成立"马克思学说研究会"，就利用西斋两间学生宿舍存放了很多外文版马克思主义书籍，供会员研究之用，并称那里为"亢慕义斋"（德文译音，意思是"共产主义"之斋舍）。遗憾的是，作为京师大学堂时期的建筑遗存，即使于1990年2月13日被列入北京市文物保护单位，现在的西斋仍沦为隐患丛生的大杂院。

〔3〕 注：此地名在今天已沉入历史（昨日的汉花园大街已被今日的五四大街取代），但在北京大学迁移至今天燕园之地前，汉花园作为老北大的"一院"，几乎就是北大的代名词。此地曾是清内务府一处库房，1905年由清政府拨给京师大学堂拟修建学生运动场所用。后来的标志性建筑——北大红楼也建于此地，遂使之成为老北大的核心校区。

第二寄宿舍）被修建，遗憾的是，任何遗迹今已无存。

图九　北大历史上建造的第一座学生宿舍——西斋

（现沙滩后街西口与景山东街东交接处）（图片来源于网络）

可见，斯时，京师大学堂的章程中虽多处提及要效仿欧美、日本，建立为国家培养各科人才的大学，然而至少在校园规划上，大学堂的选址只是因陋就简，没有系统科学地规划设计。后来随着学校人数增多，学校规模扩大，校园空间的狭小始终是大学堂发展的掣肘。同时，在办学的管理上，它也还有非常浓厚的传统教育中的科举特征。[1]这与洋务运动时期的新式学堂基于传统书院而建，在形式上看似类同。比如，在最初的校舍布

〔1〕注：《钦定京师大学堂章程》中对“学生出身”明确规定学堂速成科、师范科及其他学生，毕业后赏给生员、举人、进士。这与旧的科举取士相同。因此，斯时的大学堂内的门房之类人员见到学生称之必呼“老爷”。章程中“设官”则规定：“设学大臣一员以主持全学，统属各员，由特旨派大臣为之。设总办一员、副总办二员，以总理全学一切事宜，随事禀承管学大臣办理。”（北京大学校史研究室编：《北京大学史料　第一卷：1898～1911》，北京大学出版社1993年版，第95页）章程中《堂规》规定“每岁恭逢皇太后、皇上万寿圣节，皇后千秋节”“学生平日见管学大臣，总教习、副总教习、分教习，皆执弟子礼，遇其他官员及上等执事人一辑致敬”。（第96页）这样看来，最初设立的京师大学堂同以前依附于官府的太学、国子监类的教育行政机构在管理上并无多大区别。不过，在办学宗旨和学科专业设置上，它虽是模仿西学，还不太完善，但与中国古代太学、国子监等传统教育机构在性质上有本质不同。所以，在京师大学堂身上，交汇着传统教育和现代西方大学教育两种特征。

局上，它遵循原来公主府旧有格局，结合学堂课业设置和“太学”建制进行建筑功能置换。学堂设有孔子牌位，从管学大臣到学生，都要行三跪九叩；大学堂大门即是公主府正门，东边改造为简陋的篮球场，南边靠传达室的平房为车库；走过穿堂间，进入第二重院落，典雅的红墙和墙外高大的绿柳，彰显出校园（公主府）的堂皇，也意味着京师大学堂的特殊地位；藏书楼安排在公主府建筑群轴线末端的梳妆楼中，这也是根据书院建筑中以藏书楼作为轴线收束的布局方式所进行的功能置换。〔1〕校园中的部分新建建筑亦采用与原有肌理相符的四合院落庭院式格局布置，而建于 1904 年的学堂学生宿舍——西斋十四排中式房屋更是完全依照传统书院的布局模式，安排在校园主轴线一侧自成一体。

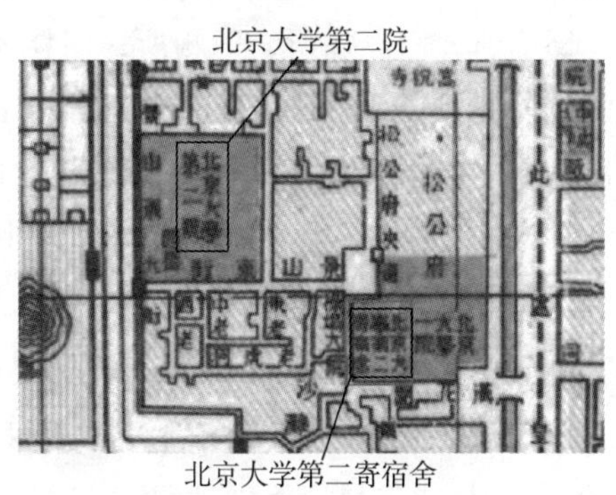

图十

在这张 1921 年的老地图上，还可以看到“北京大学第二寄宿舍”的标注。（图片来源于网络）

当然，京师大学堂此时虽然在形式上距离一个“现代大学”的形貌还很遥远，不管是扩建还是新建的校舍仍参照了传统书院

〔1〕参见陈晓恬、任磊：《中国大学校园形态发展简史》，东南大学出版社 2011 年版，第 46 页。

或太学、国子监的建造格局，但它毕竟是具有现代大学理念的思想产物，即使没有系统地规划设计，仅在马神庙和嘉公主府的基础上，它还是能尽量按现代大学中的功能分区安排划分使用空间。张百熙草拟的《钦定学堂章程》就认为高等学堂的校舍应该参照外国大学建设，根据便捷性，实行功能分区："参照外国大学堂规制，分别先后以次建造，务合于学堂法式，便于实用，俾稽查管理及卫生等事便于施行，事事捷速简易，则师生均无阻隔徒劳之弊。管理稽查者亦无疏略难周之虞。"[1]《钦定京师大学堂章程》"建置"中就明确规定要实行功能分区："京师大学堂建设地面，现遵旨建于空旷处所择地建造。所应备者：曰礼堂，曰学生聚集所，曰藏书楼，曰博物院，曰讲堂（讲堂分二式：一式为通常讲座，一式为特别讲座），曰寄宿舍，曰寝室，曰自修室，曰公毕休息房，曰食堂，曰盥所，曰养病所，曰厕所，曰体操场（体操场分二处：一处为屋外体操场，一处为屋内体操场）。此外曰职员所居室，曰练习所居室，曰执事人所居一切诸室。"[2]这与中国传统书院中融教学、生活、娱乐于一体的场所安排已经非常不同了。

不过，针对住宿场所，《钦定高等学堂章程》规定："寄宿舍应分自修室、寝室二式，此外又宜有食堂、盥所、养病所、浴所、厕所，皆不可缺。自修室、寝室兼用一室者，每人于屋内容积应得五百六十七立方尺。不兼用者，自修室每人应得三百二十四立方尺，寝室每人应得四百八十六立方尺。又高等学堂每学生百人应得有食堂、盥所二处，厕所、养病所、浴所各四间以上。""学生斋舍，以为学生自习寝息之地，惟入大学之

〔1〕 张奕：《教育学视阈下的中国大学建筑》，中国海洋大学出版社 2006 年版，第 232 页。

〔2〕 北京大学校史研究室编：《北京大学史料　第一卷：1898～1911》，北京大学出版社 1993 年版，第 97 页。

学生皆系成材。久谙礼法，且须携带参考书籍较为繁重，每学生一人应占宽大斋舍一间，令其宽舒；自习室及寝室可合为一处。”[1]可见，斯时学生住宿形态的名称仍被称为斋舍，但它的标准是明确的，功能的初步划分也是较为齐全的，它不仅是生活场所，更是学习场所，且为了使每个学生都能注重自我修身和慎独，都给予其相对独立的生活空间。

总之，在校园规划方面，最初京师大学堂是因为当时时间仓促而没有详加设计考虑，加上时局艰难，在风雨飘摇中，掌校者只好捉襟见肘般力所能及地对校舍建设进行小块式添加了。然而，我们由此也并不能说京师大学堂不是近代中国最早的高等教育机构，因为，京师大学堂在办学宗旨、学科专业设置和校园内部规划上，包括在前文提到的功能分区上，都已模仿现代大学了，尽管还不太完善。

二、民国时期的五斋布局及斋舍管理的自治化

辛亥革命成功，民国建立，1912年，京师大学堂更名为北京大学。直至1952年迁至现在的燕园之前，它以红楼为中心，形成了分布于景山东街、汉花园、松公府以及北河沿的三院五斋的校园格局，[2]被世人称之为“老北京大学”。老北大校址紧挨紫禁城，从景山俯瞰，它是世界少见的“紧挨着皇宫的大学”[3]。此时北京大学总体布局中的“三院”是指三处教学区[4]；五斋是指

〔1〕 转引自张奕、刘献君：“从斋舍到宿舍——中国近代大学生住宿形态考察”，载《现代大学教育》2007年第4期。

〔2〕 参见李向群：“老北大校园变迁回顾”，载《北京大学教育评论》2005年第S1期。

〔3〕 陈平原：《老北大的故事》，北京大学出版社2009年版，第15页。

〔4〕 注：三个教学区分别是指二院（理学院所在地，红楼建成前是作为北大的“根”而存在）、一院（即1918年建成使用的红楼所在地，文学院和法学院的地盘，同时也是北京大学校部和图书馆所在地）、三院（红楼以南，1903年是作为京师大学堂的译学馆校舍建成，1913年始作为早期的法学院所在地。）

五处学生宿舍，包括公主府西斋、汉花园东斋、三院男生宿舍、松公府新学生宿舍和五斋女生宿舍。[1]

具体说到五斋，其实有两个斋在民国建立之前就已经存在，分别是第一斋和第二斋，即西斋和东斋。西斋即前文提到的建于 1904 年的第一寄宿舍。它可以说是中国历史上建设年代最为久远的具有现代大学意义上的学生宿舍。“西斋在灰楼宿舍建成前曾是学生宿舍中条件最好的。一是斋中有餐厅，这为其他几处学生宿舍所不及；二是房间较大。由于西斋较其他宿舍相比所建年代最久，因而从这里走出的各个时期的名人名流最多，有北洋时期的众议院议长、教育总长，还有国民党的高级官员，更有共产党的创始人。”[2]

东斋即是前文提到的建于 1909 年位于汉花园（沙滩）西南隅的第二寄宿舍。“东斋的院子不大，房舍较小，格式简单，一排排或朝南，或朝北，都是一房间住两个人。位置在一院西墙外，大门也是向西开的。房间比较小，两个人住勉强的还算舒适。但常常仍是白被单中悬，隔成两个转不过身来的狭长空间。”[3]

三斋，又被称为第三寄宿舍，是由前文提到的三院部分教舍改造而成。1918 年，从 1913 年始在此办学的法学院搬迁至红楼之后，为了缓解学生住宿紧张的局面，部分教舍就被改为男生宿舍了。因是由教舍改建而成，故房间很大，每间住七八人甚至十余人不等，仍显宽裕。住宿学生每人一桌、一榻、一凳、半扇书架，

---

〔1〕 参见赵万霞：“从燕大到北大”，载《建筑与文化》2007 年第 5 期。注：这其中的宿舍本来还应该有一院红楼，因其初始是作宿舍楼来设计的，但是后来由于教学区域紧张，于是将三间宿舍打通，转变成文科教室，底层作为图书馆使用。

〔2〕 李向群：“老北大校园变迁回顾”，载《北京大学教育评论》2005 年第 S1 期。

〔3〕 陈平原、夏晓虹：《北大旧事》，北京大学出版社 2009 年版，第 326 页。

学生用被单把大屋分隔成若干小空间，高高低低，纵横交错，宿舍如同一座座迷宫，而每个小天地的主人则乐此不疲，独来独往，互不干涉。[1]后来，因年久失修，1934 年学校退租该处房舍，撤销三斋宿舍。通过下列这张老地图可以看到北京大学三院和第三宿舍的标识。遗憾的是，现老北大三院和三斋均无建筑遗存保留。

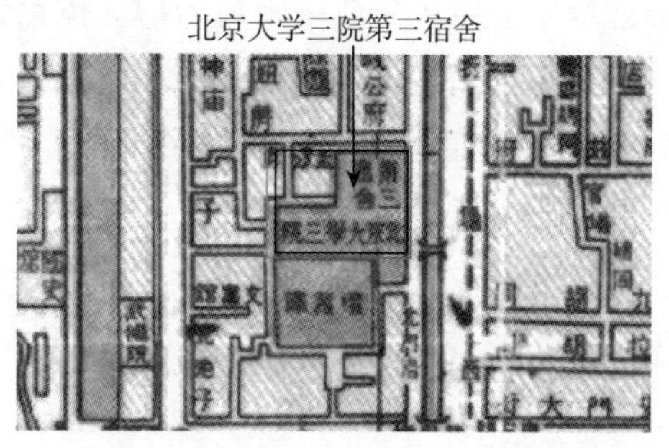

图十一　老北大三院和三斋方位图

（图片来源于网络）

四斋，又称作第四寄宿舍，有老四斋和新四斋之分。老四斋位于嵩祝寺后椅子胡同，1928 年京师大学校时被取消。新四斋位于松公府东院北面（沙滩北街乙 2 号），所以被后世称为松公府新

图十二　老北大的“灰楼”

（图片来源于网络）

〔1〕 参见李向群：“老北大校园变迁回顾”，载《北京大学教育评论》2005 年第 S1 期。

学生宿舍。同时，因整个楼外墙是用灰砖砌成，又称为“灰楼”。

灰楼宿舍建于蒋梦麟担任北大校长期间。当北大得到中华教育文化基金会的大力资助后，买下了汉花园以北松公府全部地皮，动工兴建了四大建筑——图书馆、地质馆、学生宿舍（灰楼）、大操场，这是老北大第一次财大气粗一口气盖了这么多楼。〔1〕灰楼远看像是兵营，是一座马蹄形立体钢骨水泥建筑，为梁思成先生设计。据梁再冰回忆，原设计是一座三层建筑，但林徽因觉得有些呆板便在局部楼面加了半层。整体上，灰楼由三座楼房组成，形如凹字，有房间 220 间。全楼按“天、地、玄、黄、宇、宙、洪、荒”共分八个门。1935 年建成，始为高年级及研究生所用，都是每人一间，有壁橱、配有特制家具，分六平方米、九平方米两种。每层还有洗盥室，冷热水皆备，可见设施的考究。特别需要指出的是，正是灰楼宿舍的投入使用，为北大招收女生提供了物质条件，为我国女性享有和男性同等的教育权利打下了坚实的基础。〔2〕灰楼开始只有后四个门楼号的房间为女生使用，抗战胜利回迁后，北大将该楼全部改为女生所用。在“荒”字号边上，曾有一块刻有“国立北京大学宿舍中华民国二十四年五月一日校长蒋梦麟奠基”字样的汉白玉石碑，可惜在“文革”中遭毁。2003 年 12 月 11 日，北京市人民政府公布其为“北京市文物保护单位”，不过，至今其仍被作为机关宿舍使用。

---

〔1〕 注：老北大校址不是一个整体，而是以沙滩为中心散布在城里好几个地方，有点北京城坐落在北大里的意思。民国时期添加校舍也并非一次建成，而是一个不断建设发展的过程。直到 1952 年，北大从皇城根迁往海淀燕园之前，其主校区一直在景山附近的沙滩地区。随着北大在这里的家当越来越多，慢慢产生了路径依赖，也就只好将计就计，不再有人提出另谋新址的事了。

〔2〕 参见李向群：“老北大校园变迁回顾”，载《北京大学教育评论》2005 年第 S1 期。

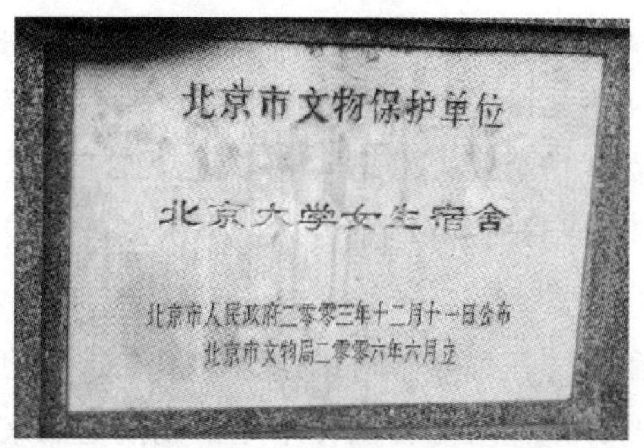

图十三　北京大学女生宿舍的文物保护单位标识
（图片来源于网络）

图十四　灰楼建筑（现机关宿舍）南翼的入口
（图片来源于网络）

图十五　灰楼建筑内部自成一体凹字型的三合院式布局
（图片来源于网络）

第五寄宿舍，又称五斋女生宿舍，位于西斋和二院之间的东南侧。自从蔡元培先生率开大学女禁，北大便有五斋女生宿舍。学校对女生宿舍管理严格，五斋门口有“男士免入”的牌子，将男生阻于门外。但也有例外的一天，就是校庆日才允许男士进去参观一番。[1]

三院五斋尽管在称呼上可以组合，但在具体的空间布局上是相对分离的，这种功能分区并不是前期规划而来，实际上是一种被迫的选择。到20世纪40年代末，校舍分散在京城的达40多处。[2]不过，这样的分散布局在管理上却为学生参与学校事务管理种下了自治的种子。

当时北大学生组建各种社团、参与学校事务。在北大五斋宿舍中，也组建了类似“委员会”的组织，以保障学生权利和利益。这种自治组织不但负责学生宿舍纪律、卫生清洁管理，而且负责经营相关斋舍食堂、附近商铺等。同时，学校在庶务部（负责管理学生食宿等后勤事务的机构）之下设立斋务课，专门负责管理学生斋舍内各项事情，包括：甲·稽查学生出入，并编定斋舍号位；乙·管理斋舍内各项事务，并维持其秩序；丙·预防舍内火灾及其他危险，商同校舍课办理之；丁·进退

---

〔1〕 参见李向群：“老北大校园变迁回顾”，载《北京大学教育评论》2005年第S1期。

〔2〕 注：1945年抗战胜利，南渡高校纷纷北归。此时，新任校长胡适还在美国，代理校长傅斯年则运用其纵横捭阖的能力，重点抓住北平大学不能复员的契机，获得其大量校产作为开办新学院的物质基础，从而使北大势力迅速扩大，大手笔地将北大从文理法三个学院一举扩充到六大学院。北大在大量机关人员需要回迁的情况下能够争取到如此大量校产资源已很不易，加上此时学生多达4000名，比三校联合时的联大学生还多一倍，比战前北大的学生多三倍。所以，只要发现有地“能占则占”，也就顾不上这些地方在不在一起了。可以说，这段因“民族之殇”之后给老北大带来的“大干快上”的“机缘”，既是其发展的高潮，同时，因“兄弟阋于墙”必然带来的结果，也是其尾声。

舍内雇役及巡丁，商同杂务课办理之；戊·本校学生公寓之调查及管理。[1]斋务课还负责制定一些学生住宿相关的管理规定。据一份“寄宿舍规则”记载：

第一条·大学本科舍友寄宿舍，在大学各科肄业各生准其寄宿。各科寄宿舍住满时，各生须自行另觅居处。

第二条·凡寄宿各生，须遵守舍内一切规则，否则不准寄宿。

第三条·各生初入寄宿时，住居某号，应由本校职员指定，嗣后如有迁移情事，亦应经职员许可方准迁移。

第四条·每寄宿舍应设舍长若干人，以舍中之年长者充之，其人数由职员酌定之。

第五条·舍内如遇有公共事项有欲向本校职员陈请者，须由舍长为之代表。

第六条·同舍中有不守规则之事舍长得纠正之。

第七条·舍内不得留居友人。

第八条·舍内不得有违反禁令与损害自修及妨碍公安之事。

第九条·舍前大门启闭时，不得任意出入。

第十条·夜间宜一律按时熄烛，房内如有火炉均宜饬役撤出，以防意外。

第十一条·凡有危险之物不得携入舍内。

第十二条·凡有贵重物品不得携入舍内。

第十三条·寄宿各生每人只准携带箱箧一口，其余物品应送储藏室，查照该规则办理。

第十四条·舍内器具及玻璃窗片与门壁等项，不得挪移改

---

〔1〕 参见北京大学校史研究室编：《北京大学史料 第一卷：1898～1911》，北京大学出版社1993年版，第2078～2079页。

换，有损坏者，责令赔偿。

第十五条·舍内除由校置备之木器外，所有凉棚、火炉、门帘、煤炭与各项日用物品，以及裱糊等事，概不置办。

第十六条·寄宿各生愿附膳者，应于学期开始之先，按照左开膳费，分期向会计课缴纳，不得中途自由加入。

第一期·（自九月至十二月）二十二元六角。

第二期·（自一月至三月）十六元二角

第三期·（自四月至六月）十六元二角

第十七条·膳费由不按期先缴者，无论如何情形得停止其伙食，如有休学、退学等情事，得按日算还余膳费，其遵章请假在十日以上者，须先时声明，以便稽查时日，于学期完了后算还膳费。

第十八条·食堂饭食八人一桌，每日三餐，早起食粥，午晚用膳，其时间按照上课钟点，随时酌定。

第十九条·厨房如有不欲承办或办理不善辞退时，须将先期溢收之费计日交出，并须有承办之方能交替。

第二十条·每舍役一名伺候若干人，由各科察视房舍情形酌量规定，有不服从者，得由舍长陈明本校职员撤换。

第二十一条·舍内不得私开锅伙及私雇舍役，以免分歧。

第二十二条·除在本舍供有职务之舍役外，一应间杂人等，概行不准容留。

[北京大学档案·全宗号（七）目录号1案卷号22][1]

从这份“寄宿舍规则”可见，学校斋务课对住宿学生的日常管理还是比较细致，甚至规定“舍内不得留居友人”“舍内不

〔1〕 参见北京大学校史研究室编：《北京大学史料　第二卷：1912～1937》，北京大学出版社2000年版，第2103～2104页。

得私开锅伙及私雇舍役，以免分歧”。然而实际情况却并非这样，斋务课的管理规定很多并不能实行。比如民国时期有学生就回忆，“现象发展的极端，于是常常寄宿舍内住了一大堆外人，而正牌学生却不能入住公寓。你没有见‘北大寄宿舍’内寄的校外人呢，那的的确确连个‘寄’字都省了”[1]。更重要的是，在民国时期北京大学的住宿管理中，斋务课究竟能够发挥多大的作用，有多大权限呢？实际在学生日常住宿乃至后勤管理中，起重要作用的反而是学生中成立的各种斋舍委员会。一份名为“本校第四寄宿舍同学之新组织”的史料就记载了北大第四寄宿舍斋舍委员会的构成和规章：

本舍同学为自治起见，现组织斋务委员会，选出委员，办理舍内一切公共事宜。兹将本会所决定之简章公布于后，俾众周知。

一·定名 北大第四宿舍斋务委员会简章

二·宗旨 以同学团体之精神谋本斋公共之利益

三·委员 本会由本斋天地元黄宇宙洪等号各票举正式委员一人及候补委员一人

四·组织 会分文牍、食事、卫生、庶务、会计五股，除庶务、会计二股由一人兼任外，其他股具系二人

五·会务

（一）文牍股 管理本会一切来往文件及召集会议

（二）食事股 管理本斋厨房一切事宜

（三）卫生股 管理本斋清净卫生事宜

（四）庶务股 管理本斋阅报室，游艺室及监督夫役勤惰等事宜

---

〔1〕 陈平原、夏晓虹编：《北大旧事》，北京大学出版社2009年版，第324～325页。

（五）会计股　管理本会会计事宜

六·任期　委员任期定为半年；如正式委员中途因移号、离舍或其他情由去职时，即由该号候补委员补充

七·会期　会期分常会临时会两种；常会每月举行一次，临时会可随时召集

八·会费　暂向本斋同学每人征收铜元六枚，作为开办费

九·会址　本斋斋务委员会办公室

十·议案　本斋同学关于本斋事务，如有意见发表，可随时提交本会议决施行。如遇重大事件，本会不能解决时，得召集全体大会解决之。

十一·附　则

（一）本简章如有未妥处，本斋同学可随时提议修改，但必须通过半数之通过，方得有效。

（二）本简章自公布之日施行。

本校第四寄宿舍斋务委员会启　十一月二十九日

（《北京大学日刊》第一九九三号 1926 年 11 月 30 日）[1]

由此可知，斋舍委员会所负责的事务，并非仅仅停留在规章上，而是确有其实权和具体内容的，且设立的文牍、食事、卫生、庶务、会计五股能有明确的分工。甚至连斋舍之内的厨房承包工作都由学生自治。北大西斋斋舍委员会曾于 1927 年 5 月 10 日在《北京大学日刊》上刊登的启事就是一个例证：

"北大西斋斋舍委员会为招厨房启事：西斋现有厨房，因要求加价未遂，要求辞职。按西斋厨房，向分包伙与小卖部两部，包伙者三百余人，而每日小卖部，亦可买百之左右，且所用之

---

〔1〕 北京大学校史研究室编：《北京大学史料　第二卷：1912～1937》，北京大学出版社 2000 年版，第 2108～2109 页。

房屋，桌凳，点灯与自来水等，均由校中供给，概不收费，凡欲承办者，可来西斋与本会接洽一切。五月八日。"[1]

以此来看，学生斋舍委员会具有很大的自治权利。它的存在，代表的是学生的利益。学生斋舍委员会能够充分保障学生的权益，是民国时期北京大学学生自治的充分体现，对我们当下探讨建设公寓文化时需要保障学生主体权利，加强学生自治组织建设都是一种启示。

需要重点提出的是，当时因老北京大学在办学之初所能提供给学生的住宿房间确实过少，而慕名前来北大的各类人物又非常多，校园周边的民房和公寓就提供了必要补充（即使有了五斋也不能满足需求）。[2]当时的公寓是适应不住宿或无舍可住的学生需要而兴起，分门口挂牌匾和不挂牌匾两种，虽不像民房那样固定，但提供家具。“这些小公寓通常是一个不太大的四合院……东西南北一间间的隔得自成单位，里面一幅铺板，一张窄窄的小书桌，两把凳子，洗脸架，运气好也许还有个小书架。地上铺着大小不一的砖，墙上深一块淡一块，裱糊着发了黄或者竟是发黝黑的白纸，衬着那单薄、残废、褪色的木器，在十六支灯光下倒也十分调和。公寓的钟通常比学校的快半点，

---

〔1〕 转引自李浩泉：《躁动的青春——民国时期北京大学的学生社团活动(1912－1949)》，华中科技大学出版社2014年版，第88页。

〔2〕 注：比如，1918年9月，青年毛泽东为了协助组织新民学会会员前往法国“勤工助学”而来到北京，因“开销太大”，一方面不得不工作于北大图书馆，同时在住宿方面不得不因陋就简，屋小人多，夜里睡觉，“隆然高炕，大被同眠”“我自己在北京的生活条件很可怜……我住在一个叫做三眼井的地方（在当时的北京大学‘一院’附近，即今天景山东街东的三眼井胡同），同另外七个人住在一间小屋子里。我们大家都睡到炕上的时候，挤得几乎透不过气来。每逢我要翻身，得先同两旁的人打招呼。”（［美］埃德加·斯诺：《西行漫记》，董乐山译，生活·读书·新知三联书店1979年版，第113页）可见，那时北大周边的房屋为那些期望与北大发生某种关系的各类人物提供了栖身之所。

这样，老板娘夜间好早点关电门。”[1]

当然，杂中必乱，学校发现学生在校外居住带来的卫生、安全以及宿舍费、膳食费被抬高等问题后，在蔡元培先生治理下的北京大学根据具体情况，在一年之内，针对学生的住宿问题制定了 4 个文件，分别是“本校学生自赁宿舍办法”（1918 年 3 月 11 日）、“取缔学舍公寓办法”（1918 年 3 月）、“增订取缔学舍公寓办法”（1918 年 3 月 11 日）以及“国立北京大学认可校外寄宿舍简章”（1918 年 9 月 21 日）来规范之。可见，蔡先生领导下的北京大学之所以能够很快面貌焕然一新，蜚声海外，与其先进的办学理念诚然有关，但与管理者对涉及学生具体的生活层面问题也非常重视很有关系。看来，一所伟大学校的诞生，既要看其宏观的理念，也要有其微观的执行。在微观中体现宏观，把理念注入执行。所以，今天高校的学生公寓文化建设，从根本上说，恰是一所高校办学理念、宗旨、精神和文化在公寓管理与服务层面的体现。

三、民国时期燕京大学斋舍外显神韵内藏舒适

民国时期的北京大学和燕京大学，一个在城内，一个在城外，两者之间并无太多的瓜葛。直至 1952 年，在中国高等学校院系调整中，燕京大学被撤销，校舍由北京大学接收。现在北京大学的校园面貌中很大一部分建筑仍为燕京大学的古迹，校园的规划布局仍是在以前燕园的基础上扩展的。因此，要对后来的北京大学学生住宿形态进行历史梳理，就非常有必要将早期燕京大学的住宿形态与管理囊括进来。

燕京大学是由美国教会基于晚清时期的北京汇文大学、通

---

[1] 陈平原、夏晓虹编：《北大旧事》，北京大学出版社 2009 年版，第 317 页。

州协和大学和华北协和女子大学三所教会学校合并而成。1919年，司徒雷登（1876年~1962年）被聘为首任校长。随即，司徒雷登找好校址，聘请亨利·墨菲（1877年~1954年）担任新校园的总设计师。经过数年建设，具有中西文化融合的燕园于1929年正式投入使用。

经过实地考察，墨菲首先放弃了中国建筑中最传统的“坐北朝南”而采用“坐东朝西”，进而模仿故宫的中轴线确定从未名湖到与玉泉山塔东西走向为燕园的中轴线。其次他采纳以紫禁城宫殿为代表的空间形式，以宫殿和塔为代表的建筑形式，以斗拱、飞檐和彩画为代表的细部形式作为建筑的特征。[1]在实际建设中，墨菲尽可能因地制宜，尊重山水的走势和格局，在开掘人工湖之后，在岸边布置钟亭、石舫，最终形成了燕京大学以园林而非以建筑为中心的山水格局。最精彩的是，他仿照辽代燃灯佛塔，在湖畔建设37米高水塔。虽然作为教会学校，佛塔的佛像、相轮、塔刹均被删除。但是，这“一塔湖图”成为如今北大校园的象征，也使当时这座设施现代的西方教会大学具备了东方古典园林的神韵。建筑采取分散的个体布置方式，采用现代大学建设中常用的功能分区法，功能相近的建筑适当集中布置。比如，教学楼群东北是男生宿舍，先建德斋、才斋、均斋、备斋等4幢；教学楼群东南是女生宿舍，硬山顶，灰色清水砖墙，灰瓦红窗，共六个三合院[2]，环境宁静，故六院之间的园林现称静园。男女生宿舍沿中轴线成对称分布。

---

〔1〕 参见方拥主编：《藏山蕴海——北大建筑与园林》，北京大学出版社2013年版，第81页。

〔2〕 注：初始只建造了4幢。

图十六　燕京大学时期的校园鸟瞰图

（图片来源于网络）

图十七　博雅塔与玉泉山塔遥遥相望

图片来源于《藏山蕴海——北大建筑与园林》，北京大学出版社 2013 年版，第 104 页。

男生宿舍区两斋与两斋之间成凹形院落，显得高大开敞、伟岸敦实；女生宿舍是六个小三合院，显得小巧精致、温婉典雅。男女生宿舍分别位于未名湖北岸、南岸，符合了建筑风水"水北为阳""水南为阴"一说。这样的建筑从外形上就尽显了中国古典建筑的哲学神韵和东方美学育人的传统。当然，内在使用功能上，当时最先进的设备，如暖气、热水、抽水马桶、浴缸、饮水喷泉等都被安装了。当时燕京大学在学生的住宿场所设计上，既有外在所蕴含的文化风韵，也有内里所提供的物质舒适。

图十八

摄于1937年，由博雅塔上俯瞰未名湖北岸德、才、均、备斋（图片来源于北京大学校史馆）

尤其是，就在女生宿舍一院至四院之间，今天北大称为静园大草坪的所在，原本是一个小花园，周围有松墙环境。内有花木、藤萝架和假山，燕京女生形容说是“男校有水，女校有山”。站在大门处，可见小院是方的，三面都有二层的房屋，每院约住60位同学。每个学生每年可亲自挑选住宿，在指定的日期由高年级开始到姊妹楼女部办公室选定室号。二人一屋，个别大房间是三、四人一屋……每院有一位中年妇女是舍监，是总管家也是家长，她每周一向女部主任……汇报情况，领取指示。另一位“奶奶”和善可亲，管清理学生房间，料理杂事，帮学生解决问题……还有一位中年男工友，做些动力气的杂事。就这三位把宿舍管理得井井有条，干净整齐。[1]

---

〔1〕参见唐克扬：《从废园到燕园》，生活·读书·新知三联书店2009年版，第236～242页。

图十九　今天的静园一景

（图片来源于北京大学校史馆）

可见，当时的燕京大学的住宿条件相比北京大学是要优越了许多。主要原因有两点，一是燕京大学地处当时的城市郊区，在一片凋零、废弃的园子上比较容易进行校园规划和建设，也更容易考虑学生住宿的舒适性；二是燕京大学当时还是私立性质的大学，不仅办学经费在司徒雷登的努力下很有保障，而且就读的学生普遍家境优越，对功能较为齐全、完备的住宿条件的需求也更为强烈。这是我们在比较考察民国时期大学的办学条件之时必须考虑到的。不过，它在建设之时，就能很有预见性地将原有的自然地理环境、人文历史背景科学地融入校园规划中，能在校园设施的建设时人性化地考虑到学生的实际需求，从而使其办学理想和其场所精神有效地实现互动和融合，这是我们现在高校在做校园规范和建设时应该借鉴的。因为，在当下我国的大学校园建筑中，文化中的“场所精神”很多是不明显的，甚至可以说是残缺不全的。比如，即使是北京大学，谈起历史必然是著名的“京师大学堂”，与其同样著名的燕园其实是在“燕京大学”时期奠定。这事实上是一种错位。当然，也可以说是一种历史的嫁接，这与中国近代以来政治与社会的动

荡不无关系。[1]

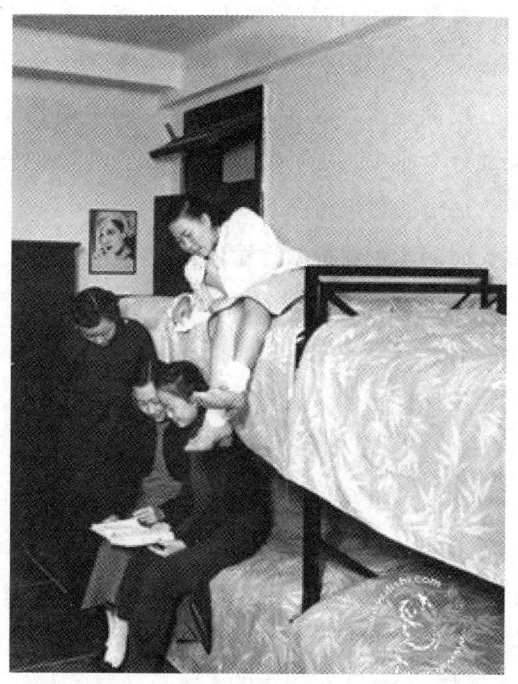

图二十 燕京大学时期静园女生宿舍

（图片来源于网络）

1952年，中国高等教育仿照苏联，进行了院系调整改革。北京大学迁入燕园，仅存33年的燕京大学被撤销，“因真理，得自由，以服务”的校训也被时代的扫帚扫出了历史的舞台。

---

〔1〕 注：在20世纪国共内战后期，作为美国驻中国大使的司徒雷登眼看国共成立“联合政府”的梦想破灭，本想重回燕园，但身受历史洪流的裹挟，无奈打道回府。美国政府发表与中国关系白皮书后，毛泽东连续发表了《别了，司徒雷登》《历史唯心观的破产》等一系列文章，中美关系进入对峙状态。接着，抗美援朝战争爆发，中美之间从“冷战”进入“热战”。1951年1月教育部召开处理接受外国津贴的高等学校会议。燕京大学被宣布为接管学校，改为公立，由毛泽东主席任命陆志韦（1894年~1970年）教授为校长，并为“新生”的燕京大学题写了校名。

占用了燕京大学校舍的新的北京大学既没有继用燕京大学的校训，至今也没有张贴出自己的校训，这不能不说是今天的北京大学在进行校园文化建设，尤其是进行公寓文化建设时的一种遗憾。因为，校训是校园精神的精髓，校园精神是校园文化的核心。如果北京大学有了一个明确的校训，其学生公寓文化建设就有了较为清晰的特色道路。

四、联大时期学生住宿中物质艰苦与精神饱满

八年抗战期间，北京大学、清华大学、南开大学内迁至昆明，改称国立西南联合大学（以下简称西南联大）。战乱环境和人为并校给学生住宿管理与服务带来诸多问题。然而，“茅屋草舍育英才”。在那样艰苦的条件下，西南联大却培养了一批杰出的科学家、社会科学家和人文学者，谱写了教育史上的奇迹。西南联大研究专家、美国弗吉尼亚大学史学教授约翰·依色雷尔用五个“最”字来概括西南联大创造的奇迹：“西南联大是中国历史上最有意思的一所大学，在最艰苦的条件下，保存了最完好的教育方式，培养了最优秀的人才，最值得人们研究。”〔1〕

研究西南联大的住宿文化，当然需要分析当时的住宿条件及当时的背景。首先，因时局危重，校舍时时面临空袭炸毁的危险，所以，常常不得不搬迁避祸。比如，1937 年 10 月，按照国民政府指示，三校到达长沙联合成立国立长沙临时大学。学校本部设在长沙市韭菜园的圣经学校，全体女生和部分教职员工被安排在圣经学院及旁边的涵德女校住宿，男生则被安排在一个简陋不堪的清末营房建筑内（今湖南省展览馆内）住宿。因营房内的木板楼为旧式两层，年久失修，一人走路，全楼皆

〔1〕 洪德铭：“西南联大的精神和办学特色（上）”，载《高等教育研究》1997 年第 1 期。

动；底层比较潮湿，排满双层木床，光线尤其暗淡，楼上光线稍好但学生一律睡地板；下起雨来，多处漏水，只好在被子上蒙块油布，枕畔支柄菲菲伞（油纸竹骨做成，面上画有各种不同花朵或图案的小雨伞），方能“高枕无忧”〔1〕。斯时，安全尚不能保证，居住条件当然难免简陋。即使学校迁至昆明，到抗战后期局势稍稳，陆续落成的学生宿舍也只有36栋，且均为土坯房，茅草苫顶；仅有的一些砖木铁皮被用在了教室和实验室。教室的铁皮屋顶遇到雨打必然乒乓作响，影响教学。这一幕，后在电影《无问西东》中再现，让后世观者无不动容。

---

〔1〕 注：长沙临时大学与西南联大的当家人一样，都是由蒋梦麟、梅贻琦和张伯苓作为常委共同执掌。在长沙开始办学时，一个上午，三位常委巡视宿舍。“蒋看到宿舍破败不堪，一派风雨飘摇的样子，大为不满，认为此处会影响学生的身心健康，不宜居住。老成持重的张伯苓则认为国难方殷，政府在极度困难中仍能顾及青年学生的学业，已属难能可贵，而且学生正应该接受锻炼，有这样的宿舍安身就很不错了，于是二人争执起来。梅贻琦乃南开时的学生，生性寡言，此时不便表示态度。争执中，蒋梦麟突然有些怒气说：‘倘若是我的孩子，我就不要他住在这个宿舍里！’张伯苓听罢，脸一沉，不甘示弱地反击道：‘倘若是我的孩子，我一定让他住在这里！’见二人皆面露愠色，梅贻琦不得不出面打圆场，说：‘如果有条件住大楼自然要住，不必放弃大楼去住破房；如果没有条件那就该适应环境，因为大学并不是有大楼，而是有大师的学校。’”（岳南：《南渡北归》，湖南文艺出版社2011年版，第149页）据说这就是梅贻琦“所谓大学者，非有大楼之谓也，而有大师之谓也”所说的由来。这个由来可以从侧面反映出：三人性格特征不一，张偏“左”，蒋偏“右”，而梅相对中和。梅贻琦相对中和的性格表现出来则是个性沉静，寡言、慎言，以致学生曾对之作打油诗：“大概或者也许是，不过我们不敢说，可是学校总认为，恐怕仿佛不见得。”三人的性格表现当然服从于各自的思想和政治取向，尤其是到了1949年何去何从的关键时期。结果，张留在了大陆，蒋早早脱离北大，全身心加入老蒋的阵营，而梅则在北平隆隆的炮声中步胡适之后离去。进一步，当时三校的各自当家人的性格特征似乎对各自学校学生的培养也产生了直接影响，尤其是在三校男生的着装行为表现上，更为典型。“就特色言之，北大的男生喜穿长衫，文质彬彬如同乡村学究；清华学生不乏西装革履者，如同归国华侨或时髦商人；南开学生则多穿夹克，头戴软底的小礼帽，有的还戴一墨镜，如同美国电影中的侦探，既神秘又恐怖，用北京话说，很是唬人。”（岳南：《南渡北归》，湖南文艺出版社2011年版，第377页）

图二十一　国立西南联合大学校门

（图片来源于西南联大博物馆网上展厅）

图二十二　西南联大学生宿舍外观

（图片来源于西南联大博物馆网上展厅）

其次，当时的住宿布局凌乱。因为时局艰难，资源匮乏，西南联大即使在昆明也无法集中于一处办学，不仅使得教员不得不自觅居所，住宿分散[1]，而且，不同学校学生之间的住宿

〔1〕 注：教员多根据学校来源聚团居住，如北大人多居于北郊龙泉镇一带，清华人则集中于西北郊的大普吉。

情况也是相对隔离。由于教学和住宿的地方分布之广，可谓“昆明有多大，西南联大就有多大”。即是说，斯时的大学生住宿安排，是谈不上布局的，只能因陋就简、因地制宜了。再次，住宿管理非常艰难。由于校园零散、居住隔离，而三校的学科设置、师生来源、理念精神、行政管理等各方面差异颇多、难以融合，组建后仍是合中有分，以原校自认归属，形成了各自为学、暗流纠葛的局面。[1]联大对此虽多措并举，但受人力物力所限，无法成立固定行政机构，对三校师生的住宿情况进行统一管理，实践中则只能以因地制宜、灵活调整为原则，力保整体稳定，管理相对粗犷。汪曾祺在他的散文《新校舍》里描述了西南联大校舍的窘境：“西南联大的校舍很分散。有一些是借用原先的会馆、祠堂、学校，只有新校舍是联大自建的，也是联大的主体。”“大路把新校舍分为东西两区。路以西是学生宿舍。土墙，草顶。两头各有门。窗户是在墙上留出方洞，直插着几根带皮的树棍……宿舍是大统间，两边靠墙，和墙垂直，各排了二十张双层木床。一张床睡两个人，一间宿舍可住四十人。”“有人占了一个床位，却终年不来住。也有根本不是联大的，却在宿舍里住了几年。”[2]岳南先生在其风行一时的著作中写出：“在所建的 36 座茅屋宿舍中，（东西走向 12 座，南北向 24 座），两端按有双扇木门，两侧土墙上各有几个方口，嵌上几根木棍就是窗子。每间宿舍放 20 张双层木床，学生们用床单或挂上帐子把紧靠的两张床隔开，以减少干扰，便于自读。”[3]可

[1] 参见广少奎、刘京京：“冲突与缓和：西南联大内部矛盾论析——兼论‘联大精神’之实质”，载《高等教育研究》2012 年第 4 期。

[2] 汪曾祺：“新校舍”，载 http://www.jianshu.com/p/7aa10703eb90，最后访问时间：2017 年 7 月 1 日。

[3] 岳南：《南渡北归》，湖南文艺出版社 2011 年版，第 149 页。

见，那时的学生住宿布局是散乱的，住宿条件是艰苦的，住宿管理因过于艰难而不得不在细节层面显得粗放〔1〕。

即使是如此简陋的条件，往往因敌人的轰炸而使生活变得愈加艰难。比如，1940 年 10 月 13 日下午，日军飞机对昆明的轰炸“显然是针对教育机构而来”，西南联大遭受重创。梅贻琦事后在一份《告清华大学校友书》中写道：“敌机袭昆明，竟以联大和云大为目标，俯冲投弹，联大遭受一部分损失，计为师范学院男生宿舍全毁，该院办公处及教员宿舍亦多处震坏。”〔2〕此次联大校舍被炸的具体情形，昆明报纸于次日作过详细报道：“昨敌轰炸机二十七架袭昆，对我最高学府国立西南联合大学，做有计划之轰炸，以图达到其摧残我教育与文化事业之目的……新舍男生之宿舍第 1、2、28、32 等号被毁……师院女生宿舍第 2 号……男生宿舍第 1、2 号，教职员宿舍被毁。”〔3〕其余教室、办公室、出纳组、事务组、训导处、总务处均被夷为平地。这些屋漏偏遇雨、雪上又加霜的艰难让后人读到总不免唏嘘。

总之，通过对相关资料的查阅，我们还是能够发现西南联大在 8 年（自 1937 年 8 月中华民国教育部决定国立长沙临时大学组建开始，到 1946 年 7 月 31 日国立西南联合大学停止办学，西南联大前后共存在了 8 年零 11 个月。）的办学过程中涉及学生的住宿管理具有较为鲜明的特点：

第一，需要赞叹的是，西南联大对包括学生住宿在内的各

〔1〕 注：这样一种“粗放”或者说“放任”，客观上诚然有“节约管理成本”的原因，主观上定然也有管理者时时处处尊重每一个学生“自由”的成份。恰是这种对自由的尊重，成就了西南联大在特定历史时期办学的辉煌。

〔2〕 清华校友总会编：《校友文稿资料选编第四辑》，清华大学出版社 1996 年版，第 164 页。

〔3〕 郭建荣主编：《国立西南联合大学图史》，云南教育出版社 2007 年版，第 130 页。

项校务中尽力落实“以学生为本”理念。学校初建时期，校长梅贻琦就曾聘请著名建筑专家梁思成夫妇设计校舍，并专门设立了建筑委员会专门营造。虽然梁思成夫妇因为抗战时期经费短缺，含泪五易其稿才在空荡的新址填满了茅草土坯盖成的草屋，学校常委会却能做到“没有物质奖励，却有精神激励”——专函致谢经营校舍建筑的主任王裕光，称其团队“劳绩卓著”[1]。同时，即使是在那样的时局之下，学校常委会仍能做到“以学生为中心”。他们不仅在基本的物质条件保障上是如此，连住宿管理这样非中心的工作都常被提到常委会讨论，比如，关于学生住宿管理相关规则，则不论大小均由常委会会议决议。具体的例子有：1937 年常委会第十四次会议记录中就详细记载了决议通过《女生宿舍规则十一条》，对于外住管理、宿舍分配、宿舍管理、门禁制度都有详细规定，并专门派驻教师管理宿舍事务；常委会第十五次会议议决中要求“本校男生一律住男生宿舍，凡在十一月一日以前已报到缴费而未搬入宿舍者，其注册手续即认为未经完成。开课后即作为缺课论。其宿舍空位经分配借读生后，并不得复行要求搬入”；1937 年第三十一次常委会会议记载：“不住宿舍之学生按章不得领取贷金，其空额由候补名单中依次递补”，等等。在今天的西南联大校史馆，还陈列着当时学生自治组织如何通过学生在宿舍的表现，具体评选奖学金和助学金的相关办法和文件。可见，在当时办学条件那么艰苦的情况下，即使物资缺乏、三方联合办学事务繁琐，但三校的最高管理者在思想认识上仍是能够尽力落实“以学生为主体”理念的。“学生的事，无小事”能够在制定的制度中得到

〔1〕 西南联合大学北京校友会编：《国立西南联合大学校史：一九三七至一九四六年的北大、清华、南开》，北京大学出版社 2006 年版，第 383 页。

落实。虽然，在具体执行中，因客观条件所限，愿望常常不得不在现实面前却步，但学校在办学中爱护学生的理念是值得称许的。

第二，令人感慨的是，在校务治理过程中，教授们也积极参与学生住宿管理的决策与执行。西南联大的办学经验中，各类由教授组成的管理委员会有七八十个。教授们不仅在学校搞教学和研究，也纷纷参加相应委员会参与学校管理。比如，有关学生宿舍方面就有建筑设计委员会、校舍委员会、学生生活指导委员会、战区学生救济及寒苦学生贷金委员会等。因为条件所迫，虽然学校对各类委员会只是精神上的鼓励，但参与的教授们还是会同心协力做好工作。这种通过教授建立起的联合协调合作机制，集中了一批了解学校全面情况和学生客观需求的教授的智慧，有利于达成共识，降低学校宿舍管理的成本和风险。不仅如此，为结合学校体育育人的教学理念，1937年常委会第十一次会议就明确三校各派体育教员 1 至 2 人住男生宿舍并管理宿舍事务。“为了培养良好的住宿生活习惯，西南联大的体育课常常排在第一节 7 点钟上课，以纠正睡懒觉的坏习惯。”[1]

第三，需要注意的是，西南联大对包括学生住宿在内的校务实行民主管理的办法。冯友兰在《三松堂自序·大学》中颇为自豪于人们称颂西南联大为“民主堡垒”。可以说，西南联大的民主作风也表现在对学生住宿的管理上。在学校的生活和学习中，学生只要不违背抗日救国大局，不妨碍学校秩序和公益，遵守学习制度，其他就没有什么限制。在这样一种只要遵守

---

〔1〕 中国人民政治协商会议云南省委员会文史资料研究委员会编：《云南文史资料选辑（第七辑）》，云南人民出版社 1965 年版，第 498 页。

"底线规则"就可以自由成长的民主氛围中，学生的主体性得到了发挥，个性表现得到了尊重。比如，即使住宿空间有限，但学校管理者对于学生"天马行空，随性而为"的布置，往往也不会阻拦禁止。以至于西南联大的"坏学生"汪曾祺在《新校舍》和《鸡毛》中，都描述了以下这段宿舍里的轶事："学生并不老老实实地让双层床靠墙直放，向右看齐，不少人给它重新组合，把三张床拼成一个U字，外面挂上旧床单或钉上纸板，就成了一个独立天地，屋中之屋。结邻而居的，多是谈得来的同学。也有的不是自己选择的，是学校派定的。我在二十五号宿舍住的时候，睡靠门的上铺，和下铺的一位同学几乎没有见过面。""一般说，学生搬床位，调换宿舍，学校是不管的，从来也没有办事职员来查看过。"〔1〕学校虽在1939年成立训导处，但由训导长、教务长、各院院长、各系主任及各导师共同组成的训导处更注重的是自治的启发与同情的处置，以实现严整的生活，造成诚朴的风气。所以，西南联大的学生住宿管理主要是通过学生自治会、学生社团和学生自主活动来进行的。这种做法有利于增强民主的西南联大学生的求学欲望，有利于使训导工作达到事半功倍之效果，体现了联大以学生人格的培养和完善为教育目的的教育理念。〔2〕

现在回首，无论与当时的西北联大等高校进行横向对比，还是与当下的高等教育进行纵向对比，西南联大的教育无疑是相当成功的。虽然，我们也可以讨论，其成功固然与当时的师生集体有"知识图存，求学报国"热血浇灌分不开，但是，这

---

〔1〕 汪曾祺："新校舍"，载 http://www.jianshu.com/p/7aa10703eb90，最后访问时间：2017年7月1日。

〔2〕 参见熊朝隽："西南联大的办学作风及学生风貌"，载《云南师范大学学报（哲学社会科学版）》1990年第Z1期。

与当时的管理者在捉襟见肘中践行的理念也是绝然分不开的。从今天的史料，尤其是从亲历者的回忆可见，艰难困苦之中，三校联合的最高管理者在进行校务管理时，不唯亲、不唯私、不唯上，[1]而只唯“为国家和民族保留好读书种子，育好人才”的理念。这样的理念，既朴素，也高尚。他们所实行的一系列管理制度，包括学生住宿管理的制度，能够集思广益，形成多方合力，让广大师生员工，尤其是青年学生，在物质艰难之中，仍能精神饱满，求学上进，这也是西南联合大学能够取得光耀中国教育史的丰功伟绩的最直接原因。可以说，站在今天高楼林立的高校校园环境中，总结西南联合大学时期的住宿文化特征，如果仅仅再谈所谓“大学”“大楼”“大师”，总是感觉有些苍白无力。西南联合大学时期的住宿文化，当然与其当时的历史条件分不开，与西南联大当时本身的特色分不开，但正是那种“物质艰难，精神饱满”的时代特性，使人们在今天仍容易忽略了所谓“大楼”的意义。不过，正是那样的特性既成就了一个个个体，也成就了一个教育史上的“神话”，也使我们今天在探讨高校学生公寓（住宿）文化的历程时，必须对其进行深情的回顾。

五、1952 年至今北京大学学生住宿形态的变迁

中国大陆于 1952 年进行高等院校院系调整，所有的教会大学被迫撤销，原本深受英美模式与风格影响的近现代大学教育与学术体系，全面转向学习苏联的教育模式。北京大学于 1952 年 9 月 16 日从沙滩所在地迁至原燕京大学校址，从而宣告了燕

---

〔1〕注：张伯苓、蒋梦麟、梅贻琦三人作为三校联合的最高执掌者，不仅有情怀，也能够较为公正无私。比如，到昆明后，历经九死一生的蒋的儿子来到联大，就和联大其他同学一道居住在学生宿舍；梅贻琦更是在“一寸山河一寸血，十万青年十万兵”号召中，将自己儿子送上了战场。

京大学的终结，也宣示了新北大的诞生。[1]同年10月4日，院系调整结束，作为以文理科为重点的综合性大学，北京大学校园文化理念也逐渐呈现政治性和意识形态性。体现在建筑风格上，那时的北京大学，很多建筑都表现为苏式风格。[2]在1978年改革开放之后，国家风气渐开，紧跟时代潮流的北京大学也经历了校园风气的变化，不断借鉴和吸收西式理念，呈现中国古典大学、苏联式教育理念和西方教育理念相互融合的趋势。学校的住宿形态也跟着学校的发展呈现出相应的特征，新建的学生宿舍也呈现出“高层”、“独幢”和“单间”——一个个“鸽子笼”式的特点。这种学生宿舍最大的优点就是建造经济成本低和单体容量大。它符合当时我国教育发展的现实——社会发展需要越来越多的大学生，而教育投入却明显不足。

进入21世纪，北京大学随着校本部[3]那些具有苏式风格的

---

〔1〕 注：北京大学从沙滩迁往燕园的准备工作从1952年1月开始。1月8日，以清华大学梁思成、北京大学张龙翔为首的清华、北大、燕京三校调整建筑计划委员会成立。为了按时开学，44 046平方米的校舍居然当年设计、当年开工、并在当年内竣工完成。这批设计寿命为10年左右的临时建筑，就包括1斋到15斋（二层）和16至21斋（三层）。22斋至27斋（大屋顶的三层楼，比较精致），是于1954年建成；28斋至31斋（平顶的四层楼），于1955年建成；32斋至40斋，于1956年建成。这些灰色清水砖墙混合结构的筒子楼群，以通向北大南门的干道为新的轴线，形成了当时新北大的教学区和学生宿舍区。这些筒子楼以每三座小楼构成一个“品”字形半围合院子。今天，除了紧临南门西侧还保留三个院子没有被拆除，其余都旧貌换新颜了。

〔2〕 注：进入21世纪，校园再次规划和建设之时，往往都是那些具有苏式风格的建筑被拆除。2007年，为了建设教育学院的新楼，兴建于20世纪50年代的南门建筑群的27号楼被拆除；2009年，为了兴建新闻传播学院大楼，北大南门的“女博士楼”25号楼被拆除；2011年，为了兴建学生活动中心，兴建于1952年的16、17、18号楼被拆除。

〔3〕 注：本书对北京大学学生住宿形态的考察，仅以校本部（包含万柳学区）为样本。其他如医学部、深圳研究生院、昌平校区、大兴校区因为位置分散及培养类别差异的原因，不作为本书研究对象。燕园内的学生宿舍安排的住宿对象为全日制本科生，硕士研究生（学术型）和博士研究生。校本部的专业硕士研究生则主要居住于离燕园4.3公里的万柳公寓。中关新园则主要用来安排留学生居住。

宿舍楼群老化、学校招生规模扩大，学生对于住宿质量的美好需求与校园内所能提供的住宿条件并不充足之间存在的矛盾就必然越来越大，涉及学生住宿的区域当然需要重新规划。因此，北京大学校本部的学生宿舍楼不断经历着滚动式改造和翻新、拆除和重建。在这种滚动式发展过程中，有时不可避免出现“断档”，导致学生住宿拥挤，学校发展面临着严峻的住宿资源不足的挑战；有时因“情怀”或“历史的记忆”需要，导致拆除工作并不能得到社会，尤其是那些在被拆除老宿舍楼度过青春岁月的校友的理解和支持。比如，2014 年 10 月份，建于 1955 年的四层平顶三栋学生宿舍老楼（28、29、30 号楼）准备拆除重建时，引起了校友们的强烈反对。对此，北京大学公寓服务中心与学校相关部门及时进行了解释，并开展了一系列活动，才使得拆除和重建工作得以按规划进行。可见，这样的“断档”，甚至有反对的现象，一方面反映了学校在整体宏观发展上有关统一规划和长远设计需要进一步精细；另一方面，也直接显现了学校有关部门对学生公寓文化建设的轻视和短视。因为，学生公寓文化建设不仅要为在校生考虑，也要为毕业的学生和未来的学生考虑。学生曾经住宿过的那一间间房子就是学生在校期间的“家”，那一栋栋宿舍楼或公寓楼，就是学生在校期间的临时社区。汗水在那里洒过、泪水在那里流过、青春在那里度过……当然使得一届届毕业生把住宿过的房间、生活过的公寓当作“青春与情怀”的寄托之地。如果高校的管理者不能很好地处理寄托了毕业生情怀与回忆的住宿建筑物，对后者的感情必然是一种伤害，对在校生和未来者必然也会引起“心有戚戚”之感，那么，一个高校的公寓文化建设，从长效机制角度看，其效果就必然大打折扣了。

长期以来，由于历史原因及经费问题，北京大学学生住宿基础设施并不完善。大部分楼群建于 20 世纪 50 ~ 90 年代，室内

空间狭小，公共活动空间较小，仅能满足基本的休息需要。在后勤社会化的背景下，北大对学生实行住宿收费，以缓解资金压力。费用标准根据房屋的建筑年代、面积大小和设施配置情况稍有差异，分别为：750 元/年，1020 元/年、1200 元/年。这一费用标准相对于社会出租房屋价格当然很低，属于补偿和福利性质。原则上，每学年公寓管理与服务部门根据学校住宿床位整体情况及招生人数按照“相同院系学生居住在同一栋楼或同一楼层”原则进行匹配对应，具体到每个房间的成员安排，采用的方法是随机分配。[1]

1999 年，北京大学学生宿舍管理服务中心（简称学宿中心）成立之前，学生公寓的管理一直由学校房产部的学生公寓管理科负责。成立之后，学宿中心则承担了学校内所有的学生以及畅春新园的学生宿舍的管理服务工作。2012 年，学校在后勤改革过程中，将原学宿中心和房地产部教师公寓合并，并统筹万柳学区特殊用房管理中心，成立公寓服务中心。公寓服务中心成立后，将所属部门的十余个办公室精减成综合办公室、财务办公室、学生公寓办公室、教师公寓办公室和万柳公寓办公室五个科室，共包括事业编制 15 人，楼长 110 人，其中 72% 是党员，大中专文化占 82%，一线保洁员包括合作保洁公司聘用保洁员 60 余人。

由学生宿舍管理服务中心向公寓服务中心的改变，不仅意味着北京大学学生公寓管理与服务部门将可以调配更广泛的资

---

〔1〕 注：在一次关于住宿情况的调查中，对于这种分配方式的合理性，同学们的态度差异较大，只有六成的同学认为是合理的，而同学们对于宿舍分配方式的关注焦点基本集中于是否同专业同院系、是自主选择还是随机分配这两点上，并有 82.36% 的同学期待或支持与留学生共同居住。对于宿舍条件的态度中，大多数同学对于宿舍硬件条件持满意和一般的态度，也有相当一部分同学认为不满意和非常不满意，非常满意的比例很小。具体请见附录一。

源来满足和应对新时期学校对住宿的全面需求，单位名称上由“管理”向“服务”的转变，也可以看出学校对宿舍管理服务思路从传统“以物为本”向“以人为本”的转向。在实际工作中，公寓中心的工作目标也在之前主要负责日常生活环境维护的基础上，增加了精神文明创建的内容。在日常生活环境维护上，主要是为学生创建安全、整洁、舒适和便捷的生活条件。而精神文化方面，主要是营造奋发向上、健康文明的住宿氛围，形成团结和谐的人际关系以及开展生动活泼的文化活动。遗憾的是，即使发展到今天，因为人员精力和服务能力的限制，公寓服务中心所发挥的作用仍主要局限在提供硬件设施上，以及随硬件设施不断修建而相应的制度配套完善上，有关精神文明，尤其是公寓文化的创建仍处于探索的过程之中。

2015 年，北京大学公寓服务中心集中完善了一批规章制度，形成了《规章制度汇编》，对住宿分配、日常管理、安全卫生等进行了集中修订和补充。值得一提的是，在这本制度汇编中，中心特别对学生自我管理组织出台了明确的办法，成立了学校层面的学生公寓自我管理委员会〔1〕，并与学工部门一起设置了相应的鼓励措施和办法。元培学院更是将楼内的学生自我管理组（元培学院楼委会）与学院传统学生会组织平行对待，具体后文将有论述。关于学生公寓自我管理委员会方面具体措施的出台极大提高了宿舍楼内学生活动开展的频率，促进了学生自我管理组织的不断兴起；元培住宿学院由于自身的特殊性，学生自我管理机构得到了更好的完善；万柳学区的 2200 余人的专业硕士研究生则根据自身发展特点，成立了如跑步健身、电影沙龙、读书会等不同的兴趣爱好团队近十个，参与人数近千人。

〔1〕 注：燕园校区的组织简称为北大燕窝，万柳学区的组织简称万柳学生联合会。

学生自我管理委员会和学生社团的发展为北京大学学生公寓文化发展提供了新的思路，注入了新的动力和活力。在公寓服务中心以及学校相关部门的支持和协调下，北京大学公寓文化呈现出了传承有序、活泼务实、丰富多彩的良好势头。

可以说，当下社会发展要求北京大学培养出全面发展的综合性人才，而人才培养模式需要在动态中不断完善，因此，公寓的育人功能作为育人模式中的重要一环也逐渐受到重视。比如，在加快建设世界一流大学的进程中，元培学院探索跨学科、跨年级、跨国籍的混合居住模式，在培养人才的过程中发挥了积极的作用。当然，在发展的历程中，虽然北京大学在后勤社会化的大背景下，在有关学生公寓管理和服务的工作体制上进行了初步尝试，但这种尝试与国家发展对北京大学提出的期许还有距离。总体而言，北京大学的住宿文化在观念上正经历从“单纯提供住宿”到“实现全人教育目标的重要平台”的转变，在方法上正在经历从单纯管理到管理、教育、咨询、服务为一体的转变。这样一种从工作观念到工作模式的转变，必然会为新时期北京大学构建新型公寓文化奠定坚实基础。

第三节 新时期北京大学对构建新型公寓文化的探索

在前文提到，从分层角度看，公寓文化可以分成物质文化、精神文化、制度文化和行为文化。物质文化是基础，是承载其他文化的基石。只有先有了学生住宿场所的存在，才可能谈得上为学生提供安全、休息、成长的空间。而这样的物质空间的出现，需要实实在在的建设，建设的过程也不是一蹴而就，更不是凭空画就，需要选址、设计、施工等。每一个步骤和环节

的失误或所涉方的沟通不到位，都有可能影响过程的进度，甚至改变事物发展的性质，导致让组织者感到“我本一心向明月，奈何明月照沟渠”的尴尬和委屈。物质层面的有形的公寓文化建设是如此，其他层面的无形的公寓文化建设更是如此。只有加强工作统筹，提升工作效能，不让相关部门停留在“搞定就是稳定、摆平就是水平、无事就是本事”的层次上，公寓文化建设工作才会形成“会有人做，有人会做”的局面。通过对北京大学在建造燕京学堂的选址问题上引起的风波及宿舍老楼的拆除引起的哗然进行反思，我们不禁反问，一建一拆，良好的动机为何总是没有得到预期的赞许呢?

一、筹建燕京学堂掀起的风波与启示

2014 年 5 月 5 日，北京大学在 116 周年校庆之际，宣布启动类似清华大学已经于 2013 年 4 月 23 在人民大会堂启动的“苏世民书院”[1]项目——“燕京学堂”（Yenching Academy）

---

[1] 注：清华大学“苏世民书院”项目，即苏世民学者项目，是专门为未来的世界领导者持续提升全球领导力而精心设计的硕士学位项目。项目面向全球选拔学业优秀、诚实正直、视野开阔、富有责任感和使命感、具备领导潜质的青年人才，到清华大学进行研究生课程学习，以此培养具有宽广的国际视野、优秀的综合素质和卓越的领导能力，并了解中国社会、理解中国文化，有志于为促进人类文明与进步、世界和平与发展贡献聪明才智的未来领袖，为崛起中的中国与变化中的世界作出重要贡献。项目秉承“立足中国、面向世界”的原则，从世界范围选聘最好的师资，以知识、能力、思维与品格相融合的课程与训练作为主体，通过提供高质量的课程学习、丰富的专业实践、多方位学术交流与文化体验活动、与业界高层人士的研讨和对话等环节，帮助学生在全球化背景下观察中国、探究世界发展的共性问题，为学生提供全方位认识和探索中国与世界的独特机会和终身学习网络以及全球校友平台，促进学生批判性思维、跨文化理解力和全球领导力的提升。项目采用集开放式教学、师生互动交流、跨学科素质培养、生活服务配套于一体的书院式教学模式。书院作为汇聚一批来自世界各地、充满激情、思想开放、富于观察力和创造力的学者社区，通过不同背景、世界观和学术兴趣学生之间的交流与互动，提高跨文化理解力，促进新思想的萌发以及新的行为和评判准则的形成，成为影响终生的教育经历。（“清华大学苏世民书院使命愿景”，http://www. sc. tsinghua. edu. cn/about/index. jhtml，最后访问时间：2017 年 7 月 1 日。）

这一国际化、精英化的人才培养的项目计划。该项目追忆燕京大学和京师大学堂的历史，计划拟招收来自海内外一流大学的一百名学生，开设一年制“中国学”硕士学位项目（Master of Chinese Studies），旨在聚集国际顶尖师资和一流学生团队，打造全球领先的“中国学”教学研究中心。校方规划，燕京学堂是住宿式学院，所有学生集中住宿，选址将在静园草坪。届时，静园草坪将建设一系列供学堂所用的教学设施，周边六院则作为燕京学堂100个“未来全球领导人”的宿舍。

消息一出，全校哗然。众多师生、校友、知名学者发文质疑。其中，针对这一项目本身“培养理念与培养方式”的质疑主要是由一些学者发文提出的，这一质疑因涉及当今国际化大趋势下如何理解大学理念，如何理解中国大学办学精神与培养方式等，还是一个仁者见仁、智者见智的问题。不过，针对“选址于静园”的质疑，则直接涉及学生住宿、宿舍划分、宿舍管理，以及静园在北大历史文化中的价值等问题，而这一点直接触及北大众多师生的日常生活，触及众多校友对待北大的情感，从而引起强烈反对。很多学生在人人网、微博、微信等网络平台发起捍卫静园的行动，并通过印制T恤、做民意调查、拉横幅等方式进行抗议。师生的不满、校友的呐喊、学者的质疑、社会的疑问等一时有排山倒海之势。

随着校内校外、国内国外众多师生、校友的质疑、抗议声越来越大，现实问题网络化，校园问题社会化，单一的项目问题逐步演变为公共事件。于是，北大校方和师生代表在2014年7月18日召开了一场专门讨论“燕京学堂”项目选址的“内部沟通会”，参会人中绝大多数坚决反对将静园一至六院改造为“燕京学堂”项目宿舍。7月24日下午，北京大学党政联席会议专门研究审议了“燕京学堂”学生宿舍选址安排及相关事宜。会议最后决定：

静园一至六院不做学生宿舍，按国家文物保护的要求修缮后，作为学校发展人文社会科学及交叉学科的教学科研办公用房；未来燕京学堂的学生住宿问题，由学校会议中心统筹安排。〔1〕至此，北京大学“燕京学堂”项目虽继续，但选址静园的计划终以师生、校友的反对声浪一浪高过一浪而停止。〔2〕

图二十三

静园草坪旁有六座三合院老院落，其中一院、二院、四院和五院原为燕京大学女生宿舍，建于1926年，三院和六院是1952年根据当初图纸加建的。(图片来源于网络)

---

〔1〕 网易教育频道报道：“‘燕京学堂’宿舍在争议中改址 静园保留”，载http://edu.163.com/14/0716/15/A19N04G7800294MP6.html，最后访问时间：2017年7月1日。

〔2〕 注：静园的庭院跟燕园里别的风格特征有所不同：她精巧玲珑，幽静典雅，给人以“庭院深深”之感，像是古代富贵人家千金小姐的绣楼。虽然当时的燕大是男女同校，但校方还是有严格的规章制度来限制男女同学之间的交往。除了每年一次的开放日外，男生是不能随便进入这四个院落的。女生在晚上的特定时刻以后就不能出去跟男生约会。正是因为有着严格的规章制度的约束，这四座庭院就被燕大男生戏称为燕园里的“紫禁宫”。等到每年一次的开放日来临的时候，校园的气氛就变得活泼起来了，平日里显得幽静的庭院也顿时热闹异常。男同学们会三五成群地来到这里参观女生的宿舍，而女同学们也会大大方方地把他们迎入庭院，并亲自下厨招待这些平日很难进入“紫禁宫”的男同胞们。据冰心回忆，当时的四个庭院内并非全是学生居住，还有部分燕大女教师也居住在这里。而且每座庭院中还有自己的食堂，女生们都是自己动手淘米做菜，然后在干净明亮的餐厅里集体进餐，女教师们有时也会和同学们在一起用餐。冰心先生在“未名湖畔的三年”一文中写道：“那时四座称为‘院’的女生宿舍里，都有为女教师准备的两室一厅的单元，还可以在宿舍里吃女生餐厅的‘小灶’”。由此不难想见师生共聚一起，其乐融融的场面。

当我们重新再审视整个事件过程，令人印象极为深刻的是广大师生、校友所表达的保护静园的强烈情感。这种情感的强烈表达最终也确实产生了效果。整个事件中，静园可以说是各方最为关注的焦点，校方选址静园，师生、校友保护静园，“燕京学堂”项目选址内部沟通会、静园选址方案的最终放弃等，都是围绕静园在展开。我们不禁要问，为什么在一个力争早日建成世界一流大学的大学里，在一个国际化的人才培养项目的争论中，一个曾经作为学生宿舍的“静园”却成为这场争议的风暴眼呢？若仅从住宿意义上把静园看作一个住宿场所，是不能理解这场争论的，更不能理解静园对北大，对北大师生、校友的重要性。那么，我们就要追问，静园对于北大，对于北大师生、校友究竟意味着什么呢？

表面看，静园是北大核心区域仅有的一块集中、开放的大型户外空间，是学生散步、聊天、聚会、仰望星空的公共空间。它作为曾经燕京大学的女生住宿场所，不管是对曾经的燕京人，还是对继承了燕京大学校舍的北大人来说，都是一根历史的“脐带”，是一处文化血脉的象征。它是曾经燕京大学宿舍文化的物质保留，也是现今北京大学校园文化活动开展的重要场所[1]，当然也为当下北京大学学生中各类文化的形成提供了渊源和注解。对于很多师生、校友来说，静园承载了太多的人对历史的回忆：燕京大学时期的民国风范、建国之后北京大学乍来之时的热烈、“文革”时期的无语、改革开放之后的青春激情、20 世纪 90 年代的沉默、21 世纪的砥砺前行等。都既是一组文化建筑遗产，也是涵养一代代学子创新精神沉淀之后的容器。它承载并彰显着北大精

〔1〕 注：比如，2014 年 5 月 4 日，习近平总书记考察北京大学时，就参加了北大师生在静园草坪举行的“青春中国梦，赤忱五四情——北京大学纪念五四运动 95 周年青春诗会”（“习近平在北大考察：青年要自觉践行社会主义核心价值观”，载 http://www.xinhua.com，最后访问时间：2017 年 7 月 1 日。）

神。以此来看，静园存在的意义和内涵已经超过了简单的住宿场所功能了，它还具有更深层次历史文化和大学精神理念的意义。在这个意义上，静园和北大的博雅塔、未名湖这些历史景观一样，具有历史文化意义，是校园文化和北大精神的一部分。北大校方未经任何审批手续，未与师生、校友商议，贸然改变，甚至破坏原来的静园景观，自然会引起师生、校友的激烈反对。

进一步，“静园”与博雅塔、未名湖这些历史景观还有不同之处：它不仅是历史景观，还是一个与当下学生住宿管理方式和住宿观念有重要关联的场所。在师生、校友反对质疑选址静园的声音中，除从保护北大历史文化遗产、保护北大精神的角度出发外，还有一类出发点就涉及当下学生住宿的公平问题。很多学生认为，从“燕京学堂”宿舍的效果图可以看出其是个“高级会所”，质疑为什么这个书院式的学院要享受“超级学院”的待遇？学校为什么不能把这些经费用于提高其他学生的教育质量和改善住宿环境。也就是说，该国际项目计划选址静园的争论，某种程度也是住宿资源分配和住宿公平的问题，实质涉及教育公平和教育资源的分配问题。实际上，在此事件之前，北大近些年此类有关住宿资源分配的问题已发生多次，如圆明园宿舍的住宿分配问题，勺园留学生的住宿争议问题，都引发了一定的校内舆论涟漪和社会舆论关注。只不过在这次的“燕京学堂”事件中，所选址的住宿场所是更具有历史文化和校园文化意义的建筑。历史文化遗产保护问题加上教育资源分配问题，更提高了这次事件的关注度和争议程度。

这就是说，“静园”不仅是个简单的住宿场所而已，它还涉及历史文化遗产保护问题，更涉及住宿资源分配和教育公平的问题。不过，问题的讨论到此还没有结束。在质疑或反对选址静园的声音中，还有一类反对声音尤其值得我们重视。它既不从历史文化遗产保护的角度出发，也不是从住宿资源分配和公平的角度出发，而是从住宿方式对教育效果的角度出发讨论。北大教师毛亮就曾发文指出：

“真正的‘国际化’教育，应该更多地让所有本国学生有机会融入世界，同时让所有外国学生有机会融入中国。‘国际化’教育是要为所有学生打破教育制度中的藩篱和隔阂，而绝非再去人为地制造‘小圈子’和‘小团体’。若从待遇和生活条件而言，燕京学堂确实具有所谓‘国际化’的水平，但要就学理、制度和精神价值而论，燕京学堂与‘国际化’教育的理念可以说完全是背道而驰。”〔1〕

这篇文章的核心是讨论这一国际化的培养模式所采用的住宿制学院的方式是否合理，这样的住宿方式在效果上是否有助于培养国际化的懂“中国学”的人才。由此可知，“燕京学堂”作为一个国际化的学生培养项目，要想达到制定的培养目标，不仅需要合理化的培养方式，同时也需相配套的住宿方式和对应的住宿理念。不同的住宿方式当然在住宿环境和生活待遇方面会有差别，但住宿理念的差别却是更为重要，也是经常被人们所忽视的。而某个住宿方式及理念，又和相应的学生培养模式紧密相关，会潜移默化地对学生的教育培养产生重要影响。世界一流大学，并非完全都采用“住宿制学院”模式，而“住宿制学院”方式也并不一定和国际化、精英化的培养目标画等号。这就提醒我们，住宿方式与住宿理念是相联系的，住宿理念又与一定的学生培养理念密切相关。学生如何住、怎么住、住哪里、住宿怎么管理等问题，对学生的教育培养至关重要。在这个意义上说，大学学生的住宿问题就不仅是简单的居住问题，也不仅是教育资源的分配和公平

〔1〕 毛亮：“‘燕京学堂’：令人费解的‘住宿制学院’”，载 http://www.163.com，最后访问时间：2017年7月2日。

问题了，而更是涉及大学教育理念和培养模式的问题。

这就是说，大学中学生的“住”和学生的“学”密不可分。学生的宿舍该建在哪？采用什么构造形式？同一宿舍学生按什么标准分配在一起？多少人合适？谁来管理宿舍？这些涉及学生宿舍选址、建筑、分配和管理的问题，与学生成长学习，和一定时期的教育培养方式、培养理念紧密相关，是任何时期、任何大学都会遇到的。中国古代书院的住宿形态是与书院的教育模式相适应的，西方中世纪寄宿制的住宿形态是与其教会大学的教育模式相适应的。自近代以来，在西方政治、经济、文化的冲击下，我国面临各方面的变革和挑战，在教育领域就表现为传统科举制度的废除，私塾、书院等教育方式变革为学校培养方式。进入21世纪以来，随着市场经济、全球化的发展和高校扩招，中国各地的高校无论是办学规模、组织模式、环境条件都发生了极大的变化。高等教育目前已经与高新技术产业、文化产业、房地产业、商贸服务产业等紧密联系起来，这对大学生的住宿形态及相关管理方式都产生了极大的挑战。在这种变迁中，如何能在大学住宿形态和管理模式方面，构建与当下大学教育相适应的，能促进学生学习成长的公寓文化和育人方式，是摆在目前中国各高校后勤管理、校方规划设计和相关的教务机构面前一个亟需探讨，而又牵涉甚广的主题。这一跨学科的主题，人们通常都在各自学科和业务范围内讨论，如规划设计部门仅关心建筑设计方面的问题，相关的教务部门、教学机构仅关心学生的培养问题，至于学生的住宿问题就留给了后勤管理部门。然而，这种学科分化、部门分化常常就会使得我们不能从综合、整体的视角，来理解如“燕园学堂”选址静园所掀起的风波。因为，北大“燕京学堂”选址“静园”的争议反映出来的问题，已然仅非某个单一部门，甚至某个高校的事情了，也不单是建筑学、管理学、教育学的问题，更非大学建筑、后勤管理、教务管理某一部门的问题，它反映的本质就是在中西方文化的交织下、在教育领域的变革与挑战中，如何来定位、理解当下中国大学住宿方式、住宿理念和大学培养方式、培养理念的关系问题。

事实上，在当下，为了培养具有国际视野的人才，如果把来自世界各地的他们与其他学院的同学进行分割，如同 20 世纪 80 年代那样实行留学生和本地学生分开居住、分开管理的政策，那么，这样的住宿方式确实没有与新时期的人才培养理念合上节拍。因为，随着经济进一步发展、中国在国际上影响力进一步增强，培养具有全球化视野和能够紧跟世界科技文化前沿的优秀人才的需求越来越迫切。在这样的形势下，留学生与中国学生混合居住、共同培养的趋势也越发明显，同时对留学生群体原有的“单独隔离式”教育管理模式也正逐渐向“趋同化”教育管理模式发展。根本上，住宿制学院的模式在设立之初，就有着来源学生多元化的考虑，将不同地域、不同文化背景、不同专业方向的学生集中在同一个住宿区域，通过一系列的培养计划和平台设置全面提高他们的视野及综合素质，这才符合培养的目标。即是说，在当下，不仅对于到北京大学留学和交换的国际学生应与本国学生“同吃同住”，对参与专门项目的国际学生也应与本国学生“同吃同住”，从物理范围上将其纳入一体化，必将极大增强他们对中国现实国情和优秀传统文化的了解和认知，以其亲身经历破除偏见和固有隔阂。这种对于国外学生的“趋同教育”方式恰恰与对中国学生的“多元化教育”方式在培养目标上是一致的。[1]这是教育目标中的平等对待。

---

〔1〕 参见黄展、刘晶：“高校国际学生趋同化教育管理理论与实践探析”，载《国家教育行政学院学报》2014 年第 6 期。

其次，对于教育过程中的平等对待，作为一个高校的政策制定者与执行者，也应该注重。在此次风波中，不少学生质疑，为什么这个学堂要享受“超级学院”的待遇？为什么学校不致力于改善学生的教育质量和住宿环境而是去静园大兴土木？其实是基于本能针对计划中的学堂住宿条件的“豪华”与自己住宿条件的“一般”进行了对比而愤愤不平。北京青年报的“北大开学　燕京学堂被指‘豪华’引争议”，就集中报道了此项目在前期开展时其招收的学生居住于勺园6号楼，其宿舍内部与一般宿舍内部的鲜明对比差别。[1]更进一步，今天的有识之士早就认识到，大学既是社会发展的推进器，也是社会发展的稳定器。这种稳定的表现之一就是：即使是出身于不同阶层的学

---

〔1〕 参见“北大开学　燕京学堂被指‘豪华’引争议”，载《北京青年报》，2015年9月17日。该报道指出多数学生不满意的地方集中在三点：首先在于“燕京学堂”宿舍过于豪华，与北京大学同样规格的宿舍内部差异极大。即使是燕京学堂学生入住的勺园6号楼，虽然在外观上，它与其他宿舍楼没有什么区别，但其楼层内部却经过重新改造，每个楼层共26个房间，其中14个单人套间，12个双人套间……室内独立卫浴、空调、单人床、衣柜、电视和冰箱等一应俱全，墙上精心设计的正方形壁橱用于放置书籍与饰品。另外还有单人套间，看上去更加“豪华”，乍看和宾馆无异。在每个楼层的公共空间，还设有休息室、健身房等活动区域。而一路之隔的本校研究生居住的勺园4号楼，与豪华的燕京学堂宿舍相比则可谓“寒酸”。不足15平方米的狭小空间需要挤进四个人，没有阳台，没有独立卫浴，由于空间狭小，原本应该远离床铺的空调只能安装在宿舍右上角，离下面的床铺距离不足半米。学生反映“晚上睡觉一伸手就能够到空调，夏天空调一开，我这里就得冻死。”其次，本校研究生不满校方欲给补贴“封口”。当“宿舍对比图”在北大论坛上发酵之后，迅速引起了大批本校研究生的不满，一些学生甚至自发组织创建了维权的微信群、QQ群，向学校提出改善宿舍条件的申请。北大校方在9月2日晚与部分本校研究生进行了约谈，告知住在“勺四”的同学每个月可以得到160元的住宿补贴。如果有人搬出，则剩下的三个人每个人最多一个月补贴45元。再次，燕京学堂学生享有极高补助的“特权”也是学生争议的问题。学校对本校研究生与燕京学堂学生的“差别对待”，使得部分本校研究生认为燕京学堂学生属“特权阶级”。据了解，大部分北大博士生补助约为1500元/月，硕士生补助约为600~700元/月，每半年统一发放一次。与之相比，燕京学堂学生的补助则要丰厚得多，甚至有传言为2000~3000美元/月。

生，只要走进了同一所大学，就能得到过程中的平等对待。这既有利于他们主观上有实现平等的动机，也有利于他们客观上得到平等的条件。正如薛涌先生所言："因为不同背景的学生可以把自己在不同阶层、种族、文化中的经验带进课堂。社会各个集团的思想在这里交锋、整合，大学实际上也是社会的凝固剂。"〔1〕"周其仁先生所谓的'北大对不起学生'，并不在于他讲的（北大）用二流老师教一流学生，而在于北大还没有把社会各阶层的一流学生聚集在一起，更没有为这些学生互相激发彼此的聪明才智提供机会。"〔2〕即是说，如果在教育领域，在这个最应该实现"起点公平"之地，就出现了不平等、不公平，阶层则容易固化，社会容易板结，也就谈不上社会的可持续发展和进步了。

可见，在"趋同教育"的大背景下，不管是从人才培养目标去看，还是从教育过程应该讲究公平来说，在对学生公寓文化的物质建设上，应该追求平等，不能显失公平。不管是针对国内学生之间，还是针对国际国内学生之间，有形的物质条件差距不能超越蕴含于公寓文化之中自在的教育公平与平等的精神内涵。另有重要一点，学校的重大决策动机必须良善，程序必须公开，绝不能"硬上弓"，更不能"一言堂"。蕴含在校园精神中的公正、民主、平等等理念当然也蕴藏在学生公寓文化建设中。所以，涉及学生公寓任何一种住宿形态的建设，自然应该征求利益攸关者的意见。这些理念也是任何一个高校建设自己的学生公寓文化时必须尊重的。

二、拆除宿舍老楼引发的问题与应对

2014年9月，北京大学在其内部发文通知，将把毗邻三角

〔1〕　薛涌：《谁的大学》，云南人民出版社2005年版，第25页。
〔2〕　薛涌：《谁的大学》，云南人民出版社2005年版，第27页。

地的学生公寓28～32及35号楼拆除重建。一石激起千层浪。先是校内部分师生在校园BBS上抱怨，为何拆除时间不安排在假期进行；接着该信息在校友圈不胫而走。校友们针对该几幢老楼的拆除，先是在各自亲近的同学圈子吐槽，接着在原先的各自班级、学院讨论交流。当参与的校友越来越多，非理性的吐槽逐渐让位于理性的表达。校友们自发地成立各式各样的组织，有组织地向学校提出疑问：为何这样重大的决策没有预先公告？宿舍就是学生在学校的“家”，校友回校都愿意回“家”，现在，没有预先通告，“家”就拆了？该楼群建于20世纪50年代，就没有一点历史价值？夹在楼群之间的“民主与科学”的雕塑和那一排排银杏树怎么安置？能不能留下一个楼作为纪念？等等。

遗憾的是，虽然有校内部分师生的抱怨，有校外多数校友和一些社会人士的关注和质疑，学校仍然发布了工作进度表，要求楼内住宿人员限期搬离以便安排施工方进场施工。埋怨、惋惜、吐槽、质疑等情绪逐渐转化为对此事的质疑和逐渐明晰的反对声浪，甚至个别校友回到学校在该楼群前举起了反对的牌子。

在此期间，公寓服务中心组织了“我的青春我的楼——纪念我们永远的家”系列活动，活动围绕“一楼一流年”的主题，通过邀请校友回“家”住宿，亲身体验老楼内部住宿物质环境的简陋、组织校友和在校学生座谈等方式传达学校老楼改建的必要性；通过组织“爱的寄语”“签名相识”“爱心传递”“那些年·那些人·那些事”征文等活动，为校友和在校同学们创造表达机会，缓解可能存在的问题和矛盾。尤其是通过照片征集、光影聚焦等活动，留下校友回家与老楼最后的珍贵瞬间，实现校友心愿，联结校友情谊，汇集温暖力量，丰富北大精神。

主题“一楼一流年”灵感由禅语“一花一世界、一草一天堂”[1]及英国第一位重要的浪漫主义诗人、版画家威廉·布莱克（1757年~1827年）曾写过的“一沙一世界，一花一天国。无限掌中置，刹那成永恒”[2]而来。从一朵花中可以参透整个世界，从一棵小草中即可想象出天堂的模样；同样，一栋宿舍楼里的一门一镜，楼外的一草一木，楼上的一砖一瓦，亲历风雨，见证着北大万千学子的似水流年。此语除其表面上的意义之外，更代表了一种真实的心境：没有什么事物可以永恒存在于现实，却可以存在于人们的心中。作为校友青春记忆承载的老楼，留在心中就是永恒的存在，希望校友走出伤感，以乐观的心境看待老楼的逝去。活动希望广大校友积极参与，发动身边力量，寻找到更多老楼住户，与老楼完成最珍贵的纪念，最长情的告别。

图二十四　发布在北大 BBS 上的活动介绍

（图片来源于北大公寓服务中心网站）

---

〔1〕 注：类似禅语还有“一花一世界，一沙一天堂（一叶一菩提，一叶一如来）”等，意思是从一朵花中可以看到世界的奥秘，一朵花就是一个世界；从一粒沙、一片叶中可以体会到佛的恩惠，看到佛的伟大。即感一物而知世，觉一事而悟法。

〔2〕 注：此是威廉·布莱克所写《天真的预言》诗中前四句所译而来。原句是 To see a world in a grain of sand, And a heaven in a wild flower. Hold infinity in the palm of your hand, And eternity in an hour. 宗白华曾把这四句译为：“一沙一世界，一花一天国。君掌盛无边，刹那含永劫。”

图二十五　张挂在老楼之前的宣传海报

（图片来源于北大公寓服务中心网站）

其中最难忘的是，这次活动提出“拆掉的是建筑，留下的是情怀”，专门邀请在校同学设计纪念明信片和宿舍纪念专用章，送给各地返校参加活动的校友，引导校友以适当方式对曾经的住宿之地表达深切依恋之情。同时，学校宣传部门也利用适当的宣传途径，向校内师生、广大校友及社会其他关注老楼拆除及重建工作的人进行必要的解释和说明。通过努力，以上系列活动终于搭建了一座座学校与校友和关注北大发展的社会各界人士的桥梁，以人性化的方式顺利消除了可能影响学校后续学生宿舍改建的不利因素。[1]

可见，单从公寓文化建设及传承的角度来看，开始，不少在校师生和广大校友之所以对老楼拆除有意见，与其说是广大校友有情感表达的愿望，不如说是学校部分管理者还没有认识到建筑对公寓文化乃至校园文化建设有着极大的传承作用；还没有认识到拆除看起来老旧的宿舍楼虽然对“未来”有显现的价值，但对“过去”也会产生隐性的伤害；还没有认识到学校

---

〔1〕参见郭永芳：“北大老校友：‘我的青春我的楼’”，载 http://www.epaper.bjnews.com.cn/news/2014/09/21/334620.html，最后访问时间：2017 年 7 月 25 日。

的部分工作与整体工作是辩证的统一，整体工作要想取得良善的可持续影响，部分工作在开展之时就应该考虑到“瞻前”与“顾后”的统一；甚至没有认识到“高校无小事，学生无小事，北大更无小事”，没有将此理念“战战兢兢，如履薄冰”地落实到实践中。换言之，就是他们对公寓文化建设的认识在意识和行动的重视程度上还远远不够。此次事件，让我们更鲜明地认识到，文化和精神的传承是有力量的，历史不能随意割裂，传承也不应该人为地割裂。今天回顾，应该说，老楼纪念活动是北京大学公寓管理部门在学校校友、基建部、基金会等部门的大力帮助下，顺应学校发展和校友需求的“临时公关”，整个过程没有经过更多的深思熟虑，来不及经过细致严谨的论证，但动机却是良善的，出发点是真诚的，取得的效果也是明显的[1]。

图二十六

2014年10月，曾居住在即将拆除的老楼内部分校友回校，在“民主科学”碑前合影（照片来源于北京大学公寓服务中心网站）

[1] 注：笔者作为此事件应对处理的主要当事人之一，期间经历的误解、质疑、艰难、繁琐等诸多困难一言难尽，但当我和我的同事们内心深处带着“身同此心，心同此理”的“换位”之情去做此事，带着“公寓文化的传承落脚于一花一木、一舍一楼、一人一心”的理念去思考此事，并且取得诸多正向反馈之后，终于坚定了我选择公寓文化作为研究对象的决心。这项工作的处理，为我个人提供了危机时刻应用理论解决非常时期关于公寓文化建设问题的难得机会，更为我和我的同事们在日后参与北京大学的学生公寓文化建设赢得了宝贵信心。

最终，系列活动获得了很好的效果：很多海内外校友匆忙地回到了母校，虽然最后仍是有点遗憾，但却能带着理解和支持离开了，甚至设立了“小舍大家宿舍文化发展”基金专门用于公寓文化建设；校内师生受到感染，尤其是不少在校生能够志愿参与其中，和谐、进步、传承等流淌着正能量的精神和情感屡屡迸发，文化的激励、引导和教育作用自然显现；社会舆论不再抱以质疑和批评的声音，代之以更多的认可、赞许和一些建设性建议；拆除与重建工作得以顺利进行。这些效果的取得是令人惊喜的，引起了北大校内相关部门的高度重视，也为学校公寓服务中心与校友办、基金会、学工部、宣传部等部门找到了协同合作、共同创建公寓文化的基础。正是在此背景下，“燕园‘家’传承公寓文化专项创建活动”拉开了帷幕。燕园“家”传承，顾名思义，一方面，是要结合北大学生公寓固有的家国情怀，将校友们关注学校发展的热情引导到学校的发展建设中来；另一方面，是要传承北大公寓文化中的家国传统，通过挖掘北大学生公寓的集体记忆资源，教育、引导、督促青年学生成长成才，爱国报国。燕园“家”传承公寓文化专项创建活动着重在以下几点：

第一，选择关心、关注母校学生公寓文化建设的校友，担任其曾经住宿过的宿舍同学的校友导师。校友导师负责与学生分享自己在北京大学求学期间的生活经历以及踏入社会后的经验和人生阅历，对学生的世界观、人生观、价值观进行有益引导；为学生的职业规划和人生规划提出意见和建议，耐心解答学生的问题，为学生提供相应的资源；与学生开展各种有益的交流和沟通等工作。

第二，开展“爱归燕园，‘砖’注奉献”项目，请在老楼居住过的知名设计师校友设计，将老楼拆建后的砖块制作纪念品，通过“捐款赠砖”的方式，纪念老楼情怀、传递公寓文化、引导广大校友回馈母校、助力新一代北大人的成长。

图二十七　砖块纪念品设计图

（照片来源于北京大学服务中心网站）

第三，成立北京大学“小舍大家公寓文化发展基金”，基金主要用于搭建燕园公寓区各类公共文化空间，为各类学生公寓区的文化活动提供物质保障，为广大校友打造回馈母校、积极参与学生全过程培养与全环境育人的平台。

第四，组织北京大学“青春·成长·传承”公寓文化主题摄影展，发布“那年·那楼前”微电影，让公寓文化在传播中传承。

总之，某种程度上说，校友们对于北大的老宿舍楼的不舍，反映了他们对青春记忆的关注和成长过程的不舍。北大中文系教授陈平原说：“我之所以格外珍惜这一历史记忆，不全是‘怀旧’，也不是为了‘励志’，而是相信个人的日常生活，受制于大时代的风云变幻；而居住方式本身，又在某种意义上影响了一代人的知识、情感与趣味。”[1]即是说，那种不舍更包含着对

〔1〕 陈平原主编：《筒子楼的故事》，北京大学出版社2010年版，序言。

于其曾“生活于此、成长于此并逐步稳定成形的人生观和价值观”的不舍。从中，可以得到提醒的是，物质文化与精神文化的发展是相互支撑的，也是相互牵制的，任何一方的损耗都有可能引起另一方的失落；忽略公寓文化在人才成长过程中的无形作用，无视或漠视公寓文化的建设与传承，在校园的真实生活中也许不只有言语反对的浪潮，还会有以行动表达的反对。

三、当下学生公寓文化建设中的尝试

“对一所高校来说，学生宿舍的文明程度、文化品位，凝聚着学校的教育理念，彰显着大学的精神气象。”[1]1984 年国庆 35 周年群众游行中北大学子打出“小平您好”的横幅，其实就是北大学生公寓 28 号楼 203 室生物系 1981 级的 6 位学子在国庆节前一晚想出的主意，制作横幅时隔壁公寓的同学也参与进来，当时谁也没有想到，他们的这一举动成为共和国历史上的珍贵记忆。[2]

图二十八　国庆三十五周年“小平您好”图

（照片来源于北京大学校史馆）

---

〔1〕 谢文、韩寒：“从文化传统和治校理念中汲取营养智慧——高校代表谈‘建设怎样的宿舍文明、怎样建设宿舍文明’”，载《光明日报》2016 年 6 月 24 日，第 5 版。

〔2〕 参见“《小平您好》横幅背后的故事”，载 http://cpc.people.com.cn/n1/2017/0920/c69113 - 29546887.html，最后访问时间：2018 年 8 月 1 日。

反之，燕京学堂建设掀起了风波，北大宿舍老楼拆除引发了问题。这样一种对比充分说明了北京大学学生公寓在学生教育过程中的重要作用和包括北大校友在内的社会各界人士对公寓文化的重视程度。因此，我们完全可以说，“从小的方面说，宿舍文明事关温馨和谐的学习生活环境，从大的方面说，宿舍文明是承载大学文化与情怀的独特空间，是大学校园文化的重要组成部分”〔1〕。在北京大学的校园里，公寓早已超越生活社区的概念，它不仅是住宿的场所，也是学生沟通活动、养成人格的场所，更是他们成就一个完整的“北大人”不可或缺的部分。正如北京大学副校长王仰麟所言：“大学生在宿舍里停留的时间比较多，这里不仅是他们主要的休息、学习和生活空间，也是各种社会活动和社会关系萌生和成长的土壤。相对于教室和其他公共场所，在宿舍里大学生更为自由和放松，许多深层、真实的思想和情感在这里得到碰撞、交流……基于宿舍的陶冶、导向、同化、调适等重要的育人功能，北京大学希望通过宿舍文化建设，潜移默化中把正确的价值观念融入其中。多年来，我们探索承续百年北大的传统，让宿舍成为青年学子独立生活的起点，继而启发他们热爱生活、发现生活的意义，在生活中体会‘家’与‘国’的情怀，树立自由、平等、公正、法制的观念，发现诚信、友善、真诚的力量，见证和砥砺彼此的品格，在潜移默化中完善自己的人格。”〔2〕那么，具体是如何做的及正

〔1〕 谢文、韩寒：“从文化传统和治校理念中汲取营养智慧——高校代表谈‘建设怎样的宿舍文明、怎样建设宿舍文明’”，载《光明日报》2016年6月24日，第5版。

〔2〕 谢文、韩寒：“从文化传统和治校理念中汲取营养智慧——高校代表谈‘建设怎样的宿舍文明、怎样建设宿舍文明’”，载《光明日报》2016年6月24日，第5版。

在怎么做？笔者所在的单位——北京大学公寓服务中心在新时期做了一系列的探索和尝试。

第一，我们谨记：公寓文化建设的出发点和落脚点是育人。改革开放以来，居民生活水平不断提高，人们普遍对于生活标准有了更高的要求。现在的本科生群体基本上都已经是90、00后了，甚至相当部分的研究生也是如此。在校园的公寓管理中，硬件设施虽然有了相当大程度的提高，但是和同学们的诉求相比还有差距；同学们越来越个性化的诉求和集体生活、集中管理之间存在着矛盾。即是说，不均衡、不充足的公寓文化建设与广大学生对美好公寓的诉求之间还是有差距和矛盾的。如何缩小差距、消除矛盾，如何在管理中体现民主精神，增加同学们的参与度和认可度，促进同学之间关系的和谐发展，是北大公寓管理服务工作的难点。公寓文化中心引导和组织同学们开展了形式多样的活动：从原宿舍管理服务中心最初为了美化公寓内外环境而开展的“走廊文化”和“自行车码放”活动，到同学们自发组织的“百年宿人”活动；从较为单一的“楼长节”到同学们积极参与变身为管理员和保洁员的“变形记”活动；从同学们自发组织的各类志愿捐助和爱心活动，到系列图片展、公寓征文大赛、公寓楼趣味定向赛、楼委会素质拓展等活动。这些活动的不断开展，使公寓文化建设内容呈现出多层次、多角度的特点，不仅在凝聚共识、增加认同、化解矛盾、促进和谐等多个维度发挥作用，也帮助同学们发现生活的意义，启发同学们热爱生活，并在生活中体会到自由、平等、公正、法治的观念。在公寓管理服务中突出文化的作用，落实柔性化、人性化的理念，不仅在化解工作人员和同学间矛盾上起到了积极作用，在新时期大学生个性突出，社会各种不良影响冲击的校园内，对于教育学生文明生活也起到了超出预期的作用。

第二，务必知晓：校园精神和“家国”情怀是学生公寓文化建设的灵魂和主线。“大家筑小舍，小舍出大家”，这是公寓服务中心在首届公寓文化节中提出的公寓文化建设思路。第一个“大家”不仅指的是所有北大学生，还包括学校教职工、广大校友及社会各界关心支持学生公寓文化建设和发展的人士，后一个“大家”，不仅仅指的是要培养社会各行各业业务上的翘楚，更重要的是指从北大学生公寓走出的人物都能够有强烈家国情怀和报国志向，成为“大写的人”。为此，围绕北大人的爱国、民主、科学、进步传统，北大首届公寓文化节还开展了“续写‘家’谱”话论，使校友和同学找到并了解曾经住过同一个宿舍的“家”人，从“家”人的成长历程中汲取经验和教训，强化对燕园之“家”的认同感与归属感；“传承‘家’训”，使宿舍成员群策群力共同为自己的家制定规范，提出自己的“家训”，弘扬燕园小“家”的正能量；“弘扬‘家’风”，“家风”代表了宿舍的风气、风格和风尚。宿舍成员可以根据对自己宿舍的了解和多年生活的经验对自己的“家风”进行界定；形成能够最好体现自己家风的作品；“爱我‘家’人”，倡导团结民主的氛围，提倡关爱身边人，关注社会中的事；以及评选“燕园好家人”活动等。日常生活中，更是通过公寓楼内的各种多媒体大屏幕、微信平台、海报等多种媒介发布诸如《新闻联播》、中国地理杂志、北大历史、北大宿舍人物等报道的国与家中的大事小情，从而使北大的校园精神通过诸如此类“小中见大，由此及彼”的活动设计在日常生活中不断呈现。

第三，核心动力：调动学生参与，赢得大家认可是关键。公寓文化建设需要同学们自己参与公寓生活管理。公寓生活需要自主自理，公寓文化需要共建共享。自主性和参与性既是公寓文化建设的创意源泉，也是消化矛盾的良药。公寓文化不是挂在门厅的几幅字画，也不是喊在口头的几句口号，它就是学生实实在在的公寓生活方式，是为了能够在一个善治社区中合意地生活，实现学习的追求。北京大学楼委会是以楼为单位成立，由热心楼务的同学自愿组成的引导同学们营造公寓美好生活的公益服务性组织。为了更好地发挥楼委会的作用，公寓服务中心在充分调研和征集楼委会成员意见之后，在原各分散的楼委会组织基础上，推动成立了学生“自我教育、自我管理、自我服务、自我成长”的“北京大学学生公寓自我管理委员会”，发挥广大同学从同学中来到同学中去的群众精神，表达同学诉求、意见，回馈传递公寓文化建设理念的作用。在燕园校区的自我管理委员会简称“北大燕窝”〔1〕，在万柳学区的则简称“北大万柳学生联合会”。这两个学生组织因为所处位置不同有所分立，但主要工作均致力于公寓软硬件环境改善和公寓文化建设理念的落实。关注软硬件环境改善是关注包括诸如柴米油盐的学生权益，以改善同学们的居住条件，打造“宜居北大”；关注理念的落实，主要通过打造“文化燕窝”和“文化万柳”，使这两个学生组织利用微信公众平台，及时参与发布公寓生活相关资讯，从而赢得更多同学的认可和对其他相关活动的支持。

第四，物质建设：公寓楼的改建与硬件设施完善是基础。物质层面建设是公寓文化建设的基础。前文所述涉及的问题起

---

〔1〕注：北大燕窝，即北京大学学生公寓自我管理委员会，是依托公寓服务中心成立的“自我教育、自我管理、自我服务”的学生组织，是连接同学和学校职能部门以及校友的纽带，是服务同学的公益性组织。2014 年北京大学第一届宿舍文化节举办的时候，北大燕窝正式成立。成立以来，北大燕窝主要致力于两个方面的工作：宿舍软硬件环境改善和宿舍文化建设。关注软硬件环境是为了改善同学们的居住条件，让北大宿舍更加精致和宜居；关注宿舍文化建设旨在打造和传承北大独有的宿舍文化氛围和校园文化。可以说，“宜居北大，文化燕窝”即是“燕窝”工作的主线。

因都是由于公寓资源的有限供给与学生住宿需求美好期望产生的矛盾日益激化。在北京大学，公寓硬件数量的不足与学校办学规模扩张的矛盾由来已久。北京大学自2000年开始扩建学生公寓，如万柳公寓、中关新园留学生公寓等，适当缓解了学生床位紧张的矛盾，部分改善了学生公寓的居住环境。但随着学校扩招、学生延期毕业、对外交流项目增加等情况叠加出现，学校能供使用的床位一直不能满足实际使用的需求。十余年来，北京大学学生住宿房间和床位全部超负荷运转，部分楼宇无法进行维修和调整，直接影响了住宿条件的改善；并且一些老宿舍楼条件差、“欠账多”，各类安全隐患突出，已经远远不能满足现在学生的住宿需求。并且在新、老楼同时服役的情况下，不同的居住环境也形成了鲜明的对比，形成了貌似“厚此薄彼”的住宿现状。[1]北京大学决策层关于学生公寓楼改建的规划形成已有时日，近年来更是因为矛盾的无法调和加快了老楼改建的步伐。目前燕园校区的老楼已经全部改建完毕，为公寓文化建设打下了物质上的基础。

第五，制度保障：完善各类管理服务规章。2012年9月，学校决定将原学生宿舍管理服务中心和房地产管理部教师公寓管理中心合并组建为北京大学公寓服务中心，统筹管理特殊用房管理中心。公寓服务中心原有各部门在其组织架构不断调整变化的过程中，始终坚持进行有益的探索和尝试，伴随楼宇改建以及新增设施设备的优化完善以及相关法规的实施，中心继续梳理、修改、完善并制定了更加完备的公寓管理和服务的规章制度。规章制度的完善一是坚持“法制化原则”，即所有制度

---

〔1〕 参见申志民：“北大留学生曝宿舍‘厚此薄彼’”，载 http://www.bjnews.com.cn/news/2011/08/19/145322.html，最后访问时间：2017年7月1日。

都坚持以国家相关法律法规和学校相关文件为依据，做到有法可依，有据可查；二是坚持系统性原则，即力争使中心各方面的规章制度保持连续性和协调性，尤其是确保特殊用房管理中心规章制度与中心规章制度的协调、一致和连贯；三是操作可行性原则，即始终坚持以可操作性为前提，具备贯彻落实的便利性；四是创新性原则，即注重学习和借鉴，创新工作思路和方法，一切以有利于做好工作，服务广大师生为原则。

第六，持续发展：做好公寓文化的传承是亮点。北京大学自举办2014年第一届公寓文化节、2016年第二届公寓文化节之后，公寓文化节成为校园文化的一个重要品牌。两届文化节的主题“大家筑小舍，小舍出大家”和“公寓生活自主自理，公寓文化共建共享”也借着活动的开展深入到师生和校友心灵深处。两届公寓文化节通过丰富的活动来号召同学们关注自己的公寓、关注公寓里的文化，如公寓装饰大赛、公寓趣味定向赛、公寓开放日、三行情书等活动均得到同学们的广泛参与和认可。借助文化节的东风，开展了一系列的活动，包括人物篇（优秀宿舍的人物故事、优秀校友导师等）、建筑篇（摄影、摄像、各类文字、图片设计等作品征集）、成才篇（各个公寓楼榜样宿舍走出的各类人物梳理及成长历程展示）、参与篇（征集各类可以提升公寓管理服务水平，能够推动北大公寓文化创建的金点子；征集能体现公寓文化特色的各类标识；征集公寓楼内公共活动空间功能如何设计、装饰布置等）、引导篇（以安全文明卫生公寓和学校示范公寓创建为契机，引导各个宿舍之间联谊、比赛及学习）、养成篇（通过健身课堂、职场妆容课堂、色彩搭配课堂、影视沙龙等与综合素质养成有关的“生活课堂”，助力公寓成员素质养成）等。这些活动各个篇章自成体系，又浑然天成，成为公寓文化建设中的亮点。

图二十九　北京大学第一届公寓文化节开幕式

（图片来源于北京大学公寓服务中心网站）

图三十　杨辛先生题写的“大家筑小舍，小舍出大家”

（图片来源于北京大学公寓服务中心网站）

值得一提的是，北京大学学生公寓文化建设，既发挥了学校职能部门的主导作用，更发挥了学生包括校友的主体作用。北大的公寓文化建设着重针对北大百年的历史积淀，挖掘校园文化精神，并充分借用可以用于支持文化建设的各方资源。比如，把校友工作融入公寓文化建设和公寓育人工作中，发掘公寓文化中的记忆和情感因素，就是其中的关键步骤。老楼纪念活动中有六千多名校友从海内外回到北大。返校的校友自发为母校公寓文化活动捐款，促成了“小舍大家”公寓文化发展基金的建立，落实了北大“大家筑小舍，小舍出大家”的公寓文化建设思路。在实际工作中，捐赠已经用于实践，如公寓自习室、读书角、艺术走廊等建设，都从中获得了资金支持。校庆活动中，同学们还使用校友捐赠的公寓文化基金购买的微波炉为返校校友制作蛋糕。校友怀感恩之心探望母校，同学们亦用感恩之心迎接校友。这样，学生公寓在某种程度上说，成为一个时空的纽带，使不同年代的校友和在校学生紧密联系在一起，既帮助了在校同学解决成长的困惑，又调动了校友参与学校工作的热情，公寓育人工作形成了良性的双向互动，收到了较好的效果。

总之，通过对北京大学公寓文化建设的实践梳理，我们可以发现，在现阶段，北京大学在公寓文化建设过程中已经注意到以下几点：

第一，在物质层面建设方面，相关部门已经能够注意到，需要坚持“循环使用，发展生态理念”原则，尽量避免公寓楼完工后常改造、常维修、常迁移、常调换的情况。比如，目前的公寓楼建设中，厕所是设计为可以男女通用的，这为日后宿舍分配中可能出现的入住性别更换提供了极大便利，避免了许多麻烦。新盖公寓楼下已配套了地下车棚、车库，这既方便了师生停车，又极大地节省了地面空间，便利了校园交通。同时，兴建的新的学生公寓楼，在考虑到限高和占地面积等限制条件的同时，楼内的电路最大承载功率、每间宿舍的布局以及面积、楼内公共空间的利用以及公共设施（如微波炉、洗衣机等）的摆放都被纳入筹划范畴，事先预算。这样，新建楼的使用功能与其预期使用寿命得到了匹配，使得公寓楼在较长一段时间不会因为自身的硬件问题给住宿学生带来不便，也提升了宿舍楼的使用质量。

第二，在制度层面建设方面，公寓管理模式可以概括为“制度与日常的互动”。即既有来自学校层面所设立的公寓管理制度的自上而下的常规管理，又有来自住校学生自下而上的日常自治，两者之间始终进行着深刻的互动，这种互动形塑了大学生的社会化过程，是大学教育的重要组成部分。就学校所设立的自上而下的公寓管理制度而言，现有的管理制度本着为师生服务的态度，在便利学生生活方面已经发挥了非常大的作用，当然，还有提升和完善的空间。从理念基础上讲，目光需要尽可能地放长远，使得公寓超越自身功能限制，在管理和服务中最大限度春风化雨，融合育人理念、陶冶素质情操，适应北大学生发展预期，培养大写的人。在具体管理与服务上，相关部门已经能够着力提升信息公开程度，扩大信息传递范围，利用网络和新媒体手段来传递信息，让更多的学生了解公寓管理的现状以及进展，争取双方的信息对称、精准，避免不必要的误解，构建双方互相鼓舞、互相促进的关系局面。当然，从根本上说，北京大学公寓管理和服务方面的制度的完善与提升需要学校和学生的共同努力。因为，大学教育的关键就在于对人多方面的塑造与提升，相关制度一旦能够实现与学生日常生活的良性互动，“完善人格，授业立人”的教育目标则必然能够实现。

第三，在行为层面建设方面，非常注重大学生自下而上的日常自治。在自上而下的制度管理与自下而上的日常自治之间，需要有所衔接和过渡，所以，建立和完善以公寓服务中心和学生自治组织为代表的中间层次组织就成为必要。事实上，学生自治组织既是用户代表，又是协调方，如果不明确其职能和立场侧重，有可能出现有失偏颇的情况，因此，学生自治组织对公寓文化建设的相关部门，尤其是对主责部门公寓服务中心，既要进行必要的制约和监督，也要能够做到理性代言、善意沟通。表面上看，公寓服务中心是校方自上而下的管理的代表，而学生自治组织是学生自下而上自治的代表，从这个角度来讲，双方侧重的立场有所不同，但理念目标都是促进公寓管理的进一步完善。现有的学生自治组织“燕窝”作为楼委会之上的一个代表，已经起到了很好的沟通校方、传递信息的作用，但还需要进一步扩大其影响力，使得其真正成为具有全校广泛影响力和号召力的学生公寓自治组织。现在，学校相关部门为了提升学生自治的积极性、有效性、合法性和行动力，做出了相关尝试。一是选出的负责宿舍自治的学生代表得到必要的大范围的授权，只有每个学生都关心、了解宿舍生活的自治组织和代表人选，在日后办事时才会有行动力。二是注意到学生宿舍自治组织要真正实现自治，比如楼委会的选拔要更多地靠该宿舍楼的学生们投票决定，楼长的意见更多是参考作用，这样才能提升楼委会的影响力和有效性。三是在个体培育上，应认识到宿舍作为大学生社会化场所的育人价值，及宿舍成员生活背景存在诸多差异的现实情境，尽可能地搭建桥梁、举办活动，从而使同学之间获得多沟通、多了解的机会，使他们敞开心扉、坦诚以待，减少误会与偏见，从而提升群体凝聚力。四是注重公共道德教育和公共环境教育，提升每一个个体作为公共空间中一员的素养，建立公共空间与个人空间的意识，这不仅是个人成长与素质完善的重要途径，更是公民培养的最基础的一步。

第四，在工作技术层面的建设方面，加强公寓服务中心的指导作用，发挥其在公寓管理和问题解决方面技能专业、贴近学生、理念先进、经验丰富的优势，积极发挥其引领和导向作用，最终形成一个以公寓服务中心为理念指导，各职能部门具体落实的管理体系。例如具体实施宿舍分配时，部分院系经验不足、工作疏漏，可能会把同一地域的学生划分到一起，造成扎堆，实际上不利于学生扩大交际范围、体验文化差异，也为之前人际矛盾的延续埋下隐患。

通过以上相关实践，我们可以得出以下几点启示：学校内部的治理结构必须完善，管理体制机制必须理顺，要时时想到学校的中心工作是育人，事事想到一切应该为育人服务，要形成育人的合力（合力的主体包括学校各个部门、家长、校友、教师、同辈等），将管理育人与服务育人相结合，真正实现全员育人、全过程育人、全方位育人；后勤部门在决策和执行相关工作时，要结合具体高校的实际情况，立足于现实，要有研判，尊重历史，要有“见物是物，见物也不是物”的文化意识，想到具体的建筑往往笼罩着情怀；公寓文化建设过程中所遇到的问题寻求解决的途径一定要学会借助多方力量，要能够换位思考，“找到共鸣，突出精神”。因为，解决文化方面的事，最主要的还是要借助文化的手段。

第四章
高校学生公寓文化建设当前挑战及经验借鉴

如果我们留意，就会发现在不同的历史时期，不管是从学校、教职工，还是学生、校友的角度，北京大学的公寓文化建设工作一直没有停歇，而且有历史可以溯源。只要我们留意关于北大的各种回忆著作或者文章，关于公寓文化的叙述总会散落在不同文献的可能不太起眼的角落。其他高校也多是如此。最直观的表现是：当同学们聚会或怀旧时，原先发生在母校公寓里的故事或同一个宿舍里的话题总是被提起的最多。但这种直观离要建立一种较为完善、成熟、能够上升到理性经验层次且能够被推广的程度，距离还较远。就公寓文化建设的困境来说，“家家有本难念的经”，每个高校在学生公寓文化建设的过程中，都面临或多或少、或大或小的问题和挑战。通过对部分高校，尤其是北京大学在学生公寓文化建设过程中所遇到的挑战进行概括，通过比较、参照和借鉴境内外高校的成功做法，是我们应对挑战，从具体上升到抽象、从特殊概括到一般的科学建设之道。

第一节　当前高校学生公寓文化建设面临的多重挑战

事物的发展总是曲折的。很多新生事物的发展，都是在克服了一个个困境与挑战之后，增加了量的积累，才跃上另一个质的形态。学生公寓文化建设在发展过程中，同样如此。

一、公寓建设标准统一与建筑美学育人存在冲突

在以北京大学为主要样本对高校学生公寓文化建设进行梳理之后，我们发现，新中国成立之后的高校在建造校舍时主要是参照了苏联的模式。比如，前述北京大学被拆除的宿舍老楼就是苏式建筑。中国政法大学学院路校区今天仍留存一些具有苏式浓重色彩的建筑。这些建筑一般具有敦实的楼基、厚厚的墙体、稳重的结构、灰色调的外墙等特点。遗憾的是，这样的建筑因为普遍单层层高较高，所以层数不多，相对占地面积较大。在今天校园用地普遍紧张的情况下，即使它们还没有成为危房，一旦校园重新规划，也常常成了被拆除的对象。

科学地比较今天高校的校舍建筑，相对来说，20 世纪 50 年代的苏式建筑相比二三十年代或更早期的建筑从建筑美学角度看，要单调许多；七八十年代的建筑相比 50 年代的建筑，从外观上看，更是给人“长得一模一样”的感觉。比如，即使是在建造于20 世纪 80 年代末面积不大的中国政法大学昌平校区，由于每幢楼的面貌是相似的，很容易让新生找不到北……楼与楼之间用塔楼相连，又像是迷宫，初来时训练不迷路也要花费将近两个月的时间。[1]虽然，针对昌平校区的学生宿舍楼，中国政法大学有了“梅”“兰”“菊”等“寓情于物”式命名；针对教学楼，也有了“明法楼”“格物楼”“致公楼”等“寓义于物”式命名，但因缺少实物实景的陪衬，也只能算是一种想象

〔1〕 参见陈金波：“‘老’建筑为法大代言”，载《法制日报》2016 年 2 月 17 日，第 11 版。

式“画梅止渴”的景观教育了。当然，我们完全可以说，“不管是学院路校区，还是昌平校区，法大的校园建筑都有着浓重的年代感，这些年代感是当时的决策者、设计者、建设者、享用者共同塑造的，他们是活的历史”〔1〕。不过，那时建造出来的高校学生宿舍在内里也基本是一个模子：建筑平面布置为内廊式的筒子楼结构，卫生间和洗漱间在每个楼层设置为公用；如果洗澡，则全校才有一个公共澡堂。宿舍只能提供最基本的“宿”的功能，室内布置为上下高低床，七八个人一间，缺乏私密性。在搜狐网络曾有个调查文章“中国大学宿舍条件为何如此差?”〔2〕。文章从每间宿舍房间的居住人数、是否含有独立卫生间以及空调、淋浴和热水等几个要件对国内共27所高校进行了梳理，并进行相应打分。该调查得出，全都能够具备独卫、热水、空调和淋浴这些维持生活基本条件的学生宿舍的高校只占极少数，甚至不少高校包括中国政法大学在内，本科生每间宿舍居住人数达到6~8人。这样的配置确实不符合新时代的大学生对大学的想象。

2001年，教育部发布了《关于大学生公寓建设标准问题的若干意见》。经过十余年的发展，学生住宿形态要公寓化发展，已经被高校普遍认可和遵循。为此，多数高校一方面对建于校内的“筒子楼”式宿舍进行了公寓化改造，另一方面在校外借助社会化力量建设新公寓，或者直接进行新校区建设。

遗憾的是，不管是改造，还是新建，不少建设投资方为了

---

〔1〕 陈金波：“‘老’建筑为法大代言”，载《法制日报》2016年2月17日，第11版。

〔2〕 “中国大学宿舍条件为何如此差”，载 http://www.sohu.com/a/116671391_524493，最后访问时间：2017年8月1日。

减少建设管理成本、提高经济收益效率就常常套用定型设计图纸，加快工程进度，“批量生产”。即使作为学生代表的校方，也是把居住安全和管理方便放在建设的首位[1]，“没有针对学生人群的不同特点，从其居住空间环境营造、生活学习规律需求、生理心理环境要求等方面去进行细微认真的调查和研究，指导学生公寓的建设。因此，目前大量学生公寓建设的背后，存在着建筑空间不合理、重室内轻室外、建筑标准混乱、重指标轻实用、建筑缺乏人性化可持续发展的前瞻性等问题”[2]。即是说，这种因受经济成本、建筑用地、校园（区）环境等因素所限，不得不通过抢时间、赶进度建造出来的公寓楼，最多只是在量上符合公寓化标准的建筑，不仅内里常常一致，外表也是常常雷同，很难通过建筑达到美学育人的效果。

其实，具有建筑特色的公寓楼或其他校舍，是良好校园物质环境的一部分，是美育的一种，对育人效果的取得，具有不可替代的作用。因为，建筑是“凝固的音乐”，是“石头写的史书”，是“木头写的诗”，它不仅具有物质功能，也具有精神功能。纵观能流传下来的建筑，无不内含这些精神元素在里面。它们不仅包括通过物质手段体现出来的表层属性，而且包括精神功能，给人美的愉悦，让人除了感受到“诗意”和“画意”之外，还能感受到一种“建筑意”的愉悦。可以说，建筑是文化的产物。

---

〔1〕 注：管理上的安全和方便与建筑上的特色化和多样化往往存在着矛盾。比如，为了安全，有的高校并不愿意将学生住宿区规划于山水间，也不愿意有曲廊、露台、空中花园等设计，甚至将学生房间的窗户统一封闭，将公共空间闲置；为了管理方便，不愿意建造标准不一、特色多样的公寓楼，甚至偌大的公寓楼，只开了一个门让学生进出。

〔2〕 王燕飞：“对高校学生公寓建设标准及标准化建设的探讨”，载《河南科技大学学报（自然科学版）》2006年第6期。

高校建筑文化作为一种特定的校园文化，是通过校园建筑群体、校园环境、人文物质景观等体现的建筑环境和人们对这些建筑的评价、欣赏、情感依附等文化因素的总和。它是大学整体文化不可分离的有机组成部分，是影响师生情感和品格以及熏染独特文化气质一个相当微妙而又不可或缺的因素。它引导的诸如雅致、古朴或厚重氛围和倡导的诸如整洁、宁静、安逸环境，必将对生活、学习于此的学生，产生一种带有强制性和不可选择性的身心冲击力。高校构建学生公寓文化，需要有时代特色、学校特色和与周边环境特色融为一体的公寓建筑，当然脱离不了校园整体环境而建。整体引导部分，部分补充整体，才能相得益彰。为了育人，高校要借助课堂之外的各个要素全面提升大学生的文化道德素质和审美品位，因此，必须重视营造良好的校园建筑文化，充分发挥其教化功能，使实体象征与抽象隐喻相结合，形成一种意象共存、富有人文精神的校园建筑文化。针对高校的学生公寓，安全与舒适当然是其首要功能，但是，作为校园建筑文化的一部分，它若能够对学生起到潜移默化的熏陶，满足学生寻求精神家园的安居需要，得到美育的效果，那何尝不是建筑与育人的美妙组合。为了使校园物质环境，尤其是公寓建筑，能够做到特色化、个性化、鲜明化，符合建筑美学原理，促使其获得更好的育人的效果，我们认为，高校对于学生公寓的建造，尤其是校外新校区（园）内的公寓建造，应该遵循以下几个原则：

首先，要科学选择校址或新建校外学生公寓的地址。马克思主义关于人的全面发展的学说认为，人的发展及才能的养成，是教育、环境共同作用的结果。环境既有内在的，也有外在的。内在的诚然是主因，外部的也不容忽视。为了找到一个理想的外部教育环境，古人有“蓬生麻中，不扶自直”之语，也有

"孟母三迁"之说，说的都是外部环境对人的潜移默化的感化、熏陶作用。校园环境既有外部的，也有内部的。校园外部环境中既有宏观上的（包括教育体制、政策指引、政府支持、卫生与安全等，具体到对学校所在城市的考量，还包括一所学校所在城市政治、经济、文化的背景等），也有微观上的（一所学校在这所城市中所处的总体位置和社区环境），相对来说，微观上的才是最需要现实考虑的。因此，"校园外部环境首要的问题是校址的选择，这要充分考虑一所学校的地理位置和区域环境"[1]。其实，古今中外的教育家都十分重视校址的选择。比如，北京大学建校之初，选择在皇城边上，诚然有了"皇家气派"，但捉襟见肘的用地让办学者不得不开办"三院"。反观清华大学和当初的燕京大学，"近市而不喧，林深又宽敞"的前瞻性选址，奠定了它们后来美名远扬的基础。牛津大学和剑桥大学等欧洲一些著名大学选址在远离喧哗都市的美丽乡村、小市镇，既成就了当地乡镇，也成就了自己。我国古代先贤在建立书院进行选址时也多数选址依山傍水、景色宜人之地，目的是"借山光以悦人性，假湖水以静心情"，以使求学者在万籁空寂之中悟通皈真，获超然世外之感。

当然，现代社会的发展，特别是近些年来，随着经济建设的发展，各级各类学校的迅速增多，对自然环境的选择越来越受到限制。那些依山傍水的"宝地"毕竟有限，即使环境可选，但往往政策不可选。这就决定了在新校园或新校区的选址上，只能"因地制宜""因校制宜"，能够实现"环境幽静"和"交通方便"的相对统一，就算是较好的方案了。具体表现就是，"空气清新，噪音较小，交通方便，信息传播快速，建设规划有

---

〔1〕孙庆珠主编：《高校校园文化概论》，山东大学出版社2008年版，第113页。

序等"[1]。因为，在实际工作中，出现的情况常常是，高校想要的地方政府不愿意给，政府愿意给的，高校有时不得不拒绝。这事实就是“自然环境”与“交通方便”二者的冲突所致。高校办学者深知“学校”这一特殊社会机构对环境的特殊要求，既不能建在繁华地段、喧闹地带，更不宜建在偏僻荒野、信息闭塞之地。当今的高校办学选址早就不可能与中国古代书院办学选址模式一样了。当然，不能为了山水而山水，为了自然而自然。在二者有冲突时，高校的办学者宁愿要“位置”和“交通”，而丢弃“自然”和“山水”；政府部门，尤其是地方政府，往往又不会愿意将立刻就能产生巨大经济效益的交通方便的地方拿出来办学。所以，现实的选择往往是，如果是新建校区，需求面积大，只能选择在远郊；如果只是新建学生公寓，则有可能选择在原来校区的附近。在这两种情况下，只要能够找到合适地方，得到政府批准，即使没有很好的自然环境，高校的办学者往往都是很知足了。即使如此，我们认为，作为一个有意愿建办百年大学，真正为办学效果考虑，而不是图一时成绩的办学者来说，在新校区的选址上，一定要慎之又慎，一定尽量选择那些既与当下办学条件较为契合，又能为后期发展留足空间的地方作为百年之计甚至千年大计开始之点。即使是在校外选择新建学生公寓，或选择已经建好的建筑作为学生公寓，也应该选择自然环境相对较好的地方。

一般来说，自然环境越好，越有利于建筑上取得美学的效果，也更利于取得更好的教育效果。“城市学家帕尔（A. E. Parr，1966）认为，在教育效果上，自然环境比城市环境更胜一筹。通常田野、森林和山川等自然环境有一种无穷的、多样的、变

〔1〕 王邦虎编：《校园文化论》，人民教育出版社2000年版，第125页。

化的视觉刺激模式，而都市的街道和建筑都只有单调的、封闭的、重复的刺激模式。”[1]单调和重复，只会让人漠然，甚至疲惫；而无穷的多样、变化的多层，则会让人新奇、恋恋不舍。因为，自然环境越有层次感，越加多样化，校园建筑也会有更多层次感、更易特色化，所建造出的教育空间也会更加有利于教育活动的开展。当一个校园在整体环境中能够具备不同的内部环境，形成不同的教育空间，用于教育活动的可选教育空间就越多，教育手段就愈加可能灵活和多样，教育内容也就可能愈加丰富和有内涵，对受教育者的影响也就可能愈加深刻和深远，取得的教育效果当然也愈加好。反之，校园环境如果很单调，每个建筑都很雷同，也无先天的自然环境可资使用，那么，可以利用的教育空间则就少了，致使教育内容往往简单、教育手段常常单一，对受教育者起到的教育意义则必然微乎其微，起到的教育效果也是不尽如人意了。

当然，良好的教育空间的获得，除了在办学选址或新建学生公寓之初要做好对校园外部微观环境的考察，更要在校园环境的创造方面下功夫，应在实现校园建筑功能效果的同时，赋予校园艺术美的效果，并能寓景于物、寓情于景。比如，通过一些花草树木的栽植和培育，使学生与这些植物朝夕相伴，不仅会产生难以忘却的美感，增加学习、生活情趣，重要的是相互对照，可收“比德”之效，进入到“畅神”之境界，寓教育于景物之中，涵养纯粹的德性。

其次，高校要借助校园环境中的人造物善建德育空间。此处的“空间”一词既不是亚里士多德从感性直观出发所认为的

[1] 贾立敏：“德育空间论”，河北师范大学2015年博士学位论文。

"容器"，介于"宇宙"与"点"之间，也不是牛顿所设想的始终保持静止、无限、永恒不变特征的绝对的"实在的空间"，而是基于"主体——身体"向度，侧重于精神和文化内涵的一种物对人的影响、人对物的评价交互而成的结构关系。所谓德育空间包括社会空间、家庭空间、学校空间和网络空间。学校环境下的德育空间就是在学校范围内，能对学生产生德育影响或效果的一切关系。为了善建这样的德育关系，我们要做好三点：

第一，要认识到学校每一个建筑、每一个人造物其实都有育人的内涵。前文已经提到，建筑美学的内在原理暗含了教育的指向。因此，"学校的建筑设计上要注重教育功能，寄寓象征意义，体现一定的政治思想和教育思想。"〔1〕人造物在被设计和建造时都应该符合校园环境理论，校园环境理论是教育生态学和系统理论在学生事务管理中的具体运用，它强调学习和人格的培养是通过学生与他所处的环境来进行的。〔2〕比如，校园里陈设的名人雕塑、流动的溪水、蜿蜒的长廊、各具造型的花坛、形状各异的草坪、错落有致的树木等，作为一种独具匠心的人工劳动成果，都创造着一种意境，营造着一种氛围，传递着一种教育思想和育人理念。这些人工成果是校园环境的一部分，是物理空间的一种。因为"利用校园的物理空间传达非语言的信息———欢迎或排斥、尊重或不敬等，甚至比语言信息更有效果。"〔3〕

正如美国斯坦福大学第一任校长乔丹（Jordan）在当时的开学典礼中所言："长长的连廊和庄重的列柱也将是对学生教育的一

〔1〕 陈宗伟等编著：《校园文化论》，河北教育出版社1996年版，第131页。
〔2〕 参见王邦虎主编：《校园文化论》，人民教育出版社2000年版，第125页。
〔3〕 贾立敏："德育空间论"，河北师范大学2015年博士学位论文。

部分。四方院的每块石头都能教导人们要知道体面和诚实。"[1]

第二，要善借公寓建筑的美育得到德育的效果。校园建筑既有实用功能，也有审美机会的创造。校园建筑是校园文化最直观的表现形式。它在总体上一般由教学楼、办公室、宿舍、食堂、图书馆等用房构成。这些建筑的本原性功能当然是实用，因此，它必然的要求是牢固和结构合理。然而事实并不仅仅如此。诚如马克思所说："动物只是按照它所属的那个种的尺度和需要来建造，而人却懂得按照任何一个种的尺度来进行生产，并且懂得怎样处处都把内在的尺度运用到对象上去；因此，人也按照美的规律来建造。"[2]这就清楚地说明，校园建筑的建设者们在建造各种建筑时，他们的原本的目的虽然是为着实用，然而实际上，他们"懂得怎样处处都把内在的尺度运用到对象上去"，再"按照美的规律来建造"，因而在可能的条件下，一切校园建筑又同时应当是一种独特的艺术品。如此性质的艺术品对营造校园文化有着特别的意义。这就要求校园文化的营造者们在讨论设计校园的各种建筑时，一方面要强调其实用性，另一方面要注意其审美功能。[3]从而实现对学生进行德育从无声的"外化"向自省的"内化"转变。

第三，要善于借助空间分割为学生创建良性德育空间。空间具有客观实在性，是不以人的意志为转移的，因此空间对德育及德育对象的影响是客观的，但是教育者可以发挥自己的主观能动性，选择适合德育需要的比较优良的空间，尽可能避开不利的空间，避开消极因素，争取最佳的德育效

---

〔1〕 赵得功："高校校园公共空间的涵意"，合肥工业大学2002年硕士学位论文。

〔2〕《马克思恩格斯全集》第42卷，人民出版社1979年版，第97页。

〔3〕 参见王邦虎主编：《校园文化论》，人民教育出版社2000年版，第125页。

果。空间分隔是在建筑学和艺术学领域使用频率比较高的一个概念，是与其使用功能结合在一起的。利用空间分割，把个人空间和集体空间、良性空间和恶性空间分割开，将有利于德育效果的提高。

个人空间被认为是“一个围绕在人们身体周围的可移动的无形的区域，其他人不可以进入这个区域”〔1〕。它具有私密性领域性特征。“私密性是有选择地控制他人接近自我或其他群体的方式。”〔2〕领域性是个人或群体为满足某种需要，拥有或占用一个场所或一个区域，并对其加以人格化和防卫的行为模式。〔3〕前者具有完整、自泄、内省、隔离四种功能，并具有独居、亲密、匿名、保留四种状态，它们之间具有一一对应的紧密关系〔4〕。后者具有排他性、控制性、空间性的特点。个人空间具有自我保护功能、交流功能和秘密性调节功能。学生公寓作为一个既有个人空间也有集体空间的组合体，为了做好文化建设，就要辩证处理好二者的关系。比如，几个人同住一个房间，每个人出于本能，都想增加自己的个人空间（围挡的床布塑造出的一方天地就是个人的空间），如果在建筑设计之时，没有考虑到这一点，或者分割不清，导致客观条件不允许，只会造成同室同学间的争吵。而如果太过于强调个人空间的保障，势必又会降低集体空间在公寓文化建设中的作用。

---

〔1〕［美］保罗·贝尔等:《环境心理学》，朱建军等译，中国人民大学出版社2009年版，第239页。

〔2〕俞国良等:《环境心理学》，人民教育出版社2000年版，第116页。

〔3〕参见李志民、王琰主编:《建筑空间环境与行为》，华中科技大学出版社2009年版，第128页。

〔4〕参见李志民、王琰主编:《建筑空间环境与行为》，华中科技大学出版社2009年版，第118页。

良性空间具有教育性、榜样性、享受性特点；恶性空间具有破坏性、隐蔽性、潜伏性特点。公寓环境中必然既有良性空间也有恶性空间。我们应该善建良性空间，比如，利用优秀学生的事迹和行为可以影响、教育其他同学，使得朋辈之间进行模仿和竞争；让同学们在一个具有优美的空间环境、和谐的人际关系的公寓中生活和学习，感受到精神的愉悦，这必然有利于公寓文化建设的正向发展。对于那些对学生的品德形成和发展会起到制约或阻碍作用的消极面，一定及时清除，否则一旦产生不良影响或危害，就有可能使恶性空间超越良性空间，导致文化建设的失败。

最后，要注重对学生公寓整体建筑的外墙、楼道、房间和公共空间的设计、装饰，力争达到美的显现：

第一，要有整体和部分辩证思考的思维。整体影响部分，部分在不违背整体效果追求的前提下，体现自己的特色。具体到学生公寓一定要与校园整体环境及文化特色相符合，注意与周围建筑取得整体的协调。同时，在整体中考虑到公寓楼个体的特色处理，“寻求确实的存在感”，千万不能因规划时受制于经济因素、空间因素，只是考虑到功能性，显得过于机械、呆板与冷漠，因而也难以构成特征。

第二，学生公寓建筑应该有自己的特点。学生公寓界于居民住宅和宾馆两者之间，居住的往往是一个相对稳定（一般为2年~5年）的、非血缘性的、有一定组织联系的正式的大型群体。它是学校建筑的一部分，“育人”是其本质的功能。因此，高校学生公寓的建筑，要吸收居民住宅和宾馆的特点，“从培养一代新人出发，把学生公寓的教育性放在首位；其次是使住宿的学生有家庭生活感，即生活性，还要具有显明的娱乐性和社交性"[1]。这就意味着，学生公寓建筑的内容与形式随地区、气候及经济条件的不同而有较大的差别，标准不同，则功能有所增减。不过，基本上可以归纳为住宿、学习及社交三大功能。从育人出发，一栋完美的公寓建筑应该会使学生处处感到井然有序、清新舒适，容易激发起学生爱"家"、爱校、爱祖国的热情。因此，学生公寓在规划设计时，要考虑到学习性、生活性，以及向心力和聚合感的礼仪性。所以，除考虑功能因素、技术因素、经济因素及人文因素之外，公寓内外部环境要体现连续性、文化性以及空间构成的丰富性及宜人性等。在外部环境中，整个公寓区域的空间形态要具有统治性，即建筑要有序列、有层次、有主次，并形成有统治性的中心空间或称高潮空间。高潮空间往往构成整个公寓区域空间的象征代表，从而体现为一种文化艺术品格的创造。在内部环境中，设计需要满足科学的空间规划、合理的功能分区、良好的采光通风及朝向、舒适的空间尺度、优美的生活环境、多层次的交往空间等需求。可以说，"学生公寓区的规划与设计需结合学生的行为特点，心理要求，并充分利用自然环境特色。从总体环境、建筑形式、室内外空间形态、色彩、小品、铺地、台阶、绿化等方面进行综合规划，才能形成亲切宜人、舒适美好的生活环境"[2]。同时，公寓建筑要以其完美的空间组合，如尺度、形体、比例、均衡、韵律、对称等给人以美的享受，并且辅以外在的装饰——主要是外墙饰面的色彩、线条、质感或相应的浮雕、壁画等来为其增色。

---

〔1〕 张民杰、孔剑平编著：《高等学校学生宿舍文化简论》，山西人民出版社2001年版，第174页。

〔2〕 张民杰、孔剑平编著：《高等学校学生宿舍文化简论》，山西人民出版社2001年版，第186页。

第三，要注重公共区域的绿化、美化。学生公寓公共区域内环境的绿化、美化除应遵循生态学的原理，做到适地适树，还需要应用对称与均衡、统一与变化、视差与错觉、对比与调和、连续与反复、渐层与节奏等各种艺术手法，在学生住宿区包括出入口、区行道、区隙地、屋顶、阳台、墙面等地方进行绿化和美化，以产生很好的美学效果。因此，科学地对学生公寓区域进行绿化美化，必然有助于学生公寓育人功能的发挥，即有助于学生公寓文化建设的成功。同时，必要的人造景观，也可以配置。寓育人于景物之中，这是校园设景的重要原则，当然也是学生公寓区设景的重要原则。

第四，要注重公寓房间内的功能设计。大学生在大学期间的经历将影响其一生的性格和品质，而集体生活则起着非常重要的作用。集体生活培养年轻人与人相处的能力、适应环境的能力以及独立生活的能力。集体生活的人由于相互的谈心及交往，性格可以得到陶冶，获得较多的信息，对于培养开拓型人才是有益的。公寓内的房间是学生生活时间最长的空间，是学生公寓的主体。每个房间相对面积狭小、功能要求多，因此在设计中要发挥面积及空间的最大潜能。它的空间内容包括：睡眠空间、学习空间、储藏空间等，有的还包括卫生清洗空间。可以说，个人空间和集体空间必然存在此消彼长的紧张关系。当下一个标准化公寓房间居住的本科生是四个人，将来如果条件允许的话，应该只居住三个人。因为，一个房间一个人虽然舒适但条件不允许，过于超越，况且不利于获得集体生活的训练，易感孤单；两个人，如有矛盾，缺乏调解者；四个人及以上，生活上容易造成相互的不适应及干扰。人数越多，功能设计越加难为。不过，房间内的功能设计尽量以“合理”为原则。处理好前述的个人私密空间与集体的公共空间关系，以保

证房间内的每个学生的舒适性、私密性，又能创造一点交往的场所，即是合理。做到了合理，是实现对美育追求的最主要一步。

总之，不管是通过学生公寓整体建筑在设计上对美的追求，还是房间内功能设计对合理的追求，目的都是计划达到一种无形的引导作用。通过让建筑无声的表达，创建良好的美育氛围，让这个大家庭中的成员自觉地去感受、去体会，自觉自愿地接受它的熏陶，从而使其心灵净化、人品美化、感情朴实化、情操高尚化，育人的目的自然实现。

二、社会文化的多元对公寓文化建设有负面影响

在“地球村”的全球化背景下，世界各国的文化都不可能截然分开、自行发展。文化在多样中表现，价值在冲突中发展。经济发展过程中的你中有我和我中有你，并没有消弥我们社会主义制度文化与西方资本主义制度文化冲突的事实。尤其是，随着我国开放程度的不断加深，这种冲突就变得愈加直面而加强了。这种加强随着个体思想独立性、选择性、多变性的加强而加强，也随着社会文化多样性、差异性、多元性的加强而加强。多元化的社会文化发展容易产生精神文化世界“公共性”问题，使后发国家的文化必然遭受先发国家文化的冲击，形成“痛苦门槛”。大学生群体在其中所受到的影响尤为明显。因为，作为社会青年群体中的精英——大学生，既是社会主义意识形态需要“掌握”的群体，也是各种非社会主义思潮争夺的对象。同时，青年学生本身的身心特点、社会文化传播的网络化趋势等，导致高校学生公寓文化必然面临以下一些负面影响：

第一，社会不正之风对公寓文化建设中和谐人际关系的负面影响。社会的“洪流”漫过高校的“围墙”，冲进了公寓，新时代的大学生自然能看到社会上诸如急功近利、病态炫富、奢靡之风、腐败失范等负面信息，从而遭受不正之风的侵袭。尤其是，在涉及个人层面的价值准则，如诚信、友善等淡化，甚至恶化，都对青年学生产生了负面示范效应。部分大学生在这样的社会背景之下变成了有“利”就想、“前途”成了有“钱”就图。当面临与个人利益密切相关的现实问题需要做出价值判断和行为选择时，其价值取向容易偏离原有的认知，即使在做行为选择时会有思想上的激烈斗争，但最终更多地是从自身利益角度来考虑问题。知行不一、言行脱节现象在大学生身上仍有发生，比如，虽有很多大学生表示信仰马克思主义，信仰自由、平等、公正、法治等精神，但在实际选择时往往倾向于实惠有用，一旦认为自己在参与的某项活动中利益受损，即指责活动规则违背了这些价值，甚至指责活动举办者存在腐败。极端的是，当社会上发生因冷漠病症和旁观心态的蔓延而让“扶不扶”“救不救”反复成为人们痛心反思的话题之时，受此歪风影响，个别大学生也学会了“只管自己，不管他人”，甚至在公寓之内面临此类问题时，也没有表现出守望相助、解急救难、同舟共济的精神和勇气。

今天，我们终于认识到，不管是畸形的政治斗争的激情，还是追求个人利益和释放个人欲望的“丛林法则”，最终都将导致人际交往冲突不断、道德冷漠现象发生。尤其是，当人际生活中的道德弱化成为当今人们普遍焦虑的问题时，“爱的呼唤”终被唱响，对此，我们首先要在学生公寓生活中宣扬“友善”价值观。“‘友善’是爱的外化和拓展，是构建社会成员之间和谐关系的道德纽带，也是维护健康社会秩序的伦理基础。”〔1〕它

〔1〕 李建华：“友善何以成为一种核心价值观”，载《伦理学研究》2013 年第 2 期。

是这个社会中每个独立的个体（本质上也是孤独的个体）向他者表达善意（也是释放孤寂、解除敌意）的一种重要方式。同时，我们应知晓，公寓文化建设目标毕竟针对的是青年群体中的精英，所以，在涉及人际关系时，目标也不能定得过低，目标生成应该是一个由基本性要求、导向性要求和升华性要求组成的多层次、多维度的教育目标体系。因此，公寓内的同学都应该知晓，给予他人的尊重、理解、宽容和关爱，是自爱和他爱、利己和利他、权利和义务以及理想和现实相互结合的统一体。大学生能在社会成员中传递友爱和真情，并牵引人们在社会生活中真诚地对待他人，履行对他人的责任和承诺，从而为社会成员的和睦相处提供强大的示范效应。

第二，全球化导致西方价值观的侵袭。“一定的文化总是承载着相应的价值理念，一个文化传播的过程，同时也是价值扩张的过程。”[1]西方文化自然也不例外。西方国家在全球化过程中利用自己经济发达的事实宣扬自己文化天然具有超越他国和其他民族文化的优越，以此计划让西方文化覆盖全球。其实，在经济发展全球化、社会发展信息化的趋势下，各国的文化发展在实践中，既有遵循自己传统体现“民族化”个性的一面，也必然有消融它山之石体现“国际化”共性的一面。当然，这样的“一体两面”不会是天然和谐共生的，而必然要经历否定之否定的艰难过程。为此，首先，我们要反对西化倾向，要认识到，“对社会主义意识形态背离与否定，就会趋向对资本主义意识形态的亲和与肯定，相反，对资本主义意识形态的向往与

〔1〕 黄高峰、李铁柱：“用社会主义核心价值观引领青少年流行文化”，载《思想政治工作研究》2008 年第 6 期。

认同，就会趋向对社会主义意识形态的疏离与排斥”[1]。要坚决反对那些打着学习、借鉴西方文化的旗号，不加分析和鉴别就向学生推荐西方的政治观、价值观，以迎合那些还没有鉴别能力、具有负面情绪的学生的别有用心者。其次，防范形式化倾向。即在公寓文化建设过程中，建设者往往不根据既定的要求进行建设，而是根据自己的喜恶或根据有些学生的猎奇心理对西方社会大唱赞歌，从而使通过公寓这个主阵地进行的大学生思想政治教育往往只流于表面化和形式化。再次，要用主流文化辐射发挥核心价值作用。事实上，在广阔的历史时空中，任何文化都具有两面性：文化一方面起到丰富人类物质内容和精神世界的积极作用，另一方面又产生质疑抵触传统文化的消极影响。可以说，一种文化在更新发展自己的同时，又不自觉地颠覆了自己的历史。由此，在多元文化的发展过程中，相互冲击是客观存在的，相互借鉴也是必要的。所以，在公寓文化建设过程中，既要坚持主导思想的一元性，确保主流文化的方向性，也要对于大众文化和亚文化等边缘文化所暴露出来的价值取向予以科学引导：一方面要看到大众文化等带来的冲击和挑战，另一方面也要学会运用主流文化的辐射力和感召力，尤其是主流文化所代表的人民最根本的利益来引导大学生的价值认知方向和加深大学生的价值认同度，从而实现大学生对主流价值的践行。

第三，网络生活的过度导致学生公寓生活的空心化。多元化的大众文化传播一般是通过网络化实现的。即是说，网络化是多元化、大众化、个性化生活的一种工具和平台。当前，这

---

〔1〕郑永廷等：《主导德育论——大学生思想政治教育一元主导与多样发展研究》，人民出版社2008年版，第244页。

种工具化的平台价值愈加显现，其负面影响也愈加凸显。它在人类社会物质和精神生活各个领域产生了广泛而深刻的影响，尤其是对大学生群体来说，他们常常是“春江水暖鸭先知”。也就是说，网络化生活，已逐渐成为当代大学生的一种生活方式。尤其是在公寓化的住宿方式中，网络似乎已经成了大学生在住宿房间中生活、娱乐和学习须臾不可脱离的平台。公寓化的住宿标准，提供了更快捷的网速，也提供了更多的私密性个人空间，使得公寓化生活时代成了大学生的网络时代。在这样的时空中，新一代的大学生被赋予了广泛的信息选择的自由和权利，他们能够比较快捷地获得自己所需要的信息。比如，依赖于新技术，尤其是完备的搜索引擎服务，他们能够实现与教育者所要传授的知识同步展现。他们能够轻松实现大吞大吐“快餐式”的信息消费。遗憾的是，在这多彩炫目的信息世界，他们中有些人只满足于囫囵吞枣、不求甚解、疏离经典的消费过程，甚至演变成一种病态的信息“饥渴症”与信息“强迫症”。于是，自省与自制力不强的大学生，“就会夜以继日地坐在电脑前按着键盘拼命地寻找一再出现的信息而心甘情愿地成为信息的俘虏。这时，信息‘拜物教’产生了，人与信息的本质关系发生了颠倒和错位，信息反客为主，实现了对人的奴役与支配”〔1〕。也就是说，大学生的信息权利和信息能力产生了矛盾。

这是因为在这信息“爆炸”与泛滥的时代，部分青年学生对信息的依赖超越了自身的独立思考与判断。他们在盲目地追赶最新信息，却忘记了获取信息的根本目的。在多元、流变、部分“营养”成分十分有限的信息面前，他们对信息的表面化、

〔1〕 袁本新等：《人本德育论：大学生思想政治教育的人文关怀与人才资源开发研究》，人民出版社2007年版，第54页。

片面化、平面化、肤浅化不加辨别，甚至被强势发展的信息所牵制，无所适从、失去主张，陷入信息异化的发展困境。他们忘记了或是根本就不知晓信息的获取应根据自身的需要，以主体的身份独立、自主、理性地选择和利用信息，以人为本位而不能以信息为本位，被信息所湮没、所奴役。个别大学生不走出公寓，不走出房间，沉迷于网络，沉迷于虚拟世界。公寓化的生活愈加方便和人性化，愈使他们能够做到“足不出户”，讽刺性地实现了“躲进小楼成一统”了。他们不能够走下网络，告别宅男宅女的生活；不能走出房间，感受多姿多彩的真实；不能够跑向操场，迎接健康幸福的人生；不能走出公寓，书写家国情怀的职责。他们的娱乐，靠网络；他们的交际，靠网络；他们的生活，靠网络（网购、点外卖）。甚至有人调侃自己，自己的人生只需要一台电脑就够了。公寓中他们宿舍里的一方空间，没有成为助力他们人生起飞的平台，却成为他们沉迷虚拟世界囚禁自己的牢笼。他们的人生停滞了、迷茫了，甚至异化了，自己作为一个人的目的被物的目的所替代，使自己的主体丧失，从而走向信息的对象化、工具化，沦为追逐信息的工具，成为信息主宰的客体。他们对信息的无度渴求、无目标搜寻已经超出了理性的界限，他们常常被网络中那些精美的主页、悦耳的音乐、生动的影像、多样的游戏所吸引，落入终端时间的陷阱，成为“电子海洛因”的忠实“吸食者”，患上了“网络迷恋症”。“花上三四个小时在网上闲逛而不知所往”的现象在他们身上屡屡出现。更有甚者，被从网上能够轻易获取的“黄、赌、毒”信息所诱惑，深陷其中而不能自拔，导致其在现实中犯罪。当然，这样的现象，在高校学生公寓生活中出现，仅是个别现象，但正如前文所言，它是一种恶性空间，是对良好公寓文化建设的反讽和阻碍，作为高校的管理者，则必须正视它，从根源上清除它。

追根溯源，这样一种公寓生活中极端的网络化生活现象，是由于大学生身心发展还具有不成熟性、部分大学生自制力有限造成的。面对现代社会汹涌而至、瞬息万变的海量信息浪潮，他们中的一部分人信息素质、信息能力却仍然处于相对滞后的发展状态，不能睁开一双“慧眼”，不能明白很多信息其实只是一种符号，它无法承载深刻的思想内容，无法像经典名著一样能给予人震撼灵魂的影响。导致的结果是，少部分大学生沉溺网络，依赖网络上虚拟的生活，在现实生活中却感情淡漠、精神孤独，模糊了虚拟与现实的界限，使自己在公寓文化建设中身体缺场，成为一个“数字化的人”或“符号化的人”，成为公寓生活中空心化的人了。不过，负面的存在，更凸显正面的价值。恰是可能有那种负面现象的出现，或者说，为了防止诸如类似的负面现象出现，我们更需要加强大学生的公寓文化建设。因为，也只有让当代大学生群体受到积极、健康、具备正能量的价值观引导和文化环境的熏陶，才有可能减少负能量对他们的侵扰。

可见，在社会文化多元化发展趋势中，不管是社会上的不正之风，还是全球化背景下的西方霸权文化侵袭，以及作为一种工具化价值出现的网络化生活时代的到来，它们都给当下的高校学生公寓文化建设造成了干扰。当然，我们也可以说，没有形成“抗体”的“躯体”都不能算是健康的身体，即是说，高校学生公寓文化如果仅是在“真空”中建设，不能帮助学生真正实现成长和强大，不能帮助他们面对世界的风雨，那只能说是一种“假”建设。恰是有不正之风的干扰、西方霸权文化的侵袭、公寓生活中网络生活的沉迷，使我们时刻记住：高校学生公寓文化建设不会一帆风顺，只有克服困难，形成“抗体”，才会有健康的“躯体”，才会有助于学生成为合格的建设

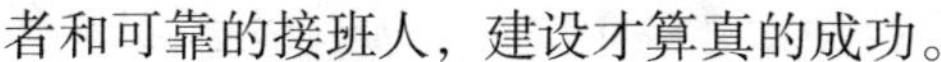

者和可靠的接班人，建设才算真的成功。

三、新居民出现需要学生公寓管理模式随之变革

在公寓文化发展的历史梳理中，我们把学生住宿形态从古至今按照从斋舍到宿舍再到公寓进行了辨析。宿舍相比斋舍，是因现代大学理念的到来和践行，生活区和教学区的建筑一般都进行了功能区分；公寓和宿舍的区别，一方面在于公寓建设一般都有了较为明确的标准。比如，在硬件建设上，人均居住面积、床铺设施、卫浴设施、电话网络等是否达标。另一方面，公寓相比宿舍更讲求软环境建设。比如，一般来说，公寓不仅要具备宿舍具有的住宿与休闲功能，还应随着教学模式的变革和住宿地点的变化，增加学习与教育功能、管理与服务功能、文化与娱乐功能。同时，在新的教学模式下，学生上课时间多数用于选修课，不再如之前那样一个行政班级的同学所学课程都是一体的。这样，大家上课时间必然分散，班集体概念就必然淡化，导致以班级为一体进行的活动当然减少。诸如政治引导、思想管理、宣传示范、社团实践、兴趣小组、娱乐活动等势必转换到公寓。另外，随着高校扩招和后勤市场化改革，不少高校原先建在校园内的学生宿舍远远不能满足需求，只好在校外通过自建或共建途径增加学生住宿面积。这些新增加的面积一般都是以公寓化形式出现。即使是校内宿舍，往往也通过改造，逐渐达到公寓化标准。新建在校内的学生宿舍，更是如此。正是因公寓与宿舍相比有了如此不同，导致居住在公寓内的学生与原先居住在宿舍内的学生，有了一些不同的特征。基于这些新的特征，我们一般把居住在公寓内的学生称之为“新居民”。这样的新居民诞生，随之，传统的公寓管理模式也必须进行相应的变革。

第一，管理的主体有了不同。在旧宿舍中，学生辅导员与学生居住在同一个宿舍楼。管理宿舍的主要负责人一般是辅导员。针对日常的宿舍管理，包括卫生评比、值日安排、夜晚查寝、宿舍交流、早起跑操、晨读安排都是由辅导员或由辅导员指导下的学生组织负责。宿舍内有了纠纷、矛盾或疑难问题，不能自行解决的，也定然是交到辅导员那里进行处理。至于需要在宿舍内进行的党课学习、小组讨论等当然是由辅导员进行组织。而在新公寓里，尤其是在距离校园较远的公寓里，公寓的日常管理主要是由物业管理人员、辅导员和学生共同管理。学生公寓的日常管理体制发生了很大变化。比如，在北京大学的万柳学区，日常管理与服务的主体事实上主要是公寓服务中心，学生的参与往往是主动的，是基于维护学生权利而进行的必要的监督，而辅导员则并不与学生一道居住在公寓内，时常是缺位的。缺位的原因一方面是万柳公寓离北大校园确实较远，来往不方便；另一方面，因学生选择上课、参与活动、社会实践等自主性较大，辅导员确实不容易对一个班级作统一安排。进一步说，在公寓的日常管理与服务中，管理的功能逐步让位于服务的功能。

第二，学生的消费观念有了变化。在旧宿舍中，尤其是在“福利型住宿”模式下，学生居住在宿舍中，所获得的福利一般都是免费的。不仅使用水电免费、清扫宿舍卫生的工具免费、内部电话免费、住宿免费，甚至部分个人用品，比如饭盘、水壶、洗衣粉等都是免费发放。因为是免费，是统一标准，没有比较，居住在一起的学生相互之间往往模糊了自身家庭的贫富差距。大家对物质的拥有往往因平均而显得平等，也因没有差距而时常不分界线或难以分清界线导致矛盾。比如，因大家的饭盘、水壶等个人用品在规格、质量上是一致的，甚至在颜色、标识等外观上也是一致的，有些学生在使用时往往错拿了别人的。多数情况下，大家是哈哈一笑纠正即过，但偶尔也会造成个别同学之间的冲突。[1]相反，在新公寓内，尤其是在“市场型住宿”模式下，不仅学生个人用品需要自己支付费用，在商家购买，房间内扫帚、拖把等公共卫生用具需要自行购买，甚至水、电使用超过一定限度也需要自己支付费用。学校有时还会按照一定硬件标准，将住宿房间分出等级，不同等级收费不同。在市场化背景下，多数学生及其家长并不反对收费，即使是对部分维修进行收费，也没有多少反对。多数学生愿意花钱购买较好的住宿条件，愿意为他人提供给自己的服务而支付费用。即是说，新时期的大学生相比20世纪的大学生已经形成了自己的思想观念、行为特征，加上高校后勤曾经社会化改革的尝试，住宿公寓化形态逐步形成，高校学生在涉及食、住、行等生活方面逐步形成了自己的消费观念。“大学生基本消费由学校体系内运作转变为社会化消费，大学生的消费主体地位开始突出和增强，消费结构和特点也发生了明显的变化，传统的必需品消费呈明显下降趋势，出现了部分‘小康’消费。”[2]尤其是随着我国经济发展，民众生活消费水平逐步提高，当代大学生的消费层次当然也在升级和提高。这样的青年学生往往认

〔1〕 注：事实上，这种统一容易导致的“混淆”，历史地看，造成的冲突和矛盾是其次的，会随着时间的推移而“渡尽劫波兄弟在，相逢一笑泯恩仇”，更多地还会形成“不打不相识”的亲密。造成的不利后果更应该从身体健康、心理健康角度去思考：在医疗科学对很多具有传染性疾病还束手无策的时代，即使是大学生群体对传染性疾病也没有科学的认识，混用私人物品就为群体的健康埋下了极大的隐患；部分对个人空间有极大需要的大学生，因不得不时时显现在他人目光之下，没有空间自省、慎独，导致其心理成长异常艰难和曲折，甚至发生不可逆转的悲剧。当然，如果问“宿舍化”和“公寓化”住宿方式哪一种更利于人才培养？因时代不同，不可能有横向实验的科学数据，仅从个体化感受角度去比较，是不科学的。所以，只能套用黑格尔的论断“凡是存在的都是合理的，凡是合理的都会存在的”。

〔2〕 上海大学生研究中心编：《新型学生公寓的学生工作研究》，华东理工大学出版社2003年版，第25页。

为，坚持一个低水平和低层次的消费水平并不能与他们个人品质高低画上等号，只要自己的消费能力达到某一个消费水平，作出相应选择，无可厚非，并不是“炫富”“高调”“低俗”等。可见，个性化的消费、高品质的追求或者说高性价比的追求、购买服务的消费理念已经在当代大学生思想中形成。

第三，学生的权利诉求有了表达。在旧宿舍中，大学生学习、生活和娱乐等，常常表现为集体化、统一化。尤其是同一个宿舍的同学，他们一起去上课、一起去吃饭、一起去运动、一起去跳舞、一起在同一时间作息等。如果在某一个地方看见其中一个人，另外七八个人往往也会鱼贯而行。这样的整体行为表现，大家也没有觉得有什么不妥；如果有“单溜”或个性化诉求及表现，则还可能被视为“另类”。在新公寓中，同一个房间中，住宿人数少了，很少看到统一行动了。即使是两个人，也可能有两种行为方式的选择。当然，在看似分散、个性化的选择之中，在涉及整体的利益和权利之时，他们往往也能“由小到大、由网络到现实”将诉求清晰地表达出来。比如，针对学校提供给他们在公寓内使用的物品进行收费，或者按照等级划分进行收费等，他们一方面表示理解，但同时也要求收费必须合理、合法，不能“因垄断而加价”。他们正逐渐把自己居住在公寓内看作是一种购买，自己是“消费者”，不再是居住在旧宿舍中的各种配给的“接受者”。前者讲求权利，讲求对等，后者遵循的是服从和接受。这种认识事实上是有点偏颇的。因为，国家对高校后勤化改革诚然进行过尝试，今天也仍在做一些市场化探索，但是，尤其是针对公立院校，在高校的办学过程中，包括学生的食、宿方面，都给予了很大的补贴。也就是说，如果没有国家补贴，学生“性价比不对等”的感受将会更加强烈。当然，这也提醒我们，一方面，确实仍需要提高以学生为本的意识并拿出切实的行动，另一方面，学生的权利意识和观念正在加强，我们必须正确面对。他们不再是沉默的接受者，而是踊跃的选择者。在如何安排同一宿舍房间的人员时，他们反对“无知之幕”背后的随机挑选，而是要求利用现代化的沟通手段，使其自主性得到尊重。在日常生活中，他们不再默认公寓管理与服务人员，甚至辅导员有权随时进入自己的房间查看，“隐私权”是他们早就大声说出了的一个词。针对安全、卫生、饮食、维修、交通等问题，一有不满，网络化的表达或直接与相关管理与服务人员的争吵现象就会出现。比如，在北大万柳学区，因饮食和交通问题，学生不仅在网络上表达自己权利受损的不满，而且成立相关组织，从自发到自觉，与校方职能管理部门对话，甚至与属地政府部门或服务第三方公司进行交涉。他们认为自己不是被作为“幸运儿”被动挑选来“受”教育的，而是花钱来“买”教育机会的。他们作为购买者，作为顾客，即使不是“上帝”，与相关方最起码是平等的。他们有了“投资教育”的理念，有投资就得有物有所值的回报。所以，针对公寓管理与服务部门提供的生活设施、服务项目、整体环境等都有了自己的质量标准，并且需要表达。可见，“学生公寓与普通宿舍最显著的区别，不在于其设施的完善和服务理念引入管理，从更深一层的意义上看，乃是一种新的生活方式的变革”〔1〕。即是说，针对居住在公寓内的当代大学生来说，他们不再满足于原有的仅为保证其基本生活条件的生活设施，他们还希望学生公寓中不仅要有良好完善的硬件设施、公共服务设施，还要求有丰富的文化活动与娱乐设施，更要能够满足其提

〔1〕 上海大学生研究中心编：《新型学生公寓的学生工作研究》，华东理工大学出版社2003年版，第41页。

高生活品质和个性化选择的追求。即是说，他们认为，校园是要有品质的，公寓是要有品质的，管理与服务当然也是要有品质的，这样，他们的生活与学习才能确保有品质。他们早就超越了均等化条件下对数量的追求，而达致市场化、个性化条件下对质量的追求。这就要求新时期的公寓管理与服务从外延式发展迈向内涵式发展的过程中，把加强和提高学生公寓文化建设作为重点。

第四，学生的主体性意识有了明显体现。在旧宿舍内，学生相对是被动的，行动是听指挥的，即使个别人有个体化需求也是不会轻易表达的。在新公寓中，他们"消费者"主体地位的逐步确立，维权意识逐渐强化，对物业管理与服务的认知逐渐发生了变迁，要求也越来越多。这些都与其在价值观念的形成、认识的主体性得到发挥有很大关系。"认识的主体性是主体在实践、认识活动过程中运用自身的本质力量，能动地作用于认识客体的特性，是主体在认识活动中表现出来的特性。它包括主观性、自主性和创造性。"〔1〕正是因为有了主观性，所以，主体性在表现之时常常也表现出了双重性和矛盾性。比如，他们虽然也认可享受了较好的服务就应该付出相应的成本，但是，在实际生活中，却有时也以"服务不到位"为理由，拒绝缴纳相关费用，甚至对保洁、保安、维修等人员严词批评和责骂；居住在校外公寓的学生，即使入学之时签订了知情同意书，但现实中一遇到不方便，就要通过多种途径表达不满；他们在新公寓内的学习心理和社交心理有"渴望集体与个人优先"及"事不关己高高挂起"的矛盾表现。

当代大学生的主体性之所以有如此矛盾表现，与他们生活

〔1〕刘秀萍："马克思主义认识论的若干新探讨"，载《岭南学刊》2007年第1期。

于这个时代的大背景下当然有关。他们生活在以其为中心的简单家庭环境中、成长在中国社会的转型期、生活于全球化和信息化背景下，对多元化和多样化的追求是他们的主张。[1]比如，他们虽然认同公寓文化中所包含的行为规范，甚至踊跃参与自主管理、爱心援助等公益活动，但他们中的个别人对身边的人往往却没有那么多的耐心和热心。他们渴望塑造独立和个性化的自我，但因缺乏对某些事件更深层次的理性思考和对自我的全面分析，一条微博的转发、一个帖子的刺激都可能引起他们强烈的好奇心和非理性化的关注。他们因为青春期特有的冲动和热情反复变化的个体情绪和认知，使价值观处于波动和不稳定的状态。他们遵循市场经济的竞争观念，认识到集体、传统和本土化等价值的重要性，但在选择时，一般是试图把理想追求与物质功利联系起来，将个体价值的实现和舒适安逸的生活联系起来。大部分学生虽然了解个人层面的价值准则，能够正确认识国家需要、社会目标和个人理想之间的关系，认同国家和集体的优先地位，但在树立个人理想时，却多是从自我事业、家庭等个人利益出发，对为国为民的远大理想相对淡漠。进一步讲，在日常的公寓生活中，多数学生能够对诚信品质予以高度认同，诚信意识较强，但在实际行动上却有出入；多数学生的行为选择比较符合公寓文化建设相关范畴的要求，但也存在自觉性不够强烈的情况。总之，他们的思想和行为特点越来越呈现价值取向由单一向多元转化、价值目标由理想主义向现实主义转化、价值主体由社会本位向社会本位与个人本位相结合转化、价值评价由严肃向调侃转化的趋势。

---

〔1〕 参见马俊杰主编：《大学生思想政治教育战略规划——基于首都高校的个案研究》，中国传媒大学出版社2010年版，第3~7页。

可见，在当下，居住在公寓内的大学生“一体化”程度要远远低于居住在旧宿舍内的大学生。他们在日常生活中，对事物的关注度是分散的。当然，如果某一个事件、观点、活动能真正打动他们，直指人心，他们也能产生强烈的共鸣。也就是说，相比父辈一代大学生在日常生活中偏向“一体化”来说，当代大学生在日常表现中人格素质是分层的、道德水平是不齐的、内在需要是有差异的、人际相处是独立的、自我选择是多变的、主体意识是明显的、行为趋向是实际的、思想倾向是复杂的、心理状况也是存忧的。尤其是，他们的价值取向是多重的，比如，一般来说，主导性的政治价值观、积极的道德价值观、主体性的人生价值观、多样化的职业价值观、个性化的消费价值观、功利化的婚恋价值观、进取性的知识价值观[1]等在他们这个群体中都有所体现。但是，当我们这个国家、民族需要他们表现出家国情怀之时，他们又是能够自觉迸发，而非盲目跟随。即是说，自主的展现其自主性，是今天居住在学生公寓之中的大学生不管是在社会上还是在公寓内都能表现出的显著特征。这些特征对传统的“宿舍式管理”当然提出了挑战，“公寓式服务”随之必须走向前台。

四、大学生自我意识异化发生恶性事件急需警惕

西方哲人苏格拉底曾说过一句意味深长的话“认识你自己”。这句话也作为神的训诫，被刻录于位于今天希腊巴赛[2]的阿波罗太阳神庙入口处。古希腊文化之所以被认为是今天西方文化的滥觞之地，与这些蕴含深刻、意思隽永且字句朴素的

---

〔1〕 参见江传月等：《构建社会主义和谐社会的价值观研究》，中山大学出版社2009年版，第5~12页。

〔2〕 注：Bassae，被古希腊人认为是“世界的中心”“地球的肚脐”，1987年被列入“世界遗产目录”。今天其最有名的景点就是建于公元前6世纪的太阳神阿波罗神庙。

哲学语句分不开。正如一句俗语所言：人，最大的“敌人”是自己！认识他人相对容易，而认识自己相对很难。只有真正的成长和成熟，有了思考的深度和思想的厚度，才能认识并看清自己。而思考的经历和思想的获得，并非靠冥想，科学的方法即是通过教育。

图三十一　巴赛的阿波罗神庙遗迹
（作者自拍）

教育成功一个很重要的标志是：经过教育，学生能够正确地、科学地认识自己。这样的认识是要基于一定科学的价值观、人生观和世界观的。有了这样的铺垫，和谐的公寓人际环境就比较容易形成，公寓文化建设也就比较容易成功。遗憾的是，因不能正确地认识自己、认识他人、跳出一舍看世界，导致在高校学生公寓中，部分大学生不能处理好和他人之间，甚至和同舍同学之间的关系，于是，纠纷、矛盾和冲突的发生在所难

免。痛心的是，个别大学生自我认识出现严重偏差、自我意识出现严重异化，在与他人关系出现摩擦时，会有可能出现恶性事件。近年来，发生在学生公寓的恶性事件层出不穷，“云南大学学生马加爵杀人事件”“复旦大学硕士生林森浩投毒事件”就是其中的典型，必须引起人们的高度警醒和深思。案件具体如下：

（一）云南大学本科生马加爵杀人事件

2004 年 2 月 13 日 ~15 日，云南大学学生马加爵于云南大学北院鼎鑫学生公寓 6 幢 317 室连续杀害 4 名同学。此案件由于作案者为出身卑微的大学生，且手段残忍而吸引社会各界的关注。据马加爵供认，杀人事件的起因是因为打牌争执。具体经过是，2004 年寒假马加爵因为打工没有回家，留在学校住宿。被害人邵瑞杰和唐学李两位同学提早回到了学校。唐学李原本是住在校外的出租房的，只是因为那几天还是假期，校内宿舍的床位空置率较高，而邵瑞杰和马加爵的 317 室还有床位空着就住了进去。案发前几天，马加爵和邵瑞杰等几个同学打牌时，因邵瑞杰怀疑马加爵出牌作弊而发生争执。曾被马认为与其关系较好的邵瑞杰说“没想到连打牌你都玩假，你为人太差了，难怪龚博过生日都不请你……”，马认为他的这番话伤害了自己的自尊心，转而动了杀机。2 月 13 日晚，马加爵趁唐学李不备用石工锤砸向其头部，杀死与其暂居一舍的唐学李后，马用塑料袋扎住唐的头部，藏进衣柜锁好。14 日晚，因隔壁宿舍同学已经回来，原本临时居住在隔壁宿舍的邵瑞杰只好回到 317 室，马加爵趁其洗脚时用石工锤把他砸死。15 日中午，杨开红到 317 室找马加爵打牌，马趁机用同一办法将他杀死。当晚马加爵到龚博的宿舍，跟龚博说 317 室打牌三缺一，将其引到 317 室后杀死。4 人的尸体均被马加爵用黑色塑料袋扎住头部后放入衣柜锁住。据马加爵本人事后指称，当时曾有一广西老乡过来找马加爵打牌，马加爵曾打算将其杀死，因其曾为马加爵到饭堂拿饭，加上马加爵觉得他平时对其不错而没有动手。15 日当天，马加爵到云南省工商银行汇通支行学府路储蓄所分两次提取了 350 元和 100 元人民币现金。杀死 4 人后，马加爵在 2 月 17 日带着现金和自己之前制作的假身份证乘坐火车离开。在火车站他的假身份证被警察查到，但由于其案情还未被发现，他得以逃脱并乘坐到广州的火车离开。23 日中午 13 时 18 分，结束寒假刚返校不久的两名学生感觉宿舍有异味，遂一起打扫卫生，发现本室一衣柜内有液体流出并带有臭味后，随即向学校报告，保安撬开后发现四名学生尸体都被藏在宿舍内的四个衣柜里……惊天大案遂发。

（二）复旦大学硕士生林森浩投毒事件

2013 年 3 月 31 日中午，在复旦大学枫林校区西区 20 号楼 421 寝室，2010 级硕士研究生林森浩将剧毒化合物带至寝室，注入饮水机槽。4 月 1 日早上，同寝室的黄洋起床后接水喝，饮用后便出现干呕现象，最后中毒身亡。法院判决书认定，林森浩是因琐事心有愤怒和不满而采用投毒方法杀人。这与嫌疑人嫉妒、自卑、敏感、脆弱的性格缺陷和处理人际关系及情绪调节能力低有关。具有这些不良心理因素的人在生活中容易遭遇挫折，而挫折往往使他产生愤怒、怨恨、敌视等消极情绪体验，并长时间难以排除，当积累到一定程度时，如果受到一点哪怕很小的事情的刺激，就会情绪发作，导致行为失控。2015 年 12 月 11 日，林森浩被依法执行死刑。

（三）警醒与深思

之所以选择这两个恶性事件作为案例，是因为它们发生时，社会舆论对其给予了强烈的关注。细思一下，此类校园凶

杀大多发生在公寓内，发生在室友之间[1]，这种让人不寒而

---

〔1〕注：另有两个较为典型的类似“同室操戈”案例分别发生于吉林农业大学和南京航空航天大学。吉林农业大学信息技术学院学生郭某杀死舍友案：2009年11月14日凌晨，吉林农业大学信息技术学院计算机科学与技术专业1班学生郭某在宿舍将熟睡中的赵某杀死。是什么样的深仇大恨促使前者必须置后者于死地呢？居然是一些微小事情的堆积。最初的起因据说是因一段视频：两年前，由于赵某睡觉打呼噜，使得郭某经常无法入睡。于是，郭某用手机将赵某打呼噜时的状态拍下，然后传到了网上，很多同学也看到了。郭某说自从呼噜视频事件后，赵某开始寻机骂他：一次同宿舍同学一起回宿舍，郭某在后面关门，赵某嫌他关门声大，骂他；一次是两人都在宿舍玩游戏，因郭某刚开始玩不太懂，也被赵某骂过；最后一次被骂发生在案发前两天，当时宿舍只有他和赵某在，并且都在玩游戏，赵某游戏里的人物角色被盗贼角色杀了，就骂盗贼。郭某感觉赵某就是在指桑骂槐地骂自己（此时，他正在游戏中饰演盗贼角色），深感自尊心和人格受辱，当即下决心，不能再受赵某欺负了，有了杀死赵某的想法。事发当晚，同舍的其他同学也分别证实，当时他们被一阵非常急促的呼吸声惊醒，发现赵某有急促的呼吸，郭某正站在电脑桌上用手按着睡在上铺的赵某，有人听见赵某说了句“你干啥”，而且赵某还在那挣扎……开灯后，才发现赵某床下的墙上都是血，郭某自己打电话报警，坐在自己的床上用毛巾擦手上的血，一位同学又打了120。不一会，警察来了，120稍后也赶来了，急救人员说赵某已经死亡。南京航空航天大学金城学院学生袁某捅死室友案：2013年4月16日晚上9点多，南京航空航天大学金城学院自动化专业大三学生蒋某下了晚自习回四楼宿舍，因敲门无应答（自己没有带钥匙）只好下楼借钥匙开门，门开后发现同舍同学袁某正在玩游戏，年轻气盛的他控制不了自己的情绪，就和身材相对瘦小的袁某进行了互骂争吵，继而争斗互殴。扭打中，袁某随手拿起桌上一把30厘米长的匕首刺中蒋某胸口，使蒋某因动脉破裂抢救无效不治身亡。在第一起悲剧中，起因是生活习惯的不合，继而是言语的不合直至心理负面情绪的郁结和堆积，从而产生灾难性后果；在第二起悲剧中，两个年轻人因开门琐事发生谩骂继而冲突升级直至引发血案，实是让人痛惜。概括说，两起悲剧的发生，与事件之中的双方的情绪控制能力、心理素养高低乃至眼界格局大小有直接关系。当然，根本上与他们在内心还没有树立“团结、友爱、尊重、独立”的观念有关，与他们还没有领会到“虽然居住在同一空间但也应该有分界”这样的意识和规则有关。作为当代大学生，他们都理应做遵纪守法的模范，理应“己所不欲，勿施于人”，理应遇事冷静和淡定，不要急于委过于人。第一起中的郭某，感觉受到赵某言语之辱，则应该理性对待和化解，不该偏执般积压所谓的愤恨直至爆发，从而伤人伤己；第二起悲剧中的袁某，虽然在法庭辩护时说拿臂力棒和刀具只是想吓唬蒋某，但也应该想到：冲动是魔鬼，利器在手，当易伤人；一旦在手，则易失手。可惜，应该想到的都没有想到，应该遵守的都没有遵守。通过类似因小纠纷而造成大后果的案件可以发现：近年来，校园暴力事件屡见不鲜，

栗的“杀害你的人，可能就是睡在你身边的人”的恶性事件，让人不禁地要问：是什么原因导致马加爵、林森浩那样的学生当时采取如此罪恶的行动？又是什么原因导致类似事件的发生？正如“一个航空事故的发生，其实有三万个潜在事故”一样，这样的发生在高校学生公寓内的恶性事件背后，其实还有许许多多的发生在学生之间，甚至就在同宿舍之间的程度不同的矛盾。所以，分析马加爵和林森浩的性格特点，对防范此类事件发生，构建和谐宿舍人际关系，建设成功的公寓文化是有意义的。

针对马加爵和林森浩的成长过程和性格分析，相关论述当然很多，不过更多的是“新闻评论”式的，甚至是猎奇式的。邓丽亚和顾骁南分别对马加爵和林森浩具有学术意义的分析则很有启发性。在邓丽亚看来，马加爵的畸形人格由四大要素构成：一是认知要素，体现为马加爵的世界观是阴暗的（认为周围的世界充斥着不公，校园里弥漫着对自己的蔑视和嘲弄）、人生观是萎顿的（对人生没有美好的憧憬，沉迷打牌和浏览暴力、色情、恐怖网站）、价值观是唯我的（总认为是别人跟自己过不去，不反思自己）。二是情感要素，体现为为人处事外表冷漠，内心却过于敏

造成被害人重伤甚至是死亡的事件也不在少数。我们不禁要问：究竟是什么原因，使得校园中的学子变得如此凶残暴戾，使得本该是一方净土的象牙塔成了血腥的修罗场？一方面，有部分学生自身存在心理问题。这些学生表面正常，实际却存在一定心理障碍，长期积累后有可能爆发；另一方面，学生的暴力和戾气，从一个角度折射出某些社会的浮躁，在这样的社会环境下，世界观尚未成熟的学生容易陷入是非不分、崇尚暴力的错误中去。对此，学校既要加强法制教育，使大学生能够在耳濡目染中更加深刻了解国家法律、法规，明确法律的威严性，做到知法、懂法、守法，不断提升个人法律意识。学校也应该加强对学生素质和修养的教育，通过宣扬积极向上的校园文化，构建与时俱进的公寓文化，教育学生来到学校不仅仅是求学问、学知识，更要学会如何做人。在具体操作上，设立学生矛盾调解室、开展心理健康课堂，教会学生用理性和智慧解决矛盾纠纷，逐渐消除愤怒、仇视、憎恨等负面情绪，消弭弥漫于校园中的戾气，还校园一片清净蓝天。

感；充满自卑、自怜的消极情绪体验，并交织着怨恨、冷酷与暴戾的消极激情。“马加爵的品德缺陷在于高度自尊与极度自卑的融合，实质上是一种过度的自我。”〔1〕 三是意志要素，体现为其意志品质具有明显的两极性：在战胜自我、容纳他人、融入集体、追求理想等方面表现为怯懦与逃避，而在与他人、集体和社会的对峙中又表现出果断、坚韧和顽强性。四是自我意识要素，既缺乏对自我认知的自觉，又无力进行有效的自我提升与超越，表现为“侏儒化”的孱弱。这种异化的自我意识一旦承担不起支撑“自我”的重任，浓郁的防御心理在特定条件下就可能演变为强烈的攻击行为。

教育心理学认为，人的成长过程其实就是发现自我的过程，受教育的过程即是通过他人的帮助，科学地发现自我的过程。通过对马加爵成长背景的了解可见，马加爵在少年时代对自我的认知是与很多人一样是蒙昧但和谐的，中学时代则出现了裂变：缄默的外表掩盖着内心的困惑与挣扎。进入大学后，“寡言少语的马加爵试图改变自己孤僻的个性，融入大学的文化”〔2〕。然而，经过挣扎之后，他仍处于“边缘人”角色，使其心灵走向了荒芜和绝望。今天看来，反思马加爵人格上自我认知异化的原因当然有很多，但“无可非议，在成长过程中，马始终缺乏对自我和社会的正确认识，未能作出正确的自我选择和塑造，过多地吸纳了社会的消极因素，使自己在人生的歧途上越走越远，这是马人格异化的主观根源……贫富悬殊……从小到大饱

〔1〕 王冬梅等：“从马加爵案到林森浩案——浅谈高校德育的系统性”，载《遵义师范学院学报》2016 年第 2 期。

〔2〕 杜琛：“解析马加爵：一个大学生‘屠夫’的成长”，载 http://edu.people.com.cn/GB/1055/2393324.html，最后访问时间：2017 年 7 月 1 日。

受贫穷，这是马人格变异的经济根源"[1]。即是说，这样的不幸既有主观原因也有客观原因；既有直接原因，也有根本原因；既有个人原因，也有社会原因。这些原因叠加，使马加爵由一个低微的人走向了恐怖的魔。马加爵摧毁了被他杀害的4名同学的家庭，也撕毁了自己的家庭；他制造了4个他人家庭的悲剧，也制造了自己家庭的悲剧。他毁灭了睡在自己身边的人，也毁灭了自己。这种毁灭让人感觉到的不仅是害怕、恐惧，而且还有不寒而栗的迷茫和追问——为何那样的大学宿舍变成了一个屠戮的地狱？叠加的原因说明，类似恶性事件的发生，既有个体化的原因，也有社会化的原因。个体化的原因，需要个体自身蜕茧成蝶，需要教育助其拨开云雾；社会化的原因，则需要社会提供制度性保障。马加爵的悲剧是如此，林森浩一手导演的悲剧何尝不是如此？

顾骁南认为，林森浩对自我的认知也是分裂的：一个是对"理想自我"期待很高，另一个是"感觉自己生活失败，处理不好周围的人际关系"而"自尊偏执"。健全、科学的自我认识，需要情感、能力、目标、价值观等实现统一。林森浩是不具备的，他在困惑中不能自拔，对自我认识产生异化：极度自尊、易怒、偏执。这种异化"真实地反映出他的思维是极端地以自我为中心，极端自我，没有他人；不会换位思考，缺乏移情能力……也许正是在这种无法解脱的自我矛盾性格中，使他走上了不归之路"[2]。林森浩的家庭是贫困的，作为一个在读硕士生，不仅要解决自己的生存问题，还要寄钱给家里帮助弟妹；

---

〔1〕 邓丽亚、许若兰："从天使到恶魔——马加爵人格异化的心理历程探析与反思"，载《成都理工大学学报（社会科学版）》2005年第2期。

〔2〕 顾骁南："解析畸变的心理和异变的人性——从林森浩个案探究青少年健康人格的塑造"，载《中国青年研究》2014年第9期。

而受害人黄洋虽然家境也不富裕，但作为独生子女的他相对要优越一点。可见，家庭经济上的一点点差别，在高校学生宿舍这样一个相对“紧密”的空间，就会形成放大效应，也更容易给相对敏感的学生造成对比性的压抑和伤害。即是说，经济原因使某些大学生在求学过程中背负着很大的压力，导致性格上的缺陷，对自我认识产生异化，从而导致同学之间，尤其是同舍同学之间的矛盾，这是应该值得我们深思的。

当然，社会的原因最主要还是得靠社会和政府去解决。作为学校，尤其是作为公寓管理与服务部门，我们当然可以借助公寓文化建设的平台，一方面，在制度上构建尽量能够避免或化解矛盾发生的机制，比如，不必将性格迥异、爱好不同、家庭背景各异的同学强行安排为“室友”，建立灵活的宿舍调换机制，不再让“集体宿舍就很容易成为冲突的‘培养皿’”[1]；另一方面，应着力培育优秀的公寓文化，通过开展丰富多彩的社会活动等，搭建城市学生和农村学生互动了解的平台，鼓励不同文化背景的学生相互学习、取长补短，培育兼容并包、和谐互爱的公寓文化氛围，创建一个个融洽、团结、昂扬向上的宿舍关系，这种文化氛围和宿舍关系会像春天的阳光一样融化潜存危机学生的心结。

第二节　九所高校学生公寓文化建设实证研究

在本书写作过程中，我和同事们组建调研团队先后赴复旦大学、同济大学、上海交通大学、浙江大学、南京大学、南昌大学、江西财经大学、厦门大学、华侨大学等国内院校对公寓文化建设工作开展了调研，进行了实证研究。

---

〔1〕 常江：“‘谢当年室友不杀之恩’的背后”，载《新华每日电讯》2013 年 5 月 10 日，第 13 版。

本次调研工作主要围绕以下主题展开：①学生公寓的管理模式及发展变革，包括学生公寓管理部门的人员构成和队伍建设、学生公寓管理部门的规章制度建设等；②学生公寓育人以及学生公寓文化建设开展情况；③学生公寓自治队伍建设情况及主要亮点和难点等。调研的主要方式为：①对兄弟院校相关规章制度的搜集；②对主要管理层和执行管理人员的访谈；③学生公寓实地调研；④对相关单位网站和微信公众号进行关注和信息采集等。

一、九所高校学生公寓管理与服务工作运行梳理

（一）九所高校学生公寓管理与服务体制概括

1. 复旦大学：复旦大学由 4 个校区组成，即邯郸路校区、江湾校区、枫林校区、张江校区。其中，邯郸路校区是主校区，通称“本部”（广义上的），分为东、南、北、中 4 个区，中区又被称为狭义上的本部。2012 年，为了做好本科生教育改革，加强通识教育，复旦大学组建复旦学院（本科生院）。在此学院下，全校本科生公寓按区域被分成 5 个住宿书院[1]，中区是任重书院，东区是志德书院，南区是希德书院，克卿书院和腾飞书院在南区设有分部，总部则分别位于枫林校区和张江校区。书院内住宿基本按照大类融合和学科交叉的原则安排，有助于书院中不同学科的学生充分交流。专业院系负责学生的学籍管理和专业教育等，而书院则侧重文化建设、空间塑造和价值导

〔1〕 这5个住宿书院分别以复旦大学老校长的名或字命名：志德书院，纪念复旦创始人马相伯（原名志德）先生；腾飞书院，纪念老校长李登辉（字腾飞）先生；克卿书院，纪念上海医学院创办者颜福庆（字克卿）先生；任重书院，纪念新中国成立后第一任校长陈望道（字任重）先生；希德书院，纪念复旦历史上的首位女校长谢希德先生。（载 http://www.fudan.edu.cn/2016/channels/view/116，最后访问日期：2019 年 5 月 15 日。）

向，进一步说，书院既是实现文化育人的住宿园区，也是师生共享的公共空间，更是学生自我管理的教育平台。对此，学生比喻：“书院是母亲，院系是父亲。”可见，学生住宿主要由“书院制”园区形式展现。各书院院长由学校聘请资深教授担任。院长是书院的灵魂。书院设有管理委员会，协助院长工作。管理委员会由学校相关职能部门派驻的工作组组成。其中，所涉学生公寓管理，由代表学工部的园区学生事务（书院建设）办公室负责，该办公室具体负责各校区学生的住宿管理、安全教育、学生事务办理；培训学生楼宇管理督导员、住楼辅导员；加强各校区楼宇内学生活动场地的管理、维护和保养工作，支持各书院文化活动的开展；参与各书院院务委员会工作，配合书院院长筹备成立书院学生自我管理委员会，加强对学生自我管理委员会的指导，协助书院院长和书院导师，推进书院课程的建设、书院学生学习研讨和文化活动的开展、学生与导师的沟通交流等工作。书院内学生组建自我管理委员会，自主设立各职能委员会，履行自我管理、自我服务、自我教育的各项职能。比如，“志德书院有厨房、咖啡屋、谈心室、图书馆，甚至是游艺室，经营权最终将下放给学生，由学生群体管理经营”。[1]可以说，书院既是同学们大学期间的生活空间，更是师生融合和同学们交流学业、沟通思想、培养集体意识和提升精神境界的平台。

2. 同济大学：同济大学的后勤改革起步较早，从 1979 年到 1988 年，就大体经历了四个阶段，在当时的历史背景下，以承包制为核心的企业化运营是其改革方向。当时的学生住宿管理

〔1〕 姜泓冰：“复旦：改革放权？学术回归”，载http://politics.people.com.cn/n/2013/0929/C1001-23069502.html，最后访问日期：2019 年 5 月 17 日。

改革所要达到的目标是“使用器具统一化、卫生每旬有人查；思想有人抓，生活有人帮，家具损坏少，安全有保障”[1]。这样一种企业化改革方向对今天的同济大学后勤管理与服务工作自然产生了影响。现在，同济大学后勤集团学生社区管理服务中心负责学生宿舍的日常住宿管理和宿舍楼的物业管理，校党委学生工作部、研究生工作部和相关学院负责住宿学生的思想政治教育工作，相关制度则由资产与实验室管理处负责解释。[2]事实上，同济大学为了实现后勤相关工作的管办分离，早已将学校原有的总务处转为后勤集团，由资产管理部门代表学校行使后勤行政管理职能，建立了甲乙方运作模式。学生社区管理服务中心按照企业化模式在同济大学四平、彰武、铁岭、沪西（北）及嘉定校区成立公寓管理部，为学生提供住宿安排，宿舍楼的保洁、保安、寝室设施修缮等服务，以及公寓（宿舍）楼精神文明建设等管理育人工作。同时，学校鼓励学生建立代表并维护全校学生正当利益，配合学校学生社区服务中心管理学生社区的自律组织，即成立同济大学学生社区管理委员会与各楼宇管理委员会，构建“社区—楼宇”两级自我管理体系。学生公寓日常管理与服务由各个楼管组负责。楼管组由1名楼长（大部分签订劳动合同）、1名管理员（大部分签订劳动合同），4名值班员（大部分为退休人员，签订劳务合同）、2~3名保洁构成，并且配有2~4名辅导员。辅导员为在校研究生，学校为其提供免费住宿，主要从事思想政治教育工作，由研究生院来统筹安排，同时对辅导员有年度考核，比如在思想工作、宿舍

---

〔1〕 金正基：“同济大学后勤改革的回顾与思考”，载《高等工程教育研究》1991年第2期。

〔2〕 参见《同济大学学生住宿管理规定（2017年修订版）》，载 http://www.student.tongji.edu.cn/info/1132/2089.htm，最后访问日期：2019年5月17日。

走访、文化建设等方面工作的情况。同时学生中设有楼层长，每个宿舍都有寝室长。

3. 上海交通大学：学校现有徐汇、闵行、黄浦、长宁、七宝、浦东等校区，其中，徐汇校区是其最早的校区，而闵行校区是其规模最大的校区。针对学生公寓管理与服务工作，学校的管理体制也有所不同。[1]比如，徐汇校区的学生公寓管理服务的具体工作由后勤集团委派后勤综合服务中心负责；闵行校区的具体工作则由学生处委派生活园区管理中心负责。现在，原后勤集团和后勤保障处合并，成立后勤保障中心，学生处及各校区宿舍管理部门具体负责学生宿舍的日常服务、管理、教育工作；资产管理与实验室处成立学生宿舍管理办公室，承担学生宿舍的总体调配计划和规划，负责学生宿舍管理制度的制定等职责。学生工作指导委员会在学生宿舍楼设立党、团工作分支机构，指导学生宿舍楼学生党、团建设及各类文化活动。[2]各院系配合职能部门做好学生宿舍的调配、日常管理工作和毕业学生的宿舍清退。重点指出的是，在学生处领导下，生活园区管理中心不仅要总体负责园区中心所辖学生宿舍的日常物业管理、维修、服务工作，负责现有学生宿舍年度轮修、新学生宿舍建设等工作的协调落实，总体负责学生宿舍整体安排规划、年度安排计划等，而且要负责生活园区中心日常工作，负责园区中心所辖全体员工的聘用、培训、管理、考

---

〔1〕 参见《上海交通大学学生宿舍管理体制改革具体操作细则》沪交内（资）〔2010〕25 号，载 http://www.gk.sjtu.edu.cn/Data/View/429，最后访问日期：2019 年 5 月 17 日。

〔2〕 参见《上海交通大学学生宿舍管理办法》（2017），载 http://www.gk.sjtu.edu.cn/Data/View/1042，最后访问日期：2019 年 5 月 17 日。

核工作，总体负责生活园区安全稳定工作。这样的管理体制安排，为积极构建“大思政”育人体系，打通育人“最后一公里”奠定了基础。新生入校时，宿管部门根据新生名单，向各院系提供相应数量的宿舍床位，由各院系负责分配。住宿分配以“男女分楼（层），年级按楼集中，院系按楼层、相邻寝室集中，朝向、楼层搭配，按院系总体均衡”为原则。所涉宿舍楼的具体工作由学生处生活园区管理中心的楼管组负责，楼管组由 1 位管理员、1 位保洁员、2 个值班员构成（称为工勤人员）。学生自管组织（楼栋管理委员会）辅助楼管组开展工作，同时聘有辅导员做生活导师，负责安全稳定工作。白天由管理员和保洁人员负责，他们只白天工作。夜班完全由两位值班员构成，一般每天16:00上班到第二天清晨。楼长头衔由学生担任，学生干部或勤工助学人员充分调动积极性，在节假日和平时工作中与工勤人员对接。周末值班完全由学生组织来完成，他们多为勤工助学的学生，学校周末同时会安排工作人员巡查楼宇。

4. 南京大学：学校房地产管理处住房管理科“统筹全校学生宿舍用房计划的制订、落实、调配和管理”。[1]学生申请住宿必须得到住房管理科批准；学生处负责学生的思想政治教育和行为规划教育等；保卫处负责学生宿舍区的安全防范和管理工作，负责学生宿舍楼宇的消防安防设施的维护和更换，负责督导物业管理部门做好学生宿舍的防火防盗的宣传和管理工作；学校物业管理中心负责鼓楼校区和仙林校区学生宿舍的安全、保洁、维修等日常管理与服务，维护学生宿舍正常的生活

---

〔1〕 参见：http://fcc. nju. edu. cn/category/mechanism2，最后访问日期：2019 年 5 月 17 日。

秩序。[1]物业管理中心隶属南京大学后勤服务集团，自2017年5月5日由原“江苏兰达物业管理有限责任公司”更名而来。该中心拥有一支热爱南大、扎根后勤、训练有素的管理队伍、技术队伍和服务队伍，形成了具有中心特色的开创精神和价值观。物业管理模式由三级管理组成，即物业处主任—综合管理员—公寓管理员和保洁员，平均每个综合管理员（又称为区域主管）负责管理监督5~6栋宿舍楼，人员以20~50岁之间的有大学学历的人员为主。每位综合管理员配有1~2位协理员（高中以上学历），称为公寓管理员，负责门禁管理、日常接待、报修，以及开展的一些文化共建活动。管理员收入高的一年可以拿到5万元左右薪资，实行24小时工作制，3班倒。这样，在主管领导和具体楼宇管理员之间还设有一个中间的管理和监督层级，有效地对各楼的管理加强了监督，并协助主管领导很好地完成了对楼宇的管理。

5. 浙江大学：针对学生公寓的管理与服务工作，浙江大学形成了学校分管副书记、副校长直接领导，职能部门协同配合，院系大力支撑的组织格局。学校后勤管理处代表学校委托学生公寓管理服务中心，作为对全校学生公寓进行管理的专门机构。宿管中心围绕学校培养德、智、体、美、劳全面发展的“四有”人才的中心任务和向世界一流大学迈进的总体发展规划，加强对学生的日常服务和引导，为广大住宿学生创造良好的学习、生活环境，营造良好的宿舍氛围。具体负责学生宿舍的安全、卫生、纪律、学生素质教育、寝室文化建设、文明寝室评比、学生在宿舍内的纪实考评及提出违纪事件处理的建议

---

〔1〕 参见《南京大学学生宿舍管理规定》（南字发〔2018〕6号），载http://fcc.nju.edu.cn/view/policy2/267，最后访问日期：2019年5月17日。

意见、寝室分配调整、家具管理，负责学生宿舍的规划、建设、住宿资源的调整及日常维修工作。宿管中心在各校区设立学生宿舍管理办公室，对学生公寓的日常工作，实行属地化管理。除专职管理员外，宿管中心聘请部分干部、教师担任管理员（楼长），聘用品学兼优的学生担任助理管理员（助管），发挥学生的桥梁和纽带作用。学校建立新任辅导员常驻学生宿舍制度和“新生之友”寝室联系制度，百余名辅导员入驻学生宿舍，1200名优秀教职工与新生寝室结对，与新生增进沟通交流，加强学生宿舍文明建设力量。[1]同时，学校制定《浙江大学学生宿舍综合记实考评管理规定》实行学生宿舍行为记实考评，列入学生综合素质考评体系，与学生评奖评优直接挂钩。依托于强大的信息化建设，实现了住宿园区安防管理五个平台的合一（门禁、监控、红外、消防、悬杆），节省了大量的人力资源。

6. 江西财经大学：现有蛟桥园、麦庐园、枫林园、青山园四个校区。学生处学生管理科（宿管中心）在每个校区设有宿管办，负责学生公寓的日常管理。学生宿舍的调配，原则上按照一个楼栋对应一个学院，学院从事学生工作的党团干部要到学生宿舍楼栋办公。为了发挥学生的“三自”作用，充分发挥学生党员在宿舍管理工作中的先锋模范作用和党支部的政治核心与战斗堡垒作用，在每个楼栋，以社区（楼栋）为单位成立学生党支部，同时成立学生社区（楼栋）管理委员会。对于多个学院学生共同居住的楼栋，则由居住学生多的学院负

---

〔1〕参见“浙江大学‘五位一体’加强学生公寓文明建设”，载 http://www.moe.gov.cn/jyb_xwfb/s6192/s133/s192/201507/t20150710_193296.html，最后访问日期：2019年5月15日。

责牵头召集成立楼栋学生管理联合委员会。每个楼设有管理员1人，值班员1人，协管员1人，清洁员2人，从8:00～20:30之间进行不间断的清洁活动，保证了整栋楼的卫生和安全。这些人员由该楼对应的学院负责聘任、管理和考核〔1〕；学生处学生管理科负责对学生宿舍楼栋相关工作的检查、督促和考核。

7. 厦门大学：学校有3个校区，学生公寓以园区管理制划分，共计有7个园区。学生公寓的管理与服务号称是“二元体制”，即学生处学生公寓学生工作办公室“负责学生住宿的整体规划和调配；负责学生住宿区内的学生思想政治教育和学生管理，督导和处置学生住宿行为；开展学生住宿区内校园文化建设；协调有关职能部门和各学院在学生住宿区开展学生工作；督促各学院和物业管理部门在学生住宿区切实履行职责”〔2〕，后勤集团的学生公寓与环境服务中心负责“学生宿舍的管理服务”，具体包括物业维护、清洁绿化和安全保卫等。中心在每个园区配备一个管理员，白天上班，负责整个园区的日常管理工作；配备一个协管员，中午和晚上上班，负责协助管理员；配备4个安防员，每个人工作6个小时，从而替代传统值班员职能。厦门大学的后勤集团是学校的后勤经营实体，但不是独立的企业法人。〔3〕资产与后勤事务管理处与后勤集团的关系是学

〔1〕 参见《江西财经大学关于进一步加强学生宿舍管理工作的规定》，载http://xgc.jxufe.cn/news-show-177.html，最后访问日期：2019年5月15日。

〔2〕 参见《厦门大学学生公寓学生工作办公室工作职责》，载http://xsc.xmu.edu.cn/2012/0326/c3021a62185/page.htm，最后访问日期：2019年5月20日。

〔3〕 参见“厦门大学后勤集团集团简介”，载https://hqjt.xmu.edu.cn/13168/list.htm，最后访问日期：2019年5月15日。

校与为其服务的实体之间的关系，是以契约为主要依据的甲乙方关系。学生处公寓办在每栋本科生公寓楼的管理都按照1∶150的比例配备驻楼辅导员（通常为保研的学生，也被称为辅导员学生助理，每人每月发放定额补贴），负责走楼、值班、周记、例会等工作。可见，学生处公寓办的参与，强有力地保证了学校教育职能深入到学生公寓内部。当然，公寓办辅导员在实际工作中能够接触到每一位学生的可能性极低，因此，形象很难树立，加上与中心为同级部门，即使存在问题，部门间的协商也仅仅停留在提醒层面，不能更深层次地解决问题，甚至落下不过是说说而已的印象。〔1〕

8. 南昌大学：2014年5月15日，该校设立后勤保障部，实行“小机关、大后勤”的运行管理模式。学生公寓与教室管理中心作为后勤保障部的4个部门之一，下设1个综合科及另外4个具体职能科室。即前湖校区学生公寓教室管理办公室、青山湖校区学生公寓教室管理办公室、东湖校区学生公寓教室管理办公室、前湖校区研究生公寓管理办公室。〔2〕公寓（宿舍）内的学生教育管理、固定资产管理、学生生活用品联系购买等工作由学工部门负责；公寓（宿舍）内物业公司的选聘及物业管理服务工作由后勤部门负责；各学院（系）按规定和要求负责本院（系）学生公寓的管理和学生的教育管理工作，专职辅导员在学院（系）领导下，具体落实班级学生公寓的各项管理工作。值得一提的是，该校为践行高校“立德树人”的根本

---

〔1〕参见孟旭：“高校学生公寓管理模式研究——以厦门大学为例”，载《高校后勤研究》2017年第1期。

〔2〕参见“南昌大学后勤保障部组织架构”，载 http://hqbzb.ncu.edu.cn/，最后访问日期：2019年5月15日。

使命，引导学生参与公寓的管理与服务，将学生公寓保洁工作划分为自主保洁和专业保洁两部分，并制定《南昌大学学生公寓自主保洁管理暂行办法》南大校发〔2014〕73号。自主保洁包括学生宿舍、楼层走廊、楼梯间、电梯间、橱窗等公共区域及学生公寓周边的卫生责任区等；专业保洁区域包括学生公寓的公共卫生间（含盥洗室）及室外非学院卫生责任区等。自主保洁区域的保洁及垃圾清运工作由学生完成；专业保洁区域的保洁及垃圾清运工作由后勤保障部安排专业保洁人员负责。这样，后勤、学工、学院三位一体的管理体制，以学院为单位，以学生为主体、学校相关部门分工合作的运行机制得以建立。

9. 华侨大学：华侨大学全日制学生原则上均入住学生社区（公寓）。学生社区的管理工作由学生处学生社区教育管理服务中心负责，采取的是"在学校统一领导下，学生处为主导、社区中心为主管、学院为主体、住楼辅导员为骨干、各部门齐抓共管、教职员工全员参与"运行模式。即是说，学生社区教育管理服务中心是学生处下属在学生住宿生活区统筹开展住宿生教育管理服务的工作机构，对学生宿舍行使经营管理权、使用调配权和住宿生思想教育职责；负责学生社区中心工作人员及住楼辅导员的管理、教育和考核工作；负责住宿生社区表现的考评工作；负责对学院在社区工作表现的考评等〔1〕，由学生处专职副处长统筹，按园区管理。学生公寓日常楼宇管理由后勤与资产管理处的管理二科所负责的物业公司来完成，负责保洁

〔1〕 参见"华侨大学学生处工作职责"，载 http://xsc.hqu.edu.cn/bmjj/gzzz.htm，最后访问日期：2019年5月15日。

和值班工作，物业管理服务于思想教育、寓教育于管理和服务之中。同时，为践行“以生为本”的办学理念，转变机关工作作风，进一步提高学生事务服务水平，学校要求职能部门简化办事流程，拓宽服务内容，创新服务形式，在学生社区成立“学生事务办事大厅”，设置就业服务、资助服务、综合服务、学生保险、教务事务、研究生事务、团委事务7个服务窗口，以及咨询台、信息服务部、失物招领等，为学生提供一站式的便捷服务。另外，为做好学生社区的工作，华侨大学先后制定了《华侨大学学生社区管理规定》《华侨大学住宿生社区表现量化考评办法》《华侨大学住楼辅导员岗位职责与管理办法》《华侨大学学生社区住楼辅导员量化考核规定》《华侨大学学生社区楼栋自律会工作条例》《华侨大学学生宿舍空调设备使用和管理办法（试行）》等多部与管理及服务工作相关的制度。[1]

（二）九所高校学生公寓管理与服务模式总结

通过以上的概述，可以看出，关于学生公寓管理与服务日常工作，核心有三项：宿舍房间的调配、保洁门卫维修等物业工作、行为规范思想教育工作。根据承担这三项工作的主责二级单位不同，主要有三种模式：一种由学生工作部门主责，比如，复旦大学——由代表学工部的园区学生事务（书院建设）办公室负责；江西财经大学——学生处学生管理科（宿管中心）在每个校区设有宿管办；华侨大学——由学生处学生社区教育管理服务中心负责；一种由后勤部门主责，具体则由总务部门或房管部门或公寓管理部门或经过改制之后的后勤集团承担相

〔1〕 参见：华侨大学学生处网站，载 http://xsc.hqu.edu.cn/gzzd/gzzd.htm，最后访问日期：2019年5月15日。

应职责，比如，同济大学后勤集团学生社区管理服务中心负责学生宿舍的日常住宿管理和宿舍楼的物业管理、浙江大学后勤管理处代表学校甲方委托学生公寓管理服务中心作为对全校学生公寓进行管理的专门机构、南昌大学学生公寓与教室管理中心作为后勤保障部的四个部门之一负责学生宿舍的调配和物业工作；第三种模式是由学生工作部门、后勤部门、资产部门分工负责、共同管理模式，比如，上海交通大学资产处宿管科负责学生宿舍调配而学生处负责党团和物业工作，南京大学资产处负责宿舍调配、学生处负责思政工作而后勤部门负责物业服务，厦门大学学生处负责调配和日常管理而后勤物业部门负责物业工作。

从现场考察及访谈来看，由学工系统统筹学生公寓所有工作的工作效果及工作效率较高。一是因为学工系统相对于后勤更加贴近学生，便于并善于发现和挖掘学生的需求和把握学生的学习规律及相关特点，相关工作更容易得到学生的认可，符合学生需求。二是在机制上，可以避免后勤与学工系统在学生公寓工作中的两层皮现象，如果是由后勤系统统筹，效果又不理想的情况。三是更容易推进辅导员进学生公寓工作的力度，实现党建团建、心理咨询、团体辅导等有助于学生整体成长的工作走入学生公寓。这对前述的相应挑战都是一种良好的应对机制。

总之，高校对学生公寓文化进行建设，目的是为了更好地实现育人目标。如何在学生公寓文化建设中实现育人目标？包含的内容很多，不仅要有理念、有方法，也要有内容和途径，其中，政治教导、思想引导、道德辅导等是重点。当然，建设的过程既要遵循基本规律，更要体现各个高校自身特色。这样，通过相互借鉴，各个高校则会立足本校，采人之长，补己之短，

在个体的鲜明特色中，使高校学生公寓文化整体建设生机勃勃，得到可持续发展。通过对上述复旦大学、同济大学、上海交通大学、南京大学、浙江大学、江西财经大学、南昌大学、厦门大学、华侨大学九所院校调研，可以发现，在学生公寓文化建设过程中，既遵从普遍规律，也各有特色。他们对学生公寓的管理与服务体制有所不同，品牌性的活动载体各有侧重，能够因地制宜，结合各自学校的办学理念形成了各有特色的学生公寓文化建设模式。这对于实践者的实践和研究者的研究都是很好的借鉴样本。

二、九所高校有关学生公寓文化建设的典型举措

从被调研的这九所高校来看，它们都已经越来越重视并强调学生公寓的文化建设。大家普遍认识到学生公寓的文化建设在学生成长成才、安全稳定方面发挥着潜移默化的作用。“环境育人”“全方位育人”的理念已经开始在这些高校的公寓管理工作中有意渗透。具体每个高校虽然是因地制宜、各有特色，但相对典型的是复旦大学、浙江大学、南京大学、厦门大学的做法。管中窥豹，可略见一斑。

（一）四所高校的典型做法

1. 复旦大学的本科书院制建设。以园区为基础，书院是建立在园区管理之上的。书院以“生活住宿、文化育人、师生共享、自我管理”为理念。在空间上，书院开辟了很多的活动空间，比如将公寓楼的第一层用于学生读书、交流，活动空间由学生自管，或由社团管理，学校提供监督和支持。目前五个书院形成了各自的书院文化特色。书院内经常举办比较有特色的活动，师生交流互动，公寓的文化活力得到彰显。比如，志德书院着眼提升学生国际视野，着力拓展国际文化交流项目。克卿书院强调医学人文精神，持续开展新华医院、红房子医院志

愿导医活动。希德书院突出社会实践，积极组织书院学生前往青州开展支教活动[1]。任重书院带有鲜明的人文学科特色，整个公寓楼的第一层，经过整体装修，开辟了很多的独立空间，每个空间用于不同的学生活动和教育用途，从装饰布置上也很具匠心，观之启发颇多。腾飞书院是以理科学生为主，但也拥有茶室、腾创空间、活动室等，充分满足学生的活动空间需求。书院内经常举办诸如师生共赛、院长午茶会、素质拓展训练、晚会、大戏等师生沙龙活动。书院空间平时由学生自管会管理，并配有一定的经费支持。书院聘有导师值班，并伴有相应绩效考核。

同时，在走访过程中，我们知晓了复旦大学针对研究生的公寓文化也进行了富有特色的建设活动。比如，每一年度，复旦大学都会在北区三角地举办优秀寝室评比活动。活动举办时，三角地周围公寓楼的阳台上站满了学生，参评宿舍通过才艺展示、园区建设提案等环节展现出各个宿舍的特色，蔚为大观。这一文明寝室（单元）展评活动发端于 2003 年，多年的坚持，使“团结、服务、牺牲”的复旦精神在公寓文化建设这一载体上得到了夯实。为了有效促进学生参与所在园区的文化建设，园委会每年会牵头组织学校领导和多个职能部门参加“圆桌座谈会”。“学生们可以利用这个与领导面对面的机会，提出对园区建设的各种建议，比如园区公共空间建设、园区硬件实施更新等，都能得到当场回应甚至当场解决，收获自我

〔1〕 参见“复旦大学探索基于书院建设的育人新模式”，载 https://www.moe.gov.cn/jyb_xwfb/s6192/s133/s164/201610/t20161010_284150.html，最后访问日期：2019 年 5 月 15 日。

服务、自我管理的获得感。”[1]室雅人和育国士的环境从而形成。

2. 浙江大学的学生自助厨房建设。浙江大学的公寓文化建设起步较早，“三全育人”（全员育人、全过程育人、全方位育人）在每一个岗位、每一个流程、每一处空间都有渗透和体现。浙江大学的校本部被分成5个住宿园区，公寓管理按照不同园区来划分。各园区积极进行和谐校园、和谐公寓建设，推动了学生公寓文化活动的开展。该校的公寓文化节（1994年开始举办第一次）年年举办。现在，能够体现学生生活情趣的专项公寓文化特色活动也逐年增加。比如，楼际间的拔河比赛、寝室吉尼斯、游园活动、扛桶装水比赛等。在活动中把社团活动引入进来，也利用多方面力量来调动寝室文化。印象尤为深刻的是，浙江大学在学生住宿区设有一个公共的学生自助厨房，名为“毕至居”，取自王羲之的《兰亭集序》中“群贤毕至，少长咸集”之意。厨房由管理部门统一装修，很有格调和品位。内设有基本的炊具和厨房用品，比如电磁炉、电烤箱、电冰箱、微波炉、烤面包机等，也温馨地提供了各种菜谱和饮食搭配技巧的小册子。在墙上张贴有自助厨房的使用规则和损坏赔偿标准。总体说，使用者提前两天登记预约，自备食材，自己料理。使用完毕之后将厨房垃圾清理干净，最后由管理员统一打扫。每次使用需要交20元钱的使用费，用于支付管理人员的额外清理工作费用。据管理员介绍说这个厨房非常受学生欢迎，几乎每天都会预约满员，同学们评价非常高，增加了同学们的幸福感。在浙江大学学生眼中，它既是一个沟通交流的场所，又是

---

〔1〕 曹继军等：“室雅人和育国士——复旦大学研究生寝室文化建设扫描”，载《光明日报》2016年6月16日，第6版。

一个体验生活的课堂。目前，全校学生的宿舍区中一共有5家这样的“毕至居”，交流互动除了可以去“师生交流吧”喝喝咖啡，也可以到“毕至居”烧饭做菜吃火锅。

同时，浙江大学还通过实施（2011年8月起）“新生之友”的寝室联系制度，让一位教职工定点联系一个新生寝室，在大一学年这个关键阶段关心学生成长。每年，1400多位浙大教职工志愿“上岗”，成为新生们的“好室友”。这已成为浙江大学“立德树人”教育体系的一个重要组成部分。可见，“浙江大学在体系建设、空间设计、行为导则等方面围绕育人环境建设做出了多种尝试与探索”[1]。

3. 南京大学“楼管姐姐”队伍建设。据南京大学的同行介绍，该校公寓文化的建设也是经过一个不断摸索和改进的过程。一开始的目的仅是希望学生们参与共建可能会增加对宿管工作的理解，减少一些抱怨。在推行之后，效果很好，学生们不仅对宿管工作理解增加、热情反馈，而且自觉要求进行一些具有文化内涵的活动的尝试。在实践中，不仅通过利用一些节日名义办活动，还组织工作人员手把手教学生缝缝补补、摆放和培育花草等，既教会同学们一些生活的技能，也启发同学们发现生活的意义和乐趣。尤其是，在南京大学公寓管理员团队中，活跃着一支年龄在20多岁，被学生亲切地称为“楼管姐姐”的队伍，她们年轻活泼，和同学们说说笑笑，能打成一片，关系十分融洽，为开展相关的文化建设活动增力不少。南京大学的公寓文化建设者认为，公寓文化是校园文化的“发源地”之一，

---

〔1〕 周炜、严红枫：“浙江大学：让宿舍成为温暖的‘家’”，载《光明日报》2016年4月11日，第6版。

所以，他们一直通过管理放权鼓励学生充分发挥参与能动性；通过支持大学生结合专业特色和兴趣特长，打造各具特色的宿舍个体文化；通过后勤人员的言行举止、在生活上给予学生引导，帮助大学生学会感恩、树立积极向上的价值观。可见，南京大学正是秉持着“以文化人”的教育理念，通过“知识探究、能力建设、人格养成”三位一体的公寓文化建设，着力打造“全人教育”局面，“使学子在生活中养成沉静儒雅、励学敦行的君子之风”。[1]

4. 厦门大学的“诚信超市”建设。厦门大学的公寓文化如何开展？“在这所面朝大海、春暖花开的学府，南方之强，宽柔以教，春风化雨，君子居之。”[2]为了鼓励学生积极主动参与到公寓文化建设中来，设立公寓文化活动项目基金，专门用来资助由同学们自己创意而来的活动项目。比如，为了宣扬诚信，厦门大学学生在公寓楼内设立了“勤业诚信自助超市”，由学生自管会组织经营，但无售货员，学生取拿货物交款完全靠诚信。这样的超市规模在每个公寓楼虽很小，仅占楼道拐角处一隅之地，货架上摆放的也仅是一些学生需求量较大的日常商品，但它对学生的契约意识、诚信价值观的培育是非常有意义的。需要重点提到的是厦门大学学生公寓的命名——厦门大学第一批的学生宿舍为典型的嘉庚风格建筑。时至今日，这些宿舍楼栋已经成了国家文物，可一代代厦大学子仍然继续在这些公寓楼内住宿、生活、学习。后来新盖的学生宿舍楼，也仍然沿用了

〔1〕 郑晋鸣、李薇：“于沉静儒雅中孕育‘励学敦行’之风——南京大学建设宿舍文明的故事”，载《光明日报》2016年4月25日，第6版。

〔2〕 马跃华、欧阳桂莲：“这是宿舍，也是舞台——厦门大学宿舍文化掠影”，载《光明日报》2016年4月20日，第6版。

这样生动的命名方法，如石井、凌云、丰庭、海滨、海韵等。名字代表了一种寄托，表达了一种情感，也代表了一种从历史到当下的文化传承。

可以说，以上四所高校的相应举措，不管是在制度建设、参与式建设、队伍建设，还是在品格养成、价值观引导上，对公寓文化建设的效果、对育人的成果都是很有价值的尝试。这对前文提到的“文化多元化发展”“新居民的产生”“自我意识的异化”等挑战事实上是一种消解。同时，这九所高校一些共同的成功做法也是值得其他高校在学生公寓文化建设过程中借鉴的。

（二）九所高校共同的成功做法

1. 驻楼辅导员制度全面落实。几所高校不约而同地都在公寓楼内设立了专（兼）职辅导员，为学生答疑解惑，关注学生的思想动态，处理学生相关问题。这类问题一旦没有解答好，常常在非工作时间，尤其是在夜晚住宿时间内以多种形式显露。如果相应的学生工作人员不在现场，尤其是在离校园较远的学生公寓内，公寓管理部门虽然可以利用电话、邮件、微信等方式及时通知到学生所在院系，但处理问题的效率，尤其是效果则大打折扣了。调研发现，即使学生住宿区在校园内的学校，都在学生公寓内配备了驻楼辅导员，并取得了较好效果。那么，在校园外的独立学区配备院系专职辅导员抑或是院系辅导员定期值班是非常有必要的。

2. 物质文化特色风格都很鲜明。人的住宿空间是需要有内涵的，整体的住宿环境也是需要设计的。调研团一行感受比较强烈的是，凡是在住宿空间上经过整体设计的高校，其学生住宿环境中的空间规划、使用分类、色彩和标识等，都是让人能感受到和谐、放松、温暖和积极向上等情感的。具体说，复旦大学学生生活园区处处张挂的有关优秀传统文化的经典语句让人印象深刻。同济大学新建学生公寓楼的装修设计，吸收了在校生和毕业校友的意见，取得了非常好的效果，让现在居住在这里的学生直呼“幸福指数很高”；浙江大学不少公寓楼直接以曾经居住过的校友命名，并在相关地方还有铭牌加以专门的解释说明。华侨大学的侨缘社区活动中心的设计别具匠心，不仅向同学们提供学习交流的活动空间，留足了鼓励学生创业的咖啡馆、饮料店等空间，对一些细节之地的设计，如宣传展板的设计、公寓楼门厅的设计、垃圾分类的设计、清洁工具收纳的设计、吹风机收纳方式设计等，都让学生感受到了匠心独具。南昌大学前湖学院学生公寓，设计成一个环形封闭式，顶部采用透明塑料彩钢封闭，这样既保证了每间学生宿舍都有向外通风采光的阳台，又保证了全体学生共同的内部活动空间。这些学校的学生住宿环境经过整体设计，其环境空间给学生传达的积极向上、舒适宜人的感觉更深、更浓，起到了环境育人的效果，提供了物质文化保障的作用。

3. 自治队伍建设形式多样。在调研中我们发现，九个高校学校内部主导公寓管理与服务的单位，在工作中都有意识地渗入育人的工作理念，在具体工作中也都积极吸引学生组织的参与。参与学生公寓管理与服务工作的自治队伍的名称叫法虽然多样，如自管会、自律会、楼栋管理委员会以及学生社区管理委员会等，不一而足。但基本的功能都是立足或参与学生公寓（社区）的管理和文化建设。从规模上看，学生公寓自治队伍的组织规模比较灵活，有的是全校性的，如上海交通大学的楼栋管理委员会；有的则是在院系层面的，如厦门大学管理学院的学生自律会；有的是以住宿学院为单位成立的，如复旦大学的五个书院都有自己的自管会学生组织。从参与程度上来看，有的学生公寓自治队伍已经在住宿管理中发挥了非常重要的作用。比如，上海交通大学的楼栋管理委员会，运行的动力机制在于参与人员可以勤工助学的方式获得一定的经济资助，或者被列入为学生干部体系可在评奖评优中获得荣誉激励。所有参与的同学，从大一开始从事“基层”工作（楼宇值班，巡查）；大二时可以升任做“中层”，如部长，办公室主任等；到了大三除了能够升任到“高层”——“经理”岗位者继续留任外，一般都会主动退出。如果“高层”的同学继续攻读硕士或者博士，学生工作部门通常会聘任其为学生辅导员，可以持续工作好多年。复旦大学的书院自管会在参与书院空间资源的利用和管理上发挥了重要作用。比如，书院中的沙龙、茶会等活动，以及活动室的利用等，都交由自管会来协调管理。我们通过从该校的书院微信账号的活跃度调研来看，其自管会运行效果是非常好的。

当然，除了这九所高校，另外一些高校在公寓文化建设过程中相对比较独特的做法也是值得我们借鉴的。比如，南开大学在“人文雅舍”建设过程中注重对学生的“公能”情怀的培养[1]、清华

---

〔1〕 注：一直以来，南开大学十分注重学生公寓的科学管理与文化建设，围绕“允公允能，日新月异”的校训，不断探索以构筑“人文雅舍”为重要组成部分的“养成性”教育，一代又一代南开学子从中汲取养分，健康成长。主要体现为以下几点：一是坚持优良的传统“生活风貌”。学校将“南开校父”严范孙当年立下“面必净，发必理，衣必整，纽必结……”40字“容止格言”仍遵照当年老校长张伯苓的要求，作为“镜箴”镌刻宿舍门廊立镜处，要求学生时刻保持整洁合度、积极向上的仪表风貌，从而养成平和、宽仁的处世态度。二是实行由“考美”制度(90多年之前实行）演进来的“特色宿舍”年评制度。三是注重以润物无声的多种方式，浸透“公能”的精神因子，为学生在大学里打下健康的人生底色，从而与南开办学道路、治校价值观、学术科研操守融汇，构成南开育人的有机整体。参见陈建强、马超：“‘人文雅舍’中的‘公能’情怀——南开大学学生宿舍文化建设纪

大学“斗室之中清华精神养成记”的做法〔1〕、北京师范大学“各美其美、美美与共”公寓管理与服务理念的践行〔2〕、东南大学“于情智交融中涵养‘至善’情怀”的探索〔3〕、中国科学技术大学校园服务中“隐形课堂”的建立〔4〕、中国海洋大学

实”，载《光明日报》2016年3月27日，第1版。

〔1〕注：在清华园里，学生公寓不仅承载着生活、育人功能，还被赋予了文化交流与传播的使命。比如，“安全、健康、文明、自立、优雅”是清华大学培养学生生活素质的教育目标，社区课堂、心灵说吧、清博缘等一系列能在生活细节上对学生进行引导和指引的品牌活动被举办，从而，不仅锻造了学生“自强不息”的生活素质，更涵育了学生“厚德载物”的精神品质。通过留学生与中国学生同住一个楼这样的载体，很好地提高了中外学生的国际视野、跨文化理解力。参见邓晖、李明然：“斗室中的清华精神——清华大学宿舍文明建设纪实”，载《光明日报》2016年4月8日，第1版。

〔2〕注：北京师范大学在学生公寓文化建设过程中，通过构建全方位、全时段的成长环境，促进学生全面、个性、自主、可持续发展。比如，通过对由四座楼房合围而成的学生公寓进行“学而书院”的命名（其名称寓意为倡导学生以终身学习为乐事，注重品行修养，不断完善自我，承担社会责任）；通过“学风在我领——学霸寝室养成计划”主题活动的开展；通过以“和谐在我寝”为主题的和谐宿舍关系工作坊创建，以及以“温暖在我心”为主题的“宿舍创意作品大赛”等，公寓文化在点滴瞬间积淀。参见靳晓燕：“各美其美美美与共——北京师范大学构建文化育人的宿舍环境”，载《光明日报》2016年4月9日，第1版。

〔3〕注：在东南大学的管理者看来，大学生公寓不是单纯住宿的地方，它也是一种情智的聚合之地。围绕“止于至善”的校训，东南大学很早就开始了探索具备“至善”情怀的“卓越性”教育。首先，学生可以自选宿舍。这样虽然增加了公寓管理与服务的难度，进行但有利于传帮带的形成，有利于打破年级和专业的间隔，有利于学生在这种差异化中进行“二次学习”，使其思想在摩擦碰撞中“止于至善”。其次，公寓楼呈“四合院”式建造。走入东南大学的学生公寓楼群，四栋宿舍楼围绕庭院向心而筑，独立的院落门厅、独特的庭院景观、宽敞的活动场地随即映入眼帘，俨然一座“四合院”。在这样的建筑布局下，坐落在同一院落的宿舍不仅承载着生活、育人功能，也被赋予了文化交流的使命。这些与东南大学追求卓越、沉潜研究的精神品质相辅相成。参见郑晋鸣、张莉丽：“于情智交融中涵养‘至善’情怀——东南大学学生宿舍文化建设纪实”，载《光明日报》2016年4月21日，第7版。

〔4〕注：中国科学技术大学通过软、硬环境建设，使学生公寓管理和服务在育人过程中起到了“隐形课堂”的作用。首先，大力做好人性化居住硬环境建设。典型例子是，在20世纪80年代，即使经费紧张，中国科学技术大学仍率先为学生宿

"海味"学生公寓文化的开创[1]、四川大学对宿舍文明建设的探索[2]，尤其是香港大学对"三嫂"授予"名誉院士"的举动[3]。这些高校形式多样的探索和实践，让我们知晓，完善的

舍安装暖气，后来才为教工宿舍安装暖气。新建公寓楼，除了生活设施一应俱全，阅览室、活动室等公共活动空间也配套齐全。其次，优化学生公寓管理与服务体制。中国科学技术大学在2014年将学生社区服务中心正式划归学校保卫与校园管理处，"优质服务+安全管理"的模式得到了确立。最后，通过"文明宿舍"评比、毕业生绿色驿站交换平台的搭建、楼长制的引入等，良好的育人软环境被建立。参见李陈续、刘爱华："中国科大：校园服务中的隐形课堂"，载《光明日报》2016年4月13日，第1版。

〔1〕注：在中国海洋大学，海的印记随处可见。比如，在鱼山校区，依山望海、清静优雅，海洋馆、科学馆、金海苑、银海苑等一座座历史悠久、弥漫着海洋气息的馆舍分外引人注目；在崂山校区学生生活区，南海苑、北海苑、东海苑……每一座公寓楼都脱离不了"海"。在公寓文化建设过程中，有反映公寓生活的宿舍文化报《港湾》定期出版，有与学生面对面交流"主任接待日"平台的确立，有"一院一品牌、一楼一特色"的海洋文化长廊建设……"海味"文化熏陶，使海大的学生们形成了海纳百川的胸襟气度，涵养了谋海济国的情怀，无论走多远，都不会忘记建设海洋强国的使命与担当。参见刘艳杰、冯文波："中国海洋大学：谋海济国的青春情怀"，载《光明日报》2016年4月18日，第6版。

〔2〕注：在百年川大的定义里，学生公寓是大学生生活最重要的物理空间，更是对65 000名学生进行文化建设、人文关怀、社会适应能力培养的舞台。学校将浓浓的关怀渗入其中，将公民意识培养贯穿其内，将人文创新素养蕴含其里，构建起学校全员、全程、全方位的育人氛围，涵养出团结友爱、整洁美观、舒适温馨如家庭般的宿舍文化。首先，学校聘请刚退下来的副教授以上职称的教师或学校领导作为"教导员"，发挥对学生进行人生观指导、情感交流、就业引领的作用，同时也成为家长、学生衔接的纽带。其次，在公寓楼成立自治组织社区委。最后，通过每年举办"寝室文化节"、每两年"百佳寝室"评比等活动，促使川大近千个社团也渗入学生生活中，使学生的青春更加健康、更加精彩。参见李晓东、危兆盖："让青春更健康更精彩——四川大学宿舍文明建设纪实"，载《光明日报》2016年6月15日，第5版。

〔3〕注：2009年9月22日，香港大学向一位四十四年（从29岁到73岁）如一日在大学堂宿舍为学生做饭、扫地，时年82岁、名叫袁苏妹的老太太颁发了名誉院士。港大人一直称呼这位因其丈夫在兄弟中排行第三的老太太为"三嫂"。她因为"手艺很好"以及"拎出个心来对人"，被一届届学生认可和记忆。她能煲汤给"半夜刨书"的学生补脑、煎一碗凉茶使高烧不退的学生"茶到病除"、制作"宿舍之

高校学生公寓文化建设，既要讲共性，也要讲个性。

三、九所高校学生公寓文化建设可以借鉴的经验[1]

（一）高校领导重视、部门联动配合、强力推进工作

任何一项工作的有效推动及运行，体制科学，机制合理是

血”饮料（由生抽、老抽、番茄酱、豉汁、胡椒粉、辣椒酱混制而成）、制作让一届届学生聚会必回味的马豆糕和大西米红豆沙……她不仅“珍惜眼前人”而且能记住每个旧生的名字，有男生甚至称，三嫂至今还记得他们大学时历任女友的名字……她一直“以自己的生命影响大学堂仔的生命”，以致每年新生都要学习的宿舍之歌中唱道：“大学堂有三宝，旋转铜梯、四不像雕塑和三嫂。”这近乎“一个传奇”的普普通通老太太让港大校友念念不忘，终于在2009年1月被“全票通过”授予“名誉院士”。23日，旧生们振臂簇拥中的三嫂被《苹果日报》头版以整版报道，香港报章几乎都能找得到三嫂的照片（参见支持港大网，http://www.giving.hku.hk/tc/index.html，最后访问时间：2017年7月13日。）

〔1〕注：除了对前文九所高校的调研，笔者还曾为了近距离观察我国台湾地区的高校在校园文化建设，尤其是在公寓管理与服务方面的经验，参加了对我国台湾地区的东吴大学、台湾“清华大学”、实践大学、东海大学的走访。直观的感受主要有三点。首先，我国台湾地区高校的管理人员的综合素质都比较高。他们在对学校相关政策的解读上，非常熟稔。这不仅反映出他们的责任心，更反映出他们对学校工作的热情，达到了真正“爱”的程度。如果我们从事后勤工作，尤其是公寓管理和服务的工作人员，不仅个人素养非常高，有从事相关工作的执行能力，而且责任到位，热情澎湃，时时刻刻想到的是“我要工作”，而不是“要我工作”，化被动为主动，达致“百炼钢化为绕指柔”的程度，我们的学生公寓文化建设工作必然效率提高、效用提高、效果也提高。其次，所到四所高校校园环境，包括学生公寓区域的环境都很整洁有序。所到的几所高校，不管是处于闹市区还是郊区，不管面积或大或小，都非常干净。这诚然与我国台湾地区的天气——常常有大雨有关，但与所有在校人员注意环境卫生的维护的素养定然也分不开。在这些高校的显现位置，一般很少见到垃圾箱。他们的建筑不突兀，更没有浪费土地之嫌。比如，在实践大学，该校的校园规划非常具有本校专业特色，而且，在寸土寸金之地，他们能够向空中“诉求”运动场地，成了我国台湾地区校园一景。在实践大学，我们看到令人惊讶的一幕：在经受那么大的雨水滋扰之后，那么多学生在上电梯之时，仍然是那么整齐有序。在东海大学，我们注意到，即使他们的校园是那么的广大，停放摩托车的地方离办公或就学场所是那么远，摩托车仍然是那么有序地被停放在停车场上。可见，我国台湾地区高校管理校园的理念、建筑校园的思路都是值得我们借鉴的。最后，在公寓文化建设上，注重培养学生从“弯腰”开始。培养什么样的学生才算是成功的培养？抽象地说，只要是有益于社会，给社会传导出的正向价值远远大于负面清单则应该可称得上是成功的。为此，具有独立完善的人格应该是一个很重

必要的。高校学生公寓文化建设也是如此。只有领导重视，学校各部门之间密切配合，学生公寓管理与服务工作才能取得理想效果。当然，这样的重视和配合必须有长效的制度依据或组织模式作支撑。比如，南昌大学和厦门大学两校学生工作处都有专职对口和衔接公寓管理的副处长，同时，都在公寓管理和服务部门派驻学生公寓学生管理办公室，强化对学生在宿舍生活的规范和管理。这一模式能把公寓管理部门的评价纳入学生在校综合表现评价体系之中，从而使得学校对学生的综合评价更客观、公正。同时，也最大限度约束和规范了学生在宿舍的不良行为，避免了有些学生生活在一个屋檐下，学业和生活表现截然不同的尴尬局面，充分释放并发挥了公寓管理部门在教育育人、管理育人和服务育人中应有的功能和作用。华侨大学的学生公寓管理由学生工作部专职副部长统筹，按园区管理

要的衡量标准。独立，不是茕茕孑立，也不是独善其身，而是有自我之思，非人云亦云；完善，是指能把自我与他人实现思辨统一，要把自我价值的实现与社会价值的实现达到有机融合。这是培养合格人才的前提。人才，首先是“人”，其次是“才”。“才”的标志往往是专、偏、精、独特、有个性；“人”的标准则常常是有让渡、有包容、自尊与尊人。在我国台湾地区高校的学生公寓文化建设的主导者看来，如果用一幅有关“腰杆”的素描来描绘“人”与“才”之间的区别，前者是“弯腰”的，后者则是“昂首”的，昂首容易弯腰难。他们认为，高校的教育乃至任何一种文化建设，目标要考虑到个体的需求，更要着眼于社会的整体长远利益。为此，成功的教育首要的一点就是应该让学生学会“弯腰”。他们说，这既是中华传统文化中“仁”“爱”等有价值的思想给他们的启示，也是现代社会城市生活多元价值观并存的现实给每个个体提出的要求。为此，在通识（博雅）教育中，他们要求学生从入学之始，就承担一定的与其年龄相匹配的责任，比如，承担打扫公寓卫生之责，学会“弯腰”。总之，总体上感觉，我国台湾地区的相关高校在管理和公寓文化建设上，是我们大陆高校在管理上、在人才培养上要注意借鉴的。我们不能因为担心学生家长的（估计是个别的）反对或不理解，因担心舆论的喧嚣就踟蹰不前。在习近平总书记视察中国政法大学提出“立德树人，法德兼修”的殷切期望之后，我们诚然要总结自我以往的经验，吸纳其他地区高校的办学经验。不过，与大陆地区高校可以说是同根同源的台湾地区高校的相关经验更是值得我们思考吸收。

相关工作。

（二）人员配备合理、职责任务明确、营造和谐氛围

在学生公寓管理与服务的队伍建设上，必要的人员梯次配备以及明确的职责划分，才能激发大家的工作积极性和创造热情，营造良好、和谐的工作氛围，确保为学生服务的战斗堡垒充分发挥作用。调研的九所高校学生公寓管理部门事业编制充足、人员学历层次较高、年轻化优势明显。他们针对公寓管理的科室设置精准、健全，人员职责清晰明确，同事之间工作和谐相处，大家在自己职责范围内，人尽其才，各负其责，努力工作，极大避免了因职责不清、推诿扯皮而产生的冲突和矛盾，激发了大家的工作积极性和创造活力，让每一位职工都能心情愉悦地投入到公寓服务与管理工作之中。

（三）因地制宜规划、强化特色管理、共创服务精品

学生公寓文化建设，一定要从学生公寓建造选址及设计之时就有意为之。比如，以南昌大学前湖学院公寓和厦门大学凌云学生公寓为代表的两校学生公寓群体，充分因地制宜地进行了规划设计，并且根据不同学科专业进行个性化管理，最大限度地把楼内设施的日常运营和管理交给学生自己完成，一方面节约了运营和维护成本，培养了学生生活和服务管理能力，真正体现了服务育人和管理育人的职能；另一方面，也要努力营造精神内涵丰富的公寓物质文化环境，形成对公寓员工具有凝聚作用的工作环境、对学生具有陶冶作用的育人环境。例如，可以通过加强楼宇空间布局规划和环境设计，在绿化美化净化亮化公寓环境的同时，使公寓区域内的道路、建筑、绿地、树木、人文景观等达到使用、审美和教育功能的协调统一。

第三节　学生公寓文化建设中西比较：住宿学院视角

笔者对上述高校在公寓文化建设方面的实证研究，印证了当下的学生住宿模式主要有住宿学院制、生活区集中住宿模式、大学生服务中心模式以及校内学生集体宿舍和校外租房并存模式这四种模式。[1]本节重点要谈论的是住宿学院制。21世纪初期，我国内地一些高校在继承了中国古代传统书院制度的基础上，参考了国外住宿学院的一些措施，形成了以住宿为核心的住宿学院制学生管理模式。这种模式有别于我国传统的院校两级学生管理模式，主要以学生宿舍为管理平台来实现促进学生发展的目标，其实质是一种学生住宿社区管理模式的变革。[2]在西方，“住宿学院制”作为剑桥和耶鲁等世界一流大学的学生住宿模式是其一流人才培养的重要“隐性力量”。[3]比较中西方住宿学院的产生背景、管理模式和运行机制，对于全方位推进公寓文化建设有着积极的意义。

一、中西方住宿学院的历史溯源

在中西方教育历史中，我们均能找到教育形式以住宿学院为特征的大量文字记载，只不过在历史的阴差阳错中，住宿学院的发展境遇却大相径庭。

---

〔1〕参见李玉民：“国外大学生住宿及思想政治工作典型经验的研究”，载《天津市教科院学报》2001年第4期。

〔2〕参见黄厚明：“书院制与住宿学院制高校学生管理模式比较研究”，载《高等工程教育研究》2010年第3期。

〔3〕参见谷贤林：“导师制·午后茶·住宿学院与一流大学的人才培养”，载《比较教育研究》2003年第9期。

前文已述，中国古代的“书院”出现始于唐朝，主要是负责校勘、典藏书籍之场地。五代十国开始，书院增加了私人授徒讲学的教育功能，教授的内容包含了高等教育、基础教育、应试教育和素质教育等多层次的教育内容。古代书院介于公学与私学之间，虽然其与现代意义的大学书院在外在表现上不太一致，但在办学精神和发展方向及教育目标上却有相同的地方。古代书院因系统性的课程、导师制度、集中住宿学习等特性，蕴含了广泛而丰富的内容，包括人文、历史、语言、科学以及生活教育、团体互动、品格养成等内容。因此，书院是具有生活及学习功能、作为师生互动与交流的场所。

西方住宿制书院最早可以追溯到1284年。当时，一位英国主教对贫困学生进行收容，使用两幢旧房子作为他们的宿舍，供他们饮食起居。因为住宿，必然涉及服务和管理方面的各种问题，于是，一系列管理制度被制定，也使书院具有了教育与训导功能。剑桥大学住宿制书院的雏形由此诞生。随着时间的推移，到了中世纪后期，书院便不再仅仅是一个宿舍，而逐渐成了师生一起学习生活的地方，书院的自主性增强，逐渐成了有一定自治能力的学术共同体。[1]此后，哈佛大学也效仿剑桥大学，于1642年建立起了著名的“老学院”。到了20世纪30年代，耶鲁大学学生大幅增加，师生、学生间关系逐渐疏远，“耶鲁精神”受到冲击。在此基础上，耶鲁亦仿照剑桥大学建立起了住宿制书院，并逐步成为耶鲁大学的主要教学模式。[2]

可见，无论是东方还是西方，住宿是书院制的共同特点。

---

〔1〕 参见袁文芳：“剑桥大学学院制研究”，湖南师范大学2014年硕士学位论文。

〔2〕 参见董应龙：“西方住宿学院制对我国高校宿舍制度与文化建设的启示”，载《教育探索》2014年第10期。

鉴于本书的第三章第一节曾对中国古代书院进行了全方位多角度的介绍，此处不再详述。

二、当代住宿学院的中西方实践

我国高校现行的书院制探索，始于21世纪初。2000年，北京大学元培学院为了适应学校人才培养模式改革，对学生的招生、培养和管理按住宿学院模式进行，算是21世纪首开对住宿学院制探索的先河。不过，于2005年成立志德、腾飞、克卿、任重四个书院的复旦大学却被认为是国内最早按照住宿学院进行学生相关管理的高校。同年，西安交通大学试行书院制学生管理模式。之后，华东师范大学、华东理工大学、汕头大学、上海大学、南京邮电大学等均试点并成立住宿学院。清华大学清雅书院于2014年按住宿学院模式开始运行。据不完全统计，现在国内高校的住宿学院达到100多个。概括说，我国高校的住宿学院兴起并非一时心血来潮，也并非照抄照搬国外知名大学住宿学院制的现成办法，它们的发展和完善是结合了国内目前公寓管理和学生特点的实际情况，与西方住宿学院在规划设置、发展过程、管理模式、成员参与等方面存在差异。

第一，公寓功能定位与内部配置存在差异。从公寓功能设计角度看，在国内高校内部的各个系统还未能形成对公寓育人重要性和可行性的共识之前，在公寓的规划、设计以及管理的各个层面还止步于居住的功能。这种背景下，国内住宿学院建设的可能后果，就是在住宿学院的功能和要达到的目标在不同的校园群体中有不同的认识。同样在北京大学，对于元培住宿学院的认识，在学校不同院系学生和元培学院学生，以及元培学院学生内部都有着不同的看法。对此，通过知乎搜索一下有关元培和元培住宿学院的一些帖子和跟帖内容，它们非常生动地反映了这个问题。[1]在元培学院官方主页的学院简介一栏，住宿书院制是与自由选择专业和课程、交叉学科专业、前瞻性课程体系、通识教育基础课、弹性学制、入学教育、全方位导师制、国际交流平台等并列作为元培学院的特色予以介绍的。在住宿学院制下的总体介绍中，有关“元培学院逐步建立起适合中国国情的住宿学院制度，配备国内领先的住宿条件，包括图书室、讨论室和公共休息区，并积极推进书院文化建设”的概述，只是较为凸显注重硬件条件建设。[2]

国内因为学生数量庞大和国家要求大学为学生提供统一住宿的硬性要求，致使我国高校公寓在硬件条件和配套设施的完备及先进程度上与西方国家有所不同。即使是21世纪所建的学生公寓，其内部格局也多为筒子楼式的居住单元，楼内会客、娱乐、自习及教学场所在设计中先天不足。不过，前文已提，我国高校学生公寓的住宿费用一般保持在每年1000元左右的水平，属于福利性住宿。

相较于我国高校学生住宿的福利性质，西方国家的高校住宿收费一般参照了市场的规则，而且因为校内住宿在距离、内部条件等方面的优势，其收费往往会比在社会租房的租金更贵。同时，就中西方某一个具体高校来说，它们所能提供给学生的住宿空间的量没有多大的差别，但因为后者的需求量小，并且还有近60%左右的学生必须到社会上租房居住，这就为

---

〔1〕参见“如何评价北京大学元培学院35楼宿舍被征用安排其他院系同学入住?”，载https://www.zhihu.com/question/64456827/answer/221699511；“北京大学的元培学院现状如何?”，载https://www.zhihu.com/question/21313742，最后访问时间：2017年7月15日。

〔2〕参见北京大学元培学院，http://yuanpei.pku.edu.cn/category.php?cid=1&scid=7，最后访问时间：2017年7月15日。

其学生住宿空间的设计和风格选择提供了充裕的可能，即质的提高有了保障。所以，在西方的住宿学院，在设计之初，他们就能够从整体系统的角度考虑到育人的方方面面，建筑以外的景观暂且不论，仅住宿楼就能包含了如小型图书馆、健身房、会客厅以及餐厅甚至厨房和影院、游泳池等。如在哈佛大学，每个住宿学院内部都设有图书馆、餐厅、阅览室、健身房、休息室等；耶鲁大学的每一个住宿学院都设有图书馆、计算机室、沙龙屋、游泳池和其他健身娱乐活动场所。

国内高校中，较早实行住宿学院制的复旦大学，其书院内包含讨论室、阅览室、导师咨询室、信息网络室等活动场地。西安交通大学不同的书院的配套设施有所不同，活动场所有机房、会客室、阅览室、谈心室、讨论室、多媒体室等。而在办学经费相对较为充足的北京大学的元培学院，在实行住宿学院之初，有意识地增加了楼内的公共交流和教育学习空间，但也不过是在其原来的住宿楼内调配几个房间直接用来作为学生的自习室和导师工作室和交流室。在后勤社会化的大背景下，为了考虑尽可能地压缩运行成本，后勤系统对于这种安排也有着自己的想法。这种情况直到北大在改造原来的35号楼后才有所好转，但也只是增加了一些读书和交流空间。而且因为学校年年扩招导致的住宿紧张，35号楼除了元培学院的学生，偶尔还会入住其他学院的同学。

可见，中西方高校的住宿学院，所能提供给学生的硬件条件是有差别的，所能提供的相关服务也是有差异的。

第二，在办学特点和培养效果方面存在差异。国内住宿制书院的发展一方面有国内素质教育呼吁高涨的因素；另一方面，也有在高校扩招和后勤社会化、住宿福利化的背景下，高校学生的住宿问题引起强烈关注的因素。这与西方国家住宿学院兴起的背景有相似之处。两者均是从重视和挖掘学生宿舍的隐性教育功能出发，将其作为教学之外的教学场所进行延伸，从而实现自己的教育理念。但在实践过程中，因为中西方高校实践住宿学院的时间阶段不同，实际的效果有一定的差异。换一个角度，如果我国大学生可以自主选择住宿学院，其主要考虑因素还基于国内的住宿学院可以自主选择专业以及住宿学院可以提供相较于其他宿舍更好硬件条件的原因。也就是说，国内的住宿学院虽然希望通过提供通识教育与博雅教育课程和自由的选课计划，从而打破原有按照专业、按照学院进行管理的藩篱，为学生的全面发展和通识教育的开展提供良好的平台。但由于历史上院系不仅是行政和教学单位，还是学生管理和安排学生住宿的单位，所以，在宏观层面上，如果学校的住宿学院只是小规模开展，通识教育课程在院系体制下往往容易成为内容浅显的花瓶和点缀，达不到预期效果；其全过程、全环境、以人为本的"全人教育"的理念通常会被不少学生误认为只是提供了更好的"居所"，从而产生"换汤不换药"的误解。这种情况下，对于进入住宿学院的学生很有可能在选择学科专业时很难产生向外看的敏感与走出去的勇气，仍然像以往一样难以产生对其他学科的好奇与敬畏；原有大学教育"专业视域"和"知识视域"的局限就很难被打破，建立住宿学院的目标则就很难实现。而国外，住宿学院从最初的居住场所演变为许多世界一流大学不可分割的组成部分的原因，一方面，是由于长期的实践经验积累与适当的摸索调整为住宿学院克服种种困境与挑战，并大范围扩张提供了充分的时间资本；另一方面，在很大程度上也正是由于书院在与学院的平衡过程中，剥去了教学科研的职能，学生入校便有自由选择专业和课程的权利。选择住宿学院对于新入学的学生而言，不仅是选择一种住宿环境，更是选择一种培养模式和培养过程。他们所选择的依据便是各个住宿学院独具特点的传统个性文化和其所能提供的个性化成长服务。

第三，在管理模式和运行机制上区别明显。中西方住宿学院共同的一点都是以住宿区为平台进行学生教育和管理。比如，诸多美国名校都非常重视学生的住宿生活，为公寓配备能为学生发展提供帮助的服务项目，把住宿生活服务过程纳入学校教育计划，把住宿教育作为能为学术提供支持的不可或缺的内容。我国高校建设住宿学院，更是在宿舍基础相对薄弱的现实情况下，选择依托原有宿舍片区，并在原有宿舍管理模式的基础上进行试点和运行。北京大学、复旦大学、西安交通大学、南京审计学院等高校均是如此。但因为中西方国情及教育机构性质的不同，表面上看，中西方均设置了相应的机构，也均有相应的运行机制保障，但实际运行过程中的效果存在差异。就所负责的主要工作来看，国内的住宿学院侧重点还放在开设各类通识教育课程和其他学科课程，比如，清华大学清雅书院就是将课程设置中的通识教育+专业教育（含跨学科交叉专业）作为其工作中的重要内容，将专业化的学术教育和常识化的通识教育集于住宿学院一身。这种模式下，住宿学院的人、财、物仍然属于学院。这种住宿学院大部分仍建立在我国传统的校院两级学生管理模式的基础上，住宿学院的相应管理机构很大一部分直接由原来的学工系统人员转化而来。所以，从工作隶属上，后者仍必须服从学校层面负责学生工作的机构。即是说，我们的住宿学院，在学生管理与培养体制上，与当下我国高校普遍实行的校院两级管理模式是等同的。我们的住宿学院往往是落脚于某一个具体学院（即使专业设置和选择有了灵活性），书院的管理和教学的管理都统一落实于学院。

相反，世界上绝大多数顶尖大学所采用的住宿制书院制度，都是“书学分离”的模式。这种分离是指，将纵向的专业化的学术教育赋予学院，学术课程之外的教育以及为其发展提供咨询指导和服务的职能则由住宿学院承担。学院和住宿学院之间保持相对平等的关系，并相互协调合作以帮助学生实现发展目标。就管理机构而言，哈佛、耶鲁等西方高校，在住宿学院内部都设立了完善的组织管理机构。哈佛大学的每所住宿学院都设舍监、高级导师、导师和工作人员四层组织机构；耶鲁大学的 12 所住宿学院内部均设有住宿学院院长、教导长(学监)、学院院士、生活顾问等管理人员。但在此之外，这些学校还设有非常完善的学生事务中心，事务中心可以全方位地提供相关服务内容，这些工作人员和住宿学院的管理人员一样均需具备较高的专业化水平和较高的职业素养。专职的管理人员一般都是硕士以上学历，一般也都有较强的责任心和敬业精神。我国实施书院制的高校也设立了相应的组织管理机构。如北京大学元培住宿学院内设导师、辅导员、楼长和元培楼管理委员会（以下简称楼委员）等管理人员；复旦大学的书院内设有学生工作办公室、学生事务管理职能室、党建职能室、大学生导航中心、队伍培训管理职能室等机构；西安交通大学书院内设学业导师、常住导师和提供后勤保障服务队伍三支队伍，对学生进行思想政治教育、心理健康教育、学业引导以及行为养成教育等。西安交通大学书院的组织机构由负责学生思想政治教育工作的常任导师、负责学业辅导的学业导师和提供后勤保障服务的公寓管理员组成。但是，长期以来，我国高校学生的宿舍管理主要停留在后勤保障方面，在学业、就业及生活方面的咨询指导都是由专门的学生工作部门负责，如果仅依靠现有的公寓管理队伍去承担住宿学院的相关职责，则必然会影响到住宿学院中学生发展功能的实现。因为，现有的高校公寓管理队伍人员素质还是有欠缺的，相比现有的学生工作队伍人员素质还是有待提高的。对应地看，即使是笔者曾实地调研有中西合璧意味的澳门大学郑裕彤书院，发现其负责安保等后勤保障的人员都是经过专业培训和选拔的菲律宾籍人士。可见，中西方住宿学院在管理模式和运行机制上是有差别的。这种差别自然会影响到住宿学院作为一种制度实行，不同的地方，效果显现不一。

第四，学生自治和文化活动各有千秋。中西方住宿学院在发展和运行中，均重视引导学生参与治理、发挥作用。住宿学院将有不同专业兴趣和不同生活背景的师生纳入同一住宿空间居住，在保持书院内部高度多元化的同时，通过开展丰富多彩的文化活动，为他们提供交流和碰撞的机会，来达到实现其住宿教育和促进学生发展的目标。在剑桥的住宿学院，来自各个专业领域的学生会开展辩论、讨论组、体育活动和志愿者活动等诸多活动，这为学生和老师们之间的交流提供了诸多的机会。[1]哈佛大学每个住宿学院都开设辅导课程和小班课程，各住宿学院都形成了自身的特色和传统风格，经常举办音乐会、演讲、表演、社会服务、特殊宴会和晚会等活动。耶鲁大学的每个住宿制学院根据自己的特色组建不同类型的学生团体，如读书会、诗社、体育俱乐部、音乐演奏队、政治活动小组等；耶鲁大学新生在入学时，会有住宿学院的管理人员统计他们的兴趣爱好、生活背景、家庭情况等信息，按照书院内部多元化和书院间相互平衡的原则，将学生随机划分入

〔1〕参见黄厚明："书院制与住宿学院制高校学生管理模式比较研究"，载《高等工程教育研究》2010年第3期。

不同的书院。[1]然而，这样的安排在增强了学生接触范围广阔性的同时，也因为学生的异质性的增加，使得学生间的矛盾冲突有所上升。为解决这一问题，许多大学采取了与学生签订住宿协议、辅之以书院工作人员参与协商调解的措施。例如，哈佛大学要求学生尊重舍友的生活习惯、文化信仰，当书院成员的相处出现问题时，由书院工作人员与学生共同解决。此外，书院还与学生签订了相关的协议，协议明确了书院在学生宿舍的分配、管理、成员更换上的相关权力，以保障出现问题时书院有能力采取有力措施进行解决。

我国的书院制建设增强了公寓作为第二课堂的育人功能。以学生公寓为依托进行书院制建设，要求不同专业的学生和年轻教师都居住在书院中，这种制度将教师指导和朋辈辅导纳入公寓，将有利于全面建设学生学习的“第二课堂”。但更多的高校因为种种现实的原因，公寓居住的人员虽然来自学校的不同学科和专业，但对于外国留学生，他们仍因为特殊的原因，不能与国内学生混住。北京大学的元培学院也只是在 2016 年尝试首次将国内学生与国外留学生分配在同一宿舍，以帮助学生开拓国际视野，并取得了良好的效果。另外，我国的高校还有着思想政治教育的需要，比如，西安交通大学将学业指导和学生的思想教育相结合，将思想教育工作纳入课程计划体系，为学生制定丰富全面的培养活动，确保第一课堂的教育有效延伸到书院中，团建和党建等组织建设也成了书院文化建设的一部分。[2]在拥有亚洲最大规模的住宿学院的香港中文大学的每一

---

〔1〕 参见续智丹：“中外住宿学院制探索及启示”，载《教育教学论坛》2013 年第 32 期。

〔2〕 参见续智丹：“中外住宿学院制探索及启示”，载《教育教学论坛》2013 年第 32 期。

个书院都有着自己的特色文化，在新生入学前都会向其介绍书院的文化传统、规章、制度、行为规范等内容，并与新生签订“住宿契约”，以契约规范学生的行为，增强其自主管理的意识。[1]在这样的氛围下，学生接受着书院中环境潜移默化的影响，思想见识等都得到了极大的丰富。

三、北京大学住宿学院制的尝试

住宿式书院的核心元素为书院独立、导师制和师生交流。概括说，“美国大学继承了英国模式的一些内涵和形式，在学术和学生事务部门的配合支持下，以学生宿舍为平台，以学生活动为载体，建立起一种多元化的大众模式的住宿式书院”[2]。在亚洲高校中，住宿式学院并不普遍，但是近年来亚洲高校对于住宿式书院的创办热情逐渐增加。目前，中国内地高校的住宿式学院的设立呈现出两种模式：一是规模较大、覆盖全校本科生的大众模式；二是小规模的精英式住宿学院，学生与导师之间为一对一的交流关系。这两种模式都各存在优劣之处，如何实现资源的公平分配以及形成密切交流的环境，是仍然需要考虑的问题。

2011年8月，北京大学元培学院开始在36号楼实现集中住宿，住宿式书院的探索在北京大学进入实践阶段。36号楼作为元培学院学生专用楼，每生一年价格为1020元，相比于其他校内宿舍有其自身特点：所有元培学院的学生，不论年级、性别、国籍、专业方向，都居住在同一栋宿舍楼内，由元培学院和学生自主设立的楼委会来进行统一管理，公寓服务中心协助有关物业工作。

---

〔1〕 参见田辉等：“香港高校学生工作的特色及启示”，载《北京教育（高教版）》2006年第9期。

〔2〕 余小明：“英美住宿式书院的发展和演变以及对我们的启示”，载《现代大学教育》2015年第1期。

对于男女混住这一规定，学生们普遍持有正面的态度。学生的积极评价有三个方面的原因：一是因为学校会在男生楼层与女生楼层之间设立了门禁制度，且在晚9:30之后禁止男生进入女生寝室，从而保证了男女生之间交流的安全性；二是因为36号楼内均为元培学院的学生，同学之间较为熟悉，平时交流很多，男生也可以在生活中帮助女生，因而不会产生陌生人间的尴尬状况；三是因为同住一个宿舍楼，为同一专业的同学增加了进行学术交流的便利性，自习室的设立更是保证了学习和讨论的高效率。

由于元培学院学生在低年级时并未确立专业，而在高年级进入专业后仍保持原有的行政班级，统一由元培计划委员会管理，所以，来自不同专业的学生混合居住，一方面增加了元培学院内部各专业的学生之间的生活交流，增加了学院内的凝聚力；另一方面也为不同学科学生的混合学习创造条件，丰富了学生的知识领域，营造出良好的文化氛围。对于这种混合居住的方式，一位元培的学生是这样回应的："虽然同一个宿舍都是一个院系，但是宿舍成员的专业方向可能不同，学的东西不一样，大家可以相互交流，虽然只谈学术可能聊不到一块儿去，但还有其他的事情可以交流。"

元培楼独特的居住方式，首先确保了同学之间有一定的社会交往，其次还拉近了同学之间的心理距离。同一宿舍楼的同学不再只是陌生人，更像是亲近的朋友，或者在学校里的家人。在访谈时，一位元培的学生就告诉我们："宿舍其实也是一个交流思想和感情的地方啊，自从有了楼委会，觉得整个宿舍都是一个家的感觉，就挺好的，不知道是不是因为我是一个不太想家的人，我觉得大家住在一起每天见到都是同院系的同学，我觉得挺好的。"日常交往的增多舒缓了在外求学的学生们心中的思乡之情，能够让他们全身心地投入到校园中的学习和生活中去。

在这样的日常住宿管理中，元培楼的楼委会起到了至关重要的作用。学生作为宿舍的主人，拥有对宿舍的硬件建设、管理方式、人员配备等情况的知情权和建议权，同时也能对与自身利益相关的种种政策，发表意见。“只有让学生广泛参与到政策决策过程中，才能发挥其自我教育、自我管理和自我服务的作用。此外，学生对参与决策的事项有无执行权，更是参与政策能否有效进行的关键问题。”〔1〕当然，“如果参与决策者虽有能力和兴趣，但决策后没有执行的权利，会影响到决策者的情绪以及下一次参与决策的积极性”〔2〕。

由于住宿式学院的特殊性，元培楼设立了自己统一的学生自我管理组织即元培楼管理委员会，其主要目标在于“保证宿舍环境，构建宿舍文化”，楼委会的组成人员为元培学院的学生。这种自我管理委员会是学生自我组建、自我管理、自我服务的组织，在管理宿舍基础设施和创建宿舍文化方面有着学校层面的后勤管理部门不具备的优势。正如受访的元培学生所言：

“在上面很难了解同学们的需求，你做每个活动都可能会有一些错位，这是一种结构性的错误，需要改变一些深层次的东西才能够做到。”

元培楼的楼委会是由学生自己报名参加的，楼委会成员对于工作有着极高的热情。他们既是普通同学的一分子，能够在日常生活中观察到宿舍活动的细节，结合切身体会，从同学的角度出发来解决问题和提供服务；他们也是宿舍内部决策的制定者和实施者，他们会主动、积极地组织寝室的文化建设活动，不仅服务了同学，自己的价值也得到了肯定。由此，元培楼的

〔1〕 房剑森：《中国高等教育：政策与实践》，青海人民出版社2002年版，第205页。

〔2〕 于文兴：“X大学宿舍管理实施研究”，华东师范大学2008年硕士学位论文。

楼委会形成了健康、活泼的工作氛围，宿舍的规定也得到了学生的广泛认可和支持。

在营造公寓文化方面，元培楼的楼委会则发扬了“我为人人，人人为我”的观念，呼吁普通同学参与到公寓文化的建设中，充分调动了同学参与的积极性，构建了相亲相爱的宿舍氛围。楼委会在2014年推出了公寓文化节，其中的“海报交换”活动就是通过宿舍内部设计海报、宿舍间交换海报的形式，促进大一新生之间的交流，为陌生同学提供磨合渠道；“微信传”活动则设置了宿舍风采的展示平台，通过邀请每个宿舍的同学制作微信推送内容，拉近同学们之间的距离，夯实大家对学院的归属感。在诸多日常活动及文化活动中，元培楼的学生是行动主体，负责提出自己的需求，并提供可能的实施方案，楼委会则是资源和能量的提供者，用于支持学生需求的满足。这种自我管理的方式所提供的日常服务，较为完美地贴合了同学们的需求，得到了同学的支持和认可。而在文化的构建过程，也有更多的同学被吸纳进构建的主体之中，参与文化构建本身就成为公寓文化构建的一部分。学生不但受益于文化构建的结果，还在参与的过程中培养起了对学院、对楼委会的参与感和归属感。

综上可知，元培楼的居住形式打破了传统宿舍楼中学生之间不熟悉、集体活动难展开的困境，在宿舍内容营造出其乐融融的归属感；学生的自我管理模式则将宿舍的管理权交到学生自己手中，赋予了学生责任感和使命感，激发楼委会成员的工作热情，促使其以认真的工作态度来服务同学。从这个角度看，北京大学住宿书院制的尝试——元培学院的建立及元培楼中的自我管理与自我服务，是值得目前北京大学其他学院学习借鉴的。当然，由于当下学校大部分学院学生宿舍的安排仍以随机分配为主要模式、宿舍楼的功能配备和空间设计等仍存在欠缺等，在北京大学校内推广元培楼模式绝不能“一刀切”，学校的公寓管理和服务模式还是应该注重多样化、贴合实际需求的发展模式。

总之，青年时期是一个人进行社会化的重要阶段，大学也是社会化的重要场所。大学生正处于心理发展的重要时期，宿舍作为大学生在校期间接触到的第一社会，对其发展和成长有着极大影响。从元培楼的“自助式”管理与服务特色来看，没有严格的宿舍长、辅导员制度，从而形成一种自由，甚至是“散漫”的公寓内的人际氛围，这可以说已是北京大学公寓文化的“底色”，这是我们在新时期探讨如何构建北京大学公寓文化必须注意到的一点。

四、对学生公寓文化建设的启示

从前文对中国古代书院的梳理，到对中国古代书院和西方住宿学院的实践比较，以及对北京大学元培学院元培楼自我管理与服务模式的梳理，我们可以发现，中西方住宿学院都是大学专业教育的有效补充，“合理的大学教育就是君子养成教育与专业技术教育之混合。前者为本，塑造大学生之健全人格；后者为用，教给大学生以生存之技术”〔1〕。钱穆在其“改革大学制度议”中谈道：“书院制所特胜于现行大学者，在其规模之狭小，师生有亲切之味，群居无叫嚣之习。若如鄙论，将来新大学以单设独立学院为原则，则庶兼二者之长，而无二者之缺尔。”〔2〕具体而言，我们可以从中得到如下启示：

其一，“完人”“君子”的教育理念贯穿始终。君子是一种

---

〔1〕 秋风：“今天的大学教育缺什么”，载《法制资讯》2013 年第 9 期。

〔2〕 钱穆：《文化与教育》，广西师范大学出版社 2004 年版，第 50 页。

卓越的品质，包括德行、治理技艺和威仪。君子意味着健全的心智，高尚的道德，从容的风度，以及处理人际关系的卓越能力等。北大中文系陈平原教授在说到中国传统书院教育对现代大学的影响曾概括为三种思路，“从教育体制考虑：（书院）对于中国学术思想多元化的贡献；从教育理念考虑：全人格教育、通识教育以及打破教育的实用主义传统；从教学方法考虑：强调独立思考、自学为主、注重师生之间的理解与沟通”〔1〕。而在西方住宿学院的建设者心目中，“教育不仅仅是知识的传授，更重要的是人格的培养，过分实用的教育不可能产生高层次的人才。自信心、责任心、组织能力和献身精神这样的素质，只有在良好的大环境中长期地潜移默化，才能够渐渐形成”〔2〕。即是说，中西方在设置书院，甚至进行住宿学院式教育的初衷是一致的。

其二，住宿场所在培养人才过程中的作用不容忽视。融教育、管理和服务为一体的“住宿学院制”在世界一流大学取得成功的实践提醒我们，我们的住宿管理与服务必须更新管理服务理念，树立“育人”的思想。传统的宿舍以学生住宿区为依托和平台，局限于居住功能的住宿小舞台，而通过物质文化、制度文化、行为文化、精神文化以及各方面资源的系统转化完全可以发挥协同育人的整体功效，开拓为全方位育人、全过程育人、全环境育人的大天地。当下，不少高校注重知识的实用化，忽略了学生健全人格和高度社会责任感的养成教育。住宿学院的建设应该强化学生的主体地位，强调平等融洽的师生关

〔1〕 陈平原：“大学之道——传统书院与20世纪中国高等教育”，载《大学何为》，北京大学出版社2006年版。

〔2〕 肖木、丽日编著：《普林斯顿大学》，湖南教育出版社1992年版，第126页。

系，主张“平等、互动、协商”的民主管理模式，采取大学生自治的运行机制，通过一系列的顶层设计和制度支持，使大学生管理从单纯的“管”转向立体的“育”，充分体现“人本”思想和“育人”的理念。在这种制度下，“学生彼此间相互学习获得的东西比从教师那里学到的东西还要多，作为一个群体，住宿学院给其每个成员的成长提供了无与伦比的机会”[1]。

其三，公寓文化建设是一项系统工程。其建设、传承以及发展，需要协调方方面面的资源，取得各个层面的支持，才有可能适应教育乃至社会的发展需要。从整体意义上说，我国住宿学院的建设必须充分挖掘公寓在育人方面的功能，将公寓在育人方面的重要作用提升到更高层次。当然，就公寓文化建设而言，它还是个长期系统的工程，非一朝一夕之功就可以完成。住宿学院制的发展不仅取决于住宿学院内部各种因素的有机结合，还取决于住宿学院外部甚至社会等资源的支持力度。尤其是在当前背景下，住宿学院如何做好与高校学术部门的衔接，如何处理好与后勤部门的关系，尤其是住宿学院制是否能完全避免传统学生管理模式的弊端，能否全面促进学生的个性发展等，这些问题均需要我们认真的思考。

---

〔1〕 转引自全思懋等：“剑桥和耶鲁住宿学院制模式对我国大学学生宿舍管理的启示”，载《高等农业教育》2005 年第 7 期。

第五章
高校学生公寓文化建设的现实路径及趋势应对

"路径"是指到达目的地必经的道路。相对"方法""途径"具有的是可能性，它强调的是必然性；相对"载体"具有物质性，它强调的是逻辑性。"路径是主体和客体的统一，是具体与抽象的统一。上重抽象理论，下承具体实践。"〔1〕即是说，路径、方法、途径和载体从本质上说，都是一种基于相对意义的论述。因为，可能性和必然性是相对得到最后结果的程度而言，在一定情形下会相对变化；物质性和逻辑性是相对于目标和手段的功能和作用而言，不同的目标和手段，对应的路径和载体随之有变。比如，针对高等教育的最终育人目标，大学生思想政治教育的存在与实施就是一种方法和途径，也是一种载体，在一定情况下，也是一种逻辑上的必然路径的选择。同样地，作为校园文化建设中的一部分，公寓文化建设相对育人目标来说，是一种载体，是一种可能选项，随着时代发展，它也越来越成为一种逻辑的必然。那么，相对学生公寓文化建设，可能性和载体必然很多，不可能论述穷尽，但是，我们可以对

〔1〕 杨建义：《大学生思想政治教育路径研究》，社会科学文献出版社2009年版，第22页。

其逻辑的必然——路径进行一番考量。

第一节　高校学生公寓文化建设必须坚持的原则

基于北京大学学生公寓文化建设的实践，可以看出，作为校园文化建设不可分离的一部分，公寓文化建设必须遵循其内在的规律，必须以学生为本，必须有正确的指导思想，必须有理论与实践，必须既要有创新也要讲传承等。为此，在建设过程中，应该遵循以下几个原则：

一、“一元主导”与“多样发展”兼容原则

套用“铁打的营盘流水的兵”，我们也可以说“铁打的公寓（学校）流水的学生”。这是一个变与不变的相结合。在当下，文化建设的目标是育人。为了做好育人工作，除了学校课堂教育提供给学生的专业知识和技能以外，学校还应该对学生的思想方向进行正确地指导。因此，在公寓文化建设过程中，社会主义核心价值观作为指导思想就是必然选择。但是，社会毕竟处于转型期，公寓内居住的学生分属不同的年龄层、专业，他们个人的背景兴趣和爱好不同，反映到价值观层面，则必然是前所未有的复杂化和多样化。因此，在公寓文化建设过程中，我们应该将社会主义核心价值观融入公寓文化建设，使大学生对社会主义核心价值观认知、认同，并且能在公寓学习和生活时期践行。对此，我们必须坚持“一元主导，多样发展”原则。

所谓“一元主导”，就是在社会主义核心价值观融入公寓文化建设的过程中，要坚持统一的指导思想与目标，保持学生公寓文化建设的性质与方向，即坚持马克思主义、毛泽东思想和包括习近平新时代中国特色社会主义思想在内的中国特色社会

主义理论的指导，坚持我国教育方针所确定的培养目标，坚持教育的社会主义性质与方向。所谓“多样发展”，是指在对公寓文化的认识和发展上，因有不同层次主体的存在，有不同表现形式的存在等，则需要包容和兼顾。也就是说，“一元主导”是指指导思想上的一元；“多样发展”是指文化发展上的多样。进一步说，在我国社会主义意识形态领域，马克思主义是“一”，这样的“一”因自身具有的实践性和开放性，因而能够面向非马克思主义的“多”开放，从“多”中汲取养分，使自己不断创造、发展、壮大。这样的“一”与“多”既是对立的、矛盾的、冲突的，也是相互依赖的、转化的、统一的。二者“是‘一’寓于‘多’、‘一’容纳‘多’、整合‘多’的辩证统一关系。它们既对立又统一，在矛盾中共存，在转化中发展”〔1〕。社会主义核心价值观融入公寓文化建设，因不同的主体对建设的目标、内容、方法等方面认识所显示的差异性、层次性，因而表现为“多”，而社会主义核心价值观则是“一”，起着“一元性”和“主导性”作用。不过，主导性源于多样性，又高于多样性，制约多样性发展的方向，否则，多样性就会迷失方向，陷于无序发展的混乱状态，其结果不仅冲击主导性发挥主导作用，也必然影响多样性的健康发展；多样性则以主导性为前提，推动主导性发挥主导作用，并丰富、服务主导性，否则，主导性就会显得孤立、单一，必定单调、乏味、枯燥，引起反感。

可以说，在校园文化建设领域，在改革开放之前，甚至包括在改革开放之后很长一段时间，在“一”和“多”的关系上，我们走过弯路。有的时候，我们只强调“一”，不讲

〔1〕郑永廷等：《主导德育论——大学生思想政治教育一元主导与多样发展研究》，人民出版社2008年版，第56页。

“多”——不仅只强调“一元”，甚至只允许“一样”；不仅排斥“多元”，而且拒绝“多样”。在那样一个时期，在涉及高校学生公寓文化建设方面，不仅有形的公寓楼建造的结构单一，没有特色，而且无形的公寓文化往往只体现在“吃饭、睡觉、打扑克”上。从根源上讲，这就是思想政治教育一元主导与多样发展在校园文化建设领域失衡的表现。这种失衡主要表现在主导性与多样性的分割性、片面性与矛盾性上。比如，在一元主导的片面性上，教育者在教育的过程中，所传授、讲解的内容是主导性的，但对主导性内容的讲解是概念化的、教条化的、标语化的。比如，极端的做法，是只把社会主义核心价值观相关内容张挂在公寓内某一面墙上就万事大吉。

因为，个体的主体性是有差异的，是多样的。虽然指导思想不能变，但学习的形式和途径可以采取多种形式。如果离开了社会实际多样性而陷于片面性的一元主导形式，与多样发展必然造成失衡和脱节，使教育在理性与感性上产生分离，使教育主体在认知、认同与践行上产生分离，在“知道”、“悟道”与“体道”上产生分离。对应地，高校学生公寓文化建设虽然应该以习近平新时代中国特色社会主义思想为根本指导，以新时期社会主义核心价值观为思想指引，但如果不考虑学生公寓除了有教育的功能，还有住宿和娱乐及发展的功能，就有可能僵化地将学生公寓仅仅作为传播主导思想的场所和平台，学生公寓则有可能被简单化地视为落实思想政治教育内容的一种工具。这对学生公寓文化建设应该包含多样性和丰富性来说，就是一种认识上的偏颇和实践上的失衡。这样的失衡和脱节如果不注意防范，使之仍然存在，则既会阻碍公寓文化多样化发展，也会抑制社会主义核心价值观主导性发挥，最终也会冲击思想政治教育的生命力与影响力。这样将使主导思想不仅失去理论的生命力与价值性，把它变成了“大话”和“空话”，而且造成学生对理论的疑义甚至反感，导致大学生在思想上产生迷茫困惑甚至思想混乱。

“一元主导”与“多样发展”并不是分割的两个独立个体，而是一体两面。在现实的不同领域、不同层面，“一元主导”与“多样发展”的表现虽然不同，但是作为一种原则，它们都是一致的。比如，在经济层面，要坚持公有制为主导，其他多种所有制并存；在政治层面，要坚持中国共产党领导，其他多种党派政治协商；在文化层面，即使面对不同文化的交会与激荡，也要坚持中华民族文化主导，同时也要借鉴外来民族文化优点、允许现代大众文化发展等；在价值层面，即使因社会其他不同层面的多种并存，也要坚持社会主义核心价值观作为主导，同时，允许不同个体有不同的个性化发展，有不同的价值取向；在校园文化建设上，尤其是学生公寓文化建设上，所有高校既要坚持主导思想根本不动摇，也要允许不同高校有不同的公寓文化建设，有不同的公寓文化表现。

进入21世纪，随着我国社会的转型和国内外形势的深刻变化，我国思想文化领域日益呈现出多元化发展趋势。面对中西方的对立和马克思主义与非马克思主义的斗争，在社会主义核心价值观融入学生公寓文化建设的路径选择中，我们更要坚持“一元主导”与“多样发展”原则。当然，我们要注意不能以多样性冲击、淹没主导性，使公寓文化建设中涉及学生的思想政治观点、立场呈现“中性化”“边缘化”，更不能以多样性否定主导性甚至更易主导性，使某一个公寓文化统帅下的学生思想和行为呈现“西方化”“复古化”。为此，我们需要在“融入”的过程中做到“三个统一”，即“坚持弘扬主旋律与提倡多样性的统一，坚持先进性和层次性的统一，坚持整合性和开放性的统一”[1]。比如，针对主旋律来说，不少人一听到“主旋律”就以为是“刻板说教”，可见，他们“不是不爱主旋律，是不爱被说教”。其实，“所有以正确的世界观、人生观、价值观，展示真善美，鞭挞假恶丑的作品都是主旋律作品。所有弘扬时代精神，表现社会和人生积极健康、和谐有益的题材、内容、思想和情感的作品、所有表达积极向上的人生态度，传达美好情操的都是主旋律作品”[2]。这事实上也是把“以科学的理论武装人、以正确的舆论引导人、以高尚的精神塑造人、以优秀的作品鼓舞人”的号召落实到了实处。

同时，坚持“一元主导”与“多样发展”并重原则，也是当代青年学生的特点决定的。当下，以“90后”“00后”为主体的当代大学生，相比当年的“70后”和“80后”大学生，有了显著的独特的代际特点。即他们具有鲜明的时代性和前卫性。

一般来说，与被称为“迷惘的一代”的“70后”和被称为“垮掉的一代”“鸟巢一代”的“80后”相比，“90后”“00后”大学生在当今面对的生活方式选择更多样，面临的价值冲击也更多元。现阶段，我国的社会结构以及人们的思想观念、思维习惯、行为方式、生活方式等都发生了深刻变化，“四个多样化”即“经济成分和经济利益多样化、社会生活方式多样化、社会组织形式多样化、就业岗位和就业方式多样化”[3]逐步形成。因而，在思想文化领域一元多样的思想文化格局就成为必

---

〔1〕宁先圣、石新宇：《社会主义核心价值体系与当代社会思潮》，社会科学文献出版社2011年版，第119页。

〔2〕王滨：《思想政治教育环境论——大社会视野下的思想政治教育》，同济大学出版社2011年版，第185页。

〔3〕石书臣等：《主导论：多元文化背景下的高校德育主导性研究》，人民出版社2011年版，第81页。

然趋势。社会的深刻变化导致当代大学生在价值取向上多元分化，在价值行为表现上趋向分离。

相反，我们以经历“文革”之后的20世纪80年代的青年群体思想状况为坐标，发现这两代青年群体的思想特点既有相同点，也有不同点。

20世纪80年代，青年群体急需新的心理补偿。随之，清新的歌曲、迪斯科、喇叭裤、蛤蟆镜等掀起了一波波风潮。这些看似彰显了时代青年的个性，但让他们对现实更加困惑。在这种困惑的氛围之下，“潘晓来信”〔1〕终于引发一场社会性大讨论——“人生的路是否越走越窄?”“回望那场讨论，虽然那是一场非黑即白、二元分明，简单而不深入、结论匆忙的讨论，但由它引发的对现实、对人生的思考，使其成为改革开放之初思想解放大潮中的一个标识性事件。”〔2〕它体现了一代青年经过“文革”后痛苦的精神历程和反思的成果。

联系当下，两代青年群体的价值观虽然都显示了各自的时代特点和前卫性，一句话，时代不一样，让他们面临的时代问题不一样，前卫性表现也不一样。

为了找到思想上的“定海神针”，那时的大学生们热切希望从理论上获得新的价值观。于是，以“萨特热”“尼采热”为代表的西方思潮成为一时热潮。“但是，西方思潮并没有能够在大学生头脑中扎根，没有解决大学生们的价值观困惑，甚

〔1〕 参见潘晓：“人生的路呵，怎么越走越窄”，载《中国青年》1980年第5期。

〔2〕 王滨：《思想政治教育环境论——大社会视野下的思想政治教育》，同济大学出版社2011年版，第148页。

至引起更多的价值观困惑和冲突。"[1]主要原因就是那时的教育者只注意到"多样发展"，却没有坚持好"一元主导"；虽考虑到青年群体的主体性发挥，却没有给予青年群体必要的指导；既没有意识到思想政治教育的分层对应，更没有完善地做好内外融合。导致的结果正如邓小平总结的那样，"我们最大的失误是在教育方面，思想政治工作薄弱了，教育发展不够。我们经过冷静考虑，认为这方面的失误比通货膨胀等问题更大"[2]。

总之，把社会主义核心价值观融入学生公寓文化建设，使大学生认知、认同及践行社会主义核心价值观取得最大成效，在路径选择上首先必须坚持"一元主导"与"多样发展"路径统一的原则。一方面，通过占领学生公寓这块阵地、畅通公寓文化建设主渠道、唱响主旋律、打好主动仗、构建主心骨，使指导思想确保一元性，从而形成凝聚全体住宿学生的精神力量；另一方面，通过兼顾边缘、主导率领、围绕中心、激励中心，使各个高校的学生公寓文化建设呈现百花齐放的姿态。

二、"认知、认同"与"践行"需要并重原则

知行一致，言行一致，不仅是一种品行，更是一种责任；不仅是一种道义，更是一种准则；不仅是一种声誉，更是一种资源。评价一个人，人们听其言且观其行。学生公寓文化建设，目标是为育人服务，是要让学生在公寓这样的住宿环境中也能够感受到教育的真谛，知晓对应的规则，明白蕴含着精神和力量的文化其实就在自己的身边。不过，知晓是一方面，能不能认同则是另一方面，更重要的是能不能够遵循和践行。思

---

〔1〕江传月等：《构建社会主义和谐社会的价值观研究》，中山大学出版社2009年版，第48页。

〔2〕《邓小平文选》第3卷，人民出版社1993年版，第290页。

想诚然是行动的指南，但行动才是思想的最终表现。所以，公寓文化建设，为了学生的成长与成才，建设过程中应该让学生认知公寓文化的内涵、认同公寓文化所包含的精神、践行公寓文化包含的规则和所赋予的使命。当然，建设的主体除了学生之外还有其他多方，因此，包括公寓管理与服务部门在内的多方也应该对公寓文化建设能够认知、认同并践行。

认知、认同及践行是三重路径，也是三个层次。第一个层次是认知层次，为基本层次，即解决大学生和其他参与主体对公寓文化建设认知上的混乱，使其知晓公寓文化建设的价值；第二个层次是认同层次，为上升层次，即解决大学生和参与主体对公寓文化建设认识上的“口是心非”矛盾；第三个层次是践行层次，为理想层次，即解决多方参与主体针对公寓文化建设“知行不一”问题，使其在现实中得以被关注，并被作为相应标准，即作为评价居于公寓之内的学生言行是否一致的标准；作为考核从事相关工作的人员是否能取得一定业绩的标准；作为评估相关管理与服务工作是否符合规范和流程的标准。

第一，我们要确认公寓文化建设对参与主体来说是可知的，若是不可知，则亦谈不上认同与践行。当然，认识（认知）实际是在实践基础上人的头脑对客观世界的能动的反映：认识是主体对客体在观念中再现和揭示客体固有的结构、性质和规律的反映；主体对客体是以实践为基础的能动的、积极的、逐步深入的反映。即是说，实践是认识的基础、认识的来源、认识发展的动力、认识的目的和检验认识真理性的唯一标准。可见，参与主体对公寓文化建设的认知与认同及践行是一种螺旋式叠加、辩证式发展的过程。认知是否科学既来自参与主体之前的认知是否得当，也来自参与主体在实践中形成的观念是否有偏离；认同的程度既要看认知的质量，也要看践行与所认知的到底会产生多少重叠，或产生多少排斥；践行既是对已经所认知和认同的观念的实践，也是对新的认知和认同的探索。也就是说，科学的认知、认同及践行，实际上是一种形式循环往复以至无穷，但程度越来越高级的一种过程。

可见，在认知层次上，构建有意义的认知是认同和践行的前提。没有正确而深刻的认知，难以转化为坚定而持久的行为。认知、认同与践行事实也是一个知、情、意、行的统一过程。所以，参与建设学生公寓文化的主体，尤其是教育者针对受教育者，既要讲建设的主要内容，也要谈前因后果。大学生和公寓管理与服务的参与方，只有明白公寓文化是怎么来的、要干什么、和我有什么关系、会对各自有什么益处，等等，才能构建起有意义的建设及学习模式

第二，学生公寓文化建设的参与方对此种建设的认同是一种充满矛盾的辩证过程。“认同”概念最初作为一个心理学范畴，是由威廉·詹姆斯和弗洛伊德提出的。詹姆斯认为，认同就是跟随发自内心的声音，寻找真正的自我。他认为，“认同”与“自我”是紧密联系的。弗洛伊德认为，认同就是个人与他人、群体或模仿人物在感情上、心理上趋同的过程。他把认同“看做是一个心理过程，是个人向另一个人或团体的价值、规范与面貌去模仿、内化并形成自己的行为模式的过程，认同是个体与他人有情感联系的原初形式”[1]。这是从心理学角度对认同的解读。从社会学角度，国外学者常把认同界定为“社会群体中的成员产生一致性的看法以及感情”，从而将一个共同体中

---

〔1〕 梁丽萍：《中国人的宗教心理——宗教认同的理论分析与实证研究》，社会科学文献出版社2004年版，第12页。

不同的个人团结起来形成“集体意识”——“社会成员平均具有的信仰和感情的总和”〔1〕。从政治学角度谈论的政治认同，一般被定义为“指一个人感觉他属于什么政治单位（国家、民族、城镇、区域）、地理区域和团体，在某些重要的主观意识上，此是他自己的社会认同的一部分；特别地，这些认同包括那些他感觉要强烈效忠、尽义务或责任的单位和团体”〔2〕。不过，人类的一切思想认同、文化认同和政治认同，归根到底都可以概括为价值认同。对学生公寓文化建设的认同，也可以说是一种价值认同。这样的认同绝非一蹴而就，而是处于动态的建构——破裂——建构的过程中。它涉及排斥和包含，涉及差异建构，甚至出现认同危机。“认同危机也是一种认同，它是成熟了的、对自己的认同进行否定的认同。认同危机绝不是一种简单的断裂，它标志着认同即将进入一个新的建构阶段，是新的认同形态的开始。认同作为一个过程，总是在认同——认同危机——新认同之间的螺旋式的运动之中。”〔3〕这种“过程”性是学生公寓文化建设必然的特征，因为，“社会生活就是由某种对以前一直坚持为有效的东西加以不断改变的过程构成的”〔4〕。所以，当参与方，尤其是大学生在学习认知了公寓文化相关内涵、原则、作用等之后，并非直接将其转化为自身的信条，而是有一个情感共鸣和思想转化的过程。只有当参与方认为公寓

〔1〕［法］埃米尔·涂尔干：《社会分工论》，渠东译，生活·读书·新知三联书店2000年版，第42页。

〔2〕［美］罗森邦：《政治文化》，陈鸿瑜译，桂冠图书股份有限公司1984年版，第6页。

〔3〕王成兵：《当代认同危机的人学解读》，中国社会科学出版社2004年版，第18页。

〔4〕［德］迦达默尔：《科学时代的理性》，薛华等译，国际文化出版公司1988年版，第120页。

文化建设能够满足自身需求和对工作进步确实有很大作用的时候，才会产生情感认同，才会将其转化为自觉追求，并按照其要求行动。也就是说，这样的认同表面上表现为认同主体的一种纯粹主观意愿的选择、评价并不断强化的主观活动过程，实际上，是认同主体出于自身利益需要而对外在于己的“他者”带有价值选择的一种极为复杂的精神现象和心理活动。真正的认同必然要包括理性认知（认同的起点）、情感共鸣（认同的重点）、思想转化（认同的拐点）、心理调适（认同的焦点）、沉淀固化（认同的终点）这样的过程。进一步说，参与者要真正认知、认同学生公寓文化建设所包含的一切，就必须实践（践行），因为实践是检验认识真理性的唯一客观标准，“社会生活在本质上是实践的”〔1〕。参与者认知、认同及践行学生公寓文化所包含的一切，实质上是认同主体在对学生公寓文化建设理性认识的基础上，从正反两方面具体分析认同并参与践行学生公寓文化建设给自己、给他人、给学生公寓管理与服务、给校园文化建设等带来的利弊后，再进行价值选择的过程。所以，参与主体针对学生公寓文化建设的认同与接收，更多地需要发挥他们本身的主观能动性，要靠他们自己在实践中体验、选择、形成和巩固，才能上升到情感认同、理性认同乃至在行为中深化认同。

第三，践行是认知、认同及践行系统中的最高层次。参与建设的主体一旦对学生公寓文化所蕴含的原则、理念和规则等践行，就必然会对他人产生影响，形成良性空间，从而用自身的行为，促使公寓文化建设向“应然”世界转化。“实践总离不开人，人是实践的人，实践是人的实践。社会生活在本质上是

〔1〕《马克思恩格斯选集》第1卷，人民出版社1995年版，第18页。

实践的。也可以说，人在本质上是实践的，实践在本质上是人的。”[1]可见，实践是建设成功的核心，从中，也突出了人的主体性。而主体性恰恰是参与学生公寓文化建设过程中大学生在对公寓文化建设认知、认同及践行的三个阶段都要有所体现的。在第一阶段，大学生对参与建设学生公寓文化在不同的时间内进行多次反复的感知、了解和认识，并进行相应的承认、认可和赞同；在第二阶段，是内化阶段，即大学生在对所涉学生公寓文化建设的要求、目的、标准等进行初步认知、认同的基础上，对自己已有的价值观念进行重构，将公寓中的文化精髓逐步融入自身价值观并不断固化并转化为自己的价值准则和行为规范；在第三阶段，是外化阶段，即大学生在形成与本校学生公寓文化所包含的价值观一致的观念之后，并能在实践中自觉地以此作为自己行为的动机及判断相应活动的准则，从而促使自己实现知行统一。

当然，参与的多方主体针对建设学生公寓文化的认知、认同及践行三个层次的构建并不是截然分割的。它们相互影响、相互促进，每个子系统的构建只是相对的。比如，在认知、认同及践行学生公寓文化过程中，前一个层次向后一个层次的翻越必然要经历量变向质变转变的过程。也就是说，参与建设的主体只有通过不断地理论学习和社会实践，在理论与实践的相互映衬下，逐步深化对建设学生公寓文化的理解和感悟，并且将其内化为自身价值观达到内心深处的认同；通过践行，对原有认同进行修正或加深；通过新的认知和认同更好地践行。这种螺旋式前进实质就是一种基于否定之否定规律基础上的自我

---

〔1〕 黄楠森：“论实践论在马克思主义哲学中的地位”，载《教学与研究》1996年第1期。

扬弃。

同时，践行这种建设，为了得到理想效果，我们还需要遵循诸如理想性和现实性的统一、先进性和广泛性的统一、社会性和个体性的统一、历史性和时代性的统一。只有这样，学生公寓文化建设才有可能取得较好的成效。

三、“传承性”与“创新性”需要统一原则

任何一个民族的文化发展都要坚持传承性与创新性相互统一的原则。任何一种文化的发展要想达到良性的持久性发展，也应该坚持此原则。校园文化的发展是如此，公寓文化的建设与发展也是如此。每所高校的学生公寓文化建设应该考虑到该所高校的历史发展脉络，也要考虑到时代性和特殊性，所以，既要讲究传承也要讲究创新。

所谓传承，既要传承自己高校经过历史洗涤之后积淀下来的精神内涵，也要传承具有普遍意义的中华优秀传统文化。因为它潜移默化影响着中国人的思想方式和行为方式，根植在中国人内心。作为四大文明古国之一，中国是唯一在文化上没有出现“断流”的国家。所以说，中华优秀传统文化是社会主义核心价值观“固有的根本”，尽管中华优秀传统文化所赖以存身的社会大环境已经发生了翻天覆地的变化，但是，中华优秀传统文化的核心理念，仍旧存身在我们这个社会之中。因此，“中华优秀传统文化不仅是社会主义核心价值观的肥沃土壤、思想资源和源头活水，而且也蕴含着社会主义核心价值观的精神要素”[1]。故而，各个高校建设学生公寓文化，首先是不能离开对中华优秀传统文化的传承。其次，各个高校不能丢弃各自高校在历史发展过程中形成的

---

〔1〕 王泽应：“论承继中华优秀传统文化与践行社会主义核心价值观”，载《伦理学研究》2015 年第 1 期。

传统。比如，北京大学如果丢弃了“爱国、进步、民主、科学”就不能称其为北京大学了。所以，北京大学老楼拆除之时，广大校友就很关注对老宿舍楼群前面民主与科学的雕塑的安置。更进一步，涉及燕京学堂建设时，要改变静园的功用，其实就是破坏了早已附于静园建筑物之上的文化精神，所以，当然遭到反对。没有传承性的建设，只会造成割裂和一段段的苍白，何谈文化？为了坚持传承，我们一定要警惕披着各种外衣的“过时论”。“过时”往往是一个时间和空间的概念，尤其是指随着时间的推移和空间的变化使某事、某物、某思想、某理论、某观念等退出历史舞台。如果，我们因为某个公寓建筑物陈旧、某个标语太过于具有时代特色而没有与时俱进、某个观点太过于政治化而没有达到个别年轻人所希望的时尚、新潮、与众不同的标准，就要否定它，那我们就是太过于急躁了，有可能是为了泼掉脏水而连洗澡的孩子也泼掉了。

同时，针对建设，必须创新。即使是马克思主义，也不是一成不变的。它随着历史的发展而发展。历史的车轮不可能逆转，理论的辉煌必然源于不断发展创新。比如，习近平新时代中国特色社会主义思想就是如此。

在建设的过程中，我们要自觉认识到，参与建设的群体有部门差异、个体差异和需求差异等。比如，不同层次、不同类型的院校对学生公寓文化建设的时间紧迫性、个性化的特色性等认识是不同的，如理工科院校、师范院校、综合性院校、研究性院校和高职高专院校等，因为对应的大学生是有整体差异的，所以，若按照一个模式建设，不仅不能百花齐放，而且可能无一盛开。对此，在建设中，我们可以针对不同特点进行一些创新性探索。比如，可以按照根据大学生生理、心理发展规律以及不同阶段的境遇，坚持三个原则进行创新，即坚持“一是要把握学生身心发展的规律；二是要注意不同年级学生的特点和同一年级中不同学生的特点；三是要了解和研究现阶段青少年思想发展的时代特点，从实际出发进行认真的分析研究，采取有效的对策"[1]进行创新；可以按照角色分层进行创新，即一般大学生以内化与践行为目标、学生干部和学生党员以行为模范为己任进行创新；当然，也可以按照诸如年龄、性别、民族、家庭状况，甚至专业、心理诉求、城市环境等要素进行更细层面的创新。比如随着"00后"成为大学生群体的主体，它们与"70后""80后""90后"大学生群体的不同，必然要求大学生公寓文化的建设不能运用20世纪，甚至更老旧的模式，必须有所创新。这样的创新事实上就是对参与学生公寓文化建设中非常重要的大学生主体，按照对应性开展工作。为了做好这样的对应性，我们一般把在常态运行中的高校中的大学生划分为三个层次：一是少数先进分子人群；二是广大中间地带人群；三是少量落后人群。建设的过程中绝不能将这三个层次人群混为一谈，以对待少数先进分子的"高标准"去"严要求"那些少量落后人群。树立典型，确立榜样只是一种工作方法，若让所有人都到达榜样的标准，那只会产生异化。建设的过程必须分清"要求人去做的"和"应当去做的"，这事实上就是说，在同一时间段，不能对所有人要求的是整齐划一的标准。当然，高校学生公寓文化建设针对的是青年群体中的精英，所以，目标也不能定得过低，目标生成应该是一个由基本性要求、导向性要求和升华性要求组成的多层次、多维度的学生公寓文化建设目标体系。

---

〔1〕李德全、蒋礼文等：《新时期学校德育目标分层研究》，科学出版社2012年版，第7页。

总之，“大学的本质在于文化，在于文化的传承、文化的启蒙、文化的自觉、文化的创新”[1]。公寓文化建设既需要内容上的传承，继承传统、发扬传统，防止文化建设的“断代”，同时需要形式上的创新，防止僵化与教条。

第二节　高校学生公寓文化建设的现实路径选择

在本章的前文，我们论述了北京大学建设燕京学堂及老楼拆除与重建过程中引起的问题及引发的思考，在此基础上，也论述了学生公寓文化建设应该遵循的一般原则。这些论述其实都是为了讨论如何开展学生公寓文化建设而准备。有专门的部门发出牵引力，多部门联合发力，从而形成合力，是建设的路径之一；让大学生改变传统被动受教育模式，发挥能动性、积极性和主体性，积极参与到建设中来，是做好建设工作的路径之二；建设的过程不可能仅有标语宣传、理论研究、规章制度、楼宇建设、绿化装修等，还应该通过举办一些活动，活动内容要契合学生内在需求，活动形式要符合学生审美情趣，即公寓文化建设不仅需要物质形式，需要理论的总结与提炼，更需要通过一个个实践性活动展示和宣扬，此为建设工作的路径之三；一切具有美好愿望的教导都要通过生活的细节表达，在当前，社会主义核心价值观是当代大学生思想政治教育中的主导价值观，它贯穿校园文化的每个角落，公寓文化建设要想保证正确的方向，必须融核心价值观于生活实践中，此是建设路径之四。概括说，路径一讲的是谁是主导（建设力量的来源），路径二讲

[1] 衣俊卿：“构建全方位育人的文化校园”，载《黑龙江高教研究》2007年第2期。

的是谁是主体（建设的目标指向），路径三讲的是主载（展现文化内涵的活动载体及平台），路径四讲的是主流（文化教育的主旋律）。

一、“集体舞”：多部门共建合力性机制

学生公寓文化建设绝不能因为其中含有“公寓”一词就认为该项建设工作仅是学生公寓管理与服务部门的工作，也绝不能认为只是后勤部门之工作。这样的建设不是孤立的单方行为，不是某一个部门唱“独角戏”，它需要多部门联合，依据辐射扩散路径，利用“四全五育人”[1]工作机制，开展多种互动交流活动，一起跳“集体舞”，形成全方位、多角度的合力，得到共建共享的融合效果，从而为公寓文化对学生产生较好的引导和教育作用提供一个较为理想的场域。

首先，优化组织体系，强化工作统筹。这就需要健全组织机构，理顺运行机制。对于高校来说，高校党委和行政要高度重视学生公寓文化的建设工作，必要时，成立工作领导小组，组长由党委书记和校长担任，副组长由负责后勤工作或学生工作的校领导担任。这就是“一把手负总责、分管领导分工负责、主管领导具体负责”。领导小组作为学校的学生公寓文化建设工作的决策机构，起到统筹作用。学校相关职能部门，尤其是学生工作部门、教学管理部门、公寓管理与服务部门、网络与信息化管理与服务部门、物业管理部门、基建部门等要对其所涉学生公寓管理与服务的作用进行有效整合。整合的目的在于既要提升日常管理与服务的水平，也要为包括物质文化、精神文化、制度文化和行为文化在内的学生公寓文化构建奠定基

〔1〕 注：指的是“全员参与、全职司责、全域渗透、全程贯通”和“教学育人、科研育人、管理育人、服务育人、环境育人”。

础。同时，全校各院系也应成立学生公寓文化建设工作小组，由分党委（党总支）书记作为第一负责人。即是说，只有机构健全、人员齐备，才可能谈责任落实、管理有效、保障有力、上下联动、左右配合。只有优化、统筹管理服务，强化公寓文化建设，才能实现管理育人、服务育人、环境育人的合力。因为，高校育人工作，尤其是德育工作，不仅是教师队伍的责任，也是教辅人员的责任、职能部门人员的责任，更是高校党委的责任。虽然，不同的人群在教育的实施过程中所起的作用是不同的，有层级划分，但为了获得理想的育人效果，高校应充分而有效地整合全校可以调动的人力及各类资源，加强学校内部的协作，齐抓共管，形成学校内部的教育合力，使这样的合力转化成作用力贯穿于大学生学习和生活的方方面面。比如，可以通过孕育“健、雅、怡、彩”的“高品位”公寓文化，让高校的公寓文化既有大众文化的基础，更是成为高雅文化、精英文化的源头，让大学生在一个健康的公寓文化环境中愉快地成长，最终使他们成为全社会践行社会主义核心价值观的排头兵，成为社会主义现代化建设的可靠接班人和合格建设者。

比如，我们仍以北京大学公寓文化在建设过程中所遇到的相关实际问题为例。先看下面这张图，可以发现，就公寓服务中心所面临的实际工作而言，需要内部工作体系优化，外部各个部门通力合作，尤其是需要做好日常工作规范流程和重大工作时的协调配合。从职能分工上看，北京大学学生公寓管理体系内部职能切分明确，平日不同系统各负其责、有序运作。

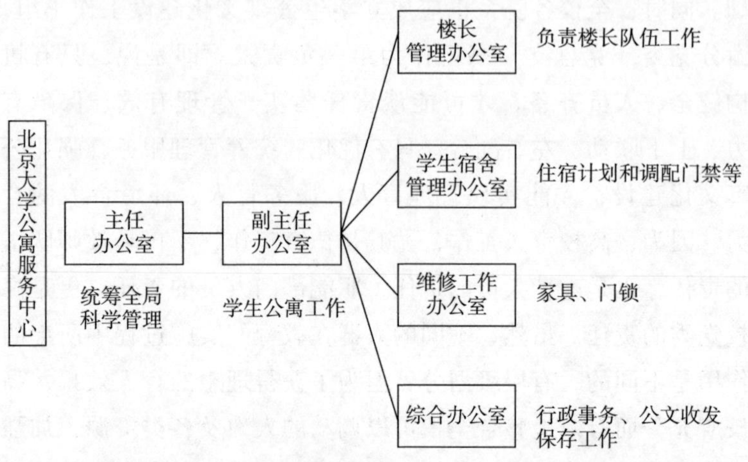

不过，每逢毕业生离校、新生入学之间的宿舍空档期，多部门才会共同参与、整体统筹，业务独立、配合衔接。以维修事宜为例，公寓维修体系涉及四大部门：动力中心、计算机服务中心、校园中心和公寓服务中心。在实际维修中，动力中心负责水电暖；计算机服务中心负责宽带网络；校园中心负责电话线路；公寓服务中心负责卡的维修更换。毕业生离校后，公寓设施需要整体维护和全面检修，排查电话断线、网络不畅、水电断供、灯扇失灵、门锁失修等故障，尽管不同部门的工作业务依旧相互独立、各有归属，但产生了时空的重叠交叉，需要统筹考虑，安排好工期顺序。

当然，分工的各司其职和管理系统的运转高效，并不等同于实际问题的充分解决。对于学生而言，这种权责明确的技术性划分虽然在客观上加速了某个专项工作的进程，但往往也使得完整问题被拆分各处，所以，一旦学生对部门间的职能分工缺乏清晰认识，反而容易造成“诉求无门”，增加了中间环节的沟通和信息成本。尽管公寓楼内张贴了清晰的服务指南和维修

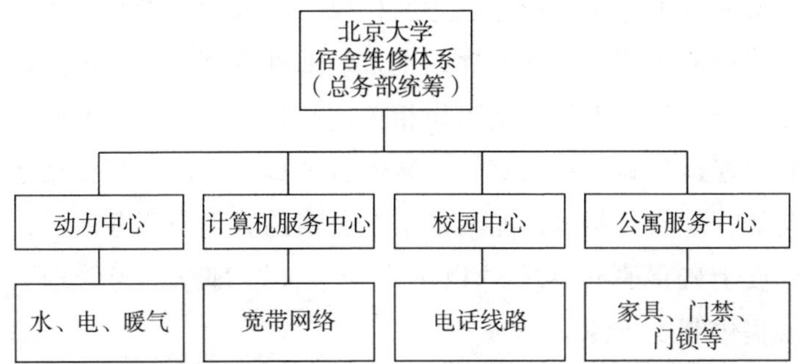

说明，但是，从学生的角度看，当他面对一个急需解决而又相对复杂的维修问题时，他需要的是能够缩短反应链条，辅以外部监督和投诉机制，降低他与对应维修部门间沟通和协调的成本，从而得到其所获得服务质量的提高。因此，利用数字化软件和信息处理系统在技术层面对服务进行优化，梳理服务项目、简化办事流程、实现精准控制，从而提升管理水平就成了必要和趋势。这事实上就是需要合力。

合力的形成，需要相应的队伍建设。况且，学生公寓文化既然谈的是建设，那必然需要队伍。这样的一支人员队伍，应该以“专职为主、兼职为辅、覆盖面广、适应性强”的原则进行组建。其中，重点是学生公寓管理与服务部门的人员队伍组建。这样的部门是学生公寓文化建设的主责部门，其人员队伍的素质高低直接影响到公寓文化建设水平的高低。在这样的部门主责之下，它要尽量协调多方，取得合力。

其次，要注重制度建设，为学生公寓文化建设工作提供顶层设计。第一，高校建立健全以民主集中制为核心的决策制度，形成党委统一领导、党政分工合作、师生广泛参与、多方协调配合的工作机制。第二，高校要健全党委领导下的校长负责制，健全党代会、教代会、工会制度，依法治校，民主治校，形成管理有序、管理民主的校风，让大学生参与学生公寓文化建设的主体性得到发挥，主人翁精神得到体现。第三，高校要健全大学生思想政治工作相关制度建设，尤其是要确保党建和团建进公寓，确保辅导员队伍进公寓。第四，高校要建立相关的管理服务制度，尤其是学生公寓的管理与服务制度，要在制度上确保真正落实“以学生为主体”理念，为管理服务育人提供制度支撑。

再次，做好主渠道与主阵地的衔接工作。高校思想政治理论课是大学生思想政治教育的主渠道，校园文化和社会实践是面向大学生开展马克思主义理论教育的主阵地。公寓文化作为校园文化的一部分，当然也是开展马克思主义理论教育的主阵地之一。主渠道侧重为教育对象提供的是科学的理论知识和分析方法，理论性、方向性强，表现的相对是“高高在上”；主阵地表现为实践性、操作性强，相对是“一味向下”。两者在教育内容、形式，甚至目标上的割裂，使在教育投入中的人力、物力资源不能有效整合，不仅造成教育资源的低效使用，而且易使教育工作者麻木，使教育对象抵触，极大地影响了教育效果，成为制约思想政治教育理论和实践创新的一个瓶颈问题。立足于大学生的现实需要，通过营造高雅的公寓文化，发挥其育人功能，使主渠道和主阵地在学生公寓这个新领域实现衔接，使理论在实践中内化为大学生的观念、转化为行为，收到“润物无声”的育人效果。

最后，密切学校、家庭和社会相互之间的合作，实现“内外融合”的合力。杜威曾说过，教育即生活。他的学生陶行知先生也曾说过，生活即教育。生活世界是一个动态的、活生生的人文世界。学校、家庭和社会就构成了这样一个世界的串联。建设学生公寓文化的设想来源于生活世界，也必然影响生活世界。公寓生活作为学校教育中大学生思想政治教育的一个主阵地，既丰富了大学生思想政治教育的生活话语表达，也增强了大学生思想政治教育解读生活的能力，从而，也让公寓的生活世界成为大学生内化、践行公寓文化所包含理念的操练家园。所以，学校、家庭和社会作为学生培养的重要场域，三者应共担责任，形成良性运行机制，发挥整体合力。比如，在家庭教育中，要克服那种重智力发展轻道德培养、重实际效用轻基本规范、重眼前利益轻长远追求、重物质享受轻精神升华等不良倾向。要优化家庭环境，建立良好的家风。“家风是一个家庭在长期的生活实践中形成的较为稳定的行为规范和行为准则、处世原则、风俗习惯、生活作风，等等。家风一旦形成，会产生巨大的影响，并制约与规范家庭成员的言行。一个好的家风可以使人积极向上，情绪饱满，精神振奋，培养出高尚道德的人才。”〔1〕在社会领域，尤其是政府部门，一定要做到守土有责、守土尽责。政府部门要从社会大环境着眼，发挥主导作用，为高校的人才培养和教育营造一个良好的宏观环境。比如，稳妥地推进改革，减少改革的振荡，创造一个安定团结的社会环境；加强廉政建设，让良好的党风、政风带动民风，形成文明、和谐的社会之风；重视教育，让教育有制度保障、物质保障和法治保障；优化新兴媒体的舆论环境，让大学生远离假大空，不受歪理邪说的侵袭等，都是政府部门该创造的宏观环境。同时，重视对校园周边环境的治理，涉及校园的不稳定事件，尤其是对那些容易由经济问题转化为政治问题、由个体问题转化为群体问题、由合理诉求的问题转化为不合法表达的问题、由人民

〔1〕宇文利等：《高校社会主义核心价值体系教育全程化研究》，光明日报出版社2011年版，第202页。

内部矛盾问题转化为敌对分子插手的问题等情况更要重视。这些情况，一方面，既需要高校“发现得早、化解得了、控制得住、处置得好”；另一方面，也需要政府部门决不能有“高校的问题高校自己解决”的意识，即使“多情却被无情恼”也坚持为之。因为，任何一个接班人和建设者的培养都是一个渐进的过程。这样，以学校教育为主导、以家庭教育为依托、以社会教育为主线的场域体系就能够有效建立，“内外融合”的整体合力就能够形成。

总之，为做好学生公寓文化建设工作，必须按照“横向到边、纵向到底”的工作体系，形成主要领导亲自抓、分管领导具体抓、职能部门认真抓、相关部门协调抓、一级抓一级、层层抓落实的工作格局，运用系统的方法，利用完善的内部治理结构，搭建内外沟通协调畅通机制，抓住中心，形成合力，才能有的放矢。

二、“参与式”：发挥大学生主体性作用

日常工作中的经验告诉我们，如果举办一个针对学生的活动，提升活动的吸引力和学生的参与度是关键。在以往的工作中，我们也有这样的体会，即精心设计了一个活动，参加者却寥寥无几，即使来了，也是心不在焉。这种现象需要我们认真反思。应对的路径应该在于要真正树立起“以学生为主体”的理念，站在学生的角度，与学生平等交流，不断创新工作方法，避免索然无味的教条和空洞的说教，使学生从“被组织”“被参加”中解放出来，变成我要参加，把学生内在的积极性调动出来，使其参与到活动中或建设中，把主体性激发出来。

所谓“主体”，是指实践者、认识者，或任何对象性活动的行为者本身。“主体存在于两种关系中：一是人和物的关系中，人是主体，物是客体……二是人与人之间的关系……既有主客体之间的关系，也有主体与主体之间的关系。"[1]主体在主客体相互作用的实践中表现出来的自主性、能动性、创造性、目的性等主体的规定性，即主体的根本属性，被称为主体性，它是人作为社会活动主体在自己的对象性活动中所形成、体现和确证的本质特性；而主体与主体之间的关系形成的属性，则可以被称为主体间关系。这种主体间关系运用到公寓管理与服务中，就是管理者与管理对象是“我—我”的二元平等关系，不是“我—你”的一元服从关系。为了保证这种关系的实现，则首先要保证人的“主体性”实现。比如，在思想政治教育过程中，“只有走向主体间性的思想政治教育才能使思想政治教育回归人的生活世界，回到以‘人’为本的轨道上来，也才能保证人的主体性的真正实现"[2]。而为了保证人的“主体性”实现，前提则是要保证人是“自由”的。所以，当能够凸显人的主体性的“以学生为主体”的理念一旦实现，参与式管理中的主体都将享有平等、自由的话语权利，成为真正的话语主体。管理者将告别“独语者”的角色，不再“津津乐道于口舌的功效而遗忘了耳朵的价值”，管理将不再是“一言堂”；被管理者也从在场的“哑语者”“失语者”“驯服工具”转变成为真正的“表达者”“参与者”“交换者”。管理者的话语霸权将被消解，主体间因话语差异而可能出现的“话语沟壑”将被避免，管理者与被管理者之间的关系也将从对象性思维向关系性思维转换、从线性思维向非线性思维转换、从封闭性思维向开放性思维转

〔1〕 于光：《德育主体论》，中国社会科学出版社2010年版，第22页。

〔2〕 于光：《德育主体论》，中国社会科学出版社2010年版，第5页。

换。[1]虚假的、压抑个性的，甚至是依靠权力和暴力手段建立起来的共识也将被它以主体间自由认同的方式所获得的共识所替代。这样，管理的过程也才能真正成为你来我往的对话、讨论乃至争论的话语交锋过程，从而实现主体的精神觉醒和境界提升，实现对传统管理模式中管理者与被管理者都为“工具化的人”的克服。可见，主体性的发挥，是参与式管理的前提。

参与式是优化高校内部治理一个非常有效的方式。让学生参与到学校日常管理中，有利于保障学生的参与权、知情权和监督权，让其感受到主人翁的自豪和使命感，是真正落实“以学生为本”办学理念的一个重要途径。学生公寓文化建设，目标是为了学生的成长与成才，如果有学生能够参与建设过程中，既能时时得到“目标客户”的反馈，防止动机与结果不匹配，也能保证过程的融洽与和谐，更能得到新鲜的细节上的建议。这就需要负责公寓文化建设的相关部门必须强化民主管理，做到相关事务公开，完善诉求表达和反馈机制。这样，才能确保发挥学生的自觉能动性和创造性，发挥其积极的主体性作用，也才能让学生化“被动”为“主动”，将“共建、共享、共赢”“自我管理、自我服务、自我教育、自我提高”等理念植入自己的思想中，把公寓文化建设由此上升到一个新的层次。尤其是，当公寓管理与服务部门得不到其他部门力量支持而处于一种“单打独斗”的局面之时，更应该发挥学生的主体性作用。

通过对前文对北京大学公寓服务中心在当前公寓管理与服务职能分工体系中的论述，我们知晓其事实上处于一种承上启

---

〔1〕 参见苏令银：《主体间性思想政治教育研究》，上海三联书店 2012 年版，第 238 ~242 页。

下的位置，往往地位尴尬。因为，这种分工机制与夹层角色在应对紧急事件时非常容易遭受“夹板气”，使其作用显得乏力。比如，在“一阳指”事件[1]中就是如此。

事件处理完毕，公寓服务中心相关工作人员表示：

“之前对一些相关的问题都进行沟通和交流的，像住宿、改造，包括新楼建设；同学们入住之后，开始关注周边环境问题、浴室问题、阳台护栏问题、甲醛问题，等等，大家有十六七个问题。对此，我们召开过三个沟通大会，请了“北大燕窝”的同学，也请了《北大青年》，请了学生会的同学，这种渠道是有的，但这种渠道咱不能天天开，也不是每个人都参加，就是二三十人参加，毕竟是局部的群体，相对于咱们全体在校学生比

〔1〕 注：“一阳指”事件是指：2015 年 12 月，一段长约 48 秒的视频在网上热传：一位身着黑衣的大学生用一根手指，轻易地在刚刚修建入住新生的北京大学学生公寓 31 号楼的墙上戳了三个洞。视频拍摄者问道：“你看这个墙面这么轻易地就被这位同学戳中了，我们现在来采访一下这位同学，为什么你武功这么高强呢?”黑衣男生戏谑：“我觉得吧，不是墙的问题，墙的质量还是比较好的，只是我的功力太深了。我们还是要相信学校墙的质量的，它真的非常好。只是我的手劲比较大而已，你们一定要相信我，真的是我的手指一阳指的功力比较强。”视频中还先后出现了另两位学生，也过来一起戳墙面，画外音随后响起：“学一阳指技巧哪家强，就来北大燕园找 31 幢楼。”随即，北京大学校园 BBS 上很多同学质疑学校公寓的施工质量不达标，出现了豆腐渣工程。学生就将该楼戏称为“一阳指培训基地”。之前新生入住时，因“公寓楼内气味刺鼻，是否存在甲醛超标、所用家具是否合格等”质疑声再起。科学地分析，该事件起因于前文提到的“老楼拆除”因相关疑问而耽搁了进度，新楼建设则周期过短。所以，暗管漏水点发现不及时，楼房墙壁出现洇湿，墙体变软，施工队的跟进和检查进度缓慢，学生采取网络上传视频的方式反映问题，在新闻报道下热度发酵，才引发强烈关注，成为一个事件。事件本质是新楼处于磨合期，存在局部问题，并非工程质量问题，但是对于学生而言，其所看到的、感受到的局面就是他们眼中的全部问题，他们不会理解新楼的磨合期，更多的是以戏谑讽刺的心态，反映自身的感受和需求。受质保期和权责影响的信息传达滞后是漏水问题处理拖延的原因，负面新闻报道则是信息不对称的客观后果。不过，新闻视频所引发的广泛焦虑，也形成了舆论压力，加速了事件有效解决。这一事件表面上反映出的问题是信息传达与反馈之间的矛盾和冲突，根本上反映的还是作为学生公寓的服务部门学生公寓服务中心因职能所限，地位尴尬。

例不高。加上通过燕窝也会有沟通、交流，但还是有限的，关注的人了解了，参会的人了解了，但大部分人还是不了解，不能够百分之百地让同学都了解这个信息，或者不会了解这么多、这么深、这么细。这里面有个兴趣问题，还有自主性的问题，所以受众面无法做到百分之百、全覆盖。”

而楼委会的代表也认为：

“合理的反馈渠道也是有的，像公寓服务中心组织的座谈会，但没有什么效果，座谈会就是告诉你们，我们为什么这么做，请你们理解我们，这是他们的工作逻辑。既然学生每次提出要求都不能得到满足，谁还愿意提意见啊，毕竟没有有效反馈。比如说我们想加装晾衣杆，说现在晾衣服又脏又不方便，干嘛不给我们弄啊，学校说这影响安全，我们这些去开座谈会的人可以勉强理解了，但大部分同学是没有机会了解学校考虑的。再比如男生想加装浴帘，说我们要有私人空间，学校解释说万一在里面发生什么，浴帘遮住了不能及时发现。所以说不是没有反馈渠道，而是我们反馈的人没有权力解决这些问题，加上运营的部门那么复杂，服务中心的领导们也很难做，他们有什么权力呀，我跟主任熟，说您要努把力帮我们装上晾衣杆啊，他能怎么办，他找谁装，出了事儿谁负责？真的满足了学生要求后，为了满足要求可能的后果和责任谁来承担？装微波炉的时候大家都要求装，到时候真的出了安全问题，37 号楼爆米花那种，谁来负责呢？”

通过全景式引用在调研过程中所掌握的资料，可以发现，邀请学生参与公寓管理与服务的相关工作，如果仅仅停留在座谈会层面，则作用有限。因为，以座谈会为主的信息沟通渠道辐射有限，而且座谈会主要起到的是自上而下的信息传递的作用，学生所进行的反馈信息有限，也由于并不是所有问题都能在短时间内解决，则青年人的积极性和热情就容易受阻。所以，作为改进措施，北京大学公寓服务中心与作为自治组织的代表——北大燕窝之间逐渐建立起良好的配合机制，一方面，实现大面积、多渠道的信息公开；另一方面，北大燕窝可以分担公寓服务中心的部分任务及承担起一定的角色，从而增强自己的反馈建议功能、强化被代言的最广大学生群体的主体地位。可见，坚持以学生为主，构建多元的组织体系，引导公寓管理由学校主导向学生主体自主过渡，进而优化公寓管理与服务，实现学生的“自我管理、自我教育与自我服务”理想状态，是“参与式管理与服务”的精髓。

北京大学作为我国历史最为悠久的国立高等教育学府，师生参与式管理的历史源远流长。无论是蔡元培校长的“教授治校”的实践，还是胡适校长关于学生组织自治会的理念，无不是前辈大师对于师生共同参与管理大学事务的创新和创造。西南联大时期，“茅庐草舍出英才”的成功教育经验更凸显了当时宿舍管理中师生高度参与的鲜明特色。我们以北京大学万柳学区学生公寓管理与服务工作为例，更能明晰地看出这一点。

北京大学万柳学区是处于燕园之外的住宿区，现有4000余名北大师生居住于此。随着时代发展和学校向世界一流大学的迈进，北大青年师生对于公寓的定位，已经不满足于将其作为生活起居的家园，而是希望公寓能够成为畅所欲言、互动频繁的交流社区，能够成为培养健康生活方式和全面人格养成的社会预科班以及能够提供智识指导的港湾。这就对加强万柳公寓文化建设提出了紧迫的要求。

然而，与北大燕园内相关部门容易形成协同合作产生对照的是，万柳学区仅由北京大学特殊用房管理中心（以下简称特房中心）一个部门全面统筹万柳学区的管理。这种体制为提高万柳学区的后勤工作效率和优化服务质量打下了牢固的基础，但也因此割裂了万柳公寓的管理与服务和校内后勤系统及学工系统的联系，形成了教育管理和服务的空白和盲区。实际工作中，常常出现公寓管理人员对学生管不了，学工系统对学生管理不及时、不到位的情况，造成了教育与管理严重脱节的现实。受制于校园外条件所限，万柳学区缺少校内各部门合力所创造的有鲜明北大特质的校园文化熏陶和提供的各类服务支撑，导致学区内学生多元化需求与公寓服务单一供给之间存在矛盾。尤其是，特房中心现有公寓管理人员的知识结构、年龄结构、文化水平等还有短板，导致中心工作往往仍局限于“物”的管理，难以适应学生公寓文化建设中应体现出教育、管理、服务三位一体的任务要求。有了困境，自然改革。如果仅仅停留在浅层次的呼吁式号召，不能精准挖掘学生真正需求，必然导致学生参与管理的主动性不高，出现“少数人积极，多数人冷漠”的情况；如果学生参与决策的内容较为有限，不仅管理部门仍然疲于应付，学生参与式管理的效果也欠佳。对此，特殊用房管理中心先是在理论上进行了研究，对如何做好参与式管理，发挥学生的积极性，把涉及参与管理的参与主体、参与态度、参与内容、参与行为、参与过程、参与机制及参与效能等都进行了学习和设计。

在相关专家指导下，特房中心改变了传统的公寓管理的单向刚性管理模式，将管理重点从以“物”为中心向以“人”为中心转移，从而实现管理从“学校管理——学生接受”模式向“学校管理——多方参与”模式转变。在这样的新模式中，不管是学生，还是参与管理与服务的员工，他们的个体的多样性得到尊重，积极的人生态度和情感体验得到强化，个体的自主性和创造性得到发挥，从而也自然而然地提高了相应的管理服务水平，有效发挥了公寓管理与服务工作中的教育功能。具体说，为了实现学生的参与式管理，中心践行了以下工作思路：

一是组建学生自治组织。明确的组织载体是特房中心与学生沟通协调的桥梁，也是保障学生参与式管理能够顺利推进的前提。有鉴于此，特房中心通过由各学院推荐以及在学区公开招募等方式，帮助学生组建了万柳学生联合会。联合会的同学有权利参加特房中心相关会议、监督相关工作进程、向广大同学通报相关事项。

二是加强制度建设。公开公平的制度不仅可以营造风清气正的良好氛围，也有助于提高公寓管理服务的质量和效益。例如，在涉及学生切身利益的项目上，即使是面向社会招投标，也邀请学生代表参与投标会打分评标，同时公示招投标结果。通过制度建设不仅可以使学生对于重大事项的参与能够做到“有法可依、有章可循”，同时也促进了特房中心的管理走向制度化、规范化和科学化。

三是创新平台建设，直面学生诉求。自由的信息交流平台一方面可以使通知公告等信息传播更加精准、实时，更快地覆盖全体学区成员，另一方面也可以有效地降低学生参与管理的门槛，提高参与的活跃度，培养学生的归属感，提高文化建设质量。例如，特房中心组建了名为“万柳大家庭”的微信讨论群、开设了微信公众号，不仅定期推送通知公告，也使入住万柳学区的同学之间的交流变得更加高效。

四是优化活动设置，构建宜居氛围。近年来，在特房中心的倡导下，在联合会的组织下，生活服务活动（电子产品义诊、二区宿舍活动室改造、体育拓展等）和生活课堂活动（厨艺课堂，收纳课堂，礼仪课堂等）及通识教育学术沙龙活动（电影鉴赏、诗词鉴赏沙龙等）相继定期开展。这些活动不仅满足了学生的多样化需求，促使他们养成良好生活习惯，也春风化雨般引导同学树立正确的人生观和价值观，增强了学区的“育人”功能。尤其是，当教育部在北大万柳学区设立的立德树人教育基地开展相关活动时，特房中心往往也是协助联合会开展，这样不仅能够培养学生的能动性和责任感，锻炼了学生能力，也能够让“自我教育、自我引导、自我发展”在参与式管理中更好地体现。

可见，在北京大学万柳学区通过实行参与式管理从而发挥大学生的主体作用，并取得良好效果可以看出：“参与式”是做好新时期学生公寓管理与服务工作一个很重要的法宝，也是当下高校学生公寓文化建设的一个重要路径。

三、“实践化”：文化内涵渗于系列活动

任何意识形态和思想观念，都是移入人的头脑并在人的头脑中经过改造之后的物质的东西而已，要判断它是否科学，都需要移出人的头脑并在人的头脑之外经过实践活动的检验。学生公寓文化建设，并非是建设主体凭空设想就可以画就，它是随着当代大学生住宿形态发生变化之后，在现实管理与服务过程中发生的需求。针对这样的需求，建设者当然不能被动地回应，还应该对潜在的可能性发展作出探索，提炼出理念和理论。为了对这样的理念和理论进行必要的检验，就需要参与主体将学生公寓文化建设的相关内容、原则及指导思想等内化进自己的思想构建并外化于行动中。这种内化和外化的实现，往往需要借助活动平台的搭建。即是说，学生公寓文化建设过程中，只有将文化建设的内涵渗透在不同类型的活动中，才有可能让学生在参与过程中感受到、体悟到并认同和践行。为了搭建好相应的活动平台，我们需要注意以下几点：

首先，需要始终立足于大学生必须作为建设主体参与公寓文化建设的基本原则，积极构建适应公寓文化建设需要的“理论+实践”型的学习机制，增强公寓文化的实践力。因为，一般来讲，学习包括两个方面的内容：一是对基于具体理论知识要点基础上的“理论悟性”的掌握，二是在具体实践活动积累基础上的“实践体验”的增强。同时，因为有意义的学习是一件自觉自愿而快乐无限的事情，而一种建立在自觉基础上的学习活动是积极的活动，并且有助于主体获得学习的快感，更有助于学习成果的推广与应用。所以，在公寓文化建设过程中，组织者需要针对不同层次的大学生，积极开展具有针对性的一系列学习研讨活动和具有主流倾向的文体活动，努力让大学生在追求自身发展的学习之路上提升自觉性。在学习内容设置上，要注意带有方法论意义和指导性价值的宏观抽象内容与涉及学生学习、生活及思想等各类微观具体内容相结合。在以往的教育体系中，即使是涉及公寓文化建设，公寓管理人员往往也是照本宣科、僵化教条地将相关标语、口号照搬照抄地上墙，忽略身边那些所谓的“小事”问题带来的各种影响。事实上，发生在我们身边不同的问题点恰恰是深入理解并建设公寓文化相关内容的重要切入点。诸如开展一系列深刻的理论研讨活动有助于大学生宏观把握学生公寓文化建设的精髓，以满足自身对住宿文化中思想性、价值性、精神性等追求；举办小规模的文化沙龙来讨论校园中的饮食浪费问题、消费观问题、爱护公物问题、男女生交往问题等，将有助于大学生进一步理解公寓文化建设中的行为规范问题。这事实上是通过知晓“内”的需求，让“外”提供“菜单式”服务。

其次，实践活动的开展，需要给学生之所需、补大学生所缺、想大学生所想、急大学生所急。即在活动平台的搭建选择上，需要坚持积极向上的内容与活泼新颖的形式相结合、学校

教育与学生自我教育相结合、公寓管理工作队伍的主导性与学生的主体性相结合，不断融入新的时代元素并采取学生乐于参与的新形式。这种实践性活动就是围绕一个“动”字展开，既要行动也要生动。一方面，参与者要动起来，就是积极主动地参与其中，通过动身、动脑、动心来完成参与任务；另一方面，活动形式要动起来，不枯燥刻板，不因循守旧，不限于传统的静态形式窠臼。同时，这两方面内容是互相促进、互相提升的，这表现为——生动的活动形式吸引并不断地激发参与者的参与热情和参与积极性，而参与者的参与自主性也带来活动形式的不断更新与创新，最终赢得活动效果的日益优化。如开展学生课题团队、学习讲座、兴趣小组等活动，就可以释放大学生的自主参与热情，起到良好的实践作用。有些活动可以让学生自己设计和组织，学校相关部门做好后勤服务。即使是有关政治教育、思想引导的活动，也可以让学生自己主导设计。形式的丰富多彩，可以大大提高活动的感染力和学生的参与度，有效地调动学生的积极性、主动性、参与性和创造性。当然，形式应该为内容服务。如果内容不符合社会的主流价值观，也不符合校园文化倡导的理念，形式再新颖，只会招致更大的反对声音。比如，2017 年 9 月 20 日，在北京交通大学学生公寓楼前举办的“共享校花”活动[1]，不仅没有得到学生的认可和赞美，反而被认为是有伤风化。这样的活动形式确实新颖，但内容出格，遭到吐槽也在情理之中。虽然校方回应“未经任何部门批准”，但也是公寓管理部门的失职。2018 年 9 月 21 日，发生在对外经济贸易大学学生公寓楼前的“车顶放置矿泉水瓶”不雅

[1] 参见“北交学生公寓前惊现‘共享校花’，学校：未经学校任何部门批准”，载 http://www.ynet.com，最后访问时间：2017 年 9 月 22 日。

事件[1]，则受到学校保卫部门和公寓管理部门的及时清理，当然是符合“高校应该建立符合时代需要的公寓文化”这一要求。

图三十二　社会车辆停放在虹远楼下，有不雅暗示
（图片来源于网络）

再次，对不同层次的大学生可以开展不同类型的活动。居住在公寓内的学生是分层的，即是说，主体间是有差异的。同样的公寓环境，针对不同的感受主体，如果举办的活动是一样的，所得到的个体效果也会不一样。因此，针对不同类型的大学生，应该有针对性地开展活动，更能吸引学生参与。比如，

---

〔1〕注：2018年9月21日，经济贸易大学女生宿舍虹远楼楼下，一群社会人士的车队停在了虹远天井的空地，车灯爆闪，每辆车的前盖上都放了一瓶水。因该行为在网络上被部分人认为等同于暗示“和我睡”，很多学生对此表示愤慨，认为这种行为是赤裸裸的“性骚扰”，而不仅仅是一种恶搞或者是当事车主的虚荣心在作祟。参见搜狐网，载 www.sohu.com/a/255717758_208114，最后访问时间：2020年7月29日。

对于高学历的研究生，我们更应注重的是公寓文化建设中的理论内涵的挖掘，定期主办研讨会、学习报告会等来丰富研究生层面大学生的精神需求；对于刚入校的大学生，我们更注重公寓文化中有关道德层面内容的渗透，积极开展诸如校史校规介绍、大学生活基本规范等宣讲活动，来满足大学生的对环境熟悉的需求；对于已经拥有一定生活经历的大三大四学生来讲，我们更应注重理想信念层面内容的宣传，来满足大学生未来求职就业的发展需求。同时，为了做到更好的行为导向，活动的开展可以通过“榜样宣传”“文明宿舍”“公寓达人”“自强之星”等活动不断树立大学生身边的典型，积极发挥骨干青年和榜样学生的示范作用和辐射作用，让大学生通过自身言行的塑造成为所在住宿区域内闪亮的明星，让榜样就在学生身边，触手可及，心有所感，从而在广大学生中发挥非常好的行为示范作用。

最后，重视在实践情境场域——网络上开展活动。随着当今网络全球化、全民化趋势发展，高校必须处理好大学生的现实场域和虚拟场域的教育实践。伴随信息网络技术的发展，各种各样的文化建设早就进入到崭新的网络空间。根据情境时空维度，公寓文化的建设和实践逐渐由现实朝着虚拟世界不断深入发展。事实上，由于国内外环境的变化，尤其是随着信息化社会的高速发展，各种信息的输出和输入都会通过快捷的网络在第一时间进入大学生的视听空间。这就使得既有的现实教育远远不能满足于当前的各类校园文化建设工作的实际，因此需要立足大学生未来的发展目标，有效运用现代化科技手段，在大学生在公寓文化建设的实践过程中发挥隐性的引导作用。当然，我们必须清楚的是，“一个人的思想素质不可能在虚拟的网络世界中发展和成熟，良好的思想素质也必然要通过现实生活来沉淀、积累和体现"[1]。即是说，公寓文化建设既要走进网络，更要走出网络。无论网络对文化建设的影响多么广泛，最后的立足点和根本依然在现实生活中。进一步说，虽然，我们应该跟随时代的步伐走进网络，但我们不能迷信网络教育、网络实践的力量。因为，"随着信息技术飞速发展，现代信息传播工具已得到广泛普及和使用。但是网络好比一把双刃剑，既对大学生的学习和思想教育提供了发展空间，又可能对大学生的学习、生活以及世界观产生不良的影响"[2]。公寓文化建设仍应着力于提高现实的影响力和说服力。网上为辅、网下为主的工作理念是建设者在运用网络从事相关工作时应该坚持的。尊重人、理解人、关心人、鼓舞人，贴近生活、贴近实际、贴近大学生，在现实生活的实践中塑造人、培养人，这是任何时候、任何环境下公寓文化建设中相关活动开展的现实价值和真正意义所在。

四、"内核化"：融核心价值观于建设中

学生公寓文化建设是一个动态的过程，体现在日常生活的点点滴滴之中。举办形式多样的活动诚然是一种建设的路径，但为了确保建设的方向不偏离人才培养的轨道，必须将社会主义核心价值观融入学生公寓文化建设中。因为，价值观的形成是文化发展的根本，核心价值观既是一个社会文化凝炼的阶段成果，也是指导其向下一阶段发生质的飞跃的动力源泉。只有将社会主义核心价值观融入学生公寓文化的日常建设中，成为其内核，才有可能内化于学生之心，达致认知与认同状态，才有可能外化在行动之中，实现建设的目标。

---

〔1〕杨建义：《大学生思想政治教育路径研究》，社会科学文献出版社2009年版，第99页。

〔2〕黄永明："构建新形势下大学生思想道德教育的有效载体"，载《湖南师范大学教育科学学报》2008年第4期。

为什么说社会主义核心价值观有如此重要性？

首先，一个民族、一个国家在其发展过程中，必然要有其民众共同认可的价值观。尤其是核心价值观，作为指引其发展的旗帜和动力，它必须同这个民族、这个国家的历史文化相契合，同这个民族、这个国家的人民正在进行的奋斗相结合，同这个民族、这个国家需要解决的时代问题相适应。

当然，解决这样的时代问题放在历史的长河中来看，不仅要有利于其本国本族，也要对世界上其他国家和民族产生正向的作用，否则，以邻为壑，甚至幻想通过武力征服的方式解决自己所面临的问题，只会给自己的未来带来更大的问题，甚至使自己消解灭亡。遗憾的是，那种消解灭亡绝不是浴火重生、凤凰涅槃，而是其后代的耻辱。古代的罗马帝国、蒙古帝国、阿拉伯帝国是如此，近代的那些殖民帝国是如此，20 世纪法西斯统治下的德国、意大利和日本也是如此。

可见，对一个民族、一个国家来说，正确的、科学的、得到全社会共同认可的核心价值观，既能承载着其精神追求，体现着其评判是非曲直的价值标准，也是其经济发展、社会发展等最持久、最深层的力量。事实上这也正是马克思主义所认可的“上层建筑能反作用经济基础”一说。

其次，我们要知晓什么是核心价值观及其作用。所谓核心价值观，在前文已经提到，指的是在一定的社会和国家中，人们普遍认同和接受的居于主导地位、支配并贯穿于其他处于从属地位的价值观之中的最根本的价值观。它在整个社会价值体系中居于最基础、最核心的部分，体现着价值体系的基本特质，是一个社会长期普遍遵循的基本价值规则。它对一般价值观起着统率、主导和支配作用，它渗透在政治、社会、文化、经济生活的方方面面，蕴含于一个国家的制度、法律、规范之中，对经济、政治、社会生活发挥着重要影响。它对于个人与社会均具有普遍性的、根本性的指导作用，深刻影响着每个社会成员的思想观念和行为取向。它反映一定社会历史条件下最基本的价值理念。这样的核心价值观，在这样的社会核心价值体系中，处于核心与主导地位，自然也能在人们的主观上反映出来。因此，在阶级社会里，核心价值观通常是在国家的倡导下形成的。它对于维护国家意识、民族认同感起着意识形态的作用。就此而言，一个社会的核心价值观也应是这个社会中的主流意识形态或主流文化，即是这个社会中占主导地位的阶级或阶层的价值观。

不过，我们要有所分清的是：这样的主流意识形态或主流文化必须上升到整个社会层面，否则，也就无谓主流或非主流了；这样的主流毕竟是基于一定社会经济基础的上层建筑，会随着经济基础的变化而变化，甚至发生质变。因此，为了使一个社会的核心价值观与其主流意识形态或文化相统一，则其民众应该对其核心价值观的认同、践行达到自觉程度，否则，把非核心当作核心，二者不仅不会统一，甚至会抵牾。因为，在一定的社会、民族或国家中，只有当其科学的、正确的核心价值观能够真正居于核心地位，能够统摄和支配其他价值观，并体现着这个社会、民族和国家的基本价值取向，才会社会风清气正，民族和谐和睦，国家国势盎然，同时会给其他民族和国家产生影响。比如，一个民族的核心价值观必定会渗透于该民族社会成员的思想和行为中，指引着人们的价值判断与选择，如果该民族在国际交往事务中扮演着重要角色，那么它所倡导的核心价值观念势必会影响到其他民族，给其他民族的价值观建设带来某种程度上的借鉴。从这个角度来说，核心价值观，尤其是对青少年加强核心价值观教育，是一个社会良性发展的前提。

再次，我们要知晓社会主义核心价值观的内在生成来源及其推广路径。任何一种理论或价值观的提出都有其思想来源，而这种来源又与其内容构成有一定的关系。“社会主义核心价值观的提出，有其理论前提、传统价值观渊源和现实逻辑。”[1]正如习近平总书记在与北京大学师生座谈时谈道：“一个民族、一个国家的核心价值观必须同这个民族、这个国家的历史文化相契合，同这个民族、这个国家的人民正在进行的奋斗相结合，同这个民族、这个国家需要解决的时代问题相适应。”[2]所以，对社会主义核心价值观的理解和践行，我们既要想到其蕴含的中华优秀传统文化因子，也要想到其对解决现实问题的功用。

那么，如何让社会主义核心价值观成为人们共同认同的价值观的“最大公约数”呢？这既需要执政者对它的大力推动，也需要这个社会大多数人的认同、内化，更需要时代青年群体之中的精英——大学生，不仅认同，更有践行。这也说明，社会主义核心价值观不仅具有方向性、统摄性，还需要具有建设性，即对相关文化建设能够起到直接的推动作用。事实上这也是韩震教授所说的核心价值所具有的导向功能、凝聚功能、激励功能、规范功能和整合功能。[3]如果在公寓文化建设中，能够把社会主义核心价值观的这些功能发挥出来，学生公寓文化建设所取得的实际效果必然就有了保证。

---

〔1〕 刘社欣：“论社会主义核心价值观的生成逻辑”，载《哲学研究》2015年第1期。

〔2〕 习近平：“青年要自觉践行社会主义核心价值观——在北京大学师生座谈会上的讲话”，载《人民日报》2014年5月5日，第2版。

〔3〕 参见韩震主编：《社会主义核心价值体系研究》，人民出版社2007年版，第78～105页。

第三节　高校学生公寓文化建设的趋势应对

高校学生公寓文化建设现阶段处于一种什么状态，存在什么问题，有什么样的对策等，这些问题在前文都有论述。这样的论述在逻辑上诚然是自洽的，但是，在现实的思考中，还应该研究它可能的发展趋势。凡是存在的都是合理的，凡是合理的也都会存在的。如果我们能够“下先手棋”，探索出它的合理性，找出其规律性，指出其发展趋势，即使挂一漏万，也是本书价值的体现。概括地说，这样的趋势，我们可以从建设的主体关系、建设的主责角色和建设的运行模式三个角度探索。

一、主体关系法治化趋势

参与高校学生公寓文化建设的主体有多方，高校和学生就是最重要的两方，另外还有学生家长、政府部门和社会组织。相对来说，后三者对于学生公寓文化建设的作用诚然不可或缺，但相比前两者则次要许多。当然，高校只是一个抽象的法人存在，它需要相关工作人员组成的职能部门代表学校在建设中发挥作用。为了使参与建设的多方主体作用都能发挥到极致，我们必须分析他们之间的法律关系，首要厘清学生与学校之间的法律关系。这是我们应对学生公寓文化建设发展的基础，也是做好公寓文化建设中制度文化建设的根基。

什么是法治？关于法治的内涵，亚里士多德曾经作过经典的表述：“法治应包含两重意义：已成立的法律获得普遍的服从，而大家所服从的法律又应该本身是制定得良好的法律。”[1]即是说，在亚氏看来，在一个国家，若其为“好”，则其应具有“法律至

〔1〕［古希腊］亚里士多德：《政治学》，吴寿彭译，商务印书馆1965年版，第199页。

上”的显著标志；同时，这样的法律必须是良法，是一种不受某一个个体主观愿望、个人感情影响的社会规范，对所有公民具有同等约束力，也得到所有公民自愿服从。也就是说，在这样的良法统治下，它统治的目的是为了全体公民的利益；相反，在恶法统治下，其统治目的则是为了某种偏私利益或个人利益。后者的统治，是一种宗法统治或专横统治，简称人治；前者的统治，即为法治。可见，法治的实行有“良法”和“人人遵循”这两个前提。

我们在此谈法治，并非是谈一种治国方略，而是谈一种生活方式，[1]更确切一点，是谈一种处理相互关系的思维。在这样一种生活方式下或思维模式中，参与建设学生公寓文化的各个主体之间在相互对待时，是基于明确的制度和规范进行。那么，公寓文化建设的目标对象——学生，与其他主体到底是一种什么样的法律关系呢？即是说，我们要知晓高校学生与高校本身、高校教师员工以及与家长、社会组织等是处于一种什么样的法律关系？明确了法律关系，确切了相互权利和义务，才好确定相互之间的界限，才能“随心所欲而不逾矩”。因为，自由是青年学生天性的追求，而完善的自由发展，恰恰是需要界限存在的。

首先，高校学生与高校之间具有法律关系。针对这二者之间的法律关系，学界主要有三种观点。一种认为二者之间是完全平等的民事关系；一种认为二者之间是并不平等的行政关系；一种认为二者之间的关系不仅限于平等主体之间的关系，且还应包括公务法人与其利用者之间的公法关系。公务法人与利用者之间的关系取决于公务法人的身份和地位。“如果公务法人以公务实施者的身份出现，那么，与利用者之间的关系属公法上的关系，即行政

---

〔1〕 参见王利明：“中国为什么要建设法治国家?”，载《中国人民大学学报》2011 年第 6 期。

法律关系；如果公务法人以民事主体身份出现，则与利用者之间的关系属私法关系，即民事法律关系。”[1]本书认同第三种观点，即高校学生与高校之间的法律关系既有行政关系，也有民事关系。

为什么说二者之间具有行政关系？

高校学生作为具有独立人格的个人，是公民社会平等一员。但是，作为被高校管理的对象，他又是一个行政相对人[2]。之所以如此定性，是因为高校对学生的管理具有强制性，其权力来源是行政主体的授权，是法定职责，“高校经由国家法律的授权，行使国家行政权力或公共管理权力，且其具有法人资格，能够独立承担相应的法律责任，具有行政主体地位，高校在行使这些权力时与高校学生发生的法律关系是行政法律关系”[3]。二者之间不平等的管理与被管理的行政法律关系，体现于学生从入学到毕业的全过程。比如，学生需要接受高校的学籍管理[4]、操行管理、学习管理、住宿管理、安全管理、健康管理、社会实践管理、社团活动管理、就业管理等。[5]当然，学

〔1〕 马怀德：“公务法人问题研究”，载《中国法学》2000年第4期。

〔2〕 注：行政相对人，是指在国家行政管理关系中处于被管理地位的自然人、法人或其他组织。相对人是指被管理的当事人。行政主体与行政相对人之间是管理与被管理的关系，是不平等的关系。相对人接受行政主体的管理是不能规避的。行政相对人对行政主体施加的行政行为，不能选择，不能抑制，不能规避。比如，《普通高等学校学生管理规定》第7条第2款要求（学生）：（必须）“遵守学校章程和规章制度。”

〔3〕 曾惠燕：《高校学生的权利与义务》，中国社会科学出版社2006年版，第30页。

〔4〕 注：如《中华人民共和国教育法》规定，学校对受教育者进行学籍管理，实施奖励或者处分……受教育者应当遵守所在学校或者其他管理制度。《中华人民共和国高等教育法》规定：高等学校的学生应当遵守法律、法规，遵守学生行为规范和学校的各项管理制度。《普通高等学校学生管理规定》第12条要求：“每学期开学时，学生应当按学校规定办理注册手续。不能如期注册者，应当履行暂缓注册手续。未按学校规定缴纳学费或者有其他不符合注册条件的，不予注册。”

〔5〕 参见曾惠燕：《高校学生的权利与义务》，中国社会科学出版社2006年版，第26~27页。

生作为行政相对人接受管理的范围是法定的。高校在履行上述职责之时作为行政主体教育主管部门（如教育部）的被授权组织对行政相对人的管理不是随意的，是法律规定了的法定职权，疏于管理是渎职，越权管理则是滥用职权。

为什么说二者之间具有民事关系？

《中华人民共和国教育法》第32条规定："学校及其他教育机构在民事活动中依法享有民事权利，承担民事责任。"可见，高校与学生之间有民事关系的存在，二者之间是平等的。比如，学生向高校缴纳学费，购买教育，就是典型的民事主体的法律行为，基于这一行为形成的法律关系是民事关系。体现在公寓管理与服务方面，服务的职能事实就是一种民事关系的要求。从民法角度分析，学校向学生提供住宿场所，无论收费高低，事实上存在一种合同法律关系。但这并不意味着，涉及公寓生活，学生就可以"平等"地向公寓管理与服务人员提出要求，按照自己的意愿行事。在公寓管理与服务工作方面与学生到底是一种什么样的关系。它同样既包含行政关系，也有民事关系。比如，相关管理制度的制定，尤其是相关纪律的要求，都是行政关系在管理职能上的内在体现。

为了做好学生公寓文化建设，在涉及法律关系时，我们要重点讨论一下学生的财产权与隐私权在公寓生活中的保护。涉及防火、思想教育等有关可能影响到住宿者的生命、健康和思想方向的重大问题，一般都是以强制性的管理制度体现，体现的当然是行政法律关系。而针对学生在学生公寓内的财产权和隐私权，如果仅视为平等的民事关系，那么，学生的财物在公寓内丢失，校方就应该进行赔偿；公寓管理人员未经学生允许进入学生住宿房间，就应该禁止。如果真是如此，则将给学生公寓管理与服务部门带来很大的工作压力，也不利于工作的正常开展。对此，我们必须结合实际情况在相关法律关系上做进一步界定。比如，针对学生的财物在公寓内的被盗情况，高校对学生财物的管理责任可以参照《中华人民共和国合同法》第53条的相关免责条款进行处理。具体说，公寓管理与服务部门作为学校的职能部门，是财物的保管人，当然应当妥善保管学生在公寓内的财物。保管期间，因保管人保管不善造成保管物毁损、灭失的，保管人应当承担损害赔偿责任，但保管是无偿的，保管人证明自己没有重大过失的，不承担损害赔偿责任。如果学校已经尽到管理义务，或者管理只有轻微过错，尽管发生了被盗事件，学校也不承担赔偿责任。从理论上说，高校的管理责任并不是无限的，而是相对的。所以，法律不能强其所难。当然，如果学校不能证明自己没有重大过错，或者学校没有任何安全措施，或者安全措施不得力，那就应该承担相应责任。

针对管理人员能否不经学生同意进入其房间的问题，我们认为，公寓内的住宿房间其实就是学生的住宅，是临时的家。按照《中华人民共和国宪法》第39条规定，公民的住宅不受侵犯，禁止非法搜查或者非法侵入公民的住宅。《中华人民共和国刑事诉讼法》第136~140条规定，为了收集犯罪证据、查获犯罪人，侦查人员可以对被告人以及可能隐藏罪犯或者犯罪证据的人的身体、物品、住处和其他有关的地方进行搜查。进行搜查时，必须向被搜查人出示搜查证。在搜查的时候，应当有被搜查人或者他的家属、邻居或者其他见证人在场。搜查妇女的身体，应当由女性工作人员进行。搜查的情况应当写成笔录，由被搜查人或者他的家属、邻居或者其他见证人签名或者盖章。如果被搜查人或者他的家属在逃或者拒绝签名、盖章，应当在笔录上注明。根据以上规定，学生对住宿房间拥有居住使用权，未经学生同意，管理人员不应该进入房间，因为现行法律没有给予行政管理机关对公民住宅的搜查权，高校管理人员当然也没有这样的权力。但是，当房间内发生了犯罪行为，或者公安人员持有搜查令，以及管理人员进入学生房间以调查或制止某些学生的违纪行为又是必要的，在此，学生管理人员如何解决这个矛盾？我们认为，必须从法律上解决这个问题，使管理人员有法可依：其一，要确立一个观念，学生住宿的房间不能随意进入，学生不在房间时，不能进入其房间；进入学生房间要征得学生同意。其二，强制性进入学生房间，必须有两名以上学校的工作人员同行。其三，强制性进入学生房间，必须得到主管领导批准。这样的应对，其实就是当行政关系与民事关系冲突之时，后者服从前者。

可以预料，随着高校学生自主权利意识的觉醒，加上大学生婚姻在法律上的许可〔1〕，如果管理与服务部门不与时俱进探索出新的刚性与柔性相结合的管理模式，则有可能引发更多

〔1〕 注：有媒体报道，南开大学推出“夫妻宿舍”，一时引得网络喧嚣。后续有媒体报道，南开大学推出此项措施已有经年，并且同济大学等高校也早有此策。不过，南开大学对此仍给予了正式回应：“学校始终坚持人性化的宿舍管理，坚持服务育人理念，开设夫妻宿舍正是为了回应学生的诉求，满足学生的需要。我们希望在学校房源条件允许的情况下，尽最大能力满足在校学生的生活需求，解除学生生活上的后顾之忧。夫妻宿舍不仅能够免去学生夫妻在校外找房所花费的精力，缓解学生夫妻的经济压力，还可以让夫妻双方免于异地分隔，从而可以专注学业，学生夫妻双方在求学期间可以在生活和学术方面互相督促、共同进步。”事实上，当前的法律法规并没有规定不许在校男女生同居，2004年出台的《普通高等学校学生管理规定》2005年通过并实行，2016年修订还明确规定，在校大学生符合我国《婚姻法》规定的结婚条件，可以结婚。所以，结婚了当然可以同居一室，学校适当调剂一下房源，为学生提供一些生活便利，恰是“以学生为主体”理念在公寓管理与服务工作中的具体体现，是值得赞许的。因此，新华网对此还展开了评论。（“南开大学推出‘夫妻宿舍’，外界没必要瞎操心”，载 http://www.xinhuanet.com/comments/2017-10/31/c_1121881013.htm，最后访问时间：2017年10月31日。）

的矛盾，甚至诉讼。我们认为，解决之道就是：凡是学生能够自治（自行解决）并且不对社会产生负面影响的，学校应该支持；在尊重学生权利的基础上，相关问题的解决如果能够以民事关系中平等合约的形式进行处理，则应为优选；学生个体渴望的诸如隐私权、财产权等保护，如果超越了学校作为一个"公益法人"所能承担的责任，那么，行政关系的思维，则必须被运用。

其次，高校教师员工、家长、社会组织及学生与学生之间的法律关系。高校教师员工是高校的职员，代表学校对学生进行管理和教育。他们作为个人与学生发生的关系不在我们的讨论之列。当他们与学生发生关系是职务行为时，其对应的法律关系与学校和学生之间对应的关系则相同。前面的论证说明，高校与学生之间既有行政关系，又有民事关系，那么作为一种职务行为时，他们与学生之间的关系也是行政关系和民事关系共存。学生家长一般是指父母，也有指的是祖父母、外祖父母、兄弟姐妹、其他亲属或朋友，他们之间的法律关系主要按照《中华人民共和国婚姻法》《中华人民共和国继承法》等法律进行处理。社会组织与高校学生发生的关系，如实习、助学贷款、毕业签约等，都是一种民事关系。当然，他们这种民事关系和普通自然人与这些社会组织发生的民事关系有很大不同，原因就是前者的身份是高校学生。

高校学生之间有什么样的法律关系？本书认为，同学之间的法律关系当然主要是民事法律关系。在学生公寓内，学生之间这种民事关系主要体现在相邻权关系和共同共有关系上。相邻关系，是指相互毗邻的不动产所有人或使用人之间，在对该不动产行使所有权或使用权时而产生的一种权利义务关系。学生之间因住宿而产生相邻关系。高校学生公寓一般成小区状态，每栋楼的产权虽然归属高校或社会公司或地方政府等，但直接使用人是学生。楼与楼之间存在相邻状态，一栋楼内的不同寝室之间也存在相邻关系，因为可以把一个寝室看作一个不动产，不同寝室之间的学生之间就会产生相邻关系。基于这种相邻关系，高校学生必须学会相互宽容和忍让、学会共建和共享、学会与人方便即是与己方便等。这些习惯的养成、品质的历练，都是为其走向社会、适应并融入社会、成为促使社会良性发展大军中的一员做好准备。

高校学生之间在公寓内之所以产生共有关系，是因他们使用同一所公寓、同一个楼或同一个房间。公寓内的公共场地、绿地、健身场所、运动设施等，同一个楼内的楼道、电梯、浴池、晾衣间等，同一个房间内的门窗、空间、卫生间、电话、电视、照明设施、卫生设施等都归属多人共同使用，从而形成共有关系。因为，同室学生平等地享受共有财产的民事权利，没有份额的区分；同室学生对共有财产享有平等的权利，承担平等的义务。所以，这种共有关系致使他们对相关空间、设施的使用权是共同共有。这种没有产权的共同共有关系随着共有人共有关系的存在而产生，并随着共有关系的结束而消灭。

总之，在学生公寓文化建设过程中，必须从法律层面知晓各个主体之间的相互关系，尤其是学校与学生之间、学生与学生之间的法律关系。只有明晓他们之间的关系，才能更好地在文化建设中对他们的各自角色进行正确定位。

二、主责角色职业化趋势

所谓职业化，就是指某一工作性质有自己独立的理论、职业标准、职业道德，以此来指导、推动从事该项工作人员的行为，使之形成一支相对稳定的员工队伍，满足社会对该项工作的需求。[1]而一种职业的组成人员要想达到职业化的程度，社会的发展必须使此行业本身就能成为人们认可的一种职业，对从事此职业的人员所具备的技能要达到专业化程度。

对于当下的学生公寓管理与服务，有的高校采取的是由学生工作部门负责的模式，具体是在学生处下设“公寓管理科”或“宿舍管理中心”；有的采取后勤工作部门负责的模式，具体是在后勤处下设对应科室。比如，山东大学的学生公寓管理服务中心是挂靠在学生处下面，该中心在洪家楼校区、趵突泉校区、千佛山校区、兴隆山校区和软件园校区都设有学生公寓管理部，承担着学生宿舍区学生公寓的管理与服务工作。中国政法大学的学生公寓管理服务中心是作为一种后勤实体放在后勤部门下面。如下图：

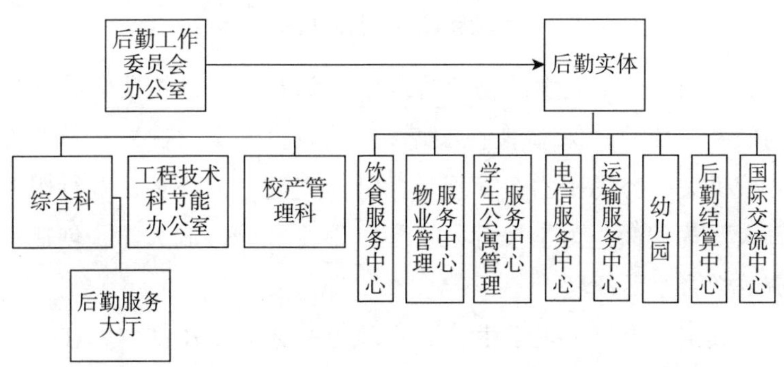

清华大学基于原行政事务处基础上成立了物业管理中心，实行事业单位企业化管理。物业管理中心下设办公室、学生公寓区事务科、教学办公区事务科、留学生与培训学员公寓区事务科、电信与工程技术科、综合治理办公室等科室。如下图：

〔1〕 参见薛尧等：“关于保安职业教育”，载《中国职业技术教育》2006年第23期。

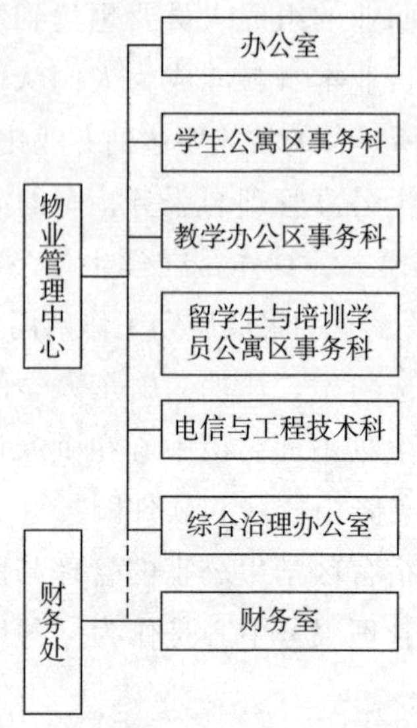

物业管理中心行政机构

可见，清华大学的物业管理中心基本责任是按照学校和后勤的统一部署，保障学生公寓、公共教室安全、优质运行及部分校机关办公场所物业管理等，以“创造一流环境，践行服务育人”为使命，为学校育人目标、创建世界一流大学、创造一流的学习生活环境。

其实，直接负责学生公寓管理与服务的工作部门，在学校的工作机构设置上，不管是放在学生工作部门下面，还是放在后勤工作部门下面，这两种模式事实都是在行政化的“科层制”思维下产生的。即高校不管是“985 高校”“A 类世界一流大学建设高校”，还是“211 高校”“世界一流学科建设高校”，它们都有行政化办学的事实。比如，针对学生公寓管理与服务部门的科层级别，原先的“985 高校”一般是将其设置为处级，而非“985 高校”一般是将其设置为科级。当然，清华大学的学生公寓管理与服务工作的职能是以物业管理中心的名义出现的，虽然也是以一个类似企业实体形式出现，但事实上干部配置仍是以处级配置，与北京大学公寓服务中心不管是承担的工作职能还是行政级别差别不大。

现在，高校办学去行政化呼声的正当性在当下早就被认可，如何去及时间表仍在学界被讨论。本书认为，在对学生公寓管理与服务模式的探索中，可以对之进行尝试。当然，如何在这个工作领域尝试去行政化不是我们的目标，它最多只能说是尝试结果的一个副产品，目标当然仍是探索如何找到一个符合高校学生公寓管理与服务工作发展需要的恰当模式。这样的模式应该是“事业型管理＋企业化运行”。这样的模式表面上与清华大学的模式是一样的，其实它们有本质的不同。清华大学的“事业单位企业化管理”模式，在当下清华大学实际发展过程中，已经通过必要的市场力量，助推了物业管理质量的提高，显现了其价值，但是，对学生的思想教育与引导的功能并没有在职责要求上体现，这不能不说是一个遗憾。而对应的“事业型管理＋企业化运行”模式，实际是一种专业化、职业化发展方向，根本目标仍是为育人服务。表面上看，这种模式是“思想的归思想，市场的归市场”，其实，“市场”要为“思想”服务。也就是说，一切要以人为本，以学生为本，以育人目标为本。为此，采取物业管理的形式，把管理质量提高，服务水平提升，最终仍是为学生的教育培养作支撑。具体说：第一，应该把学生公寓管理与服务工作归属到学生工作部门，分为管理类和服务类两类。第二，以思想引导、操行评定、卫生评比、品质环境等为主的软文化建设应该由学生工作部门配备的辅导员和其他学生工作干部承担；以卫生保洁、水暖维修、电器维修、设施安全等为主的有形保障工作可以委托给第三方的物业公司。前者的工作对象直接对人，后者的工作对象直接对物。后者的工作应该为前者的工作服务，前者可以作为学校的代表对后者的工作进行监督和考评。第三，生活即教育，教育即生活的理念应该作为一种工作理念贯彻到这种工作模式中。第四，涉及学生公寓管理与服务工作的相关部门可以共同成立一个类似“学生公寓管理与服务委员会”的组织，这个组织应该具备协调功能，能够形成合力。但是，日常管理必须落实主体责任，这样的主体姑且称之为“学生公寓服务中心”。即是说，参与学生公寓文化建设的主体虽然很多，但主体责任不明确，容易流于“九龙治水”的尴尬。所以，不管是在行政级别上被设置为科级还是处级，公寓服务中心都应该承担着主体责任，它承担的就是主责角色。

那么，主责角色要职业化，如何实现呢？具体说，就是从事公寓管理与服务工作的辅导员等学生工作人员应该职业化，从事设备维修保养的工作人员应该专业化。职业化当中包含着专业化，专业化的发展就有可能成为职业化。只有这两部分人既具有专业化的技能，也具有职业化的情怀，作为主责角色的公寓管理与服务部门才能在学生公寓文化建设过程中起到主导的作用。

首先，工作队伍要职业化。即分别主要承担对学生进行管理职能的学生工作队伍和主要承担对学生公寓工作有效运行提供保障职能的物业管理工作队伍，要在各自技能专业化基础上，实现整个行业的职业化。比如，辅导员职业是以通晓对学生进行思想引导、政治教导、心理疏导等专业知识技能，对之进行灵活应用为基础的一种职业。在高校，这种职业从业人数相对较多，共同构成高校内部一个特殊的教师阶层。他们通过职业活动行使职业权利，通过职业训练学会执掌和运用职业规则维护特定的职业秩序，共同承继和发展职业所具有的社会使命。由此可见，只有造就这样一个职业阶层，使之达到职业化程度，是辅导员这个职业在教师行业中实现职业化的必要条件之一。所以，它首先需要的就是一定数量和一定质量的从业人员。从业人员的数量代表着行业发展的规模，是行业存在和发展的前提条件，从业人员的质量决定了行业发展的水平，是行业兴旺发达的决定因素。不过，从业人员的数量和质量，是受人们选择社会职业的规律制约的。一般来讲，行业的社会地位高，较为符合人们当时选择社会职业的标准，其从业人员的数量和质量就有保障，队伍的素质也相对较高；反之，数量和质量就难以保障，队伍素质相对也较低。辅导员职业现在正处于从后一种向前一种过渡的阶段。因此，吸引更多的人选择这一职业，特别是吸引高层次的人才选择长期从事这一职业，是辅导员行业持续发展的必要条件。

其次，工作能力要专业化。仍以学生工作队伍中的辅导员为例，现在，因高等教育发展必须加强高校思想政治教育的需要，辅导员从业人员整体水平在快速提高。但在整体发展的同时，却有着不容忽视的隐患。比如，有一些高校只是将胜任不了教学岗位的教师或行政人员配置到辅导员岗位上，甚至将一些年龄较大、身体不好的人员在其他部门不欢迎的状态下安置到辅导员岗位上，或者有些高校为了防止辅导员从事此项工作年限较长，产生“通道阻塞”，就预先给他们寻找所谓的“出路”，则只是选拔那些“留校保研”的同学从事辅导员工作。后一种辅导员产生的机制在一些著名大学如北京大学、中国人民大学都存在。这种机制下，诚然能够保证辅导员群体的整体活力，但因工作经验的欠缺，以及不可能有保证从事此项工作的时间，甚至不少辅导员边读书边工作，根本没有多少时间和精力投入到学生工作中，故而造成很多学生“有话不知找谁说，有苦不知找谁诉”的情况。在这样的机制下，不可能保证让每一位辅导员都有从事学生工作的专业化能力。其实，即使是较长时期从事一项工作的人员，为了能够与时俱进，也必须经过不断地学习和培训，才有可能胜任某一项工作。所以，辅导员队伍要想提高工作水平，物业管理人员队伍要想整体提高服务质量、服务水平及社会形象，必须经过专业化的教育和培训。这样的教育培训可分为三个层次：一是短期培训，目的是使从业人员及时知晓行业动态、职业新特点、工作对象新发展趋势等；二是较为长期的培训，目的使从业者成为具有良好职业道德、法律素养和人文素养、必需的文化基础知识和服务技能的职业工作者；三是专业性教育，通过带有认证形式的职业教育培训，包括学历教育，使从业者不仅具有必备的从业实际能力，而且具备该项工作的学科理论和实务的研究，使学历证书和职业资格证书两种制度所形成的架构共同支撑起该项工作的职业地位。

通过专业化的教育和培训，使学生工作队伍和物业管理队伍力争达到专家化水平。比如，针对辅导员这一高等教育领域里的传统角色，它其实融合了生活指导、学习指导、心理辅导、日常事务管理等多项工作内容。如果辅导员老师在对应领域中没有相关的专业知识或停留在“样样精通，样样稀松”的水准上，就很难适应学生成长和成才的需要。当然，要求每位辅导员都具有以上专业相当深度的知识也是不现实的，所以，我们可以设想将这一职务包含的相关内容分解，由不同的专业型人才分别担任某方面的专业指导。比如，按照一定比例在学生公寓配备心理辅导老师，各年级各专业学生数达到一定量级时则配备专业辅导老师和学生事务主管和舍监等，这些专业人员在工作中加强沟通交流，更好地实现对学生有针对性的、专业化的服务、指导和管理。专业化的技能为个性化的指导提供了保证。在学生公寓这样一个强调一种自发地、主动地成才阵地，要求公寓环境能为学生提供充分发挥、展示能力的空间，所以，学生工作者尤其是辅导员要力争做到对学生进行个性化的指导。个性化培养不是把学生培养成社会化大生产下批量生产的“合格零件”，不是削足适履，而是讲求一种切实的针对性，它意味着对学生更符合个体差异的指导、更悉心的呵护、更贴身的服务。

再次，工作标准要规范化。对于在学生公寓内工作的两支主要队伍，其工作标准规范化的要求是不同的。对于为学生公寓正常运转提供保障的物业公司，不仅公司应该符合国家相关法律法规要求，达到必须的年审标准，持证上岗的从业人员也应该遵循相关的定期审查要求。这就需要年审和认证。比如，电梯维护、锅炉维修、电力保障、消防监控、车辆运行、食品生产、医疗卫生、安全保卫等从业人员需要遵循执业资格认证制度，甚至对从业人员的身体状态、遵纪守法状态都应该及时备案或审查。对于公司而言，应该积极参与到行业标准建设中，必要时，也应该参加行业评比和认证。为了使学生公寓物业管理整个行业达到规范化的标准，从长远的发展来看，政府部门还应该积极推进立法。当然，在立法时，对于相关岗位的从业人员，既要确定其资质管理，也要确定其法律地位、职责和权利，以破除社会上少数人对相关岗位的误解和歧视，为从业人员创造良好的工作环境；对于公司企业，既要确定行业评价标准和体系，严格界定安全服务质量标准，防范各种可能出现的安全事故，也要从宏观上体现对整个物业市场，尤其是高校学生公寓的物业市场的规范与培养。

对于学生工作队伍，为了使工作内容、标准实现规范化，必须建立相应的考核体系。考核体系要符合基本程序、贯彻基本原则、内容要分类、指标要具体、运行要掌握科学方法。工作考核是对客观存在的绩效的主观反映和认识，是倒逼工作内

容和标准规范化的一根有效的指挥棒。考核内容，即考核什么，是考核时首先必须明白的问题。

标准类别	考核偏向	具体项目	注意重点
品质基础型	偏重考核个人的道德品质修养和个性特征	如忠诚、可靠、主动、服从上级、有创造性、有协作精神等	不易具体掌握，不明确，主观性强，且往往与工作行为和工作效果没有直接的关系
行为基础型	重点在于评价工作人员如何完成工作	关心的是行为本身和过程	对行为过程分开等级，且为每个等级设计标准的行为尺度供对照参评，有利于全面准确地评价工作人员
效果基础型	着眼于干出的成果	关心的是结果	可操作性强，客观具体且易量化

从以上图表中我们可以看出，考核中，我们必须从工作成绩、工作能力、工作态度三个方面突出对实绩、贡献考核，按对每个方面不同的偏向可以有三类划分：其一是品质基础型，其二是行为基础型，其三是效果基础型，具体可从德（政治品德、社会公德、职业道德）、能（业务能力、分析能力、组织能力、决策能力、创新能力、学习能力、表达能力、交际能力、慧眼识才能力）、勤（责任心、求真务实、协作性、出勤率、主动性）、绩（工作数量、工作质量、工作效率、工作效益）、廉（自律性、他律性）五个方面进行评价。至于考核的方法，可以采用目标管理法、关键事件法、360 度考核法等兼有主观性和客观性的方法。

当然，对于从事物业管理与服务的队伍，也应该有相应的考核。这样的考核非常有必要掌握以下一些分析模式：一是经济学的效率假设模式，借鉴到考核工作中，即不仅要考察某项考核活动是否充分利用了各种资源和条件，达到最佳的结果，也要考核作为企业化运行的物业管理公司在其工作中，是否最有效地利用了资源，实现了最大化效果。二是成本—收益分析模式，即在考核某个工作人员时，可以将其负责的一个特定项目活动的收益与成本进行对比，看收益是否高出成本，以此作为关键事件评价。当然，这种对考核工作的考核，只能作为一种系数参照的必要，而非充分。三是客户满意度评价模式，即以学生为被服务对象，考核客户满意度基础。

总之，作为学生公寓管理与服务工作中的两支队伍——学生工作队伍和物业保障队伍，唯有实现了专业化才有可能实现职业化，也唯有实现职业化才有可能使学生公寓管理与服务部门的角色主责化，也唯有角色实现了主责化，才有可能使学生公寓文化建设确定主导者，找到可持续发展的动力。

三、运行模式社区化趋势

在前文，针对学生公寓文化历史梳理涉及学生住宿形态的考察，我们发现，从斋舍到宿舍再到公寓是其纵向的历史变化。进一步讲，在现阶段，学生住宿形态在公寓化基础上，已经有了向社区化升级的趋势。或者说，学生公寓管理与服务模式已经有了从校内走向校外、从封闭走向开放、从单一走向多元、从独体化走向多层化趋势。这样一种趋势即是社区化趋势。

什么是社区？此概念在当下的意义当然是随着我国城市居民住房出现结构性变化而出现的。一般来说，社区的构成有六大要素：一是一定规模数量的居民；二是一定的地域；三是一整套相对完善的生活服务设施；四是特定的文化；五是共同的认同心理和归属感；六是相应的制度和管理机构。即是说，现在不仅城市居民，而且很多乡村居民都是生活在以社区形式出现的生活区域的。对应的，高校学生社区“是指以大学生住宿相对集中的公寓为主体，包括学生生活、学习、文体活动场所在内的，学生心理上认同的，具有某种特定文化的，以学生自治为特点的特定区域”[1]。当然，也有研究者认为高校学生社区是指以学生宿舍为中心，包括学生食堂、文体活动场所和宿舍区商业服务网点等在内的学生课堂学习之外的生活、自学、群体活动的校园特定区域。它不仅是学生休息的场所，更是课堂的延伸，是学生成长、成才、成功的园地和获取信息、交流思想、沟通感情的窗口。可见，学生社区有以下几个特征：区域性——学生社区大多数分布在校园内或高校园区以及高校周边，以园区为单位分布，不是指单个的楼栋，而是多个楼栋形成的区域。如果是在校园内，从园区分布上看，住宿区与教学区是相分离的。它是以学生宿舍为主，包括文体活动场所、学习场所、生活场所等在内的学生课堂学习之外的生活区域；文化性——从精神层面上说学生社区是学生的共同精神家园，它需要满足学生的情感认同、价值认同、道德认同、文化认同、学习驱动、创造驱动等精神需求；自治性——从管理上讲，学生社区管理是在后勤社会化基础上形成的一种偏重于学生自我管理的管理模式，它是一个自治性区域，政府行为较少，契约关系渗透在具体管理当中；归属性——社区内学生在心理上具有社区归属感，社区以“某某区”或“某某苑”等进行命名，从而使学生社区的内涵较之以往更加丰富，也使学生对其居住社区拥有强烈的认同感。

---

〔1〕 吴泽俊等：《社区化：大学生公寓管理改革路径》，江西高校出版社 2015 年版，第 8 页。

基于这样的特点，住宿形态为学生社区的形态，有其超越性和优越性。即是说，相比单个的或局限于学生住宿的公寓楼宇，学生社区的范围更加广泛、功能更加多样。在学生社区，学生从被动地位推到主动地位、学生成为自己居住环境的主人、成为活动开展的主体，学生的主体地位得以提升，从而使高校学生社区的育人功能得以凸显。为何有如此显著的变化？因为“随着信息化社会建设的推进和学分制的大范围实施，学生社区已逐渐成为重要的学生管理与教育阵地，它既是大学生休息、活动的场所和大学生交流信息、沟通思想、获取知识、提高素质、成长成才的重要阵地，也是他们步入社会的演练场和实习地”〔1〕。这就可判断出，学生住宿形态的社区化与普通居民住宿形态社区化是不同的。

一是学生社区住宿主体的集群化与普通居民社区住宿主体的家庭化不同。大学生社区的住宿主体是一群文化素质高、行为习惯相近、具有较多共同点的群体。因此，他们的同质性较强，也容易互相影响。一方面，他们思维敏锐、精力充沛、思想活跃、渴望成才，有较高的追求目标；另一方面，大学生离开家庭，没有父母的督促和约束，但他们又有强烈的自立愿望。群体的共同目的是在特定的环境中获得知识、完成学业。

二是学生社区的活动集体性和居民社区的活动分散性不同。相对来说，居住在学生社区的大学生年龄相差不大，习性较为相近，同时，管理部门还可以通过统一的规章制度来规范、约束和引导学生的行为；而居民社区是以家庭为单位，往往是即使“笑声可相闻”，却“老死不来往”，虽然有社区公约之类的

〔1〕 吴泽俊等：《社区化：大学生公寓管理改革路径》，江西高校出版社 2015 年版，第 5 页。

规范，但也是倡导性的。因此，学生社区的活动一般可控，而居民社区的活动一般只能自发。

三是学生社区环境的可塑性与居民社区环境的僵化性不同。学生的思想是可塑的，行为是可以引导的，纪律是可以强化的，而居民的房屋是私有财产，受法律保护，“风能进，雨能进，国王不可进”，因此，如果有谁意图在居民社区，甚至在居民家中，对某些居民进行思想的教导、行为的引导、纪律的强化等，无异于是在赤裸裸地违法。因为，学生社区虽然是一种住宿形态，表现为学生休息、娱乐、交际的场所，但它本质上仍是一种教育的场所；而居民社区虽然表现为“家”的联合体，但它本质上是一个个“城堡”的组合。同时，对学生社区外部环境的改造，只要动机正确，规划科学合理，遵循相关程序，就可以实施；而若想改变居民社区外部环境，即使每家每户不用支付费用，也有可能遭遇如同鲁迅先生笔下的“搬动一张桌子而打破头”的困难。可见，学生社区不管是内部环境还是外部环境的塑造相对居民社区要容易许多。就是说，学生社区虽然不是脱离社会的象牙塔，各种社会现象和思潮都会反映到这里来，但它毕竟又是一个计划统一、组织统一、规范统一的相对独立的场所，人员相对较为单一，比居民社区容易管理、控制和塑造。

四是两种社区因居住本质的不同，导致各自的相对差异性效应放大。学生社区中的大学生有着共同的身份，他们年龄相差不大，所接受到的知识教育、价值指引、信息传送也几乎相同，看起来他们经过大学教育就会成为同一种型号的“产品”。事实上，他们因来源地、城乡差异和家庭经济状况及乡土文化的不同，即生活背景、家庭状况、生活经历和文化背景的不同，即使他们接受相同的教育和引导，得到的感受和教育的效果也会不同，这使他们每一个人都成为一种独特的存在。这种独特，展现在学习成果上，是百花齐放，但若表现在公寓内同学间的日常相处中，如果不处理好，则可能转化为学生间的各种矛盾和冲突，甚至引发极端事件的发生。也就是说，学生社区中的居民看起来都是相同的，但事实上，因他们都处于青年时期，并且是集中住宿，一点点的不同都会呈现放大的效应。相反，居民社区里的居民看起来年龄不同、职业不同、志趣不同、性格不同等，但是，恰是因一个个家庭的存在，将所有的不同进行了重新组合，变成了相同。况且，现代社会经济大潮的洗涤，事实上将居住在同一个社区的家庭大致上都划归了同一个社会阶层。这就使得居住在居民社区中的居民看起来个个不同，但是，站在各家各户看外面世界的视角，让他们又变得个个相同。

五是两个社区的目标实现和功能运行方式有着不同。对于居民社区中的成员来说，整体目标虽然较为明确——社区要确保安全、有品质能增值、环境整洁、人际和谐等，但阶段目标或某一个具体目标往往是模糊的、自发的，要想实现必须经过家庭间相应的协调、沟通、妥协等，难度很大。而学生社区一般是通过学校部门的指导或学生的自治来有序地运行，并且这种运行所赋予的计划意义和指导频率是一般社区所不具备的。

通过与居民社区的比较，我们知晓学生公寓社区化发展之后的相应特点，这些特点是我们谈论如何应对学生公寓社区化趋势的前提。“以青年学生为主体的学生社区有其对象的独特性和教育的目的性，这是对学生社区进行管理的基础和出发点。”[1]具体而言，学生社区管理是以社区学生工作队伍、物业

〔1〕 吴泽俊等：《社区化：大学生公寓管理改革路径》，江西高校出版社2015年版，第26页。

管理队伍、学生自我管理队伍为主体，本着以学生为本，坚持社会效益和经济效益统一的理念原则，以发展并运用各种社区资源、改善学生社区生活环境、推进学生社区文化建设、举办文化休闲娱乐活动、满足学生的以生活需要为首的各种需求、启发社区内学生的互助合作精神、改进学生社区内的人际关系、提高学生综合素质等为目标，对学生进行教育管理与自我管理，以更好地维护社区和谐稳定与秩序，促进学生成长成才，提升其文化水平和实践能力。

对应地，就管理内容而言，学生社区管理可以分为社区学生工作、社区物业和社区自治。其中社区学生工作和社区自治都是侧重于学生社区隐形空间的管理，而学生社区物业侧重于学生社区显性空间的管理。无论是对显性空间的管理还是隐形空间的管理，高校学生社区管理的最终目标都是要实现从注重对物的管理向注重对人的综合素质提升的转变，从以管理、服务为主转向管理育人、服务育人，实现学生自我教育、自我管理、自我服务，进而促进社区管理水平的提升。这是管理的综合性。从管理角度来讲，学生社区物业管理的难点是物业管理和住宿密度极高的大学生日常行为管理及思想政治工作分属不同的管理部门。事实上，在实践中“物之管理，人之服务”都是浑然一体，人和物都难以截然分开。“学生社区文化是指学生社区工作人员在服务学生住宿、管理、教育等过程中所创造的物质财富和精神财富的总和。它不仅包括学生社区的建筑，如学生公寓外观、内部设计，而且包括学生社区管理服务理念、精神文明建设活动等类别。”[1]这样的社区文化与公寓文化，乃

〔1〕 吴泽俊等：《社区化：大学生公寓管理改革路径》，江西高校出版社2015年版，第202页。

至与校园文化在发展上是一脉相承的，同时具有主导性、开放性、服务性、内隐性特点。

主导性是由我国高等教育的根本任务即培养社会主义建设事业的合格建设者和可靠接班人的性质决定的，因此，作为校园文化的一种亚文化，社区文化必须紧紧围绕加强对广大学生社会主义核心价值观培育来开展。开放性是由高校学生社区文化的内部环境是开放的而决定的，这样的开放空间涵盖了学生休息的场所、学习的场所、娱乐的场所、运动的场所等。服务性是因为，现在的学生社区不仅是学生休息的场所，同时又是课堂的延伸，是学生学习生活、思想交流、信息沟通的综合性场所，是高校培养学生成才的一个重要阵地。内隐性是因为，高校学生社区文化中那些师生共同认可的行为准则、价值观念、道德规范等在大学生集中居住地长期沉淀下来、较为稳定地存在于社区中，不管是其形成、传承与发展，还是其对学生、管理人员价值取向、行为方式的影响，都不是在显性的状态下进行的，从而具有内隐性。它对后来学生的影响都是一种润物细无声的方式，一种潜移默化的过程。学生的思想或行为通常都是在不知不觉中受到感染而发生变化。

针对学生公寓这样的社区化发展趋势，首要地，我们既要科学利用以互联网技术为核心的现代信息技术发展这个浪潮，利用科技的力量，加强智慧社区建设，提高管理与服务水平，同时，又要防止大学生在这种科技浪潮中迷失。

信息化作为现代社会发展最重要的特征，是与工业化相对应的一个概念。信息化以工业化为物质基础，工业化向更高层次发展的技术环境即是信息化。工业化的最大目标是最大限度地开发利用物质和能源资源，向社会提供丰富的物质产品；而信息化的主要目标是最大限度地开发利用信息资源，“大数据时代”和智能化是其最新表现。相比较来说，信息化就是社会价值从有形的物质产品创造向无形的信息创造的转化，是从以物质生产和物质消费为主，向以精神生产和精神消费为主的转变。与传统社会相比，信息社会呈现出一种少依赖性多自主性、少群体性多个性化的特征。因为，“在信息社会中，只有主动的参与者，没有了过去意义上的受动者。因此，在信息社会，过去熟悉的宣传、灌输等概念将逐渐失去其生存空间”〔1〕。可见，网络化的现代信息技术发展引发了人类社会物质和精神生活各个领域的广泛而深刻的变革，“在网上”已渐成为一种生活方式。因为，“网络是一个开放结构，能无限扩展，所有的节点，只要人们共享信息编码就能联系。一个以网络为基础的社会结构是高度动态、开放的系统”〔2〕。这与学生公寓社区化发展所具有的开放性是契合的，与青年学生求新的心理也是一致的。同时，网络连接的快捷也顺应了青年学生求快的心理。正如吉登斯所指出的那样：“一个瞬时电子通信的世界——即使是那些生活在最贫困地区的人们也能参与到这个世界之中——正在瓦解各地的地方习惯和日常生活模式。”〔3〕可见，信息化所具有的智能化、电子化、全球化、网络化、即时化、个性化、开放化等特征是符合大学生的身心发展需要的。因此，在信息化时代，在学生公寓发展社区化的趋势下，我们对当代大学生的教育与

---

〔1〕 霍福广等：《信息德育论：大学生信息素养与思想政治教育信息化研究》，人民出版社2008年版，第37页。

〔2〕［美］曼纽尔·卡斯特：《网络社会的崛起》，夏铸九等译，社会科学文献出版社2003年版，第570页。

〔3〕［英］安东尼·吉登斯：《第三条道路——社会民主主义的复兴》，郑戈译，北京大学出版社2000年版，第34页。

引导，当然不能再像以往住宿在“鸽子笼”式的宿舍时代那样把学生当做一种标准化、平面化、工具化的产品培养，而应进行立体化、个性化培养。

不过，在信息化推动社会全面而深刻变革的趋势下，在高校学生住宿形态“要实现自身的价值就不得不面临重新‘洗牌’的境遇”[1]——从公寓化向社区化发展中，大学生群体必须深知，信息化的生活，诚然能够拓展我们个性发展的空间，使我们的主体性得到体现，但我们只有积极地接纳信息、理性地选择信息、合理地组织和创新信息，我们脑容量才有可能不会被垃圾信息所堆砌，思维空间才有可能不会被杂乱无章的信息所侵扰，我们的主体性才有可能得到真正的释放。

针对学生公寓这样的社区化发展趋势，我们要加强学生工作队伍、物业管理队伍及以公益讲座形式出现的流动师资队伍建设，让三者在公寓文化或社区文化的建设工作中形成合力。一是，这三类人员，虽然分工不同，但在实际文化建设中，都有不可替代的作用，即使是从事物业管理与服务岗位的人员，也要通过自己扎实的服务工作成果，展现自己美好的职业道德，真正诠释“学高为师，德高为范”的意义。二是，作为学生公寓或学生社区内的学生工作人员，不仅要做马克思主义中国化最新理论成果的宣传者，而且还要做研究者、践行者；不仅能行走校园，而且能走得上田野；不仅能给学生理论的启蒙，而且能给学生实践生活的启迪。三是，重点提高居住在学生公寓或社区内的学生辅导员，尤其是年轻学生辅导员的素养，强化其在文化建设中的引导能力。比如，采取项目制，聘请全国思

---

〔1〕 项久雨：《思想政治教育价值论》，中国社会科学出版社2003年版，第181页。

想政治教育专业领域内的知名学者担任讲席专家，到学生公寓或社区内为相关工作进行把脉和指导，让辅导员实现与大师对话，与高手搭界；让专家启迪启迪者的心智，让辅导员感悟感悟者的真谛。四是，专业课教师对于学生公寓文化或社区文化建设也具有义不容辞的责任。法国教育家涂尔干曾说过："就像牧师是上帝的阐释者一样，教师是他的时代和国家的伟大的道德观念的阐释者。"[1]所以，"一个诚实和负责的教师不能放弃自己作为学生价值成长的引导者的使命。而所谓'引导者的使命'意味着教师不仅是学生道德成长之路上的'同志'、'朋友'，而且应当是同学的'指导者'、'帮助者'"[2]。为此，可以通过建立"驻地"机制，请校内相关专业课老师来到建于校外的学生公寓或社区居住，与学生实现八小时之外的互动，让学生时刻感受到：虽然他们是居住在校外，但与学校的联系是多点多线的。这也是16号文件所着重强调的，"广大教师要以高度负责的态度，率先垂范、言传身教，以良好的思想、道德、品质和人格给大学生以潜移默化的影响……使学生在学习科学文化知识过程中，自觉加强思想道德修养，提高政治觉悟"[3]。因为，教育是一项具有无限的热爱和强烈的使命感的事业，是有意识置于无意识之中的过程，只有让学生感受到爱的传播、心灵的撞击、精神的感染，教育效果的获得，才能渐入佳境。

总之，即使高校学生住宿形态社区化趋势成为事实，建设好对应的社区文化仍是如公寓文化建设一样，是对应的管理者

---

〔1〕［法］爱弥尔·涂尔干：《道德教育》，陈光金等译，上海人民出版社2001年版，第324页。

〔2〕檀传宝：《学校道德教育原理》，教育科学出版社2000年版，第177页。

〔3〕"中共中央国务院发出《关于进一步加强和改进大学生思想政治教育的意见》"，载《人民日报》2004年10月15日，第1版。

和服务者义不容辞的职责。唯有区分学生社区与居民社区的不同、知晓信息化趋势的双面影响、做好相应的队伍建设，在社区化的住宿形态到来时，才不至于束手无策，也才能为新社区居民做好服务，引导他们参与公寓文化的升级版——文化公寓建设，从而与时俱进地承担起新时代赋予他们的职责。

结 论

从公寓文化迈向文化公寓

高校学生公寓文化建设的提出，是新时期校园文化建设寻找新领域增添新特色的需要，是社会主义核心价值观融入大学生思想政治教育寻找新载体的需要，是从事公寓管理与服务的实践者提升工作内涵与层次的需要，是落实“全过程、全方位、全员育人”的需要。一句话，它是当下高等教育人才培养面对新时代、新对象、新变化、新环境而进行的一种必然选择。

高校学生公寓文化建设不可能一蹴而就，就如同高等教育发展一样，必然是曲折的。即使是对其物质文化形态的建设，虽然有了建筑规格的标准化，但随着生产力的发展，人民生活水平的提高，这样的标准化也可能会出现新变化。况且，实现其物质文化形态的完善，仅是其实现包括物质文化形态、制度文化形态、行为文化形态和精神文化形态在内的总体文化形态完善的基础。当前，高校学生公寓文化建设仍面临诸多困境：政府层面政策制定者的思想意识是否到位、学校层面政策执行者的行动是否落实、理论层面科研工作者的学理分析是否科学、实践层面实际工作者的探索尝试是否具备合力，尤其是，作为建设主体和客体相统一的高校学生，能否参与共建而共享，等等。当然，建设的过程，即是对困境进行消解的过程。它也是一个对历史继承和对现实创新不断实现再融合的过程。融合的升级，即是其建设在量的积累基础上出现质的飞跃。当下离不开历史，未来脱离不了当下。

如果说中国古代书院中的斋舍出现，是对我们讨论当下高校学生公寓文化建设在住宿形态上于历史深处的一种萌芽，那么，以民国时期的北京大学、燕京大学为代表的高校显现的“斋舍文化”就是我国公寓文化的1.0版；新中国成立之后，高等教育改革全面转向苏联模式，住宿形态仿造苏式风格出现的“宿舍文化”可以说是我国公寓文化的2.0版；21世纪初开始的高校学生住宿形态公寓化讨论及公寓建设标准化实践，可以说拉开了我国公寓文化建设3.0版的序幕。这一版的建设还没有结束，或者说，正处于“完善、完备、完整”的过程中，同时，新的一版已经萌芽并已出现了发展良好的趋势。这种现象既是量变与质变交叉出现、相互统一原理的显示，也是发展的延续性与飞跃性从理论到现实的生动展现。新的一版，如果仅从住宿形态角度命名，可以称之为“社区化”；如果从公寓文化建设本身的标志——“文化性”角度命名，可以称之为“文化公寓”。即是说，文化公寓是公寓文化建设的高级形态，不仅能够集公寓文化建设中的物质文化、制度文化、精神文化和行为文化于一体，而且能够实现有机统一，并自成体系，是一种全新的“公寓文化观”。它就是我国公寓文化建设的4.0版。可以说，文化公寓是对公寓文化的一种超越，但二者是辩证统一的，主要体现在以下几点：

第一，公寓文化和文化公寓并不仅是词序的颠倒，二者有着质的区别。公寓文化，顾名思义，是公寓具有的文化，是相对于校园文化中的班级文化、社团文化等其他亚文化而言的；文化公寓，则是指具有文化的公寓，以文化定性的公寓，突出了文化在公寓中的地位、功能。公寓文化和文化公寓都具有

“文化”的特性，二者内含的文化本质、特征都是相同的，但基于文化的视角对象有转换：公寓文化侧重的是建设，文化公寓侧重的是评价。公寓文化是一种特殊的校园文化，是指发生在高校学生公寓区域范围内，以一定的物质建筑为基础、制度规范为保障、精神内涵为核心、行为表现为范式而呈现的一套与校园文化相契合的特定的群体文化。它是高校学生住宿形态在自身发展过程中不断深化和完善起来的一种基于住宿而形成的生活教育文化，是大学师生创造的与时代、社会密切关联又独具特色的公寓环境和人文氛围。文化公寓是指高校围绕教育目标，将公寓文化不断内化为师生的文化人格和行为素质，继而逐渐形成的具有活力、创造力和人文精神的教育环境。它是高校在发展进程中，经过多元文化的激荡交融逐步积累完善的一种独特的文化校园形态，是以学生为主体、教育者为主导、服务人员为辅助、公寓为空间、社会为依托、文化为核心的一种大学文化。可以说，“文化公寓是一种广义的、深层次的公寓文化，是一种完全不同的、新的公寓文化观，是通过公寓文化不断内化为大学生行为素质的动态的生成过程所形成的充满活力、创造力和人文精神的教育环境”。[1]

第二，公寓文化走向文化公寓是从量变到质变的过程。构建文化公寓，就是要防止公寓文化走进狭隘的、表面化的建设误区；公寓文化到文化公寓的嬗变，就是进一步致力于全方位、深层次的公寓文化建设。文化公寓是一种成熟和谐形态的公寓文化，是在学校理念、制度、章程等文化模式构建中，通过大学精神对公寓建筑、空间设计、装修装饰、绿化美化、管理服

---

〔1〕贺治成、李辉：“从公寓文化到文化公寓：高校校园文化建设的新视角”，载《学校党建与思想教育》2012年第22期。

务、活动开展等全方位的浸润，实现从公寓文化现象到公寓文化肌理的深入。因此，从公寓文化到文化公寓不是语序的变化，而是一种新的公寓文化观的重建。从文化表现层面上看，公寓文化仅仅把文化建设视为一项具体工作，是文化在高校公寓中体现出来的表象特征，而文化公寓内隐于一个大学的特色学校精神、特色办学理念和特色价值观的教育环境中，其核心是大学内在的“人文系统”。公寓文化建设中，虽然有主题鲜明的思想教育，有形式新颖的文艺活动，有以社团组织为单位的学术活动，也有以住宿园区为空间的社交活动等，但主要表现为一种以有形文化层面为主要形式的文化现象，而公寓的整体文化氛围和深层的文化精神更多地被高校公寓局部文化活动所取代。因此，突破传统的“文化活动”观,〔1〕建立一种整体的公寓文化理念则是必需的。因为，从文化精神层面上看，公寓文化仅仅是大学文化理想的局部和基础，而文化公寓站位更高，层次更深，包容更广，内涵更丰富，更能体现一所学校的文化魅力和个性，也更能参与塑造一所学校的大学精神。

第三，文化公寓是公寓文化建设整体形态成果的一种“新质”。从系统构建的角度看，任何现实中的系统都只是更高一级系统的子系统。也就是说，当我们将公寓文化作为一个整体来思考时，整体仍是局部的整体，它作为一个系统，仍然是更高一级系统的文化型公寓建设的局部。所以，在高校学生公寓文化建设中，如果以局部文化活动取代整体性的建设，则有可能导致高校学生公寓文化建设的表面化和局部性现象的凸显，公寓的整体文化氛围、文化气息和文化精神将会被忽视。因此，

〔1〕 参见何祖健：“从校园文化到文化校园——校园文化建设整体性的思考”，载《光明日报》2008年12月3日，第10版。

建设高校学生公寓文化，既需要文化学的整体宏观视野，又必须系统地构建。即高校学生公寓文化建设要想实现各子系统之间的有机统一，就需要对其内部各系统诸如公寓建筑、公寓管理、公寓服务、公寓制度以及公寓活动等进行科学构建、整体联动和有机整合。这种整合的过程就是一种动态的生成过程，就是从局部走向整体的过程。从整合到整体是高校学生公寓文化由实然到应然的必经之路。整体并不仅仅是部分的机械相加，“整体大于部分之和”。这种“大于”的实质意味着从部分到整体是一种突变，是一种各部分协调合作和精妙秩序下整合效应（即“新质”）的产生。在高校学生公寓文化建设中，这种伴随整合效应而产生的“新质”，就是国内一些学者所描绘的“文化公寓”。

第四，公寓文化为文化公寓建设奠定了坚实基础。公寓文化建设取得的精神文化、物质文化、制度文化、行为文化成果是文化公寓建设的宝贵资源；总结的经验和研究的理论，对文化公寓建设具有启发、指导作用；发现的问题，为文化公寓建设目标、任务的决策提供了依据。文化公寓将会更好地蕴蓄精神文化、完善制度文化、提升群体文化、发掘物质文化。可见，文化性仍是文化公寓的固有属性，它表现为：人本性的文化属性，即它具有一种关怀人、尊重人、目中有人，并以人的自主发展为核心的文化属性；生命性的文化属性，即它注重学生生命的本体性，突出学生生命的成长性，掌握学生生命的全面性，优化学生生命的独特性；自主性的文化属性，即它赋予参与公寓文化建设的建设者，尤其是学生，一种主体地位，使建设具有了自主选择性、自主开发性、自主管理性、自主创新性的文化属性；动态性的文化属性，即它使文化公寓自身以主体形态进入了有意义的动态生成过程〔1〕。在文化公寓中，学生将获得一种"蓬生麻中不扶自直""入芝兰之室久而自芳"的环境；在这个群体性环境中，学生个体将较好地找到自己的位置，找到自己成长的路径和目标，也模拟着未来走入社会后的岗位状态。在文化公寓中，"公寓区域无闲人，人人都育人；公寓区域无闲处，处处都育人；公寓区域无闲事，事事都育人"，真正在学生公寓区域和学生公寓管理与服务工作中，实现全方位育人、全过程育人和全员育人。在公寓文化建设中，学生公寓管理与服务工作中的工作人员与学生是通过高校公寓这一共同的中介客体，使双方的角色得到对象化。在文化公寓中，相关工作人员就会感受到，对公寓文化建设不只是为了学生成长的付出，而且也是自己生命价值不断完善、超越和升华的过程。这样一种环境既能避免公寓文化建设中单向性的自发性与盲目性，也能使全体工作人员在文化活动中发现自我，表现自我，进而促使自我的主观能动意识得以充分发挥。即使是对物业服务人员来说，其付出的劳动也将赋予学生在公寓中的生活以教育的意义，实现教育生活化。可见，文化公寓既是公寓文化建设的一个理性追求过程，又是一种公寓文化的成熟形态和理想状态。文化公寓追求人与内心的和谐、人与人的和谐、人与居住生活环境的和谐；文化公寓崇尚自觉，在文化公寓的追求过程中，全体师生都已从行为自觉、责任自觉上升为文化自觉；文化公寓崇尚自尊，公寓中的教育已从社会本位转向以人为本，更多地是去关注人、影响人、引领人、成就人；文化公寓崇尚自信，它以其独立自主的探索精神和批判精神、追求卓越的人文精神

---

〔1〕参见皮照兴、王洪志："谈校园文化建设与建设文化校园"，载《辽宁工业大学学报（社会科学版）》2012年第3期。

和科学精神，潜移默化地滋润大学生的信念和信仰，培育大学生成长成才[1]。

总之，文化公寓对于公寓文化来说，既是一种文化理想，又是一个实践过程。如果没有公寓文化建设，绝不可能提出文化公寓建设。公寓文化建设必然发展为文化公寓建设，文化公寓是公寓文化追求的高级目标、成熟形态和理想状态，是一种量变到质变、局部到整体的动态生成过程。所以，我们对高校学生公寓文化建设进行研究，所得出的结论就是，文化公寓是公寓文化建设的下一站。

---

〔1〕 参见皮照兴、王洪志："谈校园文化建设与建设文化校园"，载《辽宁工业大学学报（社会科学版）》2012 年第 3 期。

致 谢

需要致谢的人有很多。

首先，要对我在中国政法大学攻读博士学位期间的导师解战原教授表示崇高的敬意。老先生年轻时远赴内蒙古插队，后来终于有了机会考入北京大学哲学系深造。他在中国政法大学书教得好，教而优则仕，被推选为校级领导。跟随先生读书期间，每次见他，既惶恐惭愧，心也欣欣然。惶恐惭愧，是因为自己学识能力所限，对于老师提出的读书要求，总是打了“折扣”，而先生却仍时时在学习和进步；心欣欣然，是因为每次与先生交流之后，总有收获和感悟。没有先生的指导，读书不可能坚持下去；没有读书的积累，就不可能有基于工作实践之上写作此书的视野。为学为人，先生永远是我们做学生的榜样！

其次，要对我的同事、领导以及“北大燕窝”、万柳学生联合会、万柳教师自我管理委员会以及万柳师生联合党支部的老师和同学表示感谢。2008 年，我被聘任到北大化学学院工作，全新的工作内容带来了全新的挑战，也为我后来适应北大后勤工作提供了系统训练的机会和平台。当然，之所以能够有机会来到北大后勤系统工作，首要感谢学校当时开先河地进行了校内公开选拔。在北大公寓服务中心和特殊用房管理中心工作期间，不管是谁，只要真心是为工作着想，同事之间都会相互支持，这样的工作氛围促使我在工作中常常努力“追求完美”。在北京大学公寓师生自治组织遇到一群很有创新思维、奉献精神以及家国情怀的老师和学生，他们的智慧，即使是在公寓管理与服务方面的表现，常常也使我不得不自叹不如。是他们，组织了有关北大公寓文化建设的一场场活动，搭建了一个个文化建设的平台。在师生们的协助下，在领导的支持下，我和我的同事，才可以在北京大学公寓文化建设的道路上一步步地尝试走下去。

最后，要对本书编辑魏星同志表示感谢。编辑的细致让我只能顶礼膜拜了——没有想到书稿中有那么多的错误，哪怕如此细小，都能够被他发现。是他，让我面对之前书稿感觉羞愧，面对现在的样书满心欢喜。同时，也要对我的女儿表示感谢。她对自我的管理，不仅没有让我和她的爸爸过于为她操心，还收获了让我们非常满意的阶段性学习成绩。看到她的努力和进步，使我自然地想到：我也要把自己的事做好！

总之，基于在北大的工作平台，思考北京大学的学生公寓文化建设，自然地就想到如何做好“高校学生公寓文化建设”。“大家筑小舍，小舍出大家”，燕园百廿年，一砖一瓦背后是北大人“读书报国，经邦济世”的精神。前人对高校学生公寓文化建设的思考，对我的研究从小处见大、从一个点到一个面都是一种启发和指引。所以，我既要感谢北大，也要感谢先行人。

附录一

北京大学学生公寓硬件设施建设意向调查

新的宿舍楼空间有限，各类设施的建设需要进行取舍。对你而言，以下设施的建设密度应该如何规划？

本调查用于有关北京大学宿舍文化建设探索的相关研究，主要目的是调查同学们对新建宿舍楼的硬件设施需求，以对相关决策提供参考。

北京大学学生公寓的改造建设方案的设计需要更多同学的参与，希望你能够认真考虑，慎重做出选择。

1. 你现在所居住的楼号是［填空题］［必答题］

问卷宿舍楼情况

楼号	问卷数	备注（住宿费）
28	22	750
33	26	1020
34A	3	1200

续表

楼号	问卷数	备注（住宿费）
34B	7	1020
35	39	750
36	105	1020
37	4	1020
38	10	1020
39	4	1020
40	7	1020
41	3	1020
42	4	1020
44	2	900
45 甲	13	1020
45 乙	3	1020

续表

楼号	问卷数	备注（住宿费）
45	39	750
46	16	750
47	10	750
48	1	750
万柳	2	
中关	1	
勺园	6	
总计	327	

2. 你对目前宿舍中的【学习活动类设施】是否满意？

学习活动类设施是指用于方便同学们学习活动的设施，例如自习室、阅览室等［单选题］［必答题］

很满意

还算满意

一般

不太满意

很不满意

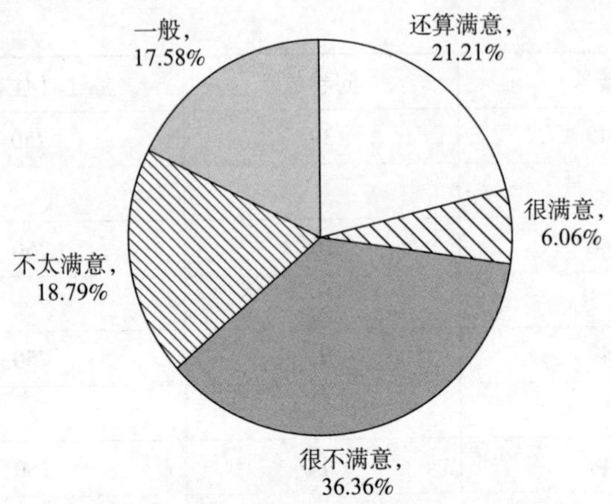

3. 你对目前宿舍中的【生活便利类设施】是否满意？

生活便利类设施是指用于方便同学们日常生活的设施，例如自动售货机、浴室等［单选题］［必答题］

很满意

还算满意

一般

不太满意

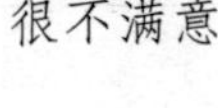

很不满意

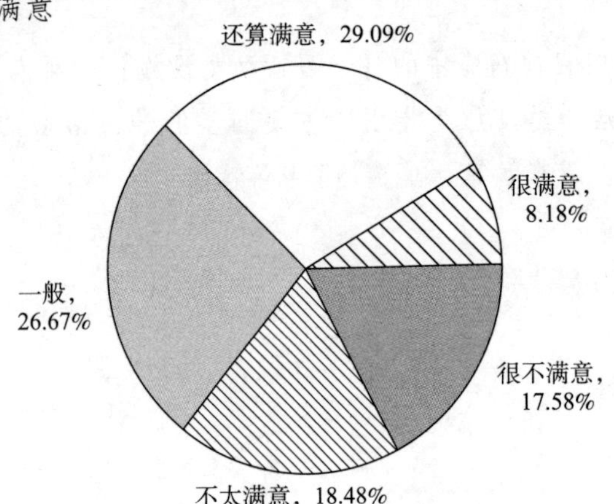

4. 你对目前宿舍中的【课余活动类设施】是否满意?

课余活动类设施是指用于丰富同学们业余生活的设施，例如琴房、活动室等［单选题］［必答题］

很满意

还算满意

一般

不太满意

很不满意

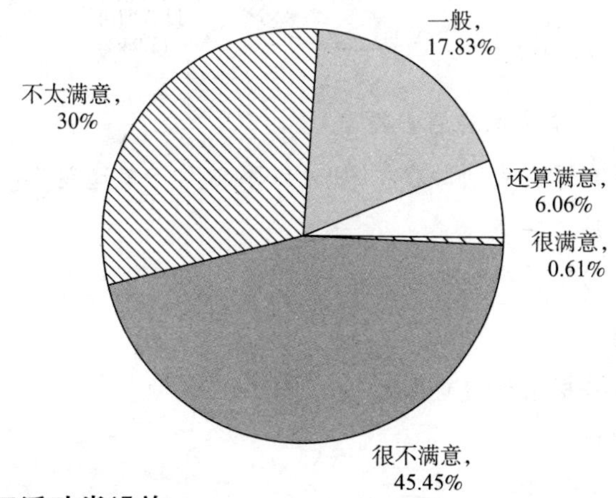

学习活动类设施

5. 大的宽敞的通宵自习室

这类自习室可同时容纳80人以上自习［单选题］［必答题］

至少每层一个

每楼多个，但无需每层一个

每楼一个

在宿舍楼附近设置即可

不需要

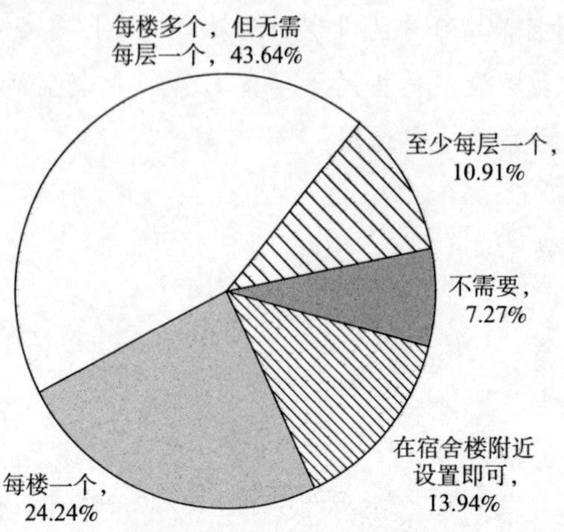

6. 小的集中的通宵自习室

这类自习室可同时容纳30人以下自习［单选题］［必答题］

至少每层一个

每楼多个，但无需每层一个

每楼一个

在宿舍楼附近设置即可

不需要

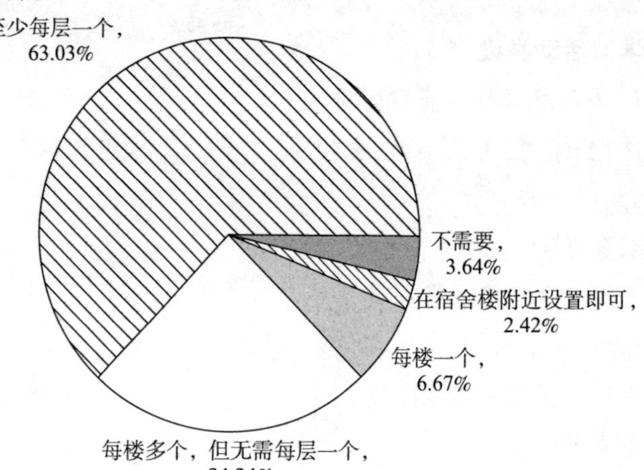

7. 讨论室

讨论室需要预约，可供多人会议或讨论使用［单选题］［必答题］

至少每层一个

每楼多个，但无需每层一个

每楼一个

在宿舍楼附近设置即可

不需要

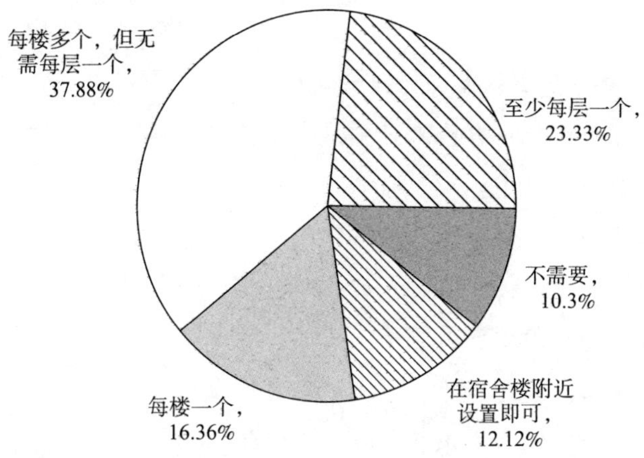

8. 发声室

发声室用于朗读、背诵或其他需要发声的学习活动之用，无需预约［单选题］［必答题］

至少每层一个

每楼多个，但无需每层一个

每楼一个

在宿舍楼附近设置即可

不需要

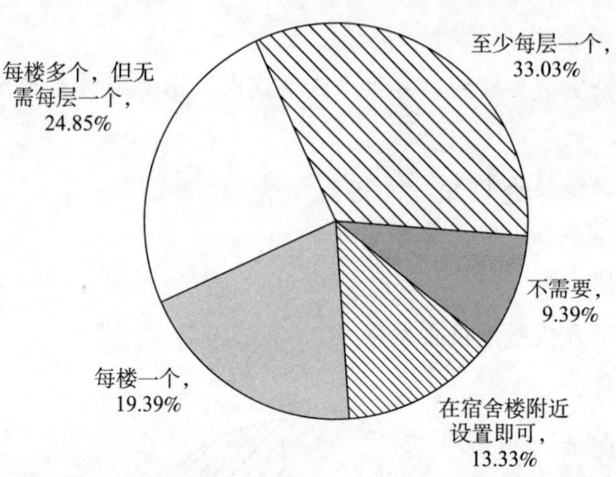

9. 流动交换书摊

同学们可使用自己的旧书进行交换［单选题］［必答题］

至少每层一个

每楼多个，但无需每层一个

每楼一个

在宿舍楼附近设置即可

不需要

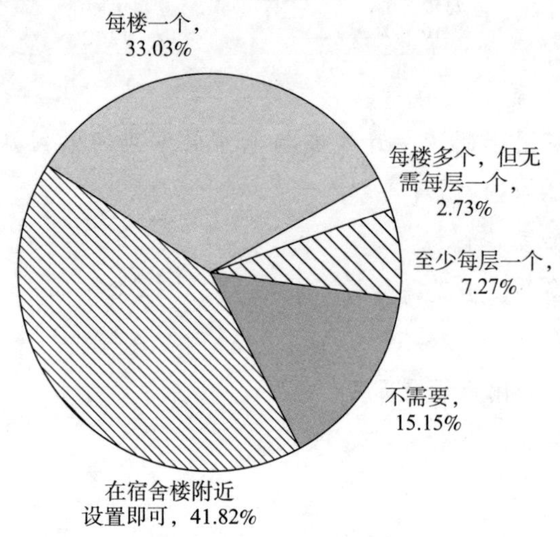

10. 借阅室［单选题］［必答题］

至少每层一个

每楼多个，但无需每层一个

每楼一个

在宿舍楼附近设置即可

不需要

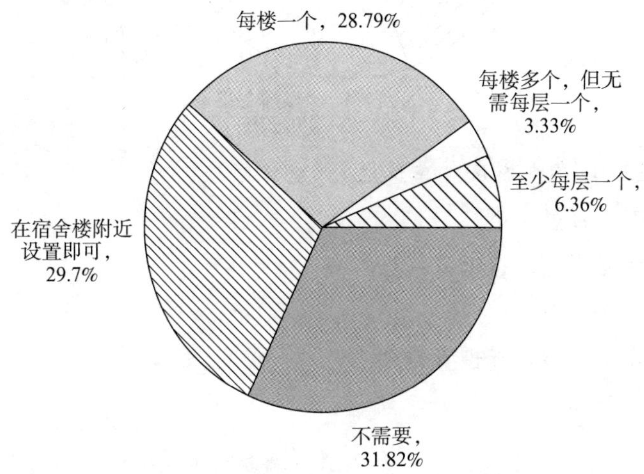

生活便利类设施

11. 带自助洗衣机的洗衣间［单选题］［必答题］

至少每层一个

每楼多个，但无需每层一个

每楼一个

在宿舍楼附近设置即可

不需要

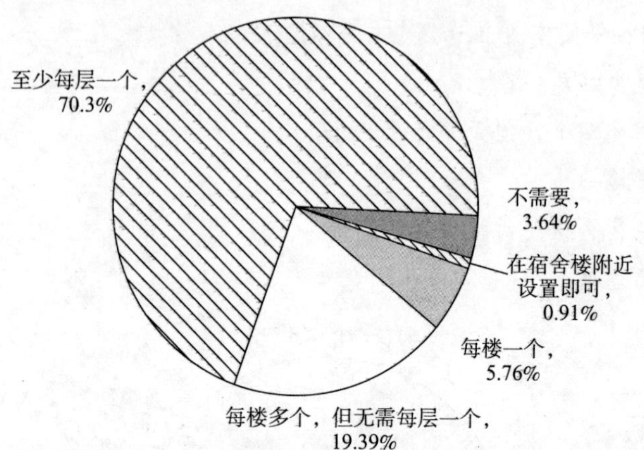

12. 收费洗衣房［单选题］［必答题］

至少每层一个

每楼多个，但无需每层一个

每楼一个

在宿舍楼附近设置即可

不需要

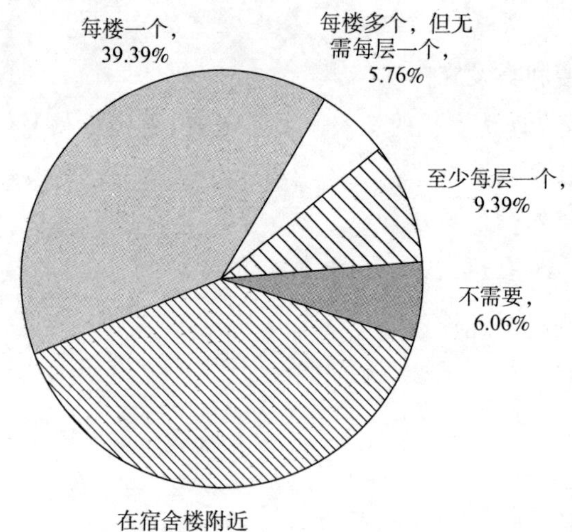

13. 晾衣室［单选题］［必答题］

至少每层一个

每楼多个，但无需每层一个

每楼一个

在宿舍楼附近设置即可

不需要

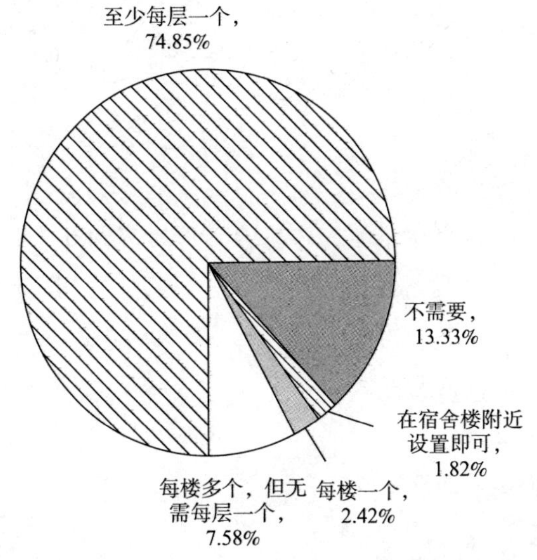

14. 如果将宿舍楼的阳台改为封闭阳台，你期望的晾衣室密度是［单选题］［必答题］

至少每层一个

每楼多个，但无需每层一个

每楼一个

在宿舍楼附近设置即可

不需要

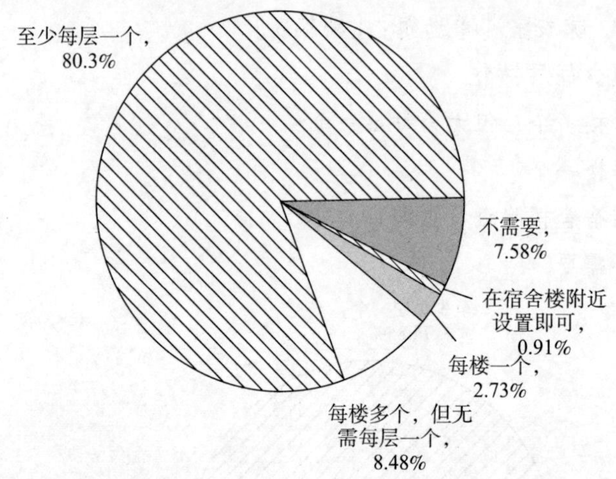

15. 24 小时供水浴室，浴室为可同时容纳 6 人的中型浴室［单选题］［必答题］

至少每层一个

每楼多个，但无需每层一个

每楼一个

在宿舍楼附近设置即可

不需要

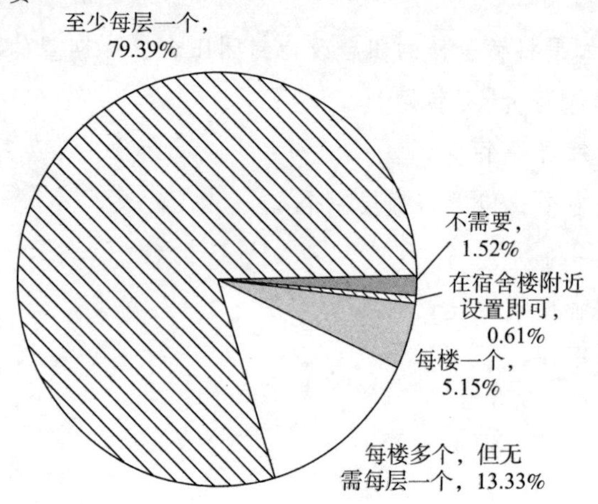

16. 如果仅能提供非24小时供水浴室，你期待的供水时段是［填空题］

17. 食品自动售货机［单选题］［必答题］

至少每层一个

每楼多个，但无需每层一个

每楼一个

在宿舍楼附近设置即可

不需要

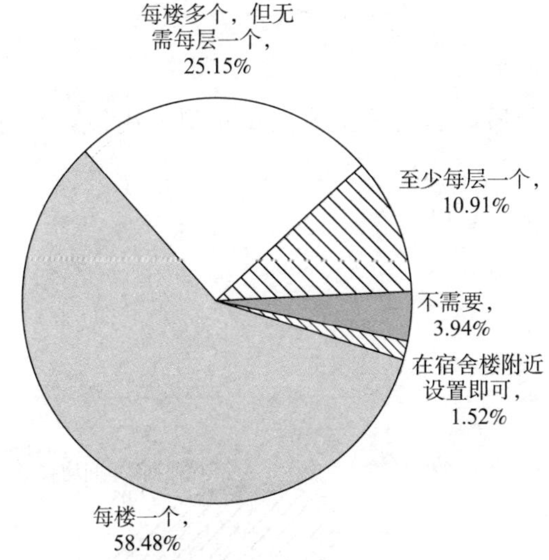

18. 饮料自动售货机［单选题］［必答题］

至少每层一个

每楼多个，但无需每层一个

每楼一个

在宿舍楼附近设置即可

不需要

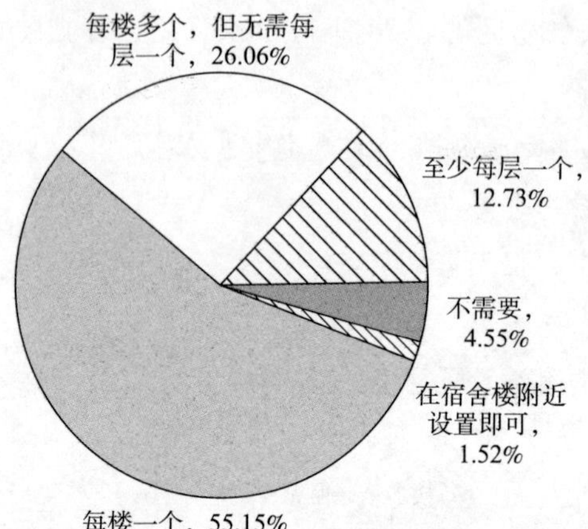

19. 手纸盒

安装在能同时容纳至少 8 人的中型洗手间内部［单选题］［必答题］

每个洗手间单间均有

每个洗手间一个

每层一个

至少每楼一个

不需要

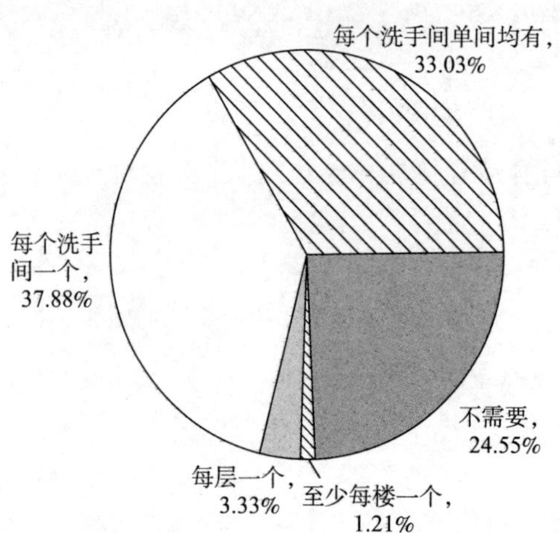

20. 坐便器

安装在能同时容纳至少 8 人的中型洗手间内部［单选题］［必答题］

每个洗手间单间均有

每个洗手间一个

每层一个

至少每楼一个

不需要

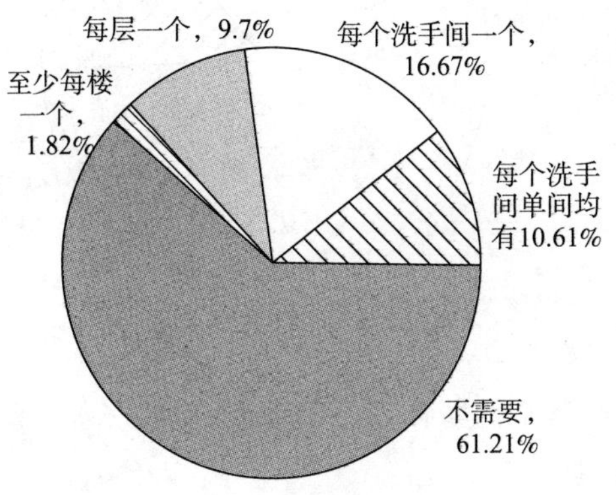

21. 理发室［单选题］［必答题］

每楼一个

在宿舍楼附近设置即可

不需要

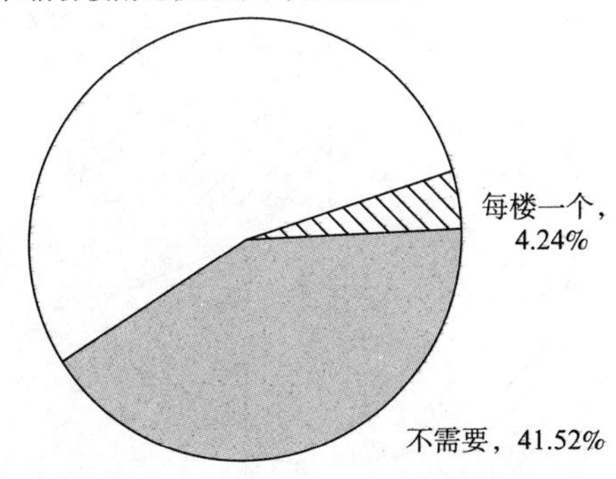

22. 复印店［单选题］［必答题］

每楼一个

在宿舍楼附近设置即可

不需要

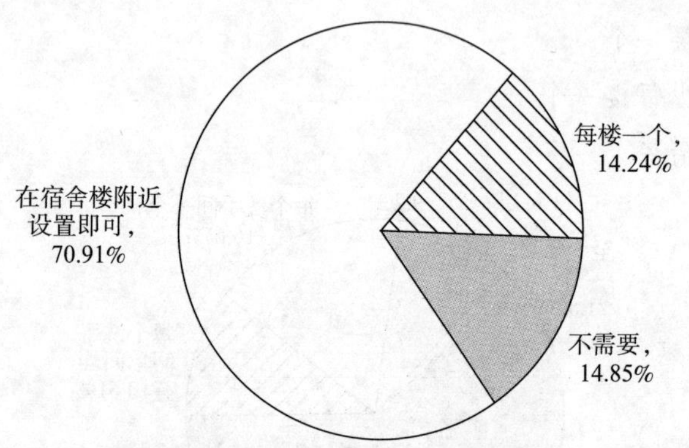

23. 小型便利店

小型便利店可售卖食品、饮品、文具、部分日用品等［单选题］［必答题］

每楼一个

在宿舍楼附近设置即可

不需要

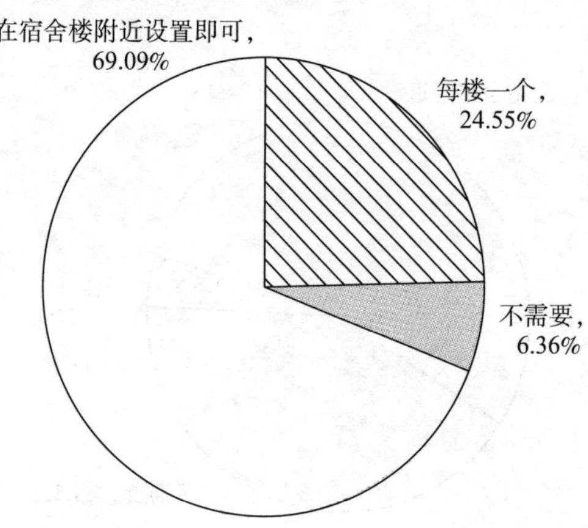

24. 如果提供小型便利店，你希望的自动售货机密度是［单选题］［必答题］

至少每层一个

每楼多个，但无需每层一个

每楼一个

在宿舍楼附近设置即可

不需要

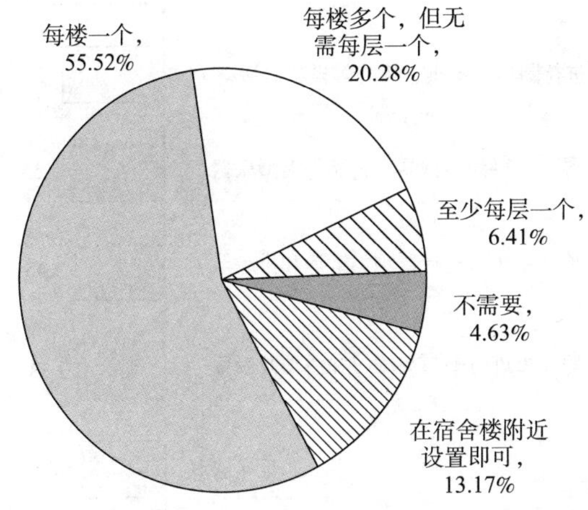

课余活动类设施

25. 请按你认为最需要的顺序进行排序［排序题，请在中括号内依次填入数字］［必答题］

［］冷餐操作间（可制作冷餐或开展冷餐会活动）

［］书画室（可进行书画类练习和活动开展等）

［］舞蹈室/瑜伽室（可进行舞蹈类锻炼和排练等）

［］小型健身房（可包含少量有氧运动设备和力量训练设备）

［］棋牌室（可进行围棋、象棋、桥牌等棋牌类活动）

［］琴房（可弹奏钢琴、古筝等大型乐器）

［］综合放映室（提供多媒体器材，可进行学术研讨、电影

欣赏等活动)

[ ] 乒乓球室

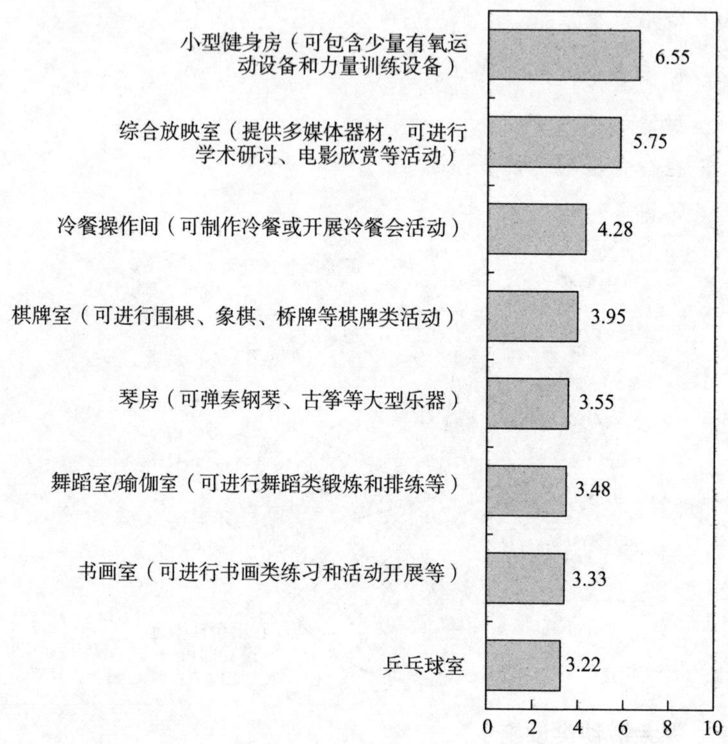

26. 还需要其他课余生活类设施吗？[填空题]

27. 你认为我们的寝室目前存在的最大问题是什么？[填空题]

28. 你对未来的寝室楼设计最大的期待是什么？[填空题]

Powered by 问卷星 www. sojump. com

主观题统计：见下页

主观题统计说明：

1. “宽敞”同义于“大”，且几张问卷反映“宽敞”是希望有更多的储物空间

2. 有些问卷写的是“有阳台”“有浴室”，而不是“独立阳台”“24 小时热水”等，就没有算作在内（肯定是之前就没有浴室和阳台的楼号填的）

3. 总数可能与有效问卷张数不一致，因为有部分答案包含很多条展望

4. 部分不知所云、有悖常理或已经否决的建议未收录

26 题		28 题	
微波炉	6	上床下桌	22
台球桌	5	书房	1
厨房	3	健身房	11
咖啡厅	3	微波炉	4
通宵打印机	1	延长供热水时间	10
		封闭阳台	5
27 题		通宵自习室	23
不是上床下桌	9	宽敞	17
自习室脏乱	7	讨论区	1

续表

26 题		28 题	
空间小	80	发声室	2
限电	9	琴房	6
卫生条件差	6	晚点熄灯	1
阳台不封闭	5	画室	1
没有浴室	42	自助还书机	1
没有自习室	14	会客室	1
没有晾衣间	11	中外混住	1
没有阳台	21	活动室（每层）	3
		水房（每层）	1
		打印机	1

附录二

北京大学公寓文化建设活动成果汇编

（2016 年 1 ~ 6 月）

目　录

前　言

2016 年开年以来，为继续深入学习贯彻党的十八大、十八届三中、四中全会和习近平总书记系列重要讲话精神，继续深入贯彻落实学校第十二次党代会精神，培育和践行社会主义核心价值观，紧密围绕学校综合改革工作，积极探索育人工作的思路和实现途径。在工作中不断探索，不断丰富管理育人、服务育人、环境育人的宗旨意涵，帮助北大学子以宿舍这个“第一社会、第二家庭、第三课堂”为基点，吸取养分、提升自我，成长成才，为北京大学争创世界一流大学的“北大梦”添砖加瓦、贡献力量，北京大学学生公寓自我管理委员会（北大燕窝）积极响应校党委办公室校长办公室和学生工作部的号召，根据北京大学公寓服务中心和学生工作部的统一安排部署，立足同学们在宿舍生活中的实际诉求和发展需要，积极主动、创新有效地开展了一系列以“宜居北大·文化燕窝”为核心主题的校园公寓文化建设活动。

系列活动紧紧围绕“宜居北大·文化燕窝”这一核心主题，以学生公寓自我管理委员会成员为骨干，以“北京大学示范学生宿舍”为榜样，以北京大学第二届公寓文化节为主线，积极带动全体同学，力争辐射所有校区，并主动借鉴国内外优秀院校公寓文化建设经验，发扬北京大学公寓文化的优秀传统，广泛带动其他学生组织参与，基本实现了对本硕博各学段同学的“大凝聚”，以及对燕园、圆明园、畅春新园等各个宿舍区的“全覆盖”，为创建温馨和谐的学习和生活环境，营造健康向上，文明和谐的宿舍环境，提升学生“自我教育、自我管理、自我服务”的能力做出了诸多努力，取得了一定成绩。

系列活动以“文化燕窝·我——”为线索贯穿始终，围绕公寓文化建设和传承，展现了很强的参与性、连贯性和渐进性。特色活动包括评优表彰活动（如北京大学第二届示范宿舍评选活动），文体共建活动（如公寓文化节照片定向赛），空间个性设计（如燕窝与城市与环境学院合作开展宿舍舍衫与门牌 DIY 活动，宿舍装饰大赛和门厅设计大赛），群众意见调研（如楼委会关于学生对宿舍管理意见和建议的调研），征文大赛（“温暖燕窝”公寓文化和宿舍故事征文比赛)，实践成果专题展示(“燕园·家·生活”图片展、宿舍楼黑板报展、公寓文化摄影展等)，校友联谊交流(“爱归校园，砖注奉献”捐赠活动，“为校友做蛋糕”活动和开放宿舍交流活动)、基础制度建设(如楼委会工作规范的制定、楼委会人员公示与交流)等类型多元、层次多样的学习和实践活动内容，最大程度上激发了北大学子参与公寓文化共建共享的积极性和主动性，以青春之心，汇成长之力，传承燕园温暖，共创燕窝精神。

现选取系列活动的部分成果汇报如下：

第一章　文化燕窝·我见证——公寓文化节贯穿于始终

青春·成长·传承

——北京大学第二届公寓文化节开幕

二〇一六年四月二十三日

2016 年 4 月 23 日上午，北京大学第二届公寓文化节在新太阳学生中心一层大厅开幕。本届文化节由公寓服务中心联合校友工作办公室、学生工作部等单位共同主办，学生公寓自我管理委员会(北大燕窝)承办。北京大学副校长、总务长王仰麟，校友会常务副会长王丽梅，以及相关职能部门负责人、相关院系领导和老师、北大校友代表、宿舍楼长、在校学生等近 300 人参加了开幕式。

开幕式现场

本届公寓文化节在“青春·成长·传承”的主题下，强调“宿舍生活自主自理，公寓文化共建共享”这一意涵，通过一系

列参与性很强的活动来带动大家主动参与公寓文化建设。本届文化节适逢北大《楼长管理责任制》建立30周年，嘉宾席上楼长代表们成了最靓丽的风景线。他们不仅是北大的楼长，更是宿舍楼中的宣传员、督导员、治保员、抢险员，是同学们的良师益友。本届公寓文化节在楼长代表陈宁老师的发言中拉开序幕。她说，30年来，新老楼长们始终秉持全心全意为同学服务的宗旨，内化于心，心系同学，外化于行，行为楼安，为把宿舍建设成孩子们第二个温暖的家而努力。作为一名楼长，陈宁说，最开心的事便是能够看着既优秀又可爱的同学们健康快乐地成长。

学生公寓自我管理委员会（北大燕窝）代表于晓磊同学上台汇报了北大燕窝的工作并介绍了公寓文化节的基本情况。北大燕窝自成立以来，主要致力于两个方面的工作：宿舍软硬件环境改善和公寓文化建设，旨在改善同学们的居住条件，让北大宿舍更加精致和宜居，打造和传承北大独有的公寓文化氛围。燕窝的工作既包括“柴米油盐”的学生权益，也包括阳春白雪的公寓文化，并致力于打造“宜居北大，文化燕窝”。在以后的

参加开幕式的楼长们合影

工作中，燕窝将总结经验，进一步完善楼委会制度，进一步开发公寓文化系列活动，传递“全人教育”的理念，做好燕窝的“暖窝人”。

开幕式表彰了获得“北京市优秀基层组织”和“北京大学示范宿舍”荣誉的集体。在观看完同学们精心制作的示范宿舍展示视频后，王仰麟、王丽梅及相关部门领导分别为获奖的宿舍代表颁奖。这也是对同学们卓有成效地开展公寓文化建设的

积极肯定和鼓励。另外，由示范宿舍同学们供稿的宿舍生活文集也已印刷成册。

燕园小窝的建设和公寓文化的发展离不开校友的大力支持。从北京大学“公寓文化发展基金”项目到“微波炉进宿舍”、老楼摄影展等活动，校友们作出了巨大的贡献。为表达对校友的感谢，北大燕窝为大力支持“公寓文化发展基金”的 1987 级日本语专业校友李莹准备了鸣谢牌，王丽梅为支持燕园文化活动的校友代表陈十一、刘谦颁发了宿舍纪念砖。校友代表尹岩在致辞中回忆了 30 多年前的北大宿舍生活。她感叹于目前北大学生生活环境的改善，也为北大精神的传承感到欣慰，并希望每一位北大学子都能珍惜在燕园的时光。在宿舍校友导师聘任环节中，校党委副书记叶静漪和李莹受聘担任对应宿舍同学的校友导师。因会议未能出席开幕式的叶静漪老师还特意为文化节送来了视频寄语。

王仰麟在总结讲话中感谢校友们对学校的发展作出的巨大贡献，肯定了公寓文化建设在学生成长成才、北大精神传承中的重要作用。燕园的小窝承载着青春的记忆、见证了学子的成长，传承着北大的精神，也凝聚了北大人的家国情怀。他希望大家再接再厉，不断探索，勇于尝试，不断推进公寓文化建设和发展，把燕园的小窝建设得更温暖、舒适。最后，他宣布北京大学第二届公寓文化节开幕。

据悉，开幕式前，本届公寓文化节的相关活动，如公寓文化系列摄影展、宿舍楼趣味定向赛、宿舍征文大赛等活动都已经陆续展开。开幕式现场还举办了“燕园·家·生活”图片展、宿舍楼黑板报展等活动。后续的宿舍空间装饰大赛、宿舍楼门厅设计大赛、宿舍楼开放日等活动也将相继和大家见面。本届文化节也得到了校友摄影俱乐部、北大青年摄影协会、定向运动协会等社团，以及党委宣传部、保卫部、会议中心、研究生院、教育基金会、总务部、后勤党委等学校部门的大力支持。

北京大学第二届公寓文化节圆满闭幕

2016 年 6 月 3 日下午，北京大学第二届公寓文化节闭幕式在中关新园报告厅顺利召开。研究生院、后勤党委、学工部、校友办、公寓服务中心等相关部门的领导和老师们以及部分组织参与本次文化节系列活动的同学们出席了闭幕式。本届文化节由公寓服务中心联合校友工作办公室、学生工作部等单位共同主办，北大燕窝（学生公寓自我管理委员会）具体承办，旨在“青春·成长·传承”的主题下，传递“宿舍生活自主自理，公寓文化共建共享”的理念，并通过一系列的公寓文化活动来号召同学们积极参与公寓文化建设。

在为期一个多月的公寓文化节活动期间，举办了“燕园·家·生活”图片展、宿舍楼黑板报展等评比活动，开展了公寓文化摄影展、宿舍楼趣味定向赛、宿舍征文大赛等活动、楼委会素质拓展活动；同学们踊跃报名参加宿舍空间装饰大赛、宿舍门厅设计大赛，美化宿舍的同时也彰显同学们多彩的个性；编撰了示范宿舍及宿舍故事集，收录同学们的生活感悟，刻画

精彩宿舍生活。本次文化节的宿舍开放日活动时值北大 118 周年校庆活动，为迎接校友返校，同学们使用校友们捐赠的公寓文化基金购买的微波炉，现场亲手制作蛋糕提供给返校校友品尝，返校的师兄师姐和在校的同学们交流蛋糕制作技巧，现场气氛温馨、热烈。校友怀感恩之心探望母校，同学们亦用感恩之心迎接校友。目前各项活动都已顺利结束，收到良好的效果。

公寓服务中心作为学生宿舍的管理服务机构，积极配合学生工作部等校内部门，共同推进、深化育人工作，积极探索育人工作的思路和实现途径。在工作中不断探索，管理育人、服务育人、环境育人的宗旨意涵不断丰富。通过本次公寓文化节等系列活动，创建温馨和谐的学习和生活环境，营造健康向上、文明和谐的宿舍环境，提升学生“自我教育、自我管理、自我服务”的能力；同时促进学生间的交流沟通，希望同学们在互动中能够完善人格，见证彼此的品格，发现诚信、友善、真诚的力量。

大家筑小舍，小舍出大家。本届文化节得到了校友摄影俱

乐部、北大青年摄影协会、定向运动协会等社团，以及党委宣传部、保卫部、会议中心、研究生院、教育基金会、总务部、后勤党委等学校职能部门的大力支持。

第二章　文化燕窝·我代表——示范宿舍评选引领风尚

宿舍是家，公寓文化事关学生健康成长。在大学，宿舍已成为大学生在校学习、生活、休息、娱乐和交流的多功能场所，成为学生基础文明教育、行为习惯养成、综合素质提高的重要阵地，可谓是大学生的“第一社会”、“第二家庭”和“第三课堂”。

为展示学生公寓文化建设成果，在学生生活社区营造团结友爱、携手成长、温馨活泼的校园文化氛围，学生工作部和公寓服务中心联合组织开展首届“北京大学示范学生宿舍”评比活动。共有55个宿舍申请参加此项评比活动，经初评小组综合考评，最终评出10个“北京大学示范学生宿舍”。

不同的故事，同样的精彩，学生工作部、公寓服务中心与北大新闻网联合推出“示范学生宿舍”专题，以图片和文字相结合的形式展现出北大学子健康向上、和谐融洽的宿舍生活，从而促进同学们阳光心态和良好品行的养成，形成具有北大特色和北大风格的公寓文化。

下面以40楼434室等事迹材料为例，展现北京大学公寓文化标兵的风采：

不悔四年情，只恨太匆匆/记40楼434室

40楼434室四名成员都是政府管理学院2011级本科生，由

来自辽宁的爽朗大姐侯爽、来自黑龙江的美丽老二宁思莹、来自广东的可爱老三陈晓茵和来自安徽的万能小妹刘雪莲组成。大学前三年在31楼314室度过，所以对于我们来说特别幸运的是，关于寝室这个温情的容身之所，我们有幸拥有两组充满意义的数字，寄托在两个温暖充实的空间里。

【成员自述】

侯爽：434寝室年龄最大的姐姐，来自东北的爽朗姑娘。有时我有些成熟，有时我也有些幼稚，有时我有些深刻，有时我也很有趣。我是室友的贴心姐姐，在比她们年纪稍稍大的情况下，我很乐意一边成长，一边做她们的依靠。照顾她们，关心她们不在话下，同时，在434这个小家庭里，她们也是我温暖的支柱。我们一起沐浴阳光，也一起走过风雨。不远的未来，我们会成为最好的自己，拥有独立的灵魂并且彼此支撑。

宁思莹：来自黑龙江，出生于银装素裹的冬天。但我并不像冬天一样沉静，相反多了三分热情和七分折腾。非典型性猫科动物，对人对事在乎起来会无比敏感，肯竭尽全力去争取；一旦不再在乎，便整个人都变得钝感，只专注于自己坚定的信念。四年间一路走来，个子没怎么长，头发从短到长，幸而有寝室这三只，始终牵手相伴。自认为是个无所为而为的人，愿能兼有诗人妙悟与匠人手腕，并以出世精神成入世事业。得之我幸。

陈晓茵：434的老三，是一个非典型的广东潮汕女子。认识我的人对我的最大印象几乎都是“爱笑”，翻看我的每一张照片，基本都是傻笑加剪刀手的标配^_^有时我是安静的小宅女，喜欢窝在宿舍里看剧、看电影、听歌，有时我又活力四射，喜欢拉着宿舍的姐妹一起运动疯玩。大学四年里，最让我有成就感的是我参加了各种各样的志愿活动，我一直希望能够把自己修炼得更加靠谱，让自己身上的能量辐射给更多的人。

刘雪莲：434年龄最小的，来自安徽，喜欢看杂志、慢跑和聊天。我是大家眼里又红又专的姑娘，党团活动、座谈会常常能看见我的身影；也因还看得顺眼的成绩忝列学霸；熟悉的人都说我是个小暖女，真诚、质朴又热情；自我感觉呢，有点小可爱，有点小文艺，也是小逗比，多数时候又会很正经。四年最骄傲的事情就是不曾忘却初心，无尽的远方，无数的人们，依然在心底。天下为公，报国为怀，愿一生践行。

【四年此间】

学术科研中，四个人彼此支持，相互勉励，百尺竿头，更进一步。434寝室成员学习用工刻苦，普遍成绩优异，分别于国家发展研究院、国际关系学院、艺术学院选修了双学位，并踊跃地参与到多样的科研活动当中。三年来四名寝室成员先后取得了四个北京大学廖凯原奖学金、一个北京大学费孝通奖学金和一个北京大学李彦宏奖学金。其中刘雪莲和陈晓茵更是各自专业中的佼佼者，连续三年名列各自专业的前三名。

课外活动中，四个人积极踊跃，乐于奉献，各放异彩：校团委、院团委、校学生会、院学生会、社团；就业见习、社会实践、志愿服务……处处都有我们任劳任怨的身影和青春无悔的笑容。尤其是志愿服务，从世界级网球赛事的球场边，到百周年纪念讲堂的座椅间，从风雨无阻的支教，到大大小小的义工，我们434的四个姑娘不约而同选择了红烛一般燃烧青春、奉献社会，无怨无悔地投身志愿服务之中。

宿舍生活里，四个人文明有爱，热爱生活，遵纪守规，互相关怀。我们积极制定了温馨的寝室公约，认真维护积极执行；我们还有自发自觉的卫生清扫安排，每到大扫除的日子扫帚拖把齐上阵，把宿舍打扫得干净亮堂；每到年末，我们会把积攒已久的旧报刊、废草纸送去废品收购站，换来舍费购买日常必需品装点宿舍小家。清风每过，满室留香，在我们爱的维护之下，434 还获得了文明卫生宿舍的称号。

日常生活中，四个人取长补短，互帮互助，携手并肩，共同成长。不仅每年一起过生日已经成为习惯，大小节日生日互送礼品，共同出行游玩也都成为不可磨灭的印记。就这样我们从陌生融进彼此的生活，四个来自天南地北的姑娘，在差异中营造了家的归属感。人生无非取决于你遇见了哪些人，所幸在大学最美好的时光，我们遇见、相伴并最终凝聚在一起。哭泣了，就擦擦眼泪相互慰藉；欢笑了，就谈天谈地一同开怀。不论欣喜还是迷惘，欢愉还是悲伤，我们都一同分享。

充满故事的地方/记 45 乙楼 448 室

在 45 乙楼 448 室，四个天南海北的人聚在了一块儿，把这里变成了一个充满欢乐的地方……

《《 成员自述

石阳，来自吉林，无论从体形、口音、性格上都属于典型的东北大汉。“我平时很喜欢运动，各类体育项目都会一些。最近尤其热爱游泳，几乎每周都要游上两三次——虽然体重秤上的指数一直没下降。学习上我还算努力，平日里也喜欢看看小说，或和同学小聚一下，去游玩、聚餐、看电影。我在文艺方面没有什么特长，但是这并不妨碍我去欣赏、感悟艺术的美，我自学了钢琴和口琴，虽然许多技术不是很正规，但也能流利地演奏一些曲目，我乐在其中。总而言之，我在北大每一天都很快乐，我享受这里的生活。”

王立豪，来自福建，爱刷分，也爱科研；爱音乐，也爱电影。“这就是我，我是王立豪。早已习惯于为了 GPA 而呕心沥

血，也常常享受实验成功时的欣喜与快乐，学术方面的我坚持'Top or Nothing'的价值观。但是生活不能只有学术。厌倦了食堂万年不变的饭菜后，与朋友们出去打打牙祭是个不错的选择；紧张的学习之余，唱一次KTV，看一场电影是我释放压力的途径。这才是生活，闲适时看庭前花开花落，望天边云卷云舒，紧张时才能尽心尽力，无怨无悔。"

席中海，来自河北的一个成熟小伙。"他们都叫我'海哥'，八成是因为我平时喜欢帮助大家，当然也有可能是我长的'着急'吧。在448的大集体里，我应该是最活跃也是最文艺的青年了。活跃，一方面是事情不断，出没在学生会、团委还有我爱的京昆社，与许多朋友们一起，享受着忙碌的欢乐；另一方面当然就是在宿舍内部的'自嗨'，时而引吭高歌，时而捧腹大笑，也享受那份宿舍里自由自在的欢乐。文艺嘛，作为国粹京剧的超级粉丝，我经常在宿舍里来上一段，皮黄声声，京韵悠悠，美哉妙哉！此时文化品位顿时尽显呀。微笑是我的名片，传播正能量是我的行动，我就是阳光青年席中海。"

黄福大，来自山西的九三年双鱼座阳光男生。在这片安静的园子里呆了两年多了，也在慢慢地成长着……"在学校，我最喜欢的地方是燕南园。早饭过后，穿过燕南园，去上课抑或去自习，真是一种享受。燕南园的安静与活泼是她最吸引我的地方。小道漫步，听鸟声婉转，赏古朴建筑；小院陶醉，感大家气息，品静谧生活。一天能够以这样的方式开始，真是无比幸福。平时生活节奏挺快，但闲心是少不得的。去西门鸡翅打打牙祭，去双子座咖啡小资一下也是经常的。三两好友或大抒心中块垒，或畅叙壮志豪情，不亦乐乎。若凑得个好时间，绕着一塔湖图迈着小步，有心无心地说着些个什么，也是极为享受的。象牙塔里的生活简单快乐，没有十字街头的嘈杂纷扰。

每念及此，益加珍惜。”

这是一个充满故事的地方，在这个地方发生了很多很多的故事。

《《 宿舍故事之聚餐

我们都是生命科学专业，平时课业比较繁忙。一旦闲下来，我们宿舍会去西门或是南门小聚一顿。本着节俭的原则，我们去的大多是小店。吃饭这方面，石阳的战斗力较高，不仅吃得广而且吃得多。经常在大家都放下筷子后，依然忙着打扫盘子里余下的美味。王立豪从不喝酒，无论别人怎么劝，都只要一杯果汁，他的辞典中永远不会有“酒后误事”一词。席中海不能吃辣，辣菜不仅会使他没有食欲，还会损伤他用来唱京剧的嗓子。黄福大的饭量是我们中最小的，他虽然每次都努力地多吃，但是没过多久就会败下阵来，这对于想增加体重的他来说是一个小小的烦恼。其实，重要的不是美味的饭菜，而是四个人能聚在一起聊天，从科研学术到社团活动，从政治军事到娱乐八卦，理想、情感，我们无所不谈，甚是尽兴。酒足饭饱之

后，我们偶尔会去未名湖散步，赏月。虽然没有诗情画意，但一路上都是我们的欢笑和歌声。

《《 宿舍故事之娱乐

众多的课后休闲活动是我们宿舍的一大特色。唱 K 和看电影是我们宿舍除聚餐之外的两大休闲活动。席中海和王立豪是我们的两大“麦霸”，石阳歌声很像刘德华，黄福大擅长日文歌曲，四个人欢聚 KTV 一同唱歌真是一件非常令人兴奋的事情。

除了唱 K 之外，我们还常常组团前往电影院看电影。北大校内的百周年纪念讲堂和附近中关村的美嘉欢乐影城都是我们常去的地方。当然我们不是盲目地观影，而是事先通过多种渠道对电影的质量有一个大致的了解之后再决定是否需要前往影厅观影，看完以后还常常交流对电影的感受与理解。

《《 宿舍故事之刷夜

448 是一个以“不能让一个兄弟掉队”为宗旨的团结宿舍，每到期中或期末的“关键时期”，宿舍四人便会坐在生科楼二层学院图书馆杂乱的书桌前，排成一排，遇到难题互相讨教，遇到有趣之处也会与大家分享，慢慢享受着院图独特的刷夜氛围。如此走过了差不多两年的时间，作为院图的元老级人物，我们宿舍四人也见证了一拨又一拨的“临时客”。现在回想起那些夜晚，饿了大家就一起吃泡面，烦了就一起出去溜一圈，遇到许多的困难和疲倦，有时也会有懈怠之心，但在互相的鼓励与帮助下，大家都坚持着完成了备考的最后一搏。披星戴月是常事，伴着月光和北大的灯辉，四人的身影无数次穿梭在燕园，一路吐槽，一路高歌，一路欢笑。

《《 宿舍故事之卧谈

园子里，每个宿舍都有着自己的故事，我们当然也不例外。两个人在一块就有数不尽的故事，更不用说四个人了。我们448的故事太多了，以至于我一下子不知该从何说起。哎，突然想到了宿舍经常举办的“卧谈会”，不妨以此管中窥豹，看看我们几个大老爷们是多么有爱。

一天结束，拖着疲惫的身躯，舒舒服服地躺在床上，还能开个卧谈会，真是紧绷节奏中愉快的享受。卧谈会通常没有固定的主题，开题可能王立豪会说今天他又听到哪里在放周杰伦的什么歌，然后到我们对黄牛党的存在是否道德的争辩，到我们对王立豪玩Q宠大乐斗的嘲笑、对小时候玩的游戏的回顾，再然后到光棍节是怎么来的，最后以石阳特有的东北口音的“赶紧睡觉，别说了”结束。总是话题散漫，每次都各不相同，也几乎次次有所重复。夜聊聊得过分了，必然影响第二天的精神状态，但是自从有了石阳的“赶紧睡觉，别说了!”，大家心里就有了底儿。

卧谈会是我们交流生活经历、碰撞思想火花的好机会。平时上课忙，基本上也碰不了什么面，有了卧谈会，我们可以互通有无交流信息，交换想法缓解压力。当然最重要的是，卧谈会让我们有爱的448更加有爱。

《《 你说我说

448给我的印象是干净明了的。记忆中每次去的时候，宿舍里都干净整洁；一眼可以望到的竹林的阳台和明亮的阳光更给那个几米见方的栖身之处增色不少。宿舍里的人更不必说，简直就是四个中国好室友。我，大概由于学号的缘故，常常有幸实验课和他们分到一组。席中海的清秀、正直给实验带来了无限欢乐。石阳和我是同乡，谈话的个中家乡情愫溢于言表。王立豪的文艺（同为音乐爱好者）和黄福大的深邃（印象中他喜爱哲学著作）都是不可斗量的。448之为优秀宿舍，名正言顺。

——李伯勋

一直很羡慕448寝室的各个方面，他们之间感情很好，寝室的氛围很像一个家。寝室内一直都很整洁、干净，又富有生活气息。作为他们的邻居，我十分喜欢有这样一个宿舍存在。

——孙怀远

汇集班长、学霸、哲人，不乏犯二搞怪文艺，真可谓不是一家人不进一家门。活泼有爱好基友，互勉互励真学霸。愿集我班优质靠谱好男人的448宿舍每天有爱多一分，再接再厉创更佳！

——陈俊竹

448宿舍非常整洁，即使在不检查卫生的时候也会保持宿舍的干净，每次到他们宿舍中情不自禁地与自己宿舍的脏乱差进行对比时，就会发现我们实在太懒了，他们宿舍永远是那么的整洁干净，同时还有一种温馨感，是我们大家学习的榜样。

——张金阳

从燕园起飞/记燕园36楼203室

宿舍四人都是2012级飞行国防生，是全国首批空军政治部与地方大学联合培养的未来飞行军官。我们都身穿一身蓝色军装，肩负学校领导与空军首长的希望，用练就出的钢筋铁骨扛起中国国防事业的未来，怀揣民族复兴的中国梦与能打仗、打胜仗的强军梦。我们为了一个共同的目标而走到一起，那就是用科学与知识去武装，用顽强与毅力去拼搏把青春炼为铁血，把未来献给保卫祖国领空的事业。

从左至右：张大力、贺家乐、谢兆鹏、隋东明

宿舍成员：张大力

我来自江苏省江阴市，是北京大学2012级飞行国防生是36楼203宿舍的一员。我出生于一个普通工人家庭，2012年6月份很荣幸成为北大的国防生，来到了这片圣地，在这片园子里生活

了一年多，我已经深深爱上了这里。校园是一个大家庭，而我们每一个人守护着里面的每一小片土地，爱护着我们的小家庭——我们的宿舍。我很爱我的宿舍，也很珍惜这个小集体带给我的点点滴滴，无论是学习上的互帮互助、训练时的互相鼓励，还是闲暇时的自嘲玩笑，都给我的校园生活添加了浓墨重彩的一笔。我个人是一个比较开朗、积极向上的人，学习、生活上的困难都不曾给我造成多大困扰，我相信车到山前必有路，不必为了眼前的一得一失乱了自己的思绪。学习上我比较中规中矩，成绩良好，不过我希望在之后的日子里更加刻苦地学习，努力完善自我。我爱好比较广泛，我喜欢体育运动尤其是排球，曾在校排球新生杯中帮助元培学院闯入校八强；我喜欢唱歌，曾参加校园十佳歌手大赛，不过惨遭淘汰；我喜欢吹竹笛，我参加了北京大学中乐学社并曾赴百周年纪念讲堂参与“北京论坛”开场表演以及在北京音乐厅参加“北京大学 115 周年校庆音乐会”等演出。

宿舍成员：贺家乐

来自山东省泰安市，家住泰山脚下。小时候的我曾经有一个梦想，环游世界。后来伴随着自己的成长，这种想法也就逐渐消失了。高三一次偶然的机会，让我接触了空军招飞局，而我也成为参加招飞学生中的佼佼者，来到北大成为首批飞行国防生。来到了大学，发现自己的改变真的很多，尤其是在这个宿舍中受到的熏陶和激励，让我充实而且幸福地度过了一个学年。我属于爱开玩笑，很容易相处的那一类人，也是同学们口中的山东大汉。也因为我在过去的一年多内各个方面的工作做得都比较突出，所以同学们也给我起了一个外号“贺能能”。我现在的梦想是有一天能够真正驾驶祖国的战鹰，翱翔在海角天涯，用行动捍卫在国旗和军旗下立过的誓言。我会为之努力，因为我坚信在我们这个宿舍中，个个都是铁血真汉子！

宿舍成员：谢兆鹏

我的家乡是江苏省东台市，通过 2012 年的招飞选拔后，成为一名光荣的飞行国防生，与大家相聚在一起。虽然有八年的住宿经历，但家乡离首都一千二百多公里，回家需要坐 12 个小时的火车，并且由于管理的严格，只有长假才能回家，这让我经常想家。这些让我刚开始较不适应，感到压力颇大。但在这个宿舍里，我找到了家的感觉。进入宿舍，所有的压力和紧张一扫而空，因为这里有我的三个兄弟。我喜欢踢球、跑步、打网球等体育运动，喜欢在球场上与兄弟们一起尽情奔跑，挥洒汗水。我也喜欢读书，找一个安静的角落，静静地坐着，看书，实在是一种享受。我还喜欢美食，喜欢和大家一起聚餐，一起欢笑。我懂得自己在北京大学学习的机会来之不易，也体会到空军对我们的期望以及我们将要承担的使命，十分珍惜在北大的时光。繁重的学习任务以及辛苦的训练确实给我带来了不小的压力。但我不是一个人，我有兄弟们。我们相互安慰，相互勉励，一起学习，一起锻炼，一起玩耍，一起哭，一起笑，并约定，一起飞，一起守卫祖国的蓝天。

宿舍成员：隋东明

来自河南省的一个美丽的小县城——南召县。现住在燕园 36 楼 203 宿舍，在北京大学元培学院学习，是一名光荣的飞行国防生。我的性格偏于内向，为人坦率、热情、讲求原则；处事专心、细致；富有责任心、乐于助人。我还是一个非常注重感情的、正直忠实的人。缺点就是爱玩，爱开玩笑，有点憨，不是很乐观，好像还有点愤世嫉俗，不喜欢太多的规矩，有点散漫。我生活在一个快乐的家庭，爸爸妈妈都是普通的农民，他们尽管文化低，但却教给我许多的做人的道理。爸爸妈妈爱我，我也很爱他们。而且我还有一个可爱的弟弟，很淘气，很惹人爱。我的最大愿望就是让爸爸妈妈都可以有一个快乐的、富裕的、幸福的下半辈子。不用每天为我而操劳。

《《 宿舍故事

起初，上大一前在北航的军训中我们知道了彼此的名字，深深印刻在脑海中的，还有一张张稚气未脱的脸庞。尽管一个月时间匆匆，但给我们宿舍集体留下了难以磨灭的印象。它教会了我们什么是血性，什么是坚强。都是初次离开家乡孤身来到北京的我们，在与外界隔绝的一个月里，相互安慰，相互勉励，才克服了训练的艰苦和对家乡的思念。我们从此熟知了对方的性格和特点，正如《兄弟连》里所写的那样，哪怕从一个细小的动作，也可以让你知道，那是谁。这一个月无可替代，在这一个月里，我们磨合成为班级中最优秀的宿舍，更懂得了，什么是中国人民解放军。

来到北大之后，我们也是渐渐融入了这个思想与学术的殿堂，为先进的思想、充足的知识、多彩的文化所吸引。尽管一开始我们多少有些不适应大学的这种完全独立、完全自主的生活，但很快我们就找到了自己的生活节奏与学习节奏。生活在这样一个宿舍是幸福的，也是幸运的。这里不仅有浓厚的学习氛围，还有热血的军旅气息，不仅有恰同学少年的意气风发，还有兄弟齐心其利断金的手足之情。这里有欢声笑语，有朗朗书声，有起床的哨音，还有悠扬的歌声。

我们互相帮助，不会让一个兄弟掉队。我们经常一起讨论，分享学习经验；考试临近时，有时也会一起去刷夜，一起喝咖啡；在没有课的下午，我们会集体去操场训练，一起挥洒汗水。每次放长假，临走时，我们都会不由地留恋这个小港湾——我们的另一个家。

我们始终不会忘记来时的信念，它支撑着我们在前进的道路上踩下每一个扎实的脚步。

《《 **宿舍精神**

1. 不抛弃，不放弃，决不让一个兄弟掉队。

2. 吃苦耐劳，敢于克难攻坚，有问题一定及时克服。

3. 勇敢顽强，敢打必胜。

4. 合作追求完美，创新引人注目。

5. 勇于担当，忠诚履职，尽心尽责。

《《 **宿舍口号**

苟利国家生死以，岂因祸福避趋之。

《《 **宿舍公约**

第一则：起居守时，自觉遵守宿舍管理制度；

第二则：按国防生标准严格定时清理内务卫生，并每日安排成员打扫；

第三则：在宿舍内言行文明、谈吐高雅，共同培养高尚的兴趣爱好，杜绝不良嗜好；

第四则：宿舍成员之间要互相谦让，一事当前，多为他人着想互相激励、互相促进，在宿舍里形成浓厚的学习氛围；

第五则：互相体谅，学会倾听，学会换位思考，不为不必要的小事伤和气，有事共同商量；

第六则：不使用大功率电器，如吹风机，电磁炉等，及时清查宿舍的安全隐患，给大家一个安全的生活环境；

第七则：宿舍成员拥有高度的自治权，拥有对宿舍事务的表决权；

第八则：为了让宿舍成为温馨的家，每个成员有义务共同来维持宿舍的良好环境。

感谢那是你/记燕园40楼511室

宿舍像一个港湾，而我们是停泊在里面的小船，每当夜幕降临，或是风雨来袭，那里是我们最温暖的依靠。从收到录取通知书的那一刻，我们就开始憧憬在燕园生活的样子。直到我们拖着沉重的行李，踏进这片校园，为我们刻画最生动的燕园形象的就是在这里遇到的一个个可爱的人儿。而宿舍这个我们暂时组建的家，更是给了我们最踏实的关心与照料。

感谢那是你——每个晚上为我留灯

感谢那是你——下雨天为我撑起伞

感谢那是你——为各自的梦想打气

感谢那是你——哭泣时给我安慰

感谢那是你——一起哭、一起笑、一起游玩、一起学术

感谢遇到你们，在燕园这三年里，给了我家的感觉……

这是我们宿舍每个人的心声。

511里住着四个来自心理系的女生，南到广东，东到青岛，北到北京，同为理科生的我们性格都十分直爽，宿舍团结有爱，关系融洽，生活上像亲生姐妹般互相关心帮助，学习上一起制定目标互相监督为未来拼搏，积极参与各种科研学科竞赛和文艺体育活动，是同学们眼中最活跃温暖的寝室。煽情之后，让我们认识一下，这个“萌妹子”与“女汉子”完美结合的一家人吧。

宁雪玲，北京妞儿，外表御姐，但实则软妹子一枚。爱旅游，爱做手工，爱看各种笑话，爱画画，爱音乐。喜欢的东西，会尽全力去追求。静如处子，动若脱兔。最重要的，她是我们的心灵导师。

第一张合影

薛淑玮，青岛小嫚儿，治愈系清新小女生。爱摄影，爱运动，会做饭，古灵精怪，细心体贴。喜欢一切和色彩、图片有关的美的事物，尤其喜欢拍照，喜欢留住那些美好的瞬间。

薛欣，广东女孩儿，超级学霸。认真、踏实、靠谱、超级善良，非常可爱。热爱生活，干净的书桌，有条不紊的作息，健康的饮食，都是我们的模范。但是她反射弧超级长，听个笑话，每次我们都笑完了，她才开始笑。

吴哲萌，北京姑娘，萌妹子。喜欢听梁静茹的歌儿，爱笑，吃货一枚。在她桌子上总是摆满了各种好吃的，但偏偏她又是那种怎么吃都不胖的体质……作为我们宿舍最小的妹子，萌萌的惹人爱。

那一张定格在早上 7 点 58 分的宿舍成员的第一次合影成了我们这个“家”的开始。我们约定以后每年的同一时间同一地点都来拍照，见证我们的成长，我们的幸福。十年后，再重温这些温暖的照片，该是怎样的一种留恋与感动？

《《 感谢一起学术的你

作为研究生，科研是我们的主要任务。在这条艰难而又漫长的科研道路上，我们四个小姐妹总是相互鼓励，相互扶持。还记得高统课上，我们一起做 PPT 汇报。面对甘奶奶挑剔的目光，初次汇报的我们显得局促不安，但是彼此一个安慰的眼神就能重新唤起我们的勇气，圆满完成了汇报任务。还记得得出的实验数据如此诡异时，我们总能找到一个港湾平复自己的心绪，树立信心继续在科研这条道路上探索。学术是枯燥而乏味的，但是这条路上有我们四个人一起走过的脚印，一起留下的温暖回忆。

《《 感谢一起玩耍的你

“女汉子”和“萌妹子”们的日常生活是丰富多彩的。K 歌是我们定期的活动之一，与 334 宿舍的男神们一起放声歌唱，这样的日子再美好不过了。平时我们还会一起跑步、一起打球、一起去练瑜伽，享受着运动带给我们的快乐和放松。

《《 感谢一起牵挂的你

无论是假期旅游，还是国内外学术交流，无论走到哪里，我们都不会忘记寄上一张明信片，诉说自己在异地时的心情。无论走到哪里，我们都会为彼此买好礼物，给对方一个惊喜。每到宿舍成员的生日时，我们都会偷偷地为她送上礼物，献上我们最真挚的祝福。

感谢你，让我在研究生三年度过了最幸福、最温馨、最甜美的时光。感谢你，陪伴我走过每一次挫折、每一次喜悦，让生命中平凡的时光变得不再平凡。感谢你，我最亲爱的姐妹们，成长的路上因为有了你们，变得如此绚烂多彩。

以后我们会各奔东西，十年后会变成什么样我们都不知道，只希望大家能开开心心，不要放弃自己的梦想，过着幸福而甜蜜的生活。希望我们在以后的每一年都能来未名湖合影，重温我们在一起的时光。

净由屋生　静由心生/记畅春新园 4 号楼 562 室

《《 缘起

佛曰：前世五百次的回眸，换来今生一次的擦肩而过；前世一千次的回眸，换来今生一次的邂逅。今天，我们共同来到了北京大学的校园，共同走进这栋宿舍，共同踏入了我们这个温馨的家——畅春新园 4 号楼 562 室。

我们虽然来自祖国不同的地方，却有着共同的理想。我们要在这个属于我们自己的家，描绘出我们自己的精彩。

我们与吉祥物

《《 宿舍成员简介

安丽，山东日照人，北京大学工学院能源与资源工程专业博士生。平时喜欢读书、听音乐、旅游等。在宿舍中充当大姐姐的身份。

吴燕，江苏苏州人，北京大学工学院能源与资源工程专业直博生。既喜欢与朋友一起的热闹，也喜欢独自一人的安静。善于自我调节，会在科研中苦中作乐，也会在生活中添色点缀。在宿舍中充当调味剂的角色

《《 缘定

畅春园4号楼562室成员是工学院能源系的两个博士生。作为忙碌的博士生，实验室是每天都要报到的地方，但是宿舍是我们最温暖的港湾，是我们忙了、累了、倦了、疲惫了之后心之所往的地方，因为我们的宿舍是最温馨的家。每天，闹铃在7点准时响起。伴着铃声，我们开始了一天的生活。我们彼此会督促赖床的那一个，一起洗漱整理内务，当然也不能忘记把屋子整理得干干净净。然后我们一起出门，白天我们各自在实验室奋斗，看文献，查资料，做实验，到了晚上近10点左右，我们一起相约，从实验室出发，在学校东门碰头。然后一起骑车回到宿舍，一起洗漱，临睡前也不忘互相倾诉一下一天的喜怒哀乐，一起聊人生。宿舍最快乐的时光，是繁星点点之时，开启夜幕下的卧谈会。你一言，我一语，谈学习，讲笑话，谈谈实验室的人与事，也谈理想，或发牢骚，或抒感慨，回忆过去，畅想未来。不管什么样的话题，我们都畅所欲言。我们彼此把心灵靠在一起，让所有美好的瞬间都留在我们的心里。偷偷地记住彼此的生日，是对对方默默的关心。我们之间总会有这样的默契，表面上什么都不关心，但是默默地已经在做地下工作，偷偷地选最适合对方的生日礼物，想着如何送上祝福。而此时，

那个将要过生日的就会偷偷地订蛋糕。当到了生日那天，一个会拿出蛋糕一起庆祝，而另一个就会送上令人惊喜的生日礼物。我们在一起度过了一个生日，还会有第二个，第三个，我们相信以后也会有这样的机会。其实生日只是一种形式，我们只是想用这种方式祝福对方，让对方在这个特别的日子里感受到快乐，感受到陪伴。

《《 净与静的结合

我们的宿舍第一个特点是“净”，就是干净的意思。桌面上物品摆放整齐，地面洁净如镜，床铺干净整齐，这里的一切都井井有条，为我们提供了一个清爽的生活环境。桌上摆放的吉祥物，门上挂着的门神，这些暖心小饰品给屋子增添了勃勃生机。我们宿舍的第二个特点就是“静”，这是对屋子洁净的进一步提升。环境的安静为我们营造良好的学习氛围，内心的平静为我们这几年的博士生涯奠定基础。整洁温馨的宿舍为我们提供了较好的休息放松场所，在休息之余，我们不忘我们的本职工作——科研。直博一年级我们一起上课，一起听相关学术讲座，遇到不懂问题我们相互请教，一起进步。实验上我们更是发扬课题组之间团结协作的精神，一起探讨科研上遇到的问题，若一方需要对方的仪器测试时，我们都会互帮互助，尽力得到满意的数据结果。功夫不负有心人，博二期间我们也分别取得了自己的满意成果，我们一定会再接再厉，在下一年取得更好的结果。宿舍成员相互体贴，相互理解。为了更好地完善宿舍制度，我们制定了宿舍规章，对宿舍的卫生、安全等一系列内容做了详尽的论述。比如说，我们规定保持宿舍整洁，每周进行一次大扫除。同学们每次走进我们的宿舍，一定会夸奖我们的宿舍干净整洁。除了这些硬性规定，我们之间总是能达成默契，一人在休息时，另一人总能保持安静。若其中一人生病了，另一个更是忙里忙外，细心照顾。有的时候做实验回去得比较晚，就一定会轻轻地进入宿舍，轻轻地做事情，怕打扰到室友休息。我们的心中总是有着另一个。我们把对方看作是自己的家人。宿舍成员相互帮助，相互学习。虽然我们两个在不同的实验室，但是我们总会一起讨论科研学术问题，讲讲自己在科研上遇到的困难，一起讨论解决。我们宿舍的两个成员都是博士生，学习科研生活的压力都比较大，我们经常会一起躺在床上聊人生，聊未来，一起互相安慰，互相鼓励。大家相互为对方过生日，一起吃饭，逛街，我们的生活中有对方的陪伴，我们的宿舍是我们成长的小巢，是我们温暖的家。

《《 **感恩**

一间平凡的宿舍，拥有一生诉不完、道不尽的情谊，还筑就了我们心灵的护堤，成为我们逐梦旅程的指明灯。我们永远深爱着我们的宿舍，我们用友情与梦想筑就的家。暖暖的，我睁开眼睛，感受着太阳照进来，心里亮堂堂的。在大学里有一个可以为心加热的地方真好，我们不会颤抖，因为我们的心是暖的。我们的生活已经少不了这个温馨整洁的宿舍，少不了我们之间彼此的陪伴。我们也将珍惜这一份友情，彼此依靠，互相温暖。

理科男也有春天/记 39 楼 415 室

若干年后，你若问我在北大上学时候是哪个班级的，我估计很难能回答出来，但我永远不会忘了，我的宿舍是 39 楼 415 室。因为这个屋子有我最好的兄弟，这个屋子有我大学四年最美好的回忆。这里不仅是我们睡觉的地方，也是一起生活、学习的场所，是思想碰撞的空间，也是心灵停靠的港湾。

这里有每个人的迷茫和彷徨，这里也有所有人的幸福和快乐。我很幸运，我们都很幸运，因为我们是物院诚品 415！

《 理科男也有文艺范儿

都说理科男生没有情趣，除了学霸就是学渣，其实也不尽然，在415就活跃着两个文艺青年。大一刚刚入学时，物理学院联合其他六个学院组织了一次新生舞会。舞会上，一曲《爱我别走》让大家知道了原来理科男也可以这么文艺，也可以这么温柔。为了这个节目，单君翌和姚文杰两个人突然成了“好基友”，那段时间天天在宿舍里弹唱，完全不顾另外两个学霸的感受。好吧，为了415共同的荣誉，为了不破坏“家庭”氛围，我们忍了。当然，鉴于这两个文艺青年弹得也尚可唱得也不十分跑调，所以每当他们两个开始弹唱时候，我们两个就当是锻炼学习抗干扰能力的一次机会吧！

《 学霸不是吹的

每一个学霸都有自己霸气的地方，自称学霸的钱进也不例外。钱进作为一个理科男，却会说汉、英、法、俄四门语言。有时候正说话呢，这货会突然冒出一句“鸟语”，这时候就会招到大家集体“呵斥”：说人话！其实会说四国语言还不算什么，作为学霸的钱进最霸气的地方还要算他的藏书。一般学生的图书能装满整个书架就算不错了，但钱进的书远远不止装满书架这么简单。书架顶上是满的，柜子里是满的，甚至有时床上总有厚厚的一摞图书。如果真要认真看完这些书籍，不吃不喝没有十年八年估计很难看完的。

当然，学霸也有弱项，虽说钱进懂汉语、英语、法语、俄语，但他有一门语言不懂——手语。姚文杰是这方面的专家，他可是爱心社手语分社星空团的小团长。所以如果你来到我们宿舍看到一个人对着空气指手画脚在比比划划，千万不要以为遇到了神经病，那可能是姚文杰在备课。

《《 宿舍里的夜话

作为理科男的宿舍，夜晚的生活相对单调，通常大家都在看书或者对着电脑，有时宿舍安静很长时间。这时候总会有人打破沉默，说说自己的趣闻、谈谈某某女神，寝室的气氛就会瞬间活跃起来。当然，作为有理想有抱负的青年，怎么可以总讨论“风月”问题呢，所以偶尔也会有些学术性的话题。

如果这个话题足够有学术分歧性，大家就会像打了鸡血一样，讨论得十分热烈。除了通过“口诛”争论，也会利用宿舍里面的白板进行“笔伐”。比如，庄佳威因为修了经济学双学位，他经常会给我们带来很多经济学观点，这会让大家都找到兴奋点，争论得口吐白沫是经常的事情。这样的讨论有时很有效果，有很多课堂上的疑问往往就是通过这样的方式在寝室里解决的。

最后，让我们以钱进同学写的一首歌歌词作为结尾：

那天我踏入燕园
家乡开始变得遥远
告别了曾经的小伙伴
也远离了我的思念
那天我走进燕园
迷惘何止是一点点
幸好有一帮好兄弟
无声无息，却相依相伴
日子一天一天
把陌生变成熟悉
把熟悉变成笑脸
感谢你，我的新伙伴
我愿铭记你们直到永远
我爱你，415

你让我们千里相识
我爱你，415
你让我们风雨同船
太多的快乐和幸福
太多的魂绕和梦牵
415 啊
你是我们共同的家园

宿舍全家福

属于我们的回忆/记 35 楼 418 室

我们的故事
2010 年我们相聚在 35 楼 418 宿舍
四年的时光漫漫又匆匆
转眼
我们褪去了大一的青涩
摆脱了大二的繁忙
走出了大三的迷惘

来到了各奔东西的大四
这四年的回忆太深重
我们彼此经历了太多
共享每个人的成长
我们会永远铭记彼此
这里 418 35 楼北大
属于我们的回忆
四个四分之一

姜昕，城市与环境学院大四学生，北京人。喜欢游泳、弹钢琴、跑步、旅游以及品尝各种美食！善于观察思考生活，与同学相处融洽，经常和要好的朋友一起去看演出，去健身房。对环境保护以及公益活动非常感兴趣。

王娜，城市与环境学院城市规划专业，北京人。开朗、活泼，喜欢和不同的人接触交流。喜欢参加各类社团组织，经常到国内外参加交流活动，担任院系学生会主席等各项职务。积极参加学校、学院组织的各项活动。学习认真，成绩优异。喜欢旅行，爱好书法、朗诵和各项运动。为人热情的性格往往能让她成为大家很好的朋友。

赵鹿芸，城市与环境学院城市规划专业，北京人。性格开朗，乐于助人，与同学相处融洽。学习刻苦勤奋，主动思考，积极向宿舍优秀榜样靠拢，取得了长足进步，不仅本专业的成绩优秀，经济学双学位也表现良好，科研奖项也有所斩获，并于大三学年获得学校奖学金。喜爱历史，偶尔文艺，无甚特长。

陈天歌，城市与环境学院资环专业，北京人。四年来最大目标是成为学霸，但至今未果——所幸学习刻苦踏实，本专业和经济学双学位成绩尚佳，大学三年获得 5 项共计近 4 万元奖学金，成功赚回学费。为确定未来发展方向，投身过众多的研究领域、学生组织、实习单位，但至今仍未找到职业理想。为人坦诚友善好玩耍，爱好广泛庞杂不精通，一直致力于摆脱低级趣味，努力提升情商和个人意志品质。目前正准备赴美国读生物统计硕士。

《《 宿舍公约

为促进418舍员身心健康、共同进步，营造温馨有爱的寝室氛围，努力让418成为我们放松休憩、补充动力、分享快乐的第二个家，我们在日常卫生、作息习惯等方面立下公约。

干净整洁的宿舍

日常卫生方面，维持良好的卫生环境，人人有责。舍员应负责自己的书桌、床铺及周围地面的卫生；每周进行扫除，由舍员轮流负责；日常物品摆放，包括晾挂衣服，以不占用他人生活空间为准；不在宿舍内吃味道重或奇特的食品。作息习惯上，原则上在23点熄灯前都上床睡美容觉；早起轻手轻脚，7点前不开顶灯。宿舍中有人休息或学习时，不制造噪声，如打电话、放音乐等；出寝室随手关灯关门；未经全体舍员允许，不带他人来宿舍玩耍。

我们共同进步，作为四个北京姑娘，我们尽量控制回家频率，努力学习；积极主动关心舍员生活、学业进展，互相激励；轮流早起为其他舍友占座。

《《 牵挂

寒暑假的安排总是丰富而多彩，我们也都天南地北，有的去暑期学校为未来发展积蓄实力，有的去祖国大地旅游增长见闻，有的待在家中消磨时光。但从来不变的是，无论我们四个在哪里，总不忘给彼此寄上一张明信片，带个小礼物。来自娜娜的明信片始终珍藏在青春的纪念册里，来自天歌的小香水也散发着友谊的馨香……

《《 约定

我们经常一起去百年讲堂看演出，一起去园咖啡刷夜，一起去3401画图，一起去新中关逛商场……我们一起畅想将来谁会第一个结婚，我们约定着谁给谁当伴娘。我们替彼此抱打不平，我们一起吃零食，一起减肥，一起放歌，一起流泪，一起将宝贵的青春与彼此分享。

我们知道，将来我们能够聚在一起的时间越来越少，但我们始终相信着，这短暂的相遇注定了一生的回忆。我们一起畅想，到20年后的再相遇。尽管就要各奔东西，我们会永远铭记彼此，这里，418，35楼，北大，属于我们的回忆。

携手向前

我的宿舍我的家/记48号楼1013室

1013宿舍，坐落于北京大学燕园48号楼。它的名字叫做幸运树洞，英文名是Lucky Hole，寓意是相聚此地是幸运，树洞如家好温馨。

48 号楼　1013 宿舍

《《 宿舍初印象

宿舍，是我们的第二个家。从现在算起，可能我们在其中生活的日子比第一个家还要多，所以使它温馨舒适是我们每个人的愿望。

为了让家看起来更美，住起来更舒适，我们姐妹四人对其进行了美化和布置。绿色代表活力与希望，四叶草代表幸福，于是我们选择了绿色的四叶草作为主题，就地取材、精心设计、手工打造，将 1013 宿舍布置成为一个清新明快、温馨浪漫的幸运树洞。我们的舍标和吉祥物都离不开“幸运”这个符号。

幸运树洞的舍标是一棵四叶草，每片叶子上有一个字母，是宿舍姐妹四人姓名的首字母。我们将这个舍标命名为“我和我的梦想”，因为这四个字母不仅代表我们自己，还代表了四种美好的追求——Magnanimous（胸怀宽广）、Healthy（身心健康）、Creative（活泼创新）、Zealous（积极向上）。燕园是一个逐梦的地方，我们只是未名湖这个浩瀚海洋中小小的水滴，但我们始终坚信滴水穿石的力量，何况在茫茫人海中四人因为同一个愿望相聚一堂，能够携手相伴，赋予彼此力量，共同走过这段难忘的时光，是缘分，是幸运，是幸福。

我们宿舍的吉祥物是幸运花环。硬纸片做成的圆环以深绿打底，贴上了以颜色深浅代表不同生长阶段的四叶草，并用黄绿亮色丝带加以点缀，挂在宿舍最高处。这个幸运花环，有着三层美好的意蕴——能够来到北大是一种幸运；能够住在1013是一种幸运；希望所有逐梦人的现在和未来都能够幸运。

美丽的外观除了需要布置，还必须注意保养和整理。我们四人对于宿舍的干净整洁有一种“顽固”的精神，认为任何一丝的凌乱都会破坏整个树洞的美感。鉴于此，我们会经常地打理这个并不算宽敞的宿舍，并且喜欢用绿色的植物进一步美化它。每当花开的时候，拉开窗帘，任阳光倾泻，将花的倩影映射在地面，与屋子里的四叶草相映成趣，好不美丽。每次检查卫生的时候，楼委们总忍不住说一句：“真干净。”每到这个时候，我们都很开心，因为这是我们的家呀！

幸运是一种期许，并非成功的根本，逐梦路上靠的是努力、实力和能力。尽管我们住在幸运树洞，但并没因为有了幸运而忽略学习和工作。我们四人在来到燕园的一年多时间里，始终以一名合格北大人的标准严格要求自己，保质保量完成学业任务，准时准点完成分内工作；广泛涉猎，充实自我；相互监督，共同进步。在学习上，我们四人专业课成绩均取得优秀；在工作中，我们四人不论是担任班长、团支部书记，还是研究生会宣传部长、院刊《学林》编辑，所做的工作都得到了大家的肯定；在日常生活中，我们四人中有学习音乐的、有学习绘画的、有学习视频制作的、有学习图片编辑的，多方面培养自己的爱好，被同学们戏说为“最有生活情趣的宿舍”。

《《 无规矩不成方圆

无规矩不成方圆，幸运的相伴也需要积极向上的文化氛围和规则作为支撑。在姐妹四人的共同努力下，宿舍有了和谐的文化氛围及刚柔兼备的规章制度——宿舍公约。宿舍文化：学习至上，劳逸结合；彼此分享、互助合作；风雨同舟，一同进步；致力于营造高端大气上档次并低调奢华有内涵的文化氛围。学习的时候，认真仔细，心无旁骛；学习之余，热心参加各种娱乐活动，放松身心，丰富生活；学习心得、相关信息、零食小吃、日常用品，互通有无，多多交流，齐心协力，打造温馨、和谐、幸福、美满的如家宿舍。

你我约定：一是卫生整洁，保持宿舍干净整洁，人人有责；二是安全防范，防火防盗，安全至上；三是言行文明，谈吐文雅，互相尊重，互相帮助，团结友爱，人人动手，注重寝室文化建设；四是情趣高雅，不是低俗的人，不做低俗的事，走优雅清新路线；五是爱护公物，宿舍是咱自己的，各种设备的完好是你我共同的责任。

在这样的氛围之中，我们在燕园创造了许许多多的美好回忆。

《《 性格迥异各具风采

1013 的四个成员分别是来自重庆的何瑗琳，来自辽宁的钟子尧，来自河南的陈晨，来自山东的孟玲。虽然我们来自四个不同的地方，有着四种不同的方言，但我们是一个集体，同时每个人又有着自己独特的闪光点，这些闪光点分别是什么呢？请大家接着往下看。

何瑗琳，热心热情爱热闹。经常笑，不过不是真的傻，只是觉得人生难得糊涂，开心甚好。她有目的、有计划、有步骤地奔向自己想要的未来。喜欢唱歌写作，总是说：唱的是心情，写的是青春。“不是因为失败而没有信心，而是因为没有信心而失败”是她的座右铭。她用坚强、乐观、大气和风风火火的办事效率赢得了“女汉子”的称号。

钟子尧，踏踏实实、本本分分、勤勤恳恳，率真、直爽、豁达。她喜欢冲着宿舍姐妹卖萌撒娇，因为她觉得世界给的压力很大，撒撒娇、耍耍萌，不是要人心疼，只是想逗逗你开心。她擅长视频和图片的加工处理，热衷于储备食物，关心宿舍姐妹的动态。她坚信机会是留给有准备的人，所以她对待任何事情总是会做足准备工作。

陈晨，温文尔雅，温润如玉，温柔似水，柔中带刚，坚持，有耐心，只要认准了方向，就努力向前奔去。她热爱生活，是一个非常有情调的女孩子。爱手工，擅制作，喜绘图，小小一块布、薄薄一张纸，但经她手，化腐朽为神奇。不论是书是画是报，不管是衣服是鞋子是玩具，只要是美的、萌的，她都会将其珍藏。作为班长，她尽心、尽力、尽职、尽责，是同学老师称道的“好班长”。

孟玲，风一样的女子，风风火火地做事，风风光光地做人，疯疯癫癫地玩乐。她总爱在宿舍蹦跳笑闹，人生得意须尽欢，忧伤惆怅去一边；蹦跳笑闹就是好，心情愉悦把梦找。她也能安安静静地折纸，彩色的纸片，修修剪剪，立马成为漂亮的叶子、美丽的花朵、可爱的大象。她喜欢味觉上的盛宴，酷爱视觉上的冲击，美食美景是最好的享受。

四个性格各异、来自四方的女孩子，在1013里快乐地生活，幸福地逐梦。

《《 青春作伴好风光

不管用什么来形容青春，它都不是一个单数，而是一个复数，因为我们每一个人的青春路途中都有亲人朋友的陪伴。在

北大的园子里，48 号楼 1013 宿舍里的你我就作伴青春，结伴而行，这一段青春时光中有着怎样的风景和故事呢？

2012 年 9 月，我们一起参加了北大 2012 年开学典礼，蔚蓝的天空下博雅塔耸立，红楼与绿树辉映。在学院的中秋晚会上，我们的节目被主持人称为颠覆形象的演出，用《最炫民族风》的曲调演绎了《因为爱情》，以至于我们现在听到《因为爱情》就想到风格相去甚远的《最炫民族风》。

未名湖畔好读书，大师身边易聆听。图书馆、各类讲座，无一不是最佳的学习资源。在燕园里，我们一齐去图书馆徜徉书海，一齐去听讲座，一齐在宿舍探讨、交流。读书使我们有内涵，讲座使我们长见闻，交流使我们扩思路，同行使我们共进步。结伴而行已经成为一种习惯，不论是去自习，还是听讲座，都能看到 48 号楼 1013 宿舍的四个人。

运动会合影

对于青春而言，学习固然重要，但是锻炼身体、陶冶情操一样很有意义。趣味运动会上，姐妹四人一起参加了“蛟龙出海”的项目，训练时的互相鼓励，比赛时的信心满满，夺冠时

的欣喜若狂，不仅是我们马克思主义学院的开心事，也是我们1013宿舍的大事记。之后，我们结伴参加学院的元旦晚会，欢度新年；从素质扩展的生存岛一路走到了园林艺术的盛宴——园博园，从未名湖畔一路走到厦门海滨，从理论学习到社会实践，每一个地点都记录了我们的笑容，每一张照片都展现着在一起的幸福瞬间，每一次出行都见证了青春的完满。

在宿舍，每天都发生着各种各样的故事，我们吃饭、聊天、娱乐，总想大声说："在一起，很快乐!"可是天下没有不散的宴席，步入研二，奔波在各种宣讲会和面试地点的我们将踏上新的逐梦之旅，但是我们的心会一直紧紧连在一起，一直到很远很远……

一生相随永不忘，我们能够住在一起的时间其实并不长，算一算已经过去一大半，但我们积累下来的友谊是一辈子的。这个树洞，不仅仅是我们的温暖小窝，还是我们珍贵回忆的载体。写到这里，我们觉得有必要对未来的自己说点什么。

《《 我们的"纪念册"

怀念

何瑗琳：时间是个很无情的东西，不会因为感情的深浅而走得时快时慢，它就那样滴答滴答地运转着，一天又一天，一年又一年。我不知道未来的我们会在哪里，会做些什么，但是有一点我可以特别肯定：我们保持着联系，依旧在同一个时空里互相陪伴，分享人生喜悦，抚慰生活低谷。

钟子尧：我一直觉得自己非常幸运，因为我住进了1013，遇到你们仨。一年多的时间过去了，我们之间欢笑多多，鲜有不愉快。我们习惯于分享，不论是吃的喝的玩的，还是学习经验和就业讯息，甚至是心底的秘密。我们就是家人，一辈子的家人，即使不在一起互相取暖，但依旧会心系彼此。

陈晨：熙熙攘攘的人海之中，命运让我们相聚；燕园四季的美丽变幻，映在我们眼底；追求真理的一点一滴我们不会轻易放弃；相信只要我们在努力，未来将无比绚丽，希望我们四人的未来都无比绚丽，在五彩斑斓的美好明天中，记得想起我，想起1013，想起我们的故事。

孟玲：很开心能够与你们住在一个宿舍，知道你们都非常地爱我，你们仨也都是我的最爱。只要听到你们呼唤，我一定会来到你们的身边。每一天都有属于它的精彩，属于1013的精彩故事还将继续，永不停止。我们是48号楼1013，我们的名字叫作幸运树洞，我们的主题是幸运，我们希望每一个人每一天都能跟自己关心的人一起谱写出一段段简单、平凡，却美丽、真实的故事。

《《 宿舍成员简介

孟玲，宿舍舍长，山东东营人，马克思主义学院马克思主义原理专业学生。踏实勤奋，为人实在。学习上，刻苦努力；工作上，一丝不苟；生活上，幽默风趣。喜欢手工制作，擅长折纸，喜爱各类美食，在宿舍里扮演开心果的角色。

陈晨，班长，河南郑州人，马克思主义学院思想政治专业。耐心和气，善解人意。学习上，兢兢业业；工作上，无微不至；生活上，优雅文静。善于绘画，勤于锻炼，喜欢各种萌物。她较为文艺，是整个宿舍高雅元素的中心。

钟子尧，团支书，辽宁抚顺人，马克思主义学院马克思主义中国化专业。她人如其名，有着男孩子一样的坚韧，又有着女孩子的细腻，能处理好各种大事，也能关注到容易被忽视的细节，不论是学习、工作还是生活中，她都是一个沉着冷静、细致周到的人。

何瑷琳，重庆人，马克思主义学院科学社会主义专业。热

情爽朗，积极乐观，体现在学习生活工作的方方面面。性格上大大咧咧风风火火的她，在班级里有女汉子的称号，她也确实就像一个女汉子一样，不纠结，不小气，非常直率。

宿舍里的“俄腔法调”/记燕园33楼230室

33楼230室是一个特别而又特别团结的集体。

说我们特别，是因为寝室的四名成员分别来自外国语学院的俄语系和法语系，这让我们的宿舍氛围既具有法兰西的浪漫和骄傲，又充满了俄罗斯的热情与坚强。除此之外，我们宿舍的成员中还有一名国防生，一名外交部遴选生，四人中有三名共产党员，而他们又分别来自于祖国的西北、中南和首都。同院不同系，让宿舍的成员既有身份上的认同感，又能通过彼此的专业接触到新鲜的知识和见闻；而国防生和遴选生的存在，更给这个集体添加了许多不一样的故事和感动。

所谓的“特别团结”，其实说的是从四个人第一次见面起，一路走来，互相包容，不断磨合的这份难得。有人读法语，有人念俄语，有人要军训，有人打呼噜……和绝大多数大学生宿舍一样，我们宿舍的成员在相处过程中也曾出现过一些小摩擦，

但幸运的是，我们始终保持着开放宽容的心态，尽管说着两种“不同的语言”，但“对话”从未停止。

进入本科阶段的最后一年，“对话”之外又添“夜话”，几个人从对彼此的第一印象谈到毕业以后的打算，不时生出“离别即将至，且行且珍惜”的感慨。

《《 起

《此间》的开场中，主人公曾这样说道：“在一个地方待得久了，就会渐渐地忘掉时间。”的确，现在再回想起宿舍四个人大一时的光景，也像是很久很久之前的事了。

大一，来自江南塞北的懵懂少年相遇在最好的年华。33 楼 230 是我们人生进入燕园旅程的第一站，也是我们北大梦最初的起点。清晨，从 230 的窗口传出的是俄语和法语交织在一起的读书声；夜晚，屋内又响起了关于大学新生活的畅谈。我们集体出动去参加学院各种各样的集会，也在“一二九”夺冠后一起分享收获与喜悦。最难忘记的是大学的第一个考试周，在不熄灯的晚上，宿舍四个人坐在床边互相考查温习知识要点，焦躁中说着说着就偏离了主题笑作一团，忘却了考试带来的紧张和压力。转眼又到了寒假回家的前一天，四个人在聚餐和 K 歌中完成对大学生活第一个阶段的总结。而当我一个人坐在晃荡的硬座车厢奔驰在回家的路上时，闭上眼全是 230 的欢声笑语。

当我们初入校园，开始一段新的生活，适应一个新的环境，230 是个堡垒，陪伴着我们的经历，230 是个港湾，见证着我们的成长。(文/魏王笑天)

《《 承

从大一到大二的转变还是挺大的，尤其在经历了暑假的军训之后，我对包括室友在内的很多人都有了更多的了解（比如平时嬉笑怒骂的陶治旭在关键时刻可以一身正气得有模有样）。

我从大二上学期开始修心理学双学位，于是开始每周和侯博一块儿上各种心双的课程，一块儿在课后讨论问题和作业，一块儿在期末狂背各种陌生术语。心双的课并不算简单，比起一个人默默纠结，寝室里能多一个人一块儿纠结自然是再好不过的了。

对我来说，大二下是最为忙碌的一学期。在那半年中，我既准备了去法国交换的申请，又要准备参加外交部公派生的考试。压力固然大，忙碌也是可想而知的，但也正是在这忙碌中，我愈加感受到了来自室友的关心和帮助。从最初接到外交部报名通知，与室友们一起商量抉择，给纠结的我一些更加坚定的理由；再到考试准备期间室友给予的理解与帮助，尤其是和陶治旭一块儿奋战备考，没有一刻不是有室友在旁边加油打气。半年中，经历了那些在寝室讨论面试技巧，畅谈今后打算的日日夜夜，分享了成功失败背后的酸甜苦辣，室友间的感情也自然更加深厚。

当然，和我相处最多的还是同班的魏王笑天了。作为同学兼室友，我们每天都有很多时间待在一块儿，所以寝室内除了讨论法语学习问题，也会兼顾老师同学的各种八卦，当然也不缺社会政治与人生方向这类高端话题。而作为魏王笑天的室友，早上能有人提醒“快上课了，该起床了！”也不失为一大优势。

大二来了又走了，我们身上也少了些“二”劲，多了几分成熟和淡定。此时此刻，我一个人身在法国。彼时彼刻，那一幕幕的画面就在眼前。（文/张柯）

《《 **转**

转眼间，青涩学弟变成了学长，清纯学妹变成了学姐，我们无可奈何地迎接着变化，迎接着更加忙碌的大三学年。

张柯最先交代了自己的后半生。大二下半学期的外交部遴选考试，张柯一边笑着说：“我就是考着玩玩，不可能会要我的”，一边莫名其妙地拿到了外交部的录取通知，就这样不明不白地把自己“卖”了，不知道这到底是算幸还是不幸。大三的张柯白天常与我为伍，一起为了按时修完心双的学分在教学楼间奔波，到了晚上就好像总是在赶着怎么也写不完的论文（我能告诉你这纯粹是他的拖延症作祟么?）而夜里他继续用百转千回、跌宕起伏的呼噜骚扰其他三人的睡眠，可谓过得辛苦充实。

陶治旭继续发挥着大忙人的本色。大二加入 PEER，暑假去湖北支教，大三开学风尘仆仆，自此热心公益事业而不能自拔。能力越强，责任自然越大，任务也就越多，再加上陶治旭担任外院 2010 级党支部书记工作，更是忙里忙外忙得不可开交，常常开会到三更半夜，而独留我们剩下的三人，每天“思而不得见”。魏王笑天则投身健身事业，为了肚子上的八块腹肌艰苦奋斗，每周三顾健身房，游泳、篮球也是样样不落。每每健身完毕回到宿舍，他总是带着强烈的自我满足感，像捏安西教练一样捏着我的大脸和肥肚子，对我报以鄙视、遗憾还夹杂着那么一丝丝恨铁不成钢的复杂笑容，却被我完全无视。因为我知道，不管再怎么锻炼，只要一个暑假之后，分裂的腹肌一定会再次紧密地团结在一起，回归脂肪的怀抱，而时间会证明我的正确。

我呢，大三伊始，看着大一大二“一泻千里”的 GPA 沉思了一阵，痛定思痛，决定痛改前非重新做人，挽救惨不忍睹的 GPA。理想是美妙的，现实是残酷的，在俄语和心理学的残酷轰炸中，我挺了挺身，最终没能爬起来……辛酸的往事休得再提，我们来点儿快乐的回忆：哥们儿力压群雄，当上班长啦!

从一开始觉得这份工作十分繁琐，到后来组织全班春游、秋游、聚餐，和大家一起策划，一起享受活动的乐趣，我渐渐觉得，原来肩负一份责任也可以这么有意思。大三的一年，因

为忙碌，因为充实，走得很快。（文/侯博）

《《 合

大四来得太突然，寒假、暑假再寒假而已。开学刚一个月，张柯便光荣地被外交部派去了法国，宿舍里从此少了响亮的呼噜声，而多了一些越洋长途和对远方的挂念。仔细想想，无论是对过去的三年，还是对接下来的一年，乃至更远的将来，我们都应感到庆幸。对于男生，说宿舍是家多少有点矫情，所以我更愿意用战壕来作比。战场上，能在同一个战壕里经受战火洗礼的一定是生死兄弟；大学里，能在同一个宿舍经历共同成长的则可以是一生的朋友。

我们曾笑谈，230 宿舍的氛围既具有法兰西的浪漫和骄傲，又充满了俄罗斯的热情与坚强。想想四个人自第一次见面起，一路走来，互相包容。

最后，能有这样一次机会来和大家一起建设宿舍的文化也是十分难得的。假以时日，当我们再次翻看这些照片，阅读这些文字时，或许将会心一笑，回味起“俄腔法调”曾经的峥嵘岁月。到了那个时候我们便可以感慨地宣布：真不枉这万里一

聚，同宿四年！（文/陶治旭）

宿舍的书架和窗台

《《 **宿舍成员简介**

张柯，北京大学外国语学院法语系2010级本科生，来自湖北宜昌，大一、大二两年担任宿舍舍长，舍内代号“柯爷”。

魏王笑天，北京大学外国语学院法语系2010级本科生，来自陕西西安，国防生，舍内代号“大王”。

陶治旭，北京大学外国语学院俄语系2010级本科生，来自新疆伊犁，大三、大四两年担任宿舍舍长，舍内代号“陶神”。

侯博，北京大学外国语学院俄语系2010级本科生，来自北京西城区，舍内代号“大波”。

一路有你/记41楼616宿舍

本科四年一个宿舍，研究生又是一个宿舍，这就是燕园41楼616宿舍四个女孩子关于温馨、互助和爱的传奇！

百年修得同船渡，四年同窗，四个女孩用姐妹般的情谊诠释得如此丰满。她们生活上相互关心，学习上共同进步，获得过“国家奖学金”“三好学生”“院十佳毕业论文”等荣誉。先后入党，并同在院团委承担工作。

她们热心公益，许多志愿服务项目都留下了她们的身影，一张张纪念证书记录着她们的青春奉献；她们勇于实践，江西的红色之旅和江苏的城市规划调研记录着她们拥抱社会的责任；她们热爱生活，校园歌曲、舞蹈、小品、微电影等都留下了她们响亮的名字；她们互相关爱，姐妹们生日蛋糕的蜡烛，总是四个人一起吹灭！

全家福

《《 一份缘，一辈子——薛萍

人们常说，大学是一生中最美好的时光，其实，在这段绚烂的青春岁月里，每个人都有过学习、生活和情感的彷徨与迷茫。我很庆幸，大学四年能有三位好姐妹一路相陪。这份情缘，我愿意用一辈子去珍藏！

还记得刚入学的时候，从未离开父母照顾的我第一次尝试过校园集体生活，各种不适应和生活难题接踵而来：你要学着自己打饭、自己洗衣、自己规划时间、自己决定事情、自己解决困难和问题，孤单和无助曾一度包围我的生活。感谢上帝赐给了我三个好姐妹，是她们陪我一起上课，一起自习，一起吃饭，一起聊天，一起参加活动。在我困难的时候她们伸出温暖的双手，在我迷茫失意的时候她们给我坚定的目光。她们让我感受到大学集体生活的温馨快乐，将我的不适应和担忧一扫而光。

每次过生日都是我们寝室的节日：我们会在生日前精心策划生日当天的种种惊喜，礼物要精心挑选，聚餐也必不可少，但是绝不仅仅是这么简单！如何营造礼物从天而降的感觉，如何出乎意料，如何印象深刻，这些才是重点！“善意的谎言”“美丽的误会”“爱心视频”“部门例会”“密码通关”“自制蛋糕”都曾是我们惊喜的主题。虽然思考准备的过程“伤神”而“劳累”，当事者也会在惊喜进行过程中有些许不解，但是当策划许久的生日惊喜最终顺利送出时，当事者满满的惊喜和感动会让我们无比满足，日后回想起来也是发自心底的幸福。在这里特别要感谢小伙伴们为我策划的生日惊喜：在每一个那么繁忙的复习考试季，你们都抽出时间为我准备生日祝福和生日礼物。我已经开始期待你们送给我的下一个生日 party 了！

有一件事情，成了我们姐妹情深的见证。我们在统一购买了学院版 T 恤衫后，一起走到燕园的各个景点自拍合影。这个后来成为我们寝室的传统：在每个值得纪念的时间点，我们都会到同样的地点再拍摄一张同样动作的合影。我期待有一天，我们把这些照片做成连续放映的胶片，记录我们风雨同舟、一路同行的人生足迹！

荏苒的时光

岁月流逝，时光荏苒，许多东西都已改变，但幸运的是我们都还在，而且将会一直站在彼此身后，成为那个永远陪伴支持的知心伙伴。

爱你，616！爱你，这个温暖的家！更爱你们，我永远的姐妹们！

《《 记忆中的片段——陆璇

牵挂

在实验室跑数据，结束时已是半夜。从理科一号楼出来，被寒风一吹，我不禁裹紧了衣服。北京冬天的夜晚，真冷！刚走至百讲广场，手机响起。是杨楠，我的室友。

“你在哪儿呢?”

“正回来呢。没事儿，你们先睡吧!”

几年来，这样的电话，我们彼此几乎都打过。只要过了夜里 12 点还没回宿舍，在外的那个人就一定成为其他人的牵挂，一定要电话确认才能安心先睡。

挂了电话，看了时间，零点二十。我加快了脚步……

初见

宿舍四个女孩，我第一个入校。杨楠说，她还记着正式报到前一天早晨，我从床上坐起来揉眼睛的样子。感动啊!

报到当天，我早早在五四大道协助学院老师接待新生。当一个个子高高、笑容阳光的女孩告诉我她是薛萍的时候，我告诉她：我们是室友！当埋首于报到表格的我终于听到一声轻轻的“郭颖”时，我告诉她：我们是上下铺！看到她们惊讶欣喜的笑脸，心里甭提有多高兴!

“同居”之前就已相见，这件事想起来都那么让人开心!

亲情

中午回到宿舍，桌上又放着一只石榴和两个苹果。要知道，两天前郭颖刚分过妈妈送来的柚子。有好东西齐分享，这也是我们宿舍的默契。

杨楠、郭颖和我三个家离北京都很远；薛萍是天津人，周末常常回家，她父母也常来。时间长了，她家里来看她，就好像我们自己的家人来看我们一样。几年来，天津的麻花、冰糖山楂、栗子这些小吃，我们也不知道吃了多少；就连阳台上的晾衣架，也是薛萍的家人买了带过来的。

一家人的关爱

《《 “四小学姐”与“十佳”——杨楠

2013 年的夏天对于 09 级本科生而言，是一段充满欢乐也充满伤感的时光。面临毕业的我们即将挥别很多身边的朋友，迎接崭新的生活。幸运的是，我们宿舍的四个人都已经保研，也提交了宿舍申请，未来研究生的三年仍然是室友，毕业季因此也少了些许伤感。那段时间的我们，常常回忆本科四年，想着还有哪些遗憾、还有哪些愿望，期待能与本科生活做一个潇洒的告别。一个再普通不过的夜晚，不知谁在宿舍说了一句。

“哎，学院的十佳开始报名了。”

“是啊，咱们当了这么多年观众，学校的、学院的十佳都看了好几年，毕业前不当一次选手多遗憾，去参赛吧！”

于是我们就欢乐地决定以“四小学姐”组合参赛了。其实对于四个不太会唱歌的人，这次比赛无疑是一个巨大的挑战。我们花了一下午的时间从歌单中精心筛选，最后选择了《原来你也在这里》，缓缓流过的旋律，安静倾诉的感情。四年的室友情，一路走来，原来你也在这里。

我们借此机会准备了“舍服”，类似款式但颜色搭配不同的衣服，正如我们四个人，有着相似的生活又有不同的个性。比赛前的周末，阳光正好，想起来大一时候也是在这样一个夏日，我们带着新奇和快乐在校园里的很多角落拍下照片，留下了燕园第一个夏天的美好回忆。于是我们决定“重走燕园路”，沿着曾经拍照的足迹，再一次感受燕园的美丽。在此过程中诞生了这张特别的大一大四对比照，我们也相约研究生结束再去静园同样的地方拍照留念。

比赛当天必定是要努力发挥，评委说：“你们四年的友情打动了我，我也从你们的歌声中听到了这种感情，祝你们毕业顺利！”强手众多我们意料之中地没有进入复赛，但我们站在了舞台上，用歌声唱出了四年来我们对彼此的感谢与珍惜。愿未来的三年、十年、几十年，这份友谊都能够保持下去，成为我们值得一生珍藏的回忆与美好。

“四小学姐”组合

《《 服务与奉献——郭颖

紧张的学习之余，积极地参加各种志愿者活动，是我们宿舍四个姐妹四年来很有意义的事情，既锻炼了自身，也回馈了社会。

国庆60周年，海淀公园举办大型花展，招募志愿者，于是我们宿舍的三个人一起报了名。花展当天，穿着志愿者服，在海淀公园的各个路口给游人做导引。虽然当天天气很热，我们一直站着，但看着身边美丽的花朵，络绎往来的游人，感受着国庆欢乐的氛围，我们还是很开心。想起那句公益广告词：服务他人，快乐自己！说起做志愿者活动，我们都为杨楠感到自豪。大一上学期，在繁重的课业压力下，她仍然坚持一学期风雨无阻地在农民工子弟小学支教，态度认真负责，受到了学校领导和孩子们的充分肯定。

除了当志愿者，我们宿舍也积极参加暑期实践活动。大二暑假，我们宿舍第一次几个人集体参加暑期实践。我、杨楠、陆璇完成了一趟江西革命根据地红色之旅，采访了江西老垦荒队员，第一次这么真实地走近中国近现代革命斗争、新中国建立的那段历史，感受到现在安宁生活的可贵与来之不易。薛萍则参加了学院赴重庆实践考察团，也在那里收获了一段社会考察经历和与伙伴们一起的欢声笑语。

有一种缘分，四年时光不够，我们再用三年诠释；有一段梦想，只有回忆不够，我们正用未来编织。学习、实践、奉献、成长——四个来自江南塞北的女孩在最美的年纪经历了一场青春“艳遇”，共同在北大这片充满激情与梦想的地方，携手度过人生最美好的一段时光。41 楼 616，有你、有我，继续一路同行！

《《 宿舍成员简介

薛萍，天津人，信息科学技术学院电子学系学生，光电信息学会会长、院电子学 13 级硕士生党支部书记、院研究生会学术部部长，喜爱读书、听歌和朗诵，在旅行中热爱拍照，有很多新鲜的创意。工作上大方稳重、善于与他人交流，科研上勤奋努力、专注投入，是同学们公认的靠谱女生。

郭颖，上海人，信息科学技术学院计算机系学生，喜爱读书和乒乓球，也喜欢与朋友们一同出去旅行。她学习刻苦，并且无论在生活还是科研中，都有难得的探究精神，从疑问中寻求答案，也常常有独到的看法。生活中的她温和文静，也乐于参加活动、主动承担工作。

陆璇，江苏如皋人，信息科学技术学院计算机系学生，院研究生会就业与创业服务部部长、第 26 期党的知识培训班信科领队辅导员。她生活中为人和善、工作上做事细致。爱读万卷书，也爱行万里路，晴朗的天气和星空都是她的爱，她是宿舍里的文艺源泉，经常能写出让人感动的漂亮的散文。

杨楠，宿舍舍长，黑龙江牡丹江人，信息科学技术学院计算机系学生，院软件所 13 级硕士生党支部书记、12 级本科生 3 班辅导员、院研究生会宣传部部长。热爱美食和美景，对萌物无免疫力，喜欢温暖人心的小故事。她做事踏实努力，即使是宿舍小事也认真完成，各项工作中都很有责任心。

第三章　文化燕窝·我书写——万柳故事征文感动常在

紫藤花谢，月季花开，又是一年初夏来

建筑与景观设计学院/程可欣

临近毕业的日子，回头望去，三年的光阴，白驹过隙。我是个常常会回忆生活里小细节的人，却从来不轻易细致认真地

记录点点滴滴，并把它们都串联起来。任由回忆的雨点细细密密洒落的话，会太怀念，也太不舍。

Part 1 中央广场的小花园

来到万柳的第一年，班级的氛围就很热烈，“有人一起去楼下玩狼人杀吗?”男生在一区，女生在二区，也阻挡不了聚在一起玩的心。第一个夜晚，基本所有同学都到齐了，排排坐在万柳中央花园的廊架下。秋色渐浓的月光下，“村民”小心翼翼，“狼人”神秘又紧张，一群情绪激昂的新生们在黑幽幽的小广场上“杀”得风起云涌。

刚开学不太忙的几天里，大家一有空就来到这个小空间里，算是万柳中最先被熟识，倍感亲切的一角，往后也成了女生们不开心，出来静静待着谈心事的地方。不高不低的树篱，微风轻起的夜晚，清亮的月色，都让故作坚硬的心扉变得柔软起来。

Part 2 自律健身的新生活

研一的那个冬天，开始和室友一起健身，二楼的健身房就成了我们的日常活动场所。没有课的时候，我们总爱下午就去，人少天亮，可以看着窗外的天放空。要是有课回来的话，就是之前就穿好运动服，直接套上外面的大衣羽绒服去，迅速抢占跑步机，去得太晚可就没有了。操房和动感单车室也是我们的最爱，开着两个小取暖器，把瑜伽垫紧挨着放，就可以边各自运动着边叨叨着鸡毛蒜皮的趣事，抑或是偶尔一起对着镜子练练舞，是忙碌的课业里自律又放松的时光。

运动结束得早，我们会6点多就去负一楼洗澡，那时候没啥人，不挤。但是吧，冬天人少去澡堂的坏处就是——太冷，于是我们速战速决。然后回到一楼，去山合谷水果店，纠结着要不要吃水果要不要吃水果要不要吃水果；犹豫着又去好邻居便利店，纠结着要不要吃沙拉要不要吃沙拉要不要吃沙拉，问了自己四五遍，最后还是因为“太冷”这个理由，时常就买了关东煮（摊手）。你看啊哈哈，女生就是这样的，边健康运动着边吃着，于是这个冬天就在毫无变化的体重中过完了……

Part 3 温暖客厅的弹唱会

在读研的岁月里，另外对我来说有意义的两件事情是，主

专业设计和业余爱好音乐。以前，我顶多是在寝室里弹弹吉他小声地唱唱歌，后来有了越来越有趣的“舞台”。身处设计学院的我们是幸运的，万柳二区的大厅和宿舍都被学长们改造了，男生后来也搬来了二区，我们班通通一起搬到了9楼，男女生成了邻居。第一次去参观的时候，就被惊艳到了，暖黄的落地灯，惬意的懒人沙发，可以到处滑动的小矮凳，营造出良好的生活空间。慢慢地，门厅的改造也完成了，大家也都很热衷地使用起来。后来在万柳大家庭的群里认识了一位新闻学院的学长，弹钢琴很多年，想办一场 live 弹奏会，于是我们合作，在他临近毕业的时候在门厅那里自顾自地玩起来，乖巧的听众们都搬好了椅子来认真聆听，像极了真正的舞台，让我记忆犹新。庆幸的是，那一晚的美好瞬间直到现在还被保存记录挂在二区的墙上。这样的场合越来越多，吉他陪伴我度过在万柳的无数个夜晚。跨年的那天，我抱着吉他和大家一起在男生寝室的客厅里唱着歌，一年就这样翻了页，随之来到的就是越来越靠近临别万柳的日子。

Part 4 相伴全天的自习室

我常常不是个爱学习的好孩子，总爱到处游荡玩耍。但真的让我说，在北大三年里，我最喜欢的学习的地方，第一个闯入我脑海的，我想不是学院，也不是二教，而是大片的落地窗下，遍地洒满阳光的学思堂。

研一研二的课程常常是合作完成，所以一般都由大家定在了学院讨论。轮到需要暗自日夜打磨毕业论文时，在寝室这种惬意的环境下，我是怎么也认真不下去的。大清早在食堂吃完早点直接迈入学思堂时，心却总是能静得很快，学习效率很高。有时候学累了，也爱东看西看，东想西想。看窗前的绿植养养眼；或是盯着洒向米色地砖的阳光发呆，看它们一点点从地上移动到架子上、桌子上，照得大家安心惬意；又或是盯着“学而不思则罔，思而不学则怠”的那幅字画，这句话从小时候就一直触动我，时至今日也觉得诚恳又实际，我想，给学思堂起名的老师一定是个特别特别厉害的人。

这段时间，常常是早起离开寝室，去抢占柱子旁的座位，深夜才回到寝室。不过并不孤单和寂寞，看着总是一起奋斗的

大家，或眼熟或陌生，都觉得充实。开始偶尔和朋友约在东门外的小饭馆里聚餐、吃夜宵，觉得在万柳度过的每一天都有意义，日子越少一天，这种感觉便越强烈。

Part 5 花开花谢的毕业季

这个夏天，再次看到万柳的一景一物，紫藤花架、便利超市、健身房、自习室，都有了不同的感受。它见证过我的悲、我的喜，承载过我的眼泪、我的汗水。它看到了入学时候迷迷糊糊进入顶尖学府，兴奋又不安的我，也看到了临毕业时候即将独自踏上社会，迷茫又勇敢的我。

年复一年，你看那紫藤花，每到夏季便爬满了头顶，遮挡着烈烈灼眼的日光；过不了多久，它们谢去了，便是粉红黄白的月季登场，年复一年，大朵出现在眼前，在通向车站的小径上兀自盛开在身侧；年复一年，无数的毕业生离开，无数的新生又入住进来，季节更迭的自然规律里，落下我一地的眷恋和感谢。

新月与飞鸟

北京大学考古文博学院/又乙

我们栖息
在新月上的五座城堡里
聒噪，振翅抖擞
打嗝，拔掉倒刺
像是针尖上的天使
我们安睡
在这永昼的柔软怀抱
但终究
终究要到来的三五之夜
过于沉重月球坠落
我们用喙咬住了
最后一根救命柳枝
（而非干瘪的稻草）
陆续松口说出宿命中的归宿——
太阳、黑洞、尘埃、虚无……
直到最后一只无言的鸟
留在原地，咬断这饱满多汁的绳索
人类称之为“折柳”
而后
新一轮新月
从柳梢与黄昏的交叠处升起
嫩黄

注：如果你曾俯瞰，我们身处在这弧形布局的万柳学生公寓1~5区，正像是一轮在我们脚下的新月。

诗解：

这篇作品是我一个月后即将要离开万柳公寓的心声。

万柳公寓 5 个区的住宿区域形状是一个弧形，弯弯的形状像是一轮月亮，所以我用月亮指代了万柳。

而万柳距离北大燕园的本部不近，我们学生像是鸟儿一样穿梭在校园和公寓之间。每每回到公寓像是回到自己家一样放松，一改在课堂上或实习单位的紧绷状态，可以穿着睡衣闲逛，可以吵吵闹闹地放声大笑，可以在宿舍里看着剧吃着外卖，最重要的是能睡个安稳觉。当然，这样的生活是“无聊”吗？不是的，外来人看来无聊的，可能对于当局者而言尤为重要，就像是中世纪的时候神学争辩“一根针尖上能够站多少天使”，这样的图景也像鸟群站立在月尖之上。

但是我们住在万柳公寓的时间有限，我们入住的时候就知道要离开的时间，到现在，对于毕业生而言，真的要面对混沌的未来和全新的人生阶段，心情特别“沉重”，能够生活在校园、住在万柳公寓，真的是非常让人眷恋的。

可是离别是命定的，如何是好？

一起生活于此的同学，在毕业之前，能做的就是在万柳公寓一起好好告别，然后纷纷离开，去往“太阳、黑洞、尘埃、虚无”这些不同的工作岗位和不同的人生，一直到最后一个“鸟儿”同学离开万柳，就像古代人送别要在长亭折柳一般，这一场盛大的毕业典礼、告别仪式才是真的结束了。

但是我们这一届“飞鸟”的离开，也意味着万柳公寓会迎来新的一波“飞鸟”，又成为新入学同学的“新月”。万柳公寓是常新的，是铁打的，虽然我们离开了，但是万柳会一直伫立在这里，无论我们飞到何处，这里都会是我们的感情所系、力量所在，像是无论身处何地都能看到初升的月亮一样，感到温暖和希望。

“飞鸟”和“新月”也是泰戈尔两本诗集的名称，我很喜欢他。

万柳花事

政府管理学院2017级公共管理硕士/赵彤

万柳学区的名字中带“柳”，透露着绿的清新，但是每逢春夏之际，园子里的花朵们竞相开放，时间就这样在它们相互交织的花期中缓缓流走。

印象中最先开放的是玉兰和榆叶梅，它们不出绿色的叶子，先绽放花朵。但二者也有不同之处。玉兰的花是稀疏的、娴静的。张爱玲最不喜欢玉兰，说它们像用旧的白手绢，我喜欢张，但是不认同她对玉兰的看法，我觉得玉兰是从名字到形态都很符合中国古典美的一种植物，它的颜色多淡雅别致，形态舒展又不失含蓄，很有古典文人的风采。而榆叶梅是紧凑的、热闹的，挨挨挤挤开满枝丫，十分接地气，远远看去像擎着火炬的手臂。玉兰和榆叶梅，这两种风格截然不同的花，在料峭的早春中，给仍在寒风中瑟瑟发抖的人们带来温暖的希望。

接下来登场的，是“色”“香”俱全的紫藤萝和槐花。万柳学区中心广场拥有两条对称的游廊，平日里是大家饭后散步休憩的乐园，春末夏初，廊顶的紫藤萝如瀑布一样垂下，散发出馥郁的芬芳，尤其是微风拂过时，香气沁人心脾，偶尔有花串被吹落，可以看到它们如小喇叭一样的可爱形状。如果说紫藤萝的花香是醉人的，那么槐花的香气则是清幽的，因为槐树生得较为高大，所以每当闻到槐花香，都感觉那香气是从天而降，情不自禁抬头寻找，便可以看到洁白如玉的花瓣。

待紫藤萝和槐花落尽，便真的进入了夏天，气温大幅度升高，终于可以将冬衣完全收起来了，园区北侧的栏杆仿佛一夜间就被月季、白玉堂和勿忘我占领了，变成一面密不透风的花墙，尤其是月季，颜色多到令人眼花缭乱，花形圆若玉盘，在艳阳天下明丽娇俏，仿佛园子里热情的女主人，在阴天时典雅沉静，如同一位位若即若离的观察者。

我喜欢万柳的花，因为它们蓬勃的生命力，因为它们热情的感召力，更因为它们经常在不经意间引发我的思考。对于万

柳学区来说，某种程度上这些花草树木才是这个院子的主人，年复一年地遵循着自然规律生长、绽放，而我只是一个幸运的过客，能在短暂的两年中经历它们的两个花期，能有幸与万柳学区的同学、师长及工作人员度过难忘的两年。随着毕业脚步的临近，我也即将搬离万柳学区，对于万柳的花花草草来说，它们将会在金秋迎来新的朋友，而我们，也即将奔赴祖国各地，去同新的环境、新的花花草草相聚，去翻开人生的新一页。

分别总是令人感到伤感，与自己度过青春的校园分别，更加令人感喟时间的飞逝，然而最重要的是，我们在这里留下了美好的回忆，经历了不悔的奋斗。我最喜欢作家柯艾略在《牧羊少年奇幻之旅》里说过的一句话，“心在哪里，宝藏就在哪里”，愿我们都能永葆真心、诚心，继续书写自己的花样年华。

清清荷花韵浓浓艺术情

——观“荷之韵”李坤仪书画艺术邀请展有感

北京大学外国语学院2017级硕士研究生/何丹萍

又到了一年一度校庆周，不由回想起去年今日所发生的一幕幕。其中一幕，仿佛刻进了记忆深处，让人印象尤为深刻。它让我体会到，艺术从来不远人，它就在我们身边，近在我们眼前。

讓藝術走進生活

彼时还是北大百廿校庆期间，到处都是一派“锣鼓喧天，鞭炮齐鸣，红旗招展，人山人海”的热闹景象，而万柳二区的一楼大厅里也悄然发生着变化。一眼望去，那大幅小幅恣意挥洒的荷花图、那印有彩色荷花图案的 T 恤、那设计典雅制作精巧的丝巾、那弥漫着古朴风格的油纸伞、那涂有荷花图案且各具姿态的花瓶，共同营造了一方别样的艺术天地，让来往的同学感受到浓浓的艺术气息扑面而来。

原来，“荷之韵”李坤仪书画艺术邀请展正在这里欢乐上

线。画家李坤仪毕业于北京大学艺术学院，现任北京大学国际关系学院国际文化交流与创意产业研究中心办公室主任，此次展览主要展出她创作的以荷花为主题的书画作品和周边产品。

对于常年往返于各大美术馆、尽情享受着艺术陶冶的我而言（小伙伴们调侃说，我“不是在美术馆，就是在前往美术馆的路上”），能在自家门口看到校友举办的书画展，内心的惊喜无以言表。

我在这些作品前停留了许久，细细地欣赏着，静静地感受着，世界仿佛只剩下我与这一池超凡脱俗的“荷花”，相顾无言又相看两不厌。在李坤仪笔下，荷花介于具象与抽象、写实与写意、有形与无形之间，那粗犷狂放的线条笔触、那恣意泼洒的缤纷色彩、那看似杂乱无章实则自成法度的构图布局，让我自然地联想到美国抽象表现主义大师波洛克的作品。在创作中，波洛克往往忽略了物象的具体形态，而随心所欲自由涂抹，只为了宣泄某种情绪与情感。

在李坤仪的画中，我同样看到了这种自由恣意的状态。画家在此仿佛进行着一场微妙的艺术实验或曰墨彩游戏，那一株株形态各异、色调不一的荷花，仿佛是画家某种情感的表达、某种精神的外化。荷花之韵味，一丝丝一缕缕地从画面中溢出，带给人视觉的冲击与情感的触动。

常言道“一千个读者有一千个哈姆雷特”，看李坤仪的作品，不同的观众也许会产生不同的观感。你可能从中看到了初夏时那一个个含苞待放、亭亭玉立的花骨朵儿，仲夏时那一池争相开放、纵横交错的荷花，夏末时那一株枯萎凋零、黯淡无光的残荷……

长久的观画之后，我准备离场返回宿舍，此时竟意外地发现画家本尊出现在展览现场！我像个小粉丝一样默默地走过去，运用毕生所学之“搭讪”技巧和画家聊起了天。在交谈中，我得知她的老家在广东番禺，曾就读于广州美术学院。哈哈，原来我和她不仅是北大校友，也是广州美院校友，还是来自广东的同乡！我惊叹于我俩之间这奇妙而丰富的联系，真是突如其来没有一点点防备啊。有意思的是，当得知站在面前的是同乡时，我们的谈话自然地切换到粤语频道，彼此用最熟悉的“母语”继续聊着天。

临别之际，她还亲切地对我说：“我现在住在学校里，欢迎来我家做客啊，到时煲广东的老火靓汤给你喝啊！”我的心一下被感动了，不仅因为刚刚经历了“他乡遇故知”这一人生乐事，

也因为人与人之间的这份真诚的交流。虽然从那以后，我再也没有见过这位画家，但这又有什么关系呢？机缘巧合，我和她得以在彼时彼地邂逅相遇并愉快聊天，这本身就是一件让人欣喜的事啊！不由地想起了张爱玲的经典话语："于千万人之中，遇见你要遇见的人。于千万年之中，时间无涯的荒野里，没有早一步，也没有迟一步。"人与人之间的奇妙缘分啊，真让人惊叹！

此次与艺术的不期而遇，让我领悟到，艺术并非高高在上，它可以作为展品展出而引起更多观众的共鸣；艺术家也并非遥不可及，他们可能是我们日常生活中所遇到的那些亲切可爱的人儿。

我兴奋于万柳在促进艺术与生活融合方面所做出的努力尝试，也期待着在万柳与艺术再来一场美丽约会！我想，"让艺术走进生活"不应是一句空洞无力的口号，而应是切实可行的行动。未来，让我们携起手来，让每一次新的尝试都汇聚成强大的力量，为艺术与生活的和谐共融创造更多机会。

再见，万柳的那些花儿

北京大学外国语学院2017级硕士研究生/何丹萍

四月来了，春姑娘也披着缤纷的衣裳、迈着轻盈的步伐来到了万柳宿舍楼前的大花园里。不到园林，怎知春色如许？那满园的撩人的春色，仿佛在召唤着你快到碗里来啊。此时最适合独自一人或约上三五好友漫步园中，静静欣赏闯进眼里的每一朵花儿。

作为春天的使者，那黄灿灿的迎春花早已笑逐颜开，一丛丛星星点点的花儿啊，正兴奋地搓搓小手迎接春天的到来和百花的盛开。古诗称它"迎得春来非自足，百花千卉共芬芳"，早春的萌动，最终与百花汇合，与春天撞个满怀。

迎春花旁，那叶子如榆树叶、花朵似梅花的榆叶梅也在枝头盛放，层层花瓣包裹着花蕊，朵朵花儿抱团簇拥，可爱极了。古诗云："美艳村居足众愿，随人指点小桃红。"将榆叶梅唤作"小桃红"，仿佛在招呼一位娇羞的小娘子。

几乎同一时间，山桃花也悄然绽放，那粉粉嫩嫩的花瓣，分分钟引爆你的少女心。想来桃花在《诗经》中频频惊艳亮相，"桃之夭夭，灼灼其华""投我以木桃，报之以琼瑶"……微风

吹过，桃花无言，却已抖落一地诗意。

花园一角的白玉兰也凑热闹似地绽放笑颜，那柔美的花瓣、婀娜的身姿，让人忍不住多看几眼，不由地想起诗句“皎皎玉兰花，不受缁尘垢。莫漫比辛夷，白贲谁能偶”。寥寥数语，即将白玉兰纤尘不染、纯洁无瑕的形象生动刻画。

凉棚上那婷婷袅袅的紫藤花，仿佛蝴蝶般在一夜之间落满枝头。那一簇一簇花开，宛如天边那一抹紫霞，山间那一帘瀑布，梦中那一方乐园。古诗云：“紫藤挂云木，花蔓宜阳春。”一幅春和景明、紫气升腾的迷人画卷就这样展现眼前。

人行道旁的花坛里长满了月季花，那伸展着腰肢、压弯了枝头的月季花，红的像火，白的如雪，黄的似金，粉的如霞，在葱茏的绿叶间风姿绰约，在蓝天的幕布下熠熠生辉。放眼望去，仿佛明晃晃的日光般炽烈，美得让人炫目！无怪乎古人云：“月季只应天上物，四时荣谢色常同。”

因这沿路野蛮生长的月季花，一条锦绣“花路”就这样呈现眼前，它不仅成了万柳的一道亮丽的风景线，也成了绝佳的拍照背景墙。君不见，万柳的小仙女们都不约而同地在这里拍照打卡。无论是捕捉花开盛况，还是留下可爱倩影，在朋友圈都蔚然成观，大有刷屏之势：

说来奇妙，今年的月季花明显比去年开得更盛了，用舍友的话说，“今年的月季花开得就像人头一般大啊”（这描述也是清奇哈）。这究竟是为什么呢？充满好奇心的我们还展开了一番讨论。“会不会是今年换了另外的品种啊？”“难道是今年的气候更加怡人，所以花儿撒欢儿地开？”“可能是去年的花枝经过精心裁剪后，今年长得更好啦！”虽然最后我们也没弄出个所以然来，但这又有什么关系呢？想到在出门和归来的路上，都可以看到这花团锦簇，心情就瞬间被治愈啊。

风吹过花丛，那朵朵花儿仿佛在向你招手，又仿佛在对你召唤“来啊来啊”，吸引着你驻足停留，又让你沉醉不知归路。所以，但丁在《神曲》中写道：“我向前走，但我一看到花，脚步就慢下来了。”

文艺作品里，花儿常常作为青春美好或时光易逝的象征。李清照在《如梦令》中吟道：“知否，知否？应是绿肥红瘦。”朴树在《那些花儿》中唱道：“她们已经被风带走，散落在天涯……她们都老了吧，她们在哪里呀，我们就这样，各自奔天涯……”

是啊，春去秋来，寒来暑往，时间如水哗啦啦地溜走。再绚烂的花儿也有凋谢的一天，再美好的时光也有逝去的时候，正如青春易逝，韶华易老。而我也即将离开万柳这座大花园，回想起最初登记入住时的场景，一切仿如昨日发生一般，转眼就到了挥手道别的时刻，不舍之情油然而生，唯有一遍遍告诉自己要好好珍惜往后与她共度的每分每秒。

我想，多年以后，回想起在万柳度过的美好时光，我依然会记得花园中那些或热烈或温婉绽放的花儿，那些与花相依相伴的日子，那个开启日常看花模式的自己，以及那些曾一起看尽万柳花的小伙伴们。在记忆深深浅浅、明明暗暗的角落里，我和小伙伴们一直在万柳等风来，等花开！

你是否也如我这般幸运，在生命某个角落，遇到过带给你美的享受与心灵震颤的那些花儿，而后一遍遍地把她们想起，就像怀念美好的青春一样？

你是否也如我这般念旧，在离别的时刻，与那些花儿郑重地道一声再见？再见，不仅是对往昔时光的告别，也是对未来重逢的期许！

往后余生，愿有岁月可回首，且以深情度芳华。

万柳：青春的点滴记忆

北京大学法学院/李振宇

《致别万柳》

大手牵着小手
在煦和的夕阳里徜徉
编织出你的脚步
不慌，不忙，不乱

匆忙的学子
将一趟趟校车挤满
揉和成你的青春
不苦，不甜，不淡
这里也有我的初心
像花园里少年的弹唱
不聒，不靡，不断
还有很多的遗憾
我把他们装进行囊
不悲，不喜，不忘

《东门夜饮》

又一个相似又相非的夜晚，
笑容在我们嘴边摇荡。
酒杯里载着你的苦水，
烟头外飘着我的惆怅。
醉醒又一晌，
明日知何向？
余路还有多长？
不太敢去想。
也许，
青春都一样。
走过不思量的桥，
错入没有门的巷。

《失眠的夜晚》

我想变成一只，
幸福的萤火虫。
当夜遮住长空，

就提着手电筒，
游遍花丛。
白天的喧嚣，
伪装成狡猾的霓虹，
还在这城里游动。
但霓虹点不亮我的瞳孔，
在我的花丛里，
夜色正浓。
白天的脚步，
总是匆匆。
只有当夜色朦胧，
才终于将神经放松，
走得从容。
多少人在白日里，
披着相同的脸孔。
只有在夜里，
才敢脱下面具，
找找自己的不同。

《西门路口的草》

我是一株
长在路口的荒草
没人发现我的重要
只会偶尔刺到
一双双匆忙的脚
蛐儿不会过来嬉闹
蝴蝶不会向我问好
我拼命地弓着腰

把身体钻进地袄
因为我害怕长高
更不敢奢望变老
只是某个寻常的瞬间
便成为我永恒的返照
我恨那天忽然刮起的风
将我带离那片青草
我也恨那只停驻的飞鸟
将我抛在这命运的孤岛
对着月光
我该如何祈祷
往后的余生
应该更多还是更少
也许答案早已知道
我只是一株
没有家的荒草
我是这条路上
多余的烦扰
突然某一天
锋刀划过我的腰
风轻轻吹过
似乎一切都好

《窗外的孤星》

流金万丈尽炎豪
银华似水润良宵
谁愿孤明待天晓
风谲云诡任飘摇

第四章　文化燕窝·我传承——校友返校推动文化赓续

重温宿舍情

——北大校友返校参加宿舍开放日系列活动

2016年5月2日，为了迎接校友返校，北京大学校友会、北京大学校友工作办公室联合北京大学公寓服务中心学生自我管理委员会（简称“北大燕窝”）举办了宿舍开放日系列活动。活动当天，尽管阴雨绵绵，来参加活动的校友和同学们依旧热情不减。

本次活动筹备历经半月，分为三个部分：“爱归校园，砖注奉献”捐赠活动，“为校友做蛋糕”活动和开放宿舍交流活动。活动地点集中在新建成的30号学生宿舍楼。活动当天，校友们陆续来到30楼接待站处进行登记并领取明信片，随后自由参加开放日其他活动，或到“民主与科学”雕像处合影留念，共同感受温馨的宿舍氛围。

宿舍板报中布置着当年宿舍的老照片

活动室中的装饰和布置

“为校友做蛋糕”的活动最受在校学生和校友们的欢迎。刚进入30楼大门，就能听到活动室中传来轻快的音乐。进入活动室内，墙上装饰着气球、彩带，西面的长桌上摆放着制作蛋糕的材料：蛋糕粉、糖霜、可可粉、泡打粉、鸡蛋、牛奶、色拉油、香草粉、葡萄干、麦片等，每一种材料旁清晰地标注了用量和添加方法。参加活动的校友和同学们先领取“北大燕窝”纪念马克杯，再到长桌处依次将制作材料添加至杯中，搅拌均匀，最后交给专门负责烤蛋糕的工作人员，放入微波炉内加热。

据“北大燕窝”主席于晓磊介绍，蛋糕烘焙使用的是公寓文化基金配置的微波炉，活动中做好的蛋糕会提供给校友品尝，同时让大家交流蛋糕制作技巧，这都是为了感谢校友对学校建设的支持。大约有100多名在校生参加了这一活动，还有不少校友“拖家带口”来到活动现场。无论是上了年纪的老奶奶，还是稚气未脱的小朋友，都沉浸在制作和品尝蛋糕的乐趣中，其乐融融。

校友孩子在添加蛋糕原料

微波炉里的蛋糕

本次活动还开放了30楼的两间宿舍，供校友自由参观，以及和所住同学们交流。两间宿舍布置得干净、整洁。楼长介绍说，之所以开放这两间宿舍，是因为这两间宿舍离门口近，方便出入，两间宿舍的同学们也比较外向、活泼，其中一间宿舍还住着一名国防生。1986级俄语系校友郭女士此次专程来到曾经住过的宿舍参观，她向记者介绍了当年的宿舍布局，并感叹道：“如今的宿舍变化确实特别大，生活条件比当时好多了，单人书桌、衣柜都有。”

校友家庭合影

主办方在30楼北侧“民主与科学”雕塑的旁边还设立了接待站，校友可以在这里盖章留念，或者在此登记参与“爱归校园，砖注奉献”的捐赠活动，支持公寓文化发展与建设，参与捐赠的校友将获得纪念品。这些捐款将用于“小舍大家”公寓文化发展基金。

第五章　文化燕窝 · 我装点——装饰大赛点缀温馨满屋

宿舍给你的印象是什么？

是期末季时为复习亮起的点点灯光、为DDL熬夜时响起的键盘敲击声响？还是某个心血来潮的夜晚寝室里一句句的真心话大冒险？

对宿舍的记忆，好像也可以是清晨响起的夺命连环闹钟、穿着睡衣迷离取回的外卖、刚刚打回的满满热水……

每个人心中的宿舍都是独一无二的，我们为你准备了画笔和大型画布任你涂鸦，让你的小窝里精彩的点点滴滴可以挥毫就墨、跃然纸上。同学们可以在白色打底 T 恤上作画，不论是画出你的宿舍、你的室友，还是写下此刻的心里话，这都是独一无二的公寓文化衫。

精耕细作，宿舍装饰促进个性发展。文化如水，无处不在，细微处皆可用心。本学期我们发起的北京大学宿舍装饰大赛，以及舍衫和门牌设计活动，顺应了北大学子们营造个性化宿舍，彰显公寓文化独特性的需求，一经推出便受到广泛的欢迎。同学们用富有创意的设计，营造出一片片各具魅力的温暖燕窝，更让我们认识到公寓文化的潜力和能量。

宿舍不只是一间房，还有房子里外的人，还有明媚阳光下可供停留、相遇、交谈的草坪。如果宿舍让你觉得温暖，那一定是它的细节和发生的故事让你回想起来，有家的温暖。我们想让宿舍公共空间焕发它本应有的活力，让大家都感受到草坪的巨大潜力，使其成为我们共同享有的乐土。愿更多的人在这里相遇，更多的故事在这里上演。愿更多微笑的眼睛看见四季在树梢轮换，也看见彼此的模样。

第六章　文化燕窝·我争先——宿舍定向比赛广泛动员

公寓文化节照片定向赛策划

承办：北京大学定向运动协会

时间：2016 年 4 月 16/17 日 10：00 ~ 11：30（结束时间待定）（4 月 10 日为 5 + 2 半程马拉松赛，24 日为校运会，错时举

办）

地点：北京大学校内

图一

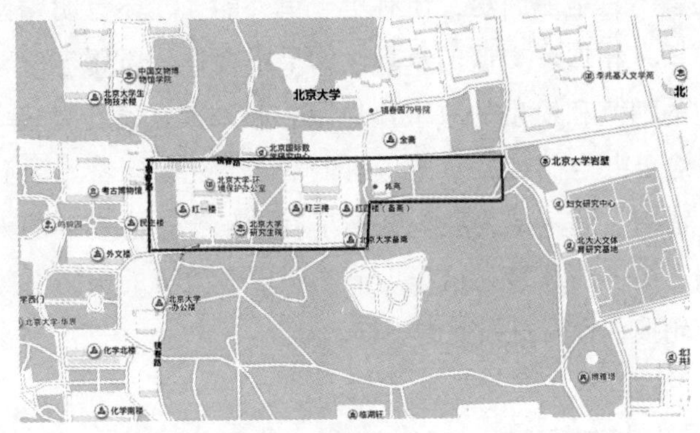

图二

比赛区域包括图一、图二两部分区域，包括 19、22、34、48 以及勺园宿舍区，燕大时期男生与女生宿舍楼（静园以及未名湖以北红楼区域）。

比赛规则

1. 本次比赛采用照片定向负责，以团体赛形式进行。

2. 在比赛区域中选取 15 个点拍照，比赛时将照片发给选手，选手在规定时间内（具体时间根据线路设计完毕后试跑结果确定）尽量多地找到各个照片中所示的点，并用指卡打响点签器，最后找到个数最多的组获胜，个数相同的时间短者获胜。最终根据完成比赛成绩决出前三名，并颁发奖励。

3. 比赛中在部分点设置问题，选手可以选择是否作答，回到终点后核对答案，每答对一题可在总时间内减去五秒，答错加五秒。

4. 选手出发方法：以小组为单位，每隔半分钟出发一组。

5. 成绩统计方法：选手到达终点之后，由工作人员核对成绩以及游戏完成情况计算出所用时长，保留已到达终点的选手中用时最短的三组，并根据到达情况不断更新，所有选手到达后，成绩依旧被保留的三组即为前三名。

6. 选手需在规定时间内完成比赛，如在结束前五分钟仍未到达终点，需立即返回终点。

7. 比赛开始前进行选手检录，抵押校园卡，领取照片和指卡，结束后选手需将指卡交回并领回所抵押校园卡。

报名方式

1. 鼓励学生以宿舍为单位，也可自由组合，三人或四人一组进行报名，个人报名后可由主办者现场分组。

2. 报名通过电子问卷形式完成，赛前给选手发送信息确认参赛与否，不收取报名费。

宣传方式

1. 定向协会、公寓中心公众号及 BBS 版面。

2. 三角地展板展示。

3. 宿舍楼海报粘贴。

4. 宿舍楼门厅电视宣传。

5. 其他宣传渠道。

活动分工

协会方面

1. 比赛策划、方案选定。

2. 比赛线路设计，设备准备。

3. 比赛当天布点收点，成绩统计。

公寓中心

1. 活动前期宣传与报名工作。

2. 活动奖品提供。

3. 相关涉及的宿舍楼的协调工作。

4. 问答题题目设计。

5. 重大活动申请报备（由于只是承办，因此希望公寓中心方面报备）。

本次宿舍定向比赛总计报名36组，114人。其中30组为室友组队。以宿舍为单位的小组在比赛中团结协作争创佳绩，在锻炼身体的同时强化了宿舍的凝聚力。参与宿舍不仅来自燕园校区，也包括万柳、畅春新园和圆明园宿舍区，说明燕窝工作的覆盖性和影响力进一步提升，北大公寓文化的吸引力和凝聚力进一步增强。

第七章　文化燕窝·我规范——楼委制度建设强基固本

楼委会是北大宿舍管理的细胞结构和基层组织，是在第一线进行宿舍管理与服务的堡垒和阵地。楼内的同学意见可以通过楼委会反映，楼内的设备资源可以由楼委会参与管理，楼内的活动可以通过楼委会组织。本学期，燕窝充分意识到楼委会的重要性，以制度建设、工作规范为抓手，以风采展示、素拓交流为载体，强化了楼委会的战斗力，进一步夯实了北大公寓管理的基础。

燕窝通过三步走的方式完善楼委会制度。

第一步，楼委会风采展，为了更好地展示楼委会成员的风采，让同学们熟悉楼委会成员，更方便与楼委会成员沟通，也为他们对宿舍楼的辛勤付出表示感谢——燕窝特地开展楼委会风采展示活动，将楼委会成员的照片挂于宿舍楼门厅，并署上姓名院系及联系方式。

第二步，楼委会素质拓展，通过拓展加强楼委会之间的交流，增强楼委会的组织性和服务意识。

5 月 7 日，正是暮春之时。作为燕窝的一员，小编和公寓服务中心的老师与楼委会的同学们一块儿参加了第二届公寓文化节的素质拓展活动。早早地将采购好的吃喝用品搬上车后，就开始挨个数人头签到等待发车了。等待是漫长的，但当莲石湖的风景映入眼帘时，一切都不重要了。

通过这次燕窝举办的莲石湖公园徒步素拓活动，同学们放松了心情、收获了快乐。同时也让燕园各楼楼委会同学和楼长们相互间加深了解，让楼委会能更好为同学服务。第二届公寓文化节的“公寓文化共建共享”的理念，正是蕴含在此次活动当中。

第三步，制度规范化。对楼委会权利义务以及运作方式作出明文规定。

关于成立北京大学学生公寓自我管理委员会的报告

叶静漪副书记、王仰麟副校长：

随着我校各项教学改革的深入，学生公寓日益成为广大同学生活、学习和休息的多功能场所，成为同学们赖以生存的第一社会、第二家庭与第三课堂。为更好地发挥同学们自我管理、自我服务、自我教育的积极作用，探索我校后勤工作渗透育人体系的新途径，公寓服务中心自2013年10月开始筹备成立燕园公寓学生自我管理委员会（简称自管会）。

北京大学学生公寓自我管理委员会委员以“全心全意为同学服务”为宗旨，以“奉献、服务、成长、发展”为工作理念，广泛联系广大同学，及时反映同学呼声，切实维护同学权益，充分参与涉及公寓生活学习各项自我管理与服务的全过程，充分发挥广大同学在学校管理特别是育人过程中的重要作用。在公寓服务中心指导下，开展与学生自治和公寓文化有关的活动。自管会委员实行任期制，每届为一学年，可连选连任，由各楼管组、各楼委会推荐和学生自荐产生，自管会委员要求集体观念和责任心强，积极乐观、热心公益，并有一定的组织、宣传、管理、协调能力。

自学生公寓自我管理委员会筹备并试运行以来，已经策划“我的青春我的楼——纪念我们永远的家”系列活动、“小舍大家公寓文化发展基金”、“北京大学首届公寓文化”为代表的公寓文化创建活动，其中的一些活动得到了广大校友、在校同学和社会的积极评价。另外，自管会成员也积极参与学生公寓家具招标、卧具招标、窗帘招标及畅春园二层学生活动室的装修装饰工作，得到了同学们的广泛认可。

为进一步加强自管会建设，公寓服务中心经与学工部等部门联系讨论，准备举办自管会成立仪式，进一步促进该组织的良性运转。

妥否，请批示！

公寓服务中心

2014 年 11 月 26 日

北大燕窝简介

北大燕窝，成立于2014 年，燕园学生公寓自我管理委员会的简称，是依托公寓服务中心成立的“自我教育、自我管理、自我服务”的学生组织。北大燕窝致力于通过关注软硬件环境改善和公寓文化建设传承，打造“宜居北大，文化燕窝”，是连接同学和学校职能部门以及校友的纽带，是服务同学的公益性组织。

北大燕窝首届组织成员

万柳学生联合会简介

万柳学生联合会是北京大学万柳学区学生自我管理委员会在万柳学区的简称，是所有入住万柳学区的各院系学生的联合组织，以服务万柳学生，实现学生自我管理、自我教育为宗旨。本组织主要开展与学生日常学习生活相关的各类活动，是学生参与万柳管理服务工作、参与社会生活与社会实践的有效平台，是联系学校和万柳同学的桥梁和纽带。

1. 办公室：传达学校精神；制定工作计划；统一领导、协调、监督和检查各部门工作；组织召开会议、撰写文案；完成各项活动宣传展示工作；联系、配合校内外媒体及时做好万柳学区发展成果的报道工作；组织策划重大宣传活动及公寓整体宣传内容和资料的提供。

2. 宣传部：负责学术研讨、文体活动、组织内部及社团间联谊交流活动的策划、组织、实施；主持学生参与式管理公寓文化建设方面的理论研究；致力于调查研究公寓管理的现状及住宿生活改善，以理论研究促进公寓管理与服务质量的提升。

3. 外联部：负责学生联合会与校内外有关部门的联络沟通，及时听取有关意见和建议，争取支持和帮助；与校内相关部门、社团组织及社会各界加强沟通与交流，动员社会力量参与学区建设、改善学生住宿和发展的条件等；加强与各院系间的沟通交流，做好调研、来访接待等工作。

4. 生活部：收集处理学生问题；积极为学生合法权益的维护提供咨询建议，并及时向万柳学区反映；提供反映学生诉求的平台；配合万柳学区搞好公寓纪律、卫生等管理以及内部检查工作；处理安全突发事件及其他突发事项。

成员要求积极健康向上，思想作风端正，工作责任心强，

关心集体、团结同学，为同学服务、热心参与公益事业，有一定的组织、宣传、管理、协调能力（具备以上条件者可自荐，党团员、学生干部优先）。

万柳学生联合会组织的万柳学区生活课堂之

CPA 考试经验分享沙龙

万柳学生联合会组织万柳园区义务植树活动

附录三

《光明日报》以“一室若不治 何以奉家国”为题介绍北京大学学生公寓文化建设经验

一室若不治 何以奉家国

——北京大学学生宿舍文明建设赓续百年“家国”传统

作者：本报记者 王庆环[1]

一室若不治，何以奉家国?

在北京大学，宿舍被学生称为“第一社会”“第二家庭”和“第三课堂”。这里的文明，说小了，事关温馨和谐的学习生活环境，说大了，是承载大学文化与情怀的独特空间。1984 年国庆 35 周年群众游行中北大学子打出“小平您好”的横幅，其实就是北大学生宿舍 28 楼 203 室生物系 1981 级的 6 位学子在国庆节前一晚想出的主意，制作横幅时隔壁宿舍的同学也参与进来，当时谁也没有想到，他们的这一举动成为共和国历史上的珍贵记忆。

从“五四运动”开始，北大人就一直有关心国家大事、关注社会生活的传统。百年来，在“爱国、进步、民主、科学”

---

〔1〕 载《光明日报》2016 年 4 月 1 日，第 8 版。

传统的浸润下，一代代具备北大特有精神气质的学子从这里走出来。2014 年，北京大学首届宿舍文化节提出“大家筑小舍，小舍出大家”的口号，道出了在北大的背后，还有宿舍这一不平凡的存在。

大家筑小舍，小舍出大家

这样的新生入学情形让人难以忘怀。有幸分配到 28 楼 203 室的学生推开门的那份郑重可想而知。还有那位有幸分到王选院士当年宿舍的同学，恰恰得到的又是王选的床位，内心的激动也可想而知。正是有感于这种传承的力量，北大非常注重宿舍楼号与室号的保留，甚至老楼拆建翻新之后，都沿用之前的楼号与室号，让小小宿舍充满了历史感与文化感。

但这还只是一个方面。为了把宿舍文化更多地发掘出来，两年前北大发起了一次邀请校友回宿舍看一看或者住一晚的活动，在校友中反响热烈，三天的活动时间就有上千名校友自发从天南海北回到北大，回到自己当年的宿舍。但这个活动并没有以“校友住上一晚”结束，而是衍生出许多分支：

一是 94 级校友们在住了一晚后表示要交住宿费，之后发展成为母校宿舍活动捐款；再之后，促成了北大校友办、基金会和公寓服务中心联合成立了小舍大家宿舍文化发展基金。大家只要扫描二维码，就可以为这个基金捐上一元钱。这些钱用于在宿舍开辟方便学生学习和生活的场所，如宿舍自习室、读书角、艺术走廊，等等。

二是促成宿舍“成长导师”试点。由北大公寓服务中心组织，由一名志愿校友担任一个宿舍的成长导师。校友彭艳当年的宿舍在 45 楼 1105 室，现在她成为这个宿舍的成长导师。对这份导师的工作她非常投入，工作之余与学妹们畅谈人生，邀请

她们看比赛、听音乐会。与师兄、师姐们真心互动和交流，让在校学生有了难得的了解社会的机会。

三是促成学生自我教育、自我管理、自我服务平台——“燕窝”的正式成立。

燕窝虽小，育隼几何

在北大，“燕窝”的正式名称叫“北京大学学生公寓自我管理委员会”，“燕窝”是同学们对它的昵称。虽然这个在学校属于民间性质、纯公益、无报酬的学生组织成立才一年多，但其承担的宗旨“自我教育、自我管理、自我服务”，却在北大有悠久的历史。

说到自我教育，最典型的莫过于北大“楼长节”的诞生。北大宿舍楼长制建立于1986年，当时为了提高学生宿舍管理服务水平，北大择优聘用了一批来自部队院校、企事业单位的离退休老同志，担任学生宿舍楼区的楼长工作。这些楼长，仅就他们离退休前的职位来看，起点相当高，大都是师级或局级的，甚至还有一位将军级的，他们有较高的政策理论水平、文化知识和管理服务经验，而当他们将这些素质运用到一栋学生宿舍楼的宣传员、督导员、治保员这样的角色上时，其魅力充分显现。

经过一段时间的经验积累，“楼长节”于2012年设立。当年还是北大信科学院二年级本科生，现在已经读研二的学生王然自己也没想到，北大“楼长节”会因为他和十几位来自不同院系的同学在大学生素质拓展课上的一项公益活动应运而生。在2012年11月的最后一天，他们向同学们征集与楼长的一张合影，并附上一句感恩的话。结果响应的同学特别多，最后他们将征集到的照片和话语精挑细选拼成一棵大树的形状，在宿舍区展览。这个活动被同学们以“百年宿人”冠名。以后的“楼长节”也定为每年11月的最后一个工作日。

说到北大学生的自我管理和自我服务，“变形记”活动无疑是很好的载体。所谓“变形”，就是拿一天的时间“变形”为宿舍卫生员，打扫楼道、水房、厕所；或是当保安，守一天门。还有公益“码车”活动，把随意摆放的自行车码整齐，留出消防通道。这些活动，让同学们在付出劳动为别人服务的同时，也培养了劳动光荣、尊重劳动、公共环境安全的观念，养成了“勿以善小而不为”、从小善做起的日常行为习惯。

“北大的学生要仰望星空、造就学术，同时也需要关注脚下，学会生活。”“燕窝”现任主席、哲学系2014级硕士生于晓磊说。

“燕窝”成立之时，北大教授楼宇烈专门赠送墨宝“燕窝虽小，育隼几何”，完美诠释了“燕窝”的含义。治国平天下先从修身起，北大宿舍文明建设正是从这个起点上，延续着燕园百年的家国情怀与传统。

（本报记者　王庆环）

附录四

北京大学副校长王仰麟：宿舍文化建设的出发点和落脚点是育人[1]

光明网讯“宿舍文明建设座谈会”16日在天津南开大学举行。来自中央文明办、教育部、北京大学、中国人民大学、北京师范大学、南京大学、中国社科院哲学研究所等高校和科研院所的领导、专家学者、大学生代表30余人围绕“建设怎样的宿舍文明、怎样建设宿舍文明”的主题进行了深入研讨，形成了一系列共识。该座谈会由光明日报社、南开大学、教育部思想政治工作司联合主办。

北京大学副校长王仰麟

（光明网记者　白璐/摄）

〔1〕本文为北京大学副校长王仰麟参加2016年6月16日由教育部思想政治工作司、南开大学、光明日报社共同举办的宿舍文明座谈会上发言的交流报告。

本次座谈会紧密结合目前高校宿舍文明建设现状及存在问题，围绕如何以社会主义核心价值观为指导，以立德树人为宗旨，深入研究和探讨建设怎样的宿舍文明、怎样建设宿舍文明。

以下为北京大学副校长王仰麟在座谈会上的讲话全文

尊敬的各位领导、各位兄弟院校的同仁、各位同学：

大家下午好！很荣幸能够来参加今天的座谈会学习、交流，并借此机会把北京大学在社会主义核心价值观指导下，对宿舍文明建设的情况作以简要的介绍，北大目前所从事的宿舍文化建设就是对如何建设宿舍文明的实践和探索。

正如《光明日报》的文章中所讲，宿舍被同学们认可为“第一社会”“第二家庭”“第三课堂”。宿舍里的文明说小了，事关温馨和谐的学习生活环境，说大了，是承载大学文化与情怀的独特空间，是大学校园文化的重要组成部分。大学生自由支配的时间相对较多，在宿舍里停留的时间也较多，这里不仅是学生主要的休息、学习和生活空间，也是各种社会活动和社会关系得以萌生和成长的土壤。相对于教室和其他公共场所而言，宿舍里学生们更为自由和放松，许多深层的思想问题往往在这里更容易显露，宿舍里的交流更具有真实性，是同学们日常活动的汇聚地，思想、信息的碰撞场。基于宿舍的这些特点，我们在工作中也慢慢体会到了宿舍所具有的诸如陶冶、导向、同化、调适等育人工作中的重要功能。我们希望通过大学宿舍文化建设，潜移默化地把社会主义核心价值观内涵融入其中，而不仅止于口号和标语。关于宿舍文化的概念，目前有很多种界定方法，我这里所指的宿舍文化更倾向于是一种广义的文化概念，包括物质层面、制度层面和心理层面，具体来说既包括宿舍的硬件设施，又包括软件层面，即制度建设、宿舍成员的行为模式和价值观念等。

北大自改革开放以来，逐步建立了专门的宿舍管理服务部门和学生工作体系，管理育人、服务育人、环境育人的宗旨意涵不断丰富。公寓服务中心作为学生宿舍的管理服务机构，积极配合学生工作部等校内部门，共同推进、深化育人工作，积极探索育人工作的思路和实现途径。近些年，我们也一直在不断学习兄弟院校的有益的做法和先进经验，完善相关的管理制度，提高自身工作水平。在工作中，有三点切身体会和各位汇报分享：

1. 宿舍文化建设的出发点和落脚点是育人工作。随着改革开放以来，居民生活水平不断提高，人们普遍对于生活标准有了更高的要求。现在的大学生群体基本上都已经是90后了，甚至相当部分的研究生也是如此。反映在校园的宿舍管理中，硬件设施虽然有了相当大程度的提高，但是和同学们的诉求相比还有差距；同学们越来越个性化的诉求和集体生活、集中管理之间存在着矛盾。如何在管理中体现民主精神，增加同学们的参与度和认可度，促进同学之间关系的和谐发展，提倡文明行为，是我们工作的难点。宿舍育人概念的提出，让我们对现有的宿管工作重新做了思考和定位。仅把自己作为宿管工作的管理者和服务者是不够的，把我们的工作主动融入同学的成长成才中，更利于工作的开展并取得实效。我们最初的宿舍文化建设，包括美化宿舍楼的环境，增加一些楼宇装饰，推出一些和同学互动性较强的活动，比如北大楼长节、让同学变身为管理员和保洁员的“变形记”等活动，直接目的是减少管理部门和同学之间的矛盾，增加彼此之间的理解，但活动的效果远远超出预期。我们看到了在宿舍管理中增加文化因素，宿舍管理的柔性化、人性化在化解矛盾、教育学生文明生活等工作中发挥的重要作用，更加促进我们积极地思考，如何增加有益的宿舍文化建设活动来开展工作。随着从“百年宿人”“最美楼长评选”“纪念我们永远的家”等感恩类活动，到同学们自发组织的各类志愿捐助和爱心活动，再到系列图片展、宿舍征文大赛、宿舍楼趣味定向赛、楼委会素质拓展等活动的不断开展，宿舍文化建设内容呈现出多层次、多角度的特点，在凝聚共识，增加认同，化解矛盾，促进和谐等多个维度发挥作用。宿舍育人的理念目前已经成为我们工作的重要目标，也是我们宿舍文化建设的出发点和落脚点。

2. 在实践中，工作的思路由主管部门直接领导执行逐渐转向启发带动学生积极参与，更好挖掘育人功能方面。为了更好地加强宿舍文化建设，深化育人工作，在公寓服务中心的指导下，2014 年成立了学生自治组织：学生公寓自我管理委员会，我们称之为“北大燕窝”（燕园的小窝），带动并启发学生“自我教育”“自我管理”“自我服务”，并最终实现“自我成长”的目标。一方面作为学校的管理机构加强管理，做好服务，另一方面深化学生自我管理，在工作中双方良性互动，实现管理服务和育人功能的有机统一。在公寓服务中心的支持下，“北大燕窝”开展了丰富多彩的宿舍文化活动，并承办了两次宿舍文化节，起到了良好的示范效应。“北大燕窝”从同学中来到同学中去，在工作中成为公寓服务中心工作的得力助手，在表达同学诉求、意见，回馈传递公寓服务中心的服务理念中，都发挥了重要作用。

另外，在引导学生参与活动，加强宿舍文化建设的过程中，我们鼓励同学参与，大胆尝试，同时还要给同学们改进的机会，不怕失败。比如，在“燕窝”发起的宿舍装饰大赛，宿舍楼公共空间设计大赛中，鼓励同学们出方案，积极参与宿舍的美化工作。因为所学专业的限制，同学们的设计可能并不都能够达到专业水准，但是我们在工作中，把这样的“留白”交给学生，让他们自由发挥，在参与中有所悟、有所得，我们目的就已经达到了。

3. 把校友工作融入宿舍文化建设和宿舍育人工作中，发掘宿舍文化中的记忆和情感因素。为了把宿舍文化更多地发掘出来，我们发起了一次邀请校友回宿舍看一看、住一晚的活动，在校友中反响热烈，三天的活动时间就有上千名校友自发从天南海北回到北大，回到自己当年的宿舍。但这个活动并没有以“校友住上一晚”结束，而是衍生出许多分支：一是94级校友们在住了一晚后表示要交住宿费，之后发展成为母校宿舍活动捐款，促成了北大校友办、基金会和公寓服务中心联合成立了“小舍大家”宿舍文化发展基金，取“大家筑小舍，小舍出大家”之意。这些捐赠用于在宿舍开辟方便学生学习和生活的场所和设施，如宿舍自习室、读书角、艺术走廊等。今年校庆活动中，为迎接校友返校，同学们使用校友捐赠的宿舍文化基金购买的微波炉，现场亲手制作蛋糕提供给返校校友品尝，返校的师兄师姐和在校的同学们交流蛋糕制作技巧。活动当天陆续有一百多位校友参与其中，现场气氛温馨、热烈。校友怀感恩之心探望母校，同学们亦用感恩之心迎接校友；二是促成宿舍“校友成长导师”项目试点。由公寓服务中心组织，由志愿校友担任一个宿舍的成长导师，结对子的方式一般以校友曾居住过的宿舍作为桥梁和纽带。校友们对曾居住过的宿舍普遍怀有深厚的感情，宿舍成为一个时空的纽带，使不同年代的校友和在校学生紧密联系在一起，既帮助了在校同学解决成长的困惑，又调动校友参与学校工作的热情，这样就形成良性的双向互动，让我们宿舍育人工作真正发挥实效。

大学宿舍有其基本住宿功能，这一点我们在管理上要加强

规范，常抓不懈，同时硬件设施条件不断地改进；宿舍也是实实在在的空间载体，一砖一瓦皆有故事，承载了一代代学生的记忆和情感，使宿舍文化建设有了历史的纵深；我们更希望它也是帮助同学们学会独立生活的起点，继而启发同学们热爱生活，发现生活的意义，在生活中体会自由、平等、公正、法治的观念；它是知识和信息的汇聚地，希望同学们通过互动能够在潜移默化中完善人格，见证彼此的品格，发现诚信、友善、真诚的力量。这些元素都是我们进行宿舍文化建设，建设宿舍文明的不竭源泉。也启发我们进一步探索育人的有效途径。

我的汇报就到这里。谢谢。

附录五

北京大学学生于晓磊：在一个善治社区中合意地生活和学习[1]

我是北京大学学生公寓自我管理委员会（也叫“北大燕窝”）的成员，这样的身份使我非常关注宿舍文化建设。我对宿舍文化的理解可以用三句话来概括：

宿舍应该有文化。楼长是北大宿舍的文化符号之一，在同学们眼里，楼长不只是提供服务的管理人员，更是同学们在宿舍里的亲人。2012 年，十几位北大同学自发号召设立“楼长节”表达对楼长的感激之情，得到了同学们的广泛响应，从此每年 11 月的最后一个工作日成为北大的“楼长节”。在有爱的居处学会爱与感恩，这就是宿舍文化功能的最好体现。

文化建设靠自己。近年来学校住宿资源紧张，今年又有同学要搬迁宿舍。公寓服务中心按照不同群体组织了六场搬迁座谈会，征求意见、听取诉求，最终确定了一个基于同学们自主选择的搬迁方案。这种自主参与的方式本身就是一种文化，既有利于融合各方诉求消解矛盾，也有利于同学们成长为善于主动参与公共事务的校园公民。

---

〔1〕 本文为北京大学哲学系学生于晓磊作为学生代表参加 2016 年 6 月 16 日由教育部思想政治工作司、南开大学、光明日报社共同举办的宿舍文明座谈会上发言的交流报告。

宿舍文化要传承。宿舍文化要真正扎根在一所大学，最好的方法是让它永远在宿舍生活中保持鲜活。只有宿舍文化真正活在一代代校友的生活和记忆里，才能形成宿舍文化建设的良性循环。在这个理念指导下，2014 年到现在，我们举办了两届宿舍文化节，主题分别是“大家筑小舍，小舍出大家”和“宿舍生活自主自理，宿舍文化共建共享”，得到校友和在校同学的广泛参与和认可。

我们对宿舍文化的追求，其实就是对宿舍生活方式的追求，最终是为了能在一个善治社区中合意地生活和学习。打造这样一种善治的生活空间和生活方式，应该是宿舍文明建设的应有之义。

参考文献

一、经典文献

[1]《马克思恩格斯选集》(第1~4卷),人民出版社1995年版。

[2]《马克思恩格斯文集》(第10卷),人民出版社2009年版。

[3]《列宁选集》(第1~4卷),人民出版社1995年版。

[4]《毛泽东选集》(第1~4卷),人民出版社1991年版。

[5]《邓小平文选》(第1~3卷),人民出版社1993~1994年版。

[6]《江泽民文选》(第1~3卷),人民出版社2006年版。

[7]《习近平谈治国理政》,外文出版社2014年版。

二、译著

[1][古希腊]柏拉图:《理想国》,郭斌和、张竹明译,商务印书馆1986年版。

[2][美]柯尔伯格:《道德教育的哲学》,魏贤超等译,浙江教育出版社2000年版。

[3][美]黄仁宇:《万历十五年》,中华书局1982年版。

[4][德]卡尔·雅斯贝尔斯:《什么是教育》,邹进译,生活·读书·新知三联书店1991年版。

[5][美]塞缪尔·亨廷顿:《第三波——20世纪后期民主

化浪潮》，刘军宁译，上海三联书店出版社 1998 年版。

［6］［美］费正清：《中国：传统与变迁》，张沛译，世界知识出版社 2002 年版。

［7］［美］亨利·基辛格：《论中国》，胡利平等译，中信出版社 2012 年版。

［8］［英］马修·阿诺德：《文化与无政府状态：政治与社会批评》，韩敏中译，生活·读书·新知三联书店 2002 年版。

［9］［英］弗里德里希·奥古斯特·冯·哈耶克：《通往奴役之路》，王明毅等译，中国社会科学出版社 1997 年版。

［10］［法］皮埃尔·布迪厄、［美］华康德：《实践与反思——反思社会学导引》，李猛、李康译，中央编译出版社 2004 年版。

［11］［美］威廉·墨菲、D. J. R. 布鲁克纳编：《芝加哥大学的理念》，彭阳辉译，上海人民出版社 2007 年版。

［12］［美］克拉克·科尔：《大学的功用》，陈学飞等译，江西教育出版社 1993 年版。

［13］［法］卢梭：《社会契约论》，何兆武译，商务印书馆 1980 年版。

［14］［法］托克维尔：《论美国的民主》（上下卷），董果良译，商务印书馆 1980 年版。

［15］［法］托克维尔：《旧制度与大革命》，冯棠等译，商务印书馆 1992 年版。

［16］［法］阿兰·佩雷菲特：《停滞的帝国——两个世界的撞击》，王国卿等译，生活·读书·新知三联书店 1993 年版。

［17］［法］德尼兹·加亚尔、贝尔纳代特·德尚：《欧洲史》，蔡鸿滨、桂裕芳译，海南出版社 2000 年版。

［18］［英］泰勒：《原始文化》，蔡江浓编译，浙江人民出

版社 1988 年版。

［19］［美］内尔·诺丁斯：《教育道德人——品格教育的关怀取向》，编译馆主译，朱美珍等译，巨流图书股份有限公司与编译馆合作翻译出版 2008 年版。

三、国内专著

［1］丁笑生：《大学生公寓文化建设研究》，中国社会科学出版社 2015 年版。

［2］王晓红等：《基于公寓文化建设的大学生思想政治教育》，国防工业出版社 2015 年版。

［3］张民杰、孔剑平编著：《高等学校学生宿舍文化简论》，山西人民出版社 2001 年版。

［4］吴泽俊等：《社区化：大学生公寓管理改革路径》，江西高校出版社 2015 年版。

［5］郑雨欣等：《宿舍环境对大学生学习的影响研究》，西南财经大学出版社 2014 年版。

［6］张岱年、程宜山：《中国文化与文化论争》，中国人民大学出版社 1990 年版。

［7］王邦虎主编：《校园文化论》，人民教育出版社 2000 年版。

［8］汪子为等：《校园文化与创造力的培养》，湖北教育出版社 2002 年版。

［9］孙庆珠主编：《高校校园文化概论》，山东大学出版社 2008 年版。

［10］王仕民：《德育文化论》，中山大学出版社 2007 年版。

［11］葛金国：《校园文化：理论意蕴与实务操作》，安徽大学出版社 2006 年版。

［12］郑金洲：《教育文化学》，人民教育出版社 2000 年版。

［13］李德顺：《价值论——一种主体性的研究》，中国人民大学出版社 2007 年版。

［14］马抗美：《大学德育新视野——理论思考与实践探究》，中国政法大学出版社 2005 年版。

［15］袁本新等：《人本德育论——大学生思想政治教育的人文关怀与人才资源开发研究》，人民出版社 2007 年版。

［16］宇文利等：《高校社会主义核心价值体系教育全程化研究》，光明日报出版社 2011 年版。

［17］龚群：《当代中国社会价值观调查研究》，北京师范大学出版社 2012 年版。

［18］张耀灿、陈万柏主编：《思想政治教育学原理》，高等教育出版社 2001 年版。

［19］李辉：《现代思想政治教育环境研究》，广东人民出版社 2005 年版。

［20］沈国权主编：《思想政治教育环境论》，复旦大学出版社 2002 年版。

［21］周先进：《高校德育环境论》，湖南人民出版社 2005 年版。

［22］教育部社会科学研究与思想政治工作司编：《思想政治教育方法论》，高等教育出版社 1999 年版。

［23］王敏：《思想政治教育接受论》，湖北人民出版社 2002 年版。

［24］郑永廷等：《主导德育论——大学生思想政治教育一元主导与多样发展研究》，人民出版社 2008 年版。

［25］赵新峰：《协同育人论》，人民出版社 2013 年版。

［26］王宗光等：《高等教育改革与人的全面发展》，上海交通大学出版社 2003 年版。

［27］叶昌奎：《以美育人教育模式论》，广东高等教育出版社 2000 年版。

［28］唐汉卫：《现代美国道德教育研究》，山东人民出版社 2010 年版。

［29］黄正泉主编：《从现实走向理想——构建高校和谐校园的理论与实践》，湖南教育出版社 2008 年版。

［30］黄蓉生主编：《高校后勤社会化改革与大学生德育论》，四川人民出版社 2006 年版。

［31］鲁洁主编：《德育社会学》，福建教育出版社 1998 年版。

［32］燕国材：《素质教育概论》，广东教育出版社 2002 年版。

［33］谭志松：《多民族国家大学的使命：中国大学的功能及其实现研究》，民族出版社 2008 年版。

［34］杨延东：《中国高校后勤管理改革的行动研究》，中国社会科学出版社 2012 年版。

［35］张晓京主编：《美国高校学生事务管理——基于八所大学的个案研究》，中国传媒大学出版社 2010 年版。

［36］刘兆吉主编：《高等学校教育心理学》，北京师范大学出版社 1995 年版。

［37］曾惠燕：《高校学生的权利与义务》，中国社会科学出版社 2006 年版。

［38］陈平原、夏晓虹编：《北大旧事》，北京大学出版社 2009 年版。

［39］赵林：《赵林谈文明冲突与文化演进》，东方出版社 2006 年版。

［40］陈晓恬、任磊：《中国大学校园形态发展简史》，东南大学出版社 2011 年版。

[41] 方拥主编：《藏山蕴海：北大建筑与园林》，北京大学出版社 2008 年版。

四、期刊报纸

[1] 石沁禾："宿舍文化建设：高校思想政治教育的新载体"，载《社会科学家》2013 年第 9 期。

[2] 董应龙："西方住宿学院制对我国高校宿舍制度与文化建设的启示"，载《教育探索》2014 年第 10 期。

[3] 马抗美："文化品格如何影响人才创造性"，载《光明日报》2013 年 6 月 26 日，第 15 版。

[4] 刘建军："社会主义核心价值观的来源和组成"，载《中国教育报》2015 年 07 月 24 日，第 3 版。

[5] 唐世刚："当前中国文化发展困境与文化发展的现代转向：基于社会主义核心价值观'文明'的价值目标"，载《兰州大学学报（社会科学版）》2015 年第 2 期。

[6] 王泽应："论承继中华优秀传统文化与践行社会主义核心价值观"，载《伦理学研究》2015 年第 1 期。

[7] 曾文超："大学生思想政治教育精细化与全员育人机制探究——兼论高校后勤服务育人体系的构建"，载《高校后勤研究》2011 年第 3 期。

[8] 陈德昆："高校宿舍文化内质性育人功能与作用显现"，载《沈阳工程学院学报（社会科学版）》2012 年第 3 期。

[9] 孙华、陈威："北京大学校园形态历史演进研究"，载《教育学术月刊》2012 年第 3 期。

[10] 李向群："老北大校园变迁回顾"，载《北京大学教育评论》2005 年第 1 期。

[11] 王荣德："高校寝室文化建设的理论和实践"，载《机械工业高教研究》2000 年第 3 期。

［12］曾志伟、王铁骊：“寝室文化建设——高校德育工作的突破点”，载《山西教育学院学报》2001 年第 1 期。

［13］陆慧：“关于提高大学生宿舍文化品位的思考”，载《广西师范学院学报（哲学社会科学版）》2004 年第 2 期。

［14］鲍远通、耿美香：“高校学生公寓人文建设”，载《承德石油高等专科学校学报》2004 年第 3 期。

［15］郑雅萍、王静：“论高校后勤服务育人的时代性”，载《江苏高教》2009 年第 5 期。

［16］刘伯贤：“大学生宿舍文化建设与人才培养”，载《无锡教育学院学报》2001 年第 3 期。

［17］宋挺：“高校学生宿舍文化建设初探”，载《济宁师专学报》2000 年第 3 期。

［18］宋东亮：“宿舍文化的功能及其构建”，载《洛阳师范学院学报》2001 年第 1 期。

［19］姚永明：“高校宿舍文化建设与思想政治工作”，载《陕西青年管理干部学院学报》2002 年第 1 期。

［20］王荣德：“后勤社会化运作下的高校学生寝室文化建设”，载《中国电力教育》2002 年第 3 期。

［21］吕红梅：“高校宿舍文化建设的原则与对策探讨”，载《贵州工业大学学报（社会科学版）》2002 年第 3 期。

［22］臧海成：“试论高校学生宿舍文化的建构”，载《湖北师范学院学报（哲学社会科学版）》2003 年第 1 期。

［23］任晓东：“文化品位，寝室管理的灵魂——关于高校寝室管理的思考”，载《辽宁师专学报（社会科学版）》2003 年第 3 期。

［24］宋喜兵、朱伯玉：“大学生宿舍文化建设的四个着力点”，载《山东省青年管理干部学院学报》2003 年第 3 期。

［25］范双利："浅议高校宿舍文化的育人功能"，载《现代教育论丛》2003 年第 4 期。

［26］彭倬平："高校宿舍文化建设的创新"，载《天津大学学报（社会科学版）》2004 年第 2 期。

［27］唐春梅、滕云："试论宿舍文化对大学生成才的影响"，载《国家教育行政学院学报》2004 年第 2 期。

［28］方小年、曹根记："论高校宿舍文化建设的德育功能"，载《思想理论教育导刊》2004 年第 5 期。

［29］代全顺："论大学生宿舍文化建设的现实意义及其框架构建"，载《陕西师范大学学报（哲学社会科学版）》2004 年第 A1 期。

［30］李志文："高校建筑与人文精神的传承"，载《闽西职业大学学报》2004 年第 2 期。

［31］沈琛华等："耶鲁大学住宿学院内部组织结构、外部关系的比较研究"，载《复旦教育论坛》2007 年第 6 期。

［32］罗兰："大学宿舍文化论"，载《黑龙江高教研究》2010 年第 6 期。